ESTRUCTURA DE LOS SONIDOS DEL ESPAÑOL

Carlos-Eduardo Piñeros
University of Iowa

PEARSON
Prentice Hall

worLd
Languages

Upper Saddle River, New Jersey 07458

Library of Congress Cataloging-in-Publication Data

Piñeros, Carlos-Eduardo
  Estructuras de los sonidos del español / Carlos-Eduardo Piñeros. -- 1st ed.
    p. cm.
  ISBN-13: 978-0-13-194437-4 (pbk.)
  ISBN-10: 0-13-194437-1 (pbk.)
  1. Spanish language--Phonetics. 2. Spanish language--Phonology. I. Title.
  PC4135.P56 2008
  461'.58--dc22

                                                    2008015298

Acquisitions Editor: *Donna Binkowski*
Sponsoring Editor: *María García*
Editorial Assistant: *Gayle Unhjem*
Executive Marketing Manager: *Kris Ellis-Levy*
Senior Marketing Manager: *Denise Miller*
Marketing Coordinator: *William J. Bliss*
Senior Managing Editor: *Mary Rottino*
Associate Managing Editor: *Janice Stangel*
Project Manager: *Manuel Echevarria*
Senior Media Editor: *Samantha Alducin*
Senior Operations Specialist: *Brian Mackey*
Operations Specialist: *Cathleen Petersen*
Director, Image Resource Center: *Melinda Patelli*

Manager, Rights and Permissions: *Zina Arabia*
Manager, Visual Research: *Beth Brenzel*
Manager, Cover Visual Research & Permissions:
  Karen Sanatar
Cover Design: *Bruce Kenselaar*
Cover Art Director: *Jayne Conte*
Publisher: *Phil Miller*
Composition/Full-Service Project Management:
  Jill Traut, ICC Macmillan Inc.
Printer/Binder: *Edwards Brothers*
Typeface: 10/12 *Stone Serif*
Cover Image: *Courtesy of Getty Images, Inc.-
  Photodisc.*

Credits and acknowledgments borrowed from other sources and reproduced, with permission, in this textbook appear on the appropriate page within the text.

Pearson Education Ltd., London
Pearson Education Singapore, Pte. Ltd
Pearson Education, Canada, Ltd
Pearson Education–Japan
Pearson Education Australia PTY, Limited
Pearson Education North Asia, Ltd
Pearson Educación de Mexico, S.A. de C.V.
Pearson Education Malaysia, Pte. Ltd

Printed in the United States of America
10 9 8 7 6 5 4 3 2 1

ISBN 0-13-194437-1
978-0-13-194437-4

Índice de contenidos

Apéndice

Prefacio para el alumno

A través de este libro, usted podrá adquirir una base sólida en el campo de la fonética y la fonología españolas al tiempo que desarrolla los hábitos de pronunciación empleados por los hispanohablantes nativos. Aprender a manejar los sonidos de una segunda lengua no es una tarea fácil para los adultos. Sólo se puede lograr con muchísima práctica. Comprender cómo funcionan los sonidos lingüísticos también es más complicado de lo que parece porque requiere acostumbrarse a observar y razonar metódicamente. Este libro asume que usted está en el proceso de mejorar su pronunciación del español y que no ha tenido ninguna experiencia previa en el estudio formal de las estructuras lingüísticas. Esto garantiza que si usted se propone adquirir un buen conocimiento teórico y práctico de los sonidos del español, podrá hacerlo aun cuando no cuente con la supervisión constante de un instructor. En esta empresa, *Estructura de los sonidos del español* será su guía, desde un terreno simple y llano, hacia un terreno progresivamente más complejo y empinado.

Los capítulos vienen acompañados por cuestionarios, cuyas preguntas se enfocan en los conceptos claves. Usted puede imprimir una copia de los cuestionarios si visita el curso de MySpanishLab dedicado a *Estructura de los sonidos del español*. Allí encontrará dos tipos de cuestionario: básico y avanzado. El cuestionario básico es el más apropiado si éste es el primer curso de lingüística que usted toma, mientras que el cuestionario avanzado se recomienda para estudiantes que hayan tomado un curso de introducción a la lingüística antes o cuyo dominio del español sea lo suficientemente bueno para comprender conceptos técnicos con facilidad. A medida que lea los capítulos, resuelva las preguntas del cuestionario correspondiente. Esfuércese por expresar las ideas usando sus propias palabras, en vez de repetir textualmente. Esto le permitirá asegurarse de que realmente ha comprendido los conceptos. Si usted no puede responder una pregunta con sus propias palabras es porque aún no ha comprendido la idea cabalmente y necesita repasar la sección pertinente. Es fácil cometer el error de asumir que con leer algo una sola vez, ya lo hemos aprendido. En realidad, el aprendizaje no es completo hasta cuando somos capaces de verbalizar los conceptos con nuestras propias palabras.

Es recomendable que usted tenga un diccionario a mano cuando lea los capítulos. Aunque cada vez que se presenta un término técnico el libro provee una definición clara, es posible que usted encuentre una que otra palabra con la que no está familiarizado/a. Aproveche cada una de esas oportunidades para continuar enriqueciendo su vocabulario del español.

Otro material suplementario que viene con cada capítulo es la sección de <<Prácticas>>. Esta parte es tan importante como el contenido mismo del capítulo.

Haga cada práctica a consciencia, preferiblemente repitiendo todos los ejemplos en voz alta. Es indispensable que usted no se limite a las prácticas que aparecen en el libro. Visite el curso de MySpanishLab dedicado a *Estructura de los sonidos del español* para que haga las prácticas adicionales que aparecen allí. En ese sitio usted también podrá consultar las respuestas a los ejercicios en caso de que tenga duda y necesite verificar si sus respuestas son correctas.

Es de suma importancia que usted busque oportunidades y aproveche cualquier ocasión de hablar en español fuera de la clase. Los pocos minutos que usted puede hablar en español durante el período de clase no son suficientes para mecanizar e internalizar los nuevos hábitos de pronunciación que está aprendiendo.

Usted notará que los capítulos contienen por lo menos una práctica basada en un texto (un poema o un párrafo sobre algún aspecto de la cultura hispana). La mayoría de las prácticas que incluyen textos aparecen en el sitio web de este libro. Use los textos para practicar su pronunciación en voz alta. Es evidente que, si usted conoce el vocabulario usado en el texto y comprende las ideas que el texto expresa, será más fácil pausar en los sitios correctos, de modo que podrá darle un ritmo y entonación más naturales a su pronunciación. Es una buena idea que, de vez en cuando, grabe su voz mientras pronuncia el texto. Así, usted podrá escucharse a sí mismo/a y comparar su pronunciación con la del hablante modelo. Haga un esfuerzo por identificar qué partes de su pronunciación no suenan como la pronunciación del hablante modelo y practique hasta que logre disminuir la diferencia.

Es útil saber que la pronunciación del español no es uniforme. No se puede hablar de una sola pronunciación, sino que existen muchas pronunciaciones posibles, porque existen muchos dialectos. A pesar de que existe un amplio espectro de pronunciaciones, los hispanohablantes de diferentes países se comprenden entre sí porque comparten un sistema básico de sonidos. *Estructura de los sonidos del español* se enfoca en el sistema básico, desde donde se hacen extensiones hacia las tendencias dialectales más comunes. De ese modo, usted adquirirá familiaridad con una amplia gama de tendencias fonéticas, lo cual le será muy útil, ya que lo más probable es que usted tenga que interactuar con hispanohablantes de diferentes partes del mundo hispánico.

Estructura de los sonidos del español le ofrece las explicaciones, los materiales y los ejercicios necesarios para adquirir una base sólida del sistema de sonidos del español. Si además de practicar individualmente usted conversa en español con regularidad, puede tener la seguridad de que verá un inmenso progreso en su pronunciación. Paralelamente, este libro cimienta el camino para que, en el futuro, usted pueda emprender un estudio formal de la fonética y la fonología españolas.

Dr. Carlos-Eduardo Piñeros
University of Iowa

Prefacio para el profesor

Este libro abre el camino para que sus alumnos descubran la *Estructura de los sonidos del español*. Las investigaciones lingüísticas han demostrado que, contrario a lo que pueda parecer, la secuencia de sonidos que percibimos cuando oímos a alguien expresarse oralmente no es una estructura unidimensional, sino que incluye múltiples niveles. En el nivel más elemental están los gestos articulatorios que componen los sonidos, tales como la abertura de la boca, el redondeamiento de los labios y la vibración de las cuerdas vocales que ocurren al pronunciar el sonido inicial de la palabra *¡Oye!*.

También sabemos que, por encima de los sonidos individuales y los gestos que los producen, existen unidades de sonido mayores. Cuando hablamos, organizamos los sonidos en pequeños grupos que se llaman sílabas. En la expresión *¡O-ye!*, es patente que existen dos sílabas. Reconocer la existencia de sílabas es importante porque la función que los sonidos desempeñan dentro de esta unidad es un determinante esencial de la manera como se pronuncian. Los hispanohablantes sabemos cuáles sonidos se pueden combinar dentro de la misma sílaba y en qué orden deben aparecer. Aunque este conocimiento es subconsciente, no es de ningún modo arbitrario, sino que está regido por principios naturales. El punto que nos interesa como instructores es cómo transmitir ese conocimiento a nuestros estudiantes en clase. Veamos un ejemplo concreto.

Para explicar por qué los sonidos que forman la palabra *macro* se organizan en las sílabas *ma-cro* mientras que los que forman la palabra *marco* se organizan en las sílabas *mar-co*, la mayoría de los libros de pronunciación del español usan la siguiente regla. Si las dos consonantes que aparecen adyacentes dentro de la palabra pueden aparecer juntas al principio de una palabra, entonces es posible combinarlas dentro de la misma sílaba. El resultado es que, puesto que el español tiene palabras como *cromo* y *crema*, las consonantes *cr* que aparecen en *ma-cro* deben agruparse dentro de la misma sílaba. En contraste, como no existe ninguna palabra española que comience con la combinación *rc*, no es posible que estas dos consonantes se agrupen dentro de la misma sílaba en la palabra *mar-co*.

Aunque esta estrategia puede ser pedagógicamente útil, la verdad es que está muy lejos de ser una explicación satisfactoria. Fíjese que lo único que logra es evadir la pregunta por medio de cambiar el foco de atención. ¿Qué hará usted como maestro el día que un alumno sagaz levante la mano y le pregunte: ¿Y por qué el español tiene palabras que comienzan con *cr*, pero carece de palabras que

comiencen con *rc*? Dicho de otro modo, ¿por qué *cr* es una combinación aceptable en el inicio de una sílaba pero *rc* no lo es? Ésa es la pregunta que un libro que
provee respuestas como la anterior deja sin responder. Una indagación más profunda de esta cuestión hace parte del capítulo 8, cuyo foco es la estructura de las
sílabas españolas.

El libro ofrece explicaciones razonadas a las preguntas que surgen cuando
examinamos los sonidos y las combinaciones de sonidos que emplean los hispanohablantes para comunicarse. *Estructura de los sonidos del español* se propone
brindarle al lector una base sólida en el campo de la fonética y la fonología
españolas. Para esto, es necesario no limitarse a la descripción superficial de la
pronunciación, sino que hay que investigar a profundidad el funcionamiento
de los sonidos dentro del sistema de la lengua. Paralelamente, este libro busca
describir, ilustrar y practicar las estructuras de sonido que el hablante no nativo
necesita aprender a manejar para desarrollar una pronunciación cercana a la de
los hispanohablantes nativos.

El libro se compone de veinticuatro capítulos organizados en siete unidades.
Como instructor, lo primero que usted notará al ojearlo es que el material provisto
en los veinticuatro capítulos sobrepasa lo que es posible cubrir en el transcurso de
un semestre con un grupo de estudiantes que toma un curso de lingüística por primera vez. Naturalmente, con alumnos que ya han tomado un curso de lingüística
o que ya han desarrollado una buena competencia del español, será posible cubrir
una mayor parte del libro. Ése también será el caso de un curso para alumnos con
herencia hispánica, quienes ya tienen una pronunciación cercana a la de los hispanohablantes nativos, pero apenas están comenzando a aprender cómo analizar
la lengua. De cualquier modo, en ninguno de estos casos es necesario que usted
cubra en clase todos los veinticuatro capítulos del libro. Esto es porque algunos de
los capítulos están concebidos para servir como extensiones de algunos de los
temas que se tratan en los capítulos básicos. Mi recomendación es que la primera
vez que utilice este libro, siga el siguiente plan.

Plan A: Capítulo 1   Aspectos básicos de la comunicación
         Capítulo 2   La fonética y el alfabeto fonético
         Capítulo 4   Maneras de articulación
         Capítulo 8   Las sílabas del español
         Capítulo 9   Fonemas vs. alófonos
         Capítulo 11   Las vocales silábicas
         Capítulo 12   Las vocales no silábicas
         Capítulo 14   Las semiconsonantes
         Capítulo 15   Las consonantes vibrantes
         Capítulo 16   Las consonantes laterales
         Capítulo 17   Las consonantes nasales
         Capítulo 18   Las consonantes fricativas
         Capítulo 19   Las consonantes oclusivas sordas
         Capítulo 20   Las consonantes oclusivas sonoras
         Capítulo 21   Las consonantes africadas

Una vez que usted tenga la experiencia de haber utilizado estos capítulos, podrá considerar la posibilidad de seguir un plan más ambicioso, de acuerdo con el nivel de los estudiantes que tenga. Existen varias maneras de expandir el Plan A por medio de ampliar el número de capítulos incluidos. A continuación aparecen tres planes adicionales, en los que el contenido del curso se incrementa de una manera lógica.

Plan B: Igual al Plan A, pero con la adición de los siguientes capítulos.

Capítulo 3   Los órganos del aparato fonador
Capítulo 7   La perceptibilidad de los fonos
Capítulo 13   Convergencia de vocales

Plan C: Igual al Plan B, pero con la adición de los siguientes capítulos.

Capítulo 5   Lugares de articulación
Capítulo 6   Acción de las cuerdas vocales

Plan D: Igual al Plan C, pero con la adición de los siguientes capítulos.

Capítulo 22   La palabra prosódica
Capítulo 23   La frase entonativa
Capítulo 24   El enunciado prosódico

El capítulo 10, <<variación lingüística>>, es el único que no aparece listado en ninguno de los planes. Esto es porque quiero sugerirle que, sin importar cual sea el plan que usted escoja, utilice ese capítulo para que los estudiantes hagan presentaciones orales en clase durante la segunda mitad del curso. Una extensión de esta actividad puede ser que cada estudiante escoja uno de los países hispanohablantes y, luego de consultar la literatura, presente las tendencias fonéticas que caracterizan la pronunciación de ese país o de una región específica de ese país. Esta actividad permitirá que cada estudiante tenga la oportunidad de hacer su propia integración de la parte teórica y la parte práctica del curso.

Todo instructor experimentado sabe que cada grupo de alumnos tiene su propia dinámica y que la productividad que se puede obtener con un grupo de alumnos no es igual a la que se puede obtener con otros grupos. Aun dentro de un mismo grupo, habrá alumnos que absorben el material con mayor facilidad y rapidez que otros. *Estructura de los sonidos del español* empieza asumiendo que los estudiantes nunca han estudiado los sonidos del español y los guía paso a paso para que construyan progresivamente un conocimiento sólido de la estructura de sonido de esta lengua. Esto permite que los alumnos puedan explorar los capítulos por sí solos, de modo que quienes avanzan más rápido no tienen que limitarse a los temas que se discutan en clase, sino que pueden continuar su aprendizaje a su propio ritmo. Otra ventaja es que el instructor tiene la opción de sugerir a los estudiantes que tienen mayor dificultad con ciertos temas que consulten los capítulos más detallados. Tomemos como ejemplo el hábito que tienen los anglohablantes de usar aspiración para pronunciar las oclusivas sordas del español. Éste es un problema que algunos estudiantes tienen mucha dificultad en superar. Aunque este asunto recibe amplia atención en el capítulo dedicado a las consonantes oclusivas sordas (capítulo 19), el instructor puede sugerirles a los estudiantes que tienen mayor dificultad con la tendencia a aspirar que estudien y hagan las prácticas del capítulo donde se explica detalladamente el funcionamiento de las cuerdas vocales (capítulo 6). De igual modo, los capítulos donde se describen detalladamente los órganos articuladores (capítulo 3), los lugares de articulación (capítulo 5), el acento (capítulo 22) y la entonación (capítulos 23 y 24) pueden seleccionarse como lecturas adicionales para alumnos más avanzados o para alumnos que necesitan explicaciones y prácticas adicionales.

Uno de los retos más grandes que enfrentamos los maestros en el salón de clase es lograr que los alumnos participen activamente, lo cual es absolutamente indispensable cuando se trata de mejorar la pronunciación. Para maximizar el número de oportunidades que los estudiantes tengan para expresarse en español, es bueno que la presentación de los temas no la haga exclusivamente el instructor, sino que los estudiantes contribuyan. Con este fin, los capítulos del libro vienen complementados por cuestionarios que se enfocan en los conceptos claves y brindan la opción de escoger entre dos versiones: cuestionario básico o cuestionario avanzado. El cuestionario básico se recomienda para estudiantes que no han tomado un curso de introducción a la lingüística antes, mientras que el cuestionario avanzado es más apropiado para estudiantes que ya tomaron un curso de introducción a la lingüística o que tienen un dominio del español suficientemente bueno para comprender conceptos técnicos con mayor facilidad. Asignar los cuestionarios como tarea es una manera efectiva de lograr que los alumnos tengan preguntas y comentarios para hacer en clase. Si cada estudiante resuelve el cuestionario a medida que lee el capítulo en preparación para la clase, el instructor puede permitir que los estudiantes tomen turnos para hacer las preguntas y proponer respuestas. Sólo después de que uno o más estudiantes hayan ofrecido sus respuestas a la pregunta, debe el instructor intervenir para complementar o refinar la respuesta que sirva de modelo para toda la clase. Para tener acceso a los cuestionarios, visite el curso de MySpanishLab dedicado a *Estructura de los sonidos del español*.

Otro complemento esencial de los capítulos es la sección de <<Prácticas>>. Para cada capítulo se provee un número abundante de ejercicios. Algunas de las prácticas aparecen al final del capítulo, pero también hay prácticas adicionales que se encuentran en el curso de MySpanishLab dedicado a *Estructura de los sonidos del español*. Es importante animar a los estudiantes a que hagan todas las prácticas de los capítulos estudiados; sin embargo, no es necesario que todas las prácticas se discutan en clase. El instructor puede optar por hacer algunas prácticas en clase y asignar otras como tarea. Las respuestas de los ejercicios se pueden consultar visitando el sitio web del libro.

La mayoría de los capítulos tienen por lo menos una práctica que incluye un texto en español. Una manera de extender el uso de estos textos es asignarlos periódicamente como tarea oral. Los estudiantes pueden escuchar en casa la pronunciación del hablante modelo y practicar tantas veces como necesiten para desarrollar una pronunciación fluida y natural. Cuando estén listos, deben grabar su voz y entregar la grabación al instructor, quien podrá de esta manera evaluar el progreso que cada estudiante está haciendo. A través de esta actividad, el instructor también podrá identificar cuáles son las dificultades específicas que cada alumno está experimentando y recomendarle cuáles capítulos del libro debe estudiar con especial atención para superar el tipo de problema que tiene.

La abundancia de muestras producidas por hablantes nativos les ofrece a los estudiantes la flexibilidad de no tener que depender del profesor para tener acceso a una pronunciación que les sirva de modelo. *Estructura de los sonidos del español* describe e ilustra las principales tendencias fonéticas características de los tres geolectos básicos en los que se puede dividir el mundo hispanohablante: el español terraltense, el español terrabajense y el español peninsular norteño. Debido a que su sistema de sonidos es relativamente más simple y transparente, la pronunciación que se ilustra con mayor frecuencia es la del español terraltense (usado en metrópolis como Bogotá y la Ciudad de México). Sin embargo, la pronunciación de los otros dos geolectos también está bien representada. Dependiendo del tema de que traten, los capítulos incluyen una sección de variación dialectal junto con ejercicios diseñados para practicar algunas de las tendencias dialectales más comunes. Según el nivel de los estudiantes, el instructor puede incluir más o menos información de la sección sobre tendencias dialectales como una manera de expandir el contenido básico de ciertos capítulos (capítulos 11–21).

También es importante resaltar que *Estructura de los sonidos del español* utiliza consistentemente el Alfabeto Fonético Internacional (AFI). La tradición de usar diversos alfabetos fonéticos para representar los sonidos del español es una de las mayores causas de confusión, no sólo entre estudiantes, sino aun entre quienes nos dedicamos a hacer investigación en el campo de la lingüística hispánica. Para prevenir ese tipo de confusión, *Estructura de los sonidos del español* introduce una versión reducida del AFI, en la que se incluyen solamente los símbolos fonéticos necesarios para representar los sonidos del español y sus dialectos.

Sólo resta por decir que espero que el material teórico y práctico recogido dentro de *Estructura de los sonidos del español* verdaderamente facilite su labor en la enseñanza de la fonética y la fonología españolas.

Dr. Carlos-Eduardo Piñeros
University of Iowa

Agradecimientos

Sin la contribución de numerosas personas, este libro no tendría la forma que ha adquirido. La arquitectura de *Estructura de los sonidos del español* evolucionó a lo largo del proceso de escribirlo gracias a las sugerencias que recibí de muchos lectores. A mis colegas George DeMello, Paula Kempchinsky, Phillip Klein y Eduardo Urios-Aparisi les agradezco enormemente el tiempo que dedicaron a leer los capítulos del manuscrito para brindarme valiosos comentarios. También fue de enorme ayuda, la oportunidad de probar los capítulos con mis alumnos en clase. Los estudiantes de la Universidad de Iowa que participaron en alguna sección de mi curso 35:122 durante el período comprendido entre la primavera de 2005 y el otoño de 2007 me ayudaron a mantenerme siempre cerca al punto de vista del estudiante y a poner a prueba la efectividad del enfoque que adopté. Pero no sólo ellos, sino que de una u otra manera, todos los estudiantes que en el pasado tomaron un curso de fonética y fonología españolas conmigo contribuyeron a que me animara a escribir un libro sobre la materia.

De la enorme lista de estudiantes con quienes estoy en deuda por su ayuda, tengo que mencionar especialmente a tres. Jeffrey Renaud y Jennifer Heacock trabajaron muchas horas conmigo en el proceso de escrutar el manuscrito para evitar que se colaran errores tipográficos y me dieron muchas sugerencias útiles para ajustar la presentación del material a la perspectiva del estudiante. Valiosísima también fue la ayuda que me prestó Juliana Khouri. Su perspicacia y precisión fueron cualidades que me ayudaron a pulir la versión final y verificar la exactitud de las respuestas a los ejercicios. Fue todo un placer trabajar con estos tres estudiantes brillantes.

A los reseñadores anónimos que leyeron el manuscrito en varios puntos de su evolución también les debo mi profundo agradecimiento. Muchas de sus sugerencias me llevaron a hacer importantes ajustes en el diseño y cubrimiento del libro. El siguiente listado incluye los nombres de quienes aceptaron revelar su nombre.

Jon Aske, *Salem State College*
Manuel Díaz-Campos, *Indiana University*
Manuel J. Gutiérrez, *University of Houston*
Charles E. Holloway, *University of Louisiana at Monroe*
Priscilla Hunter, *Southern Oregon University*
John J. Ivers, *Brigham Young University—Idaho*
Orlando René Kelm, *The University of Texas at Austin*
Gerardo Augusto Lorenzino, *Temple University*

Glenn A. Martínez, *The University of Texas—Pan American*
DeLys Ostlund, *Portland State University*
Emily E. Scida, *University of Virginia*
Lourdes Torres, *DePaul University*
Jiyoung Yoon, *University of North Texas*
Alice Weldon, *University of North Carolina—Ashville*
Kirk A. Widdison, *Brigham Young University—Idaho*

En Pearson Prentice Hall, la colaboración que Bob Hemmer y Donna Binkowski me prestaron fue esencial para mover este proyecto de principio a fin y, durante la etapa final de producción, la ayuda de Jill Traut en Macmillan Publishing Solutions fue crucial para asegurar la calidad del impreso. Adicionalmente, agradezco el apoyo de la Universidad de Iowa, que me otorgó un semestre de sabático para culminar el manuscrito.

Por último, la compañía de mi pareja Zhuo Chen y mi amiga Rebecca Schneider hizo que la luz siempre brillara en Iowa durante los tres años que me ocupó este proyecto. A mayor distancia, pero también palpable, fue la compañía de mi amiga Carmen Eloisa Botía y de mi familia en Colombia. Gracias a todas estas personas, es posible decir hoy que *Estructura de los sonidos del español* se ha materializado.

Unidad 1

Los sonidos en la comunicación

Aspectos básicos de la comunicación

Nuestra vida en sociedad nos lleva a diario a participar en eventos comunicativos en los que intercambiamos innumerables mensajes de ilimitada variedad. Somos tan hábiles para comunicarnos cuando lo hacemos en nuestra lengua nativa que rara vez nos detenemos a pensar en la naturaleza de este proceso. La experiencia de aprender una segunda lengua es reveladora en este sentido, porque nos hace conscientes de la gran complejidad de las estructuras lingüísticas. Una de las estructuras lingüísticas más complejas, debido a los múltiples niveles que la componen, es la de los sonidos. Ésta es precisamente la parte de la estructura del español que estudiaremos en detalle a lo largo de este libro. A fin de comprender el papel que juegan los sonidos en la comunicación, pasemos a examinar el entorno total en el que se usa la lengua.

1.1 ■ Los elementos del entorno comunicativo

Para comunicarnos, los seres humanos nos valemos principalmente de las lenguas (p. ej. español, inglés, zulú, chino, árabe, etc.). Una **lengua** es un código abstracto y convencional que hace posible la comunicación entre los miembros de una comunidad. Esto quiere decir que la lengua no pertenece a un solo individuo sino a toda la colectividad que comparte las convenciones lingüísticas. Pero a pesar de su naturaleza abstracta y colectiva, los hablantes de una lengua podemos usarla para propósitos comunicativos específicos e individuales (p. ej. saludar, hacer un comentario, contar un chiste, pedir información, dar gracias, felicitar a alguien). De hecho, cada vez que nos valemos de la lengua para expresarnos, ejecutamos un **acto de habla**, con lo cual materializamos la lengua.

Además de la lengua, existen otros elementos que intervienen en la realización de un acto de habla. ¿Qué otros elementos puede usted identificar en la siguiente situación?

Cuando salía de su casa esta mañana, Ana María llamó a su abogada por teléfono y le preguntó —¿Está listo el contrato?

Dos elementos esenciales en el acto de habla son las personas que se comunican: el hablante y el oyente. Por ser quien emite el comunicado, se considera que el hablante es el **emisor**; mientras que el oyente se conoce como el **receptor**, ya que es él quien recibe el comunicado. El comunicado que se transmite de emisor a receptor es el **mensaje**, el cual está codificado en la **lengua** y se refiere a una entidad presente en el mundo: el **referente**. También existe un **canal**, que es el medio físico usado por el emisor para hacer llegar el mensaje hasta el receptor.

Observe en la Figura 1.1 que el emisor y el receptor son personas conectadas por medio de la lengua que ambas hablan. Fíjese, además, que el referente y el canal son entidades físicas, y por lo tanto, externas a la lengua, mientras que el mensaje es una entidad abstracta que se origina en el interior de la lengua, a pesar de que necesita un cuerpo físico que lo transmita (p. ej. sonidos, letras, gestos, etc., según el canal utilizado).

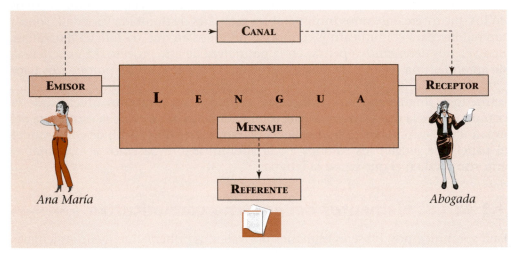

Figura 1.1 Elementos que intervienen en el acto de habla.

Podemos usar el ejemplo anterior para describir lo que sería una visión esquemática del acto de habla. El proceso se inicia con la intención por parte del emisor (*Ana María*) de expresar algo al receptor (*su abogada*) con respecto a un referente (*el contrato*). Movido por esa intención, el emisor codifica el mensaje (*"¿Está listo el contrato?"*) usando la lengua que comparte con el receptor (*el español*). El emisor usa entonces el canal oral (ejecuta movimientos con la boca) para producir los sonidos lingüísticos, que en el caso que estamos considerando son [es.'ta.'lis.to̯el.kon.'tra.to↑].[1] Estos sonidos cumplen la función de transportar la información viajando en forma de una onda acústica, que es difundida por un medio físico como el teléfono, la radio o simplemente el aire. La onda acústica llega hasta el receptor, quien la percibe por medio del oído y la procesa para descodificar el mensaje. Tras interpretar el mensaje, es posible que el receptor responda, en cuyo caso abandona el papel de receptor y asume el de emisor reiniciando así el ciclo comunicativo, que puede continuar repitiéndose indefinidamente.

---

[1]Los sonidos lingüísticos se representan usando un sistema de escritura diseñado especialmente para ello: el Alfabeto Fonético Internacional (AFI). Para diferenciar entre los sonidos, que oímos pronunciados, y las letras, que vemos escritas, se acostumbra representar los sonidos entre corchetes: [ ].

A manera de contraste, consideremos lo que pasaría si los seres humanos tuviéramos el poder de comunicarnos por medio de telepatía. Es obvio que, si así fuera, la comunicación sería bastante diferente. Si nos comunicáramos telepáticamente, emisor y receptor podrían intercambiar mensajes sin necesidad de usar un canal (Ana María no hubiera necesitado telefonear a su abogada). La ventaja de tener telepatía es que no sería necesario poner las ideas en una forma física. La comunicación sería en ese caso un proceso completamente mental. ¡Imagine todo el tiempo y esfuerzo que nos ahorraríamos! Pero la realidad es que los seres humanos no somos capaces de leer la mente de las otras personas, y por ello tenemos que recurrir a un medio físico para poder difundir las ideas de un individuo a otro.

En conclusión, los sonidos lingüísticos sirven como el vehículo que transporta el mensaje desde la mente del emisor hasta la mente del receptor. Aunque es verdad que esa función la cumplen también las letras en la expresión escrita y los gestos en las lenguas gesticuladas, el canal oral es sin lugar a duda el medio más usado en la comunicación humana. Esto se debe a que los seres humanos nacemos dotados no solamente de un cerebro capaz de aprender y procesar lenguas, sino también de un grupo de órganos que la especie humana ha adaptado y perfeccionado para la producción y percepción de sonidos lingüísticos.

1.2 ▮▮ El signo lingüístico

La comunicación humana involucra un plano mental y otro físico. En el plano mental encontramos los conceptos, mientras que en el plano físico está el medio que los transporta. Esta propiedad de consistir en dos dimensiones se llama **doble articulación**. Para ilustrar esta noción, examinemos una palabra como *mano*. En este ejemplo, el concepto ✋ constituye el plano mental, mientras que los sonidos [mãno], que en la ortografía española se representan con las letras *m-a-n-o*, forman el plano físico. Al componente mental lo llamamos **significado**, que definimos como el concepto o la imagen abstracta que la palabra nos evoca. Al componente físico lo llamamos **significante**, el cual puede tomar diversas formas dependiendo del canal que se use (p. ej. sonidos en el canal oral, letras en el canal escrito, gestos en el canal gestual).

La unidad que resulta de emparejar un significado con un significante es un **signo lingüístico** (vea la Figura 1.2). Este concepto es de suma importancia

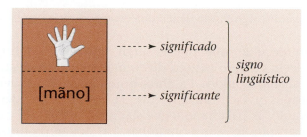

Figura 1.2 El signo lingüístico es la convergencia de un significado y un significante.

porque es la clave de la comunicación. Fíjese que las palabras no servirían para comunicar si sus sonidos no estuvieran asociados con un significado. Por esta razón, es crucial entender el signo lingüístico como una convergencia de significante y significado. Esto equivale a decir que un signo lingüístico no puede existir si sus dos componentes no están presentes, así como una hoja de papel no puede existir si no tiene sus dos superficies. Concluimos entonces que el signo lingüístico es una unidad bipartita, por lo cual se desvanece automáticamente si una de sus dos partes no está presente.

Otra propiedad del signo lingüístico es que normalmente no existe una conexión lógica entre sus dos componentes. Fíjese que no hay ninguna razón por la que la asociación del concepto 🖐 con los sonidos [mãno] sea mejor que su asociación con los sonidos [boka], [kasa], [parke] o cualquier otra combinación de sonidos. En español, el concepto 🖐 se asocia con los sonidos [mãno] solamente porque ésta es una convención de la lengua española. Dado, entonces, que cada lengua tiene sus propias convenciones, es de esperar que otras lenguas asocien el concepto 🖐 con diferentes sonidos. En inglés, por ejemplo, en lugar de [mãno] se dice [hǽnd], en francés [mɛ̃], en vasco [esku], en coreano [son], en ruso [ruka] y así sucesivamente. La conclusión a la que esto nos lleva es que, a falta de una conexión natural entre el significante y el significado, la relación entre ellos es arbitraria. Tal situación es la que se da típicamente en la gran mayoría de los signos lingüísticos de las lenguas humanas.

Aunque es algo atípico, ocurre que algunas veces existe una conexión lógica entre el significante y el significado de algunos signos lingüísticos. Las palabras en las que ése es el caso se conocen como **onomatopeyas**. Algunos ejemplos de onomatopeyas en español son [kikiriki] o [kokoroko] para el canto del gallo, [mi̯au̯] para la voz del gato, [gu̯au̯] para la voz del perro, etc. Piense en la conexión que existe entre el significante y el significado del signo lingüístico que se ilustra en la Figura 1.3.

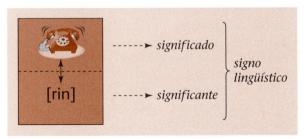

Figura 1.3 Significante y significado tienen una conexión lógica en las onomatopeyas.

Una relación peculiar que puede surgir entre signos lingüísticos es la **homofonía**, es decir, cuando existen dos o más signos lingüísticos que tienen exactamente los mismos sonidos. **Palabras homófonas** son aquellas que, a pesar de tener significados y escritura diferente, se pronuncian idénticamente. En español, por ejemplo, la palabra *uso*, que significa 'usage' o 'I use', y la palabra *huso*, que significa 'spindle', son homófonas. Las dos se pronuncian [uso] porque la letra *h* de la palabra *huso* no se pronuncia. La misma situación se presenta entre las palabras *echo* 'I throw' y *hecho* 'fact', *ala* 'wing' y *hala* 's/he pulls', *asta* 'lance' y *hasta* 'until', entre otras.

Un caso común de palabras homófonas se presenta en el español hablado en el sur de España y en toda Hispanoamérica, debido a que las letras *s*, *z* y *c* (esta última antes de *e* o *i*) corresponden al mismo sonido: [s]. A raíz de esto, parejas de palabras como *casa* 'house' y *caza* 'hunt', *sien* 'temple' y *cien* 'one hundred', *coser* 'to sew' y *cocer* 'to cook' son homófonas en los dialectos de esas regiones.

Otro caso de palabras homófonas involucra las letras *b* y *v* debido a que las dos representan el mismo sonido en español: [b]. Ejemplos de esto son *botar* 'to throw' y *votar* 'to vote', *baca* 'luggage rack' y *vaca* 'cow'. Además, en la mayoría de los dialectos, existen parejas de palabras como *poyo* 'stone bench' y *pollo* 'chicken' o *cayó* 's/he fell' y *calló* 's/he kept silent', que también son homófonas porque las letras *y* y *ll* representan el mismo sonido: [ʝ].

Lo más interesante de las palabras homófonas es que son signos lingüísticos que difieren en el plano del significado, pero coinciden en el plano del significante. La Figura 1.4 ilustra esta situación con las palabras *casa* y *caza*.

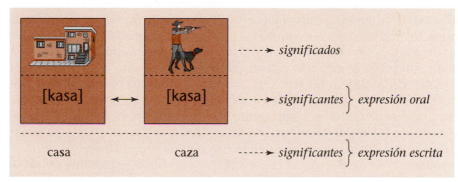

Figura 1.4 Las palabras homófonas coinciden en el significante de la expresión oral.

Sucede que aunque en la expresión escrita las palabras *casa* y *caza* tienen distintos significantes, en la expresión oral los significantes de estas dos palabras son idénticos en la mayoría de los dialectos. Excepto por el centro y norte de España, donde *casa* se pronuncia [kaşa] mientras que *caza* se pronuncia [kaθa], la gran mayoría de hispanohablantes pronuncian ambas palabras exactamente iguales: [kasa].

A pesar de su identidad en términos de sonidos, los hablantes que no distinguen la pronunciación de estas palabras son capaces de identificarlas en la expresión oral gracias a la información que provee el contexto. Por ejemplo, si alguien dijera *Tengo dos perros en mi* [kasa] y *Necesito dos perros para ir de* [kasa], entendemos que en la primera oración se habla de *casa*, mientras que en la segunda oración se habla de *caza*.

Hay que reconocer, sin embargo, que hay casos en los que la ambigüedad es más difícil de resolver. Observe que en una oración como *Me voy de* [kasa], cualquiera de las dos interpretaciones es igualmente probable. En tal caso, solamente si conocemos las circunstancias específicas del entorno en el que se desarrolla el acto de habla podremos determinar cuál de los dos significados es el que el hablante quiere expresar.

Ahora que hemos llegado a este punto, podemos apreciar exactamente cuál es el sitio que ocupan los sonidos lingüísticos dentro del marco de la comunicación. Los sonidos lingüísticos caen dentro de la dimensión del significante de la expresión oral. El estudio de los sonidos de una lengua se enfoca, por lo tanto, en la manera como se pronuncian las palabras, no en la manera como se escriben. Por esa razón, es crucial que usted se acostumbre a pensar en cómo suenan las palabras cuando las oye y no cómo se ven cuando las lee.

1.3 ■ La lingüística y el estudio de los sonidos ━━━━

La ciencia que se encarga de estudiar las lenguas humanas es la **lingüística** y las personas que trabajan en este campo se llaman **lingüistas**. El objetivo general de la lingüística es describir y explicar por qué las lenguas humanas son como son. Una parte importante de esta investigación es conducida por la fonética y la fonología, que son las disciplinas que se especializan en el estudio de los sonidos lingüísticos. La diferencia entre ellas está en el enfoque que adoptan. La **fonética** examina los sonidos desde el punto de vista de sus propiedades físicas, mientras que la **fonología** los estudia en términos de su función mental.

Para comprender mejor la diferencia, tomemos el caso de un sonido como [s]. Dentro de la dimensión física, la fonética se interesa por averiguar cómo se produce este sonido, cuáles son sus propiedades acústicas y cómo es percibido por el oído del receptor. Para ser más específicos, la fonética nos dirá, por ejemplo, que el sonido [s] se produce por la acción de varios órganos que ejecutan una serie de movimientos, entre los cuales el más evidente es el acercamiento de la parte delantera de la lengua a la superficie que está inmediatamente detrás de los dientes superiores (vea la Figura 1.5). Ésta y otras maniobras articulatorias, que se describen detalladamente en los capítulos subsiguientes, contribuyen a crear el efecto acústico que el oído humano percibe como el sonido [s].

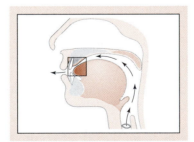

Figura 1.5 Articulación del sonido [s] (vista lateral).

La fonología, por su parte, investiga qué papeles juega cada sonido en el sistema de la lengua y cuál es su relación con los demás sonidos del sistema. Con respecto al sonido [s], la fonología española nos informa, por ejemplo, que en esta lengua dicha consonante puede combinarse con una vocal, a la que puede preceder o seguir formando así una sílaba (p. ej. *se* [se] o *es* [es]). En la Figura 1.6 se ilustran estas dos posibilidades usando el símbolo σ para representar la sílaba.

Figura 1.6 Posiciones que puede ocupar el sonido [s] dentro de una sílaba española.

En estas dos posiciones, el sonido [s] tiene una función contrastiva con las demás consonantes del español, ya que al reemplazarlo por otra consonante española, obtenemos un cambio de significado (p. ej. *se* [se] versus *le* [le], o *es* [es] versus *el* [el]).

Otra propiedad fonológica de la consonante [s] en español es que cuando forma sílaba con una vocal siguiente, no puede aparecer adyacente a otra consonante dentro de la misma sílaba. Así, aunque en inglés existen sílabas que comienzan con [s] + consonante (p. ej. *ski, snob, slogan,* etc.), el español sólo permite sílabas donde [s] es la única consonante que precede a la vocal (p. ej. *si, su, se,* etc.). Es a causa de esta condición de la fonología española que cuando se adopta una palabra del inglés que comienza con un grupo de [s] + consonante, los hablantes monolingües de español automáticamente insertan la vocal [e] (p. ej. *esquí, esnob, eslogan*). Como se ilustra en la Figura 1.7, la inserción de la vocal [e] tiene el efecto de crear una sílaba adicional que permite que [s] no tenga que combinarse con la consonante siguiente dentro de la misma sílaba (p. ej. *es-quí, es-nob, es-lo-gan*). Éstas y otras propiedades del sonido [s] son parte del conocimiento que los hablantes de español tienen de su lengua.

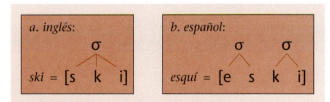

Figura 1.7 Diferente comportamiento fonológico del sonido [s] en inglés y español.

En suma, para llegar a un completo entendimiento de los sonidos lingüísticos, necesitamos la contribución tanto de la fonética como de la fonología. Estas dos disciplinas se complementan para investigar las propiedades físicas de los sonidos y la funcionalidad que éstos tienen en la creación de significantes.

También es de utilidad saber que las lenguas usan los sonidos para construir **morfemas**, los cuales son sonidos a los que se les ha asignado un significado. Observe que los sonidos [p], [a], [n] se combinan para formar la secuencia [pan], que tiene asignado el significado 'bread'. La disciplina lingüística que estudia cómo se combinan los morfemas para crear palabras se llama **morfología**.

Entonces, dado que las palabras se componen de morfemas y los morfemas se componen de sonidos, es de esperar que las investigaciones de la morfología, la fonología y la fonética se relacionen.

Para ver cómo los sonidos forman morfemas y los morfemas forman palabras, podemos tomar el nombre *niñas*, cuya pronunciación es [nĩɲas]. Al descomponer esta unidad, encontramos que su significado total es divisible en significados más elementales que están asociados con ciertos fragmentos de la secuencia de sonidos que compone la palabra (vea la Figura 1.8). Así, el concepto 'plural' está conectado con el sonido [s], el concepto 'female' está relacionado con el sonido [a], y el concepto 'child' está vinculado con la secuencia [nĩɲ]. Note que el símbolo + indica el límite entre dos morfemas.

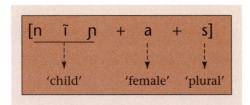

Figura 1.8 La palabra *niñas* contiene tres morfemas en su interior.

Dentro de este marco, se puede ver claramente el propósito que guía este libro. El objetivo es que usted aprenda cómo se comportan los sonidos del español cuando se combinan entre sí para formar morfemas, palabras y unidades aun mayores. Con las explicaciones y las prácticas que aquí encontrará, su habilidad para producir los significantes que se usan en la expresión oral del español mejorará considerablemente.

PRÁCTICAS

Práctica 1

Escuche y repita la pronunciación de los siguientes enunciados, cada uno de los cuales describe un acto de habla. Luego, identifique los elementos que intervienen en cada acto de habla.

1. *La profesora de portugués les dijo a los estudiantes en clase: "Rio de Janeiro é muito bonito."*

   lengua: _____

   emisor: _____ receptor: _____

   mensaje: _____

   referente: _____ canal: _____

2. *El presidente de Francia se dirigió al pueblo francés en un discurso transmitido por radio en el que declaró: "L'éducation est très importante."*

lengua: _____

emisor: _____ receptor: _____

mensaje: _____

referente: _____ canal: _____

3. *Cuando se despedía de su madre en el aeropuerto, Carolina le dio una tarjeta que decía: "Te prometo que volveré para tu fiesta de cumpleaños."*

lengua: _____

emisor: _____ receptor: _____

mensaje: _____

referente: _____ canal: _____

Práctica 2

Escuche y repita la pronunciación de las siguientes adivinanzas. El significado al que cada adivinanza se refiere aparece representado por el dibujo acompañante. Para cada uno de estos significados escriba, en ortografía española, el significante correspondiente para formar así un signo lingüístico.

1. *Verde por fuera, amarilla por dentro; si quieres saber, espera.*

signo lingüístico:

_____ *pera* _____

2. *Dos orejas a los lados enmarcan mi prominencia y dos sables de marfil dan decoro a mi presencia.*

signo lingüístico:

_____

3. *Le toca nacer dos veces. La primera en un huevito, la segunda en un capullo, y sus alas son su orgullo.*

signo
lingüístico:

4. *Son doce hermanitas que tienen dos remos, y en su andar nos dicen todo lo que hacemos.*

signo
lingüístico:

Práctica 3

Dé tres ejemplos de palabras homófonas en inglés y tres ejemplos, no incluidos en este capítulo, de palabras homófonas en español.

Palabras homófonas en inglés

1. a. _____   b. _____

2. a. _____   b. _____

3. a. _____   b. _____

Palabras homófonas en español

1. a. _____   b. _____

2. a. _____   b. _____

3. a. _____   b. _____

Práctica 4

Escuche y repita la pronunciación del siguiente poema. A medida que escuche, encierre con un círculo las palabras que se escriben con las letras *r* o *rr*. Luego, lea la explicación que aparece abajo sobre los sonidos a los que esas letras representan.

Lo Siento

Carlos-Eduardo Piñeros

> *Te herí sin pensarlo.*
> *Sin darme cuenta te iba lastimando,*
> *y yo creía que te estaba amando.*
>
> *Hice dos ríos de lágrimas correr por tus mejillas*
> 5   *y recubrí de espinas la joya de tu pecho.*
> *Mas no dijiste nada; ni grito, ni mirada.*
>
> *Tanto tiempo ha pasado sin que yo lo comprendiera,*
> *sin que tú me culparas ni tus ojos me acusaran.*
> *¿Qué esperanza se habrá negado a rendirse ante la indiferencia?*
>
> 10   *¡Qué tarde he comprendido que he sido yo tu pena!*
> *¿Acaso vale la pena llorar en el silencio?*
> *Yo quise darte flores y sólo te traje sinsabores.*
>
> *Lo siento.*

Explicación: La fonética clasifica los sonidos [ɾ] y [r] como **vibrantes** debido a que se producen con un movimiento vibratorio de la lengua. El sonido [ɾ] es una **vibrante simple**, porque la lengua vibra solamente una vez, mientras que el sonido [r] es una **vibrante múltiple**, porque la lengua vibra varias veces.[2] Aunque la letra *rr* se usa consistentemente para representar la vibrante múltiple, la ortografía española es inconsistente porque permite usar la letra *r* para representar ambas vibrantes. Considere, por ejemplo, la pronunciación de la palabra *rural*, donde la primera *r* representa una vibrante múltiple, mientras que la segunda representa una vibrante simple.

Poniendo atención a la pronunciación de las vibrantes, escriba (en ortografía española) una lista de las palabras del poema que contienen el sonido [ɾ] y otra de las palabras que contienen el sonido [r]. Tenga en cuenta que algunas palabras aparecerán en ambas listas por contener tanto [ɾ] como [r].

Palabras que contienen [ɾ] (24 en total)

_____ _____ _____ _____

_____ _____ _____ _____

_____ _____ _____ _____

_____ _____ _____ _____

---

[2]Una descripción detallada de las vibrantes aparece en el capítulo 15.

_____   _____   _____   _____

_____   _____   _____   _____

Palabras que contienen [r] (4 en total)

_____   _____   _____   _____

Basándose en la pronunciación de estas palabras, complete la siguiente tabla.

1. La vibrante simple, [r], puede ocupar las siguientes posiciones en español.

	POSICIÓN	SÍ	NO	EJEMPLO
a.	inicial de palabra			
b.	final de palabra			
c.	inicial de sílaba interna			
d.	final de sílaba interna			

2. La vibrante múltiple, [r], puede ocupar las siguientes posiciones en español.

	POSICIÓN	SÍ	NO	EJEMPLO
a.	inicial de palabra			
b.	final de palabra			
c.	inicial de sílaba interna			
d.	final de sílaba interna			

Práctica 5

Usando el símbolo +, divida las siguientes palabras del poema en *morfemas*. No olvide que para que un sonido o secuencia de sonidos pueda considerarse un morfema es necesario poder atribuirle un significado. Tenga presente, además, que el significado que aportan algunos morfemas es simplemente información gramatical. En la palabra *llorar*, por ejemplo, la *r* final es un morfema cuya función es indicar que el verbo está en infinitivo. Pronuncie todas las palabras después de analizarlas.

1. *ojos* _____   6. *correr* _____

2. *ríos* _____   7. *pensarlo* _____

3. *flores* _____   8. *darme* _____

4. *mejillas* _____   9. *rendirse* _____

5. *lágrimas* _____   10. *sinsabores* _____

Prácticas adicionales

Visite http://www.prenhall.com/estructuradelossonidos/.

La fonética y el alfabeto fonético

El término que los lingüistas usan para referirse a los sonidos lingüísticos como entidades físicas es **fono**, lo cual significa "sonido" (p. ej. *teléfono* "sonido a distancia"). La rama de la lingüística que se especializa en el estudio de los fonos es la **fonética**, y por derivación, los lingüistas que realizan ese tipo de estudio se llaman fonetistas. Debido a que la realización de los fonos exhibe diversas facetas, la investigación fonética tiene varias ramificaciones que discutiremos brevemente. Una contribución práctica de la fonética es el desarrollo de alfabetos fonéticos para representar los fonos. Aquí adoptamos el Alfabeto Fonético Internacional, del cual extraemos los símbolos necesarios para representar los fonos del español y sus dialectos.

2.1 ▮ Ramas de la fonética

A pesar de que la vida de los fonos es relativamente corta, podemos identificar tres momentos básicos en su existencia (refiérase a la Figura 2.1). Primero, tenemos la fase de la **articulación**, que es ejecutada por el emisor. La articulación es el proceso de producir fonos a través de impulsos nerviosos enviados desde el cerebro hasta los órganos articuladores para que éstos ejecuten los movimientos articulatorios.

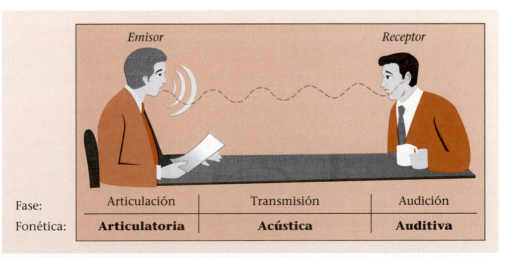

Emisor			Receptor

Fase:	Articulación	Transmisión	Audición
Fonética:	**Articulatoria**	**Acústica**	**Auditiva**

Figura 2.1 Existen tres fases en la vida de un fono.

En segundo lugar está la **transmisión**, es decir, el desplazamiento de los fonos en forma de una onda acústica creada por el movimiento del aire a través de la atmósfera. Finalmente, la fase de la **audición** es ejecutada por el receptor, y consiste en la percepción de los fonos por el oído y su conducción a través del nervio auditivo hasta el cerebro. Para cada una de estas fases existe una rama fonética especializada. La **fonética articulatoria** se enfoca en la articulación, la **fonética acústica** se concentra en la transmisión, y la **fonética auditiva** estudia la audición.

Además de estas tres áreas básicas, cabe mencionar la **fonética aplicada**, la cual se encarga de explorar las aplicaciones prácticas del conocimiento fonético, como por ejemplo, en la enseñanza de lenguas extranjeras, el tratamiento de patologías del habla, o el desarrollo de alfabetos fonéticos. Aquí nos apoyaremos especialmente en la fonética articulatoria y la fonética aplicada por ser éstas las que contribuyen más directamente a mejorar la pronunciación.

2.2 ■ La representación de los fonos

Uno de los problemas que surgen al estudiar los sonidos lingüísticos es la necesidad de representar cada fono inequívocamente. Si nos fiáramos de las letras de la ortografía, surgirían problemas porque las letras no representan los mismos fonos consistentemente. Para comprobarlo, examine la Tabla 2.1, donde se ilustran varios tipos de inconsistencia que ocurren en la ortografía española.

Inconsistencias como las que se muestran allí contradicen la tendencia a creer que la ortografía española es transparente y que el español se pronuncia tal como se escribe. Aunque no se puede negar que la correspondencia entre letras y fonos es mucho más cercana en español que en otras lenguas (p. ej. inglés o francés), tampoco se puede ignorar que la escritura ortográfica española dista mucho de la pronunciación real de las palabras. De esto se infiere que, puesto que ningún sistema ortográfico (incluyendo el del español) es realmente fonético, sería absurdo basarnos en la ortografía para estudiar la pronunciación.

Para evitar los problemas que surgen a causa de la falta de consistencia en los sistemas ortográficos, la Asociación Fonética Internacional creó el **Alfabeto Fonético Internacional** (AFI), que se rige por el principio de que para cada fono debe existir solamente un símbolo y viceversa (un fono = un símbolo). De esta manera se asegura que habrá una correspondencia exacta de uno a uno entre fonos y símbolos. Así, por ejemplo, aunque en la ortografía española el fono inicial de las palabras *cosa, queso,* y *kilo* se representa de tres maneras diferentes, en el AFI se representa siempre con el mismo símbolo: [kosa], [keso], [kilo]. Además, para que el AFI sea un sistema universal se requiere que el mismo símbolo que se usa para representar un fono determinado se use para representar ese fono en todas las lenguas donde existe. De acuerdo a esto, el fono inicial de palabras como *quarter* 'cuarto' del inglés y *coeur* 'corazón' del francés también debe representarse con el símbolo [k].

Dado que muchas lenguas usan el alfabeto romano, la mayoría de los símbolos del AFI se tomaron de ese alfabeto (p. ej. [b], [m], [s], [l], [r], [e], [u], etc.). Pero cuando el alfabeto romano fue insuficiente, se usaron también símbolos del alfabeto griego (p. ej. [β], que representa una forma relajada del fono [b]), o se recurrió a inventar nuevos símbolos (p. ej. [ɲ], que representa la consonante

	TIPO DE INCONSISTENCIA	LETRAS			FONOS			EJEMPLOS
Tabla 2.1					Inconsistencias entre letras y fonos en el sistema ortográfico español			
a.	Una sola letra corresponde a una secuencia de fonos	*x*		=	[ks]			*taxi, éxito, examen asfixia, tórax, máximo*
b.	Una secuencia de letras corresponde a un solo fono	*qu* = [k] *gu* = [g] *rr* = [r] *ll* = [ʝ̞] *ch* = [t͡ʃ]						*qu*eso, pe*qu*eño, par*qu*e *gu*erra, *gu*itarra, den*gu*e ca*rr*era, pe*rr*o, ca*rr*o ceri*ll*a, se*ll*o, cabe*ll*o *ch*ico, mu*ch*a*ch*o, fi*ch*a
c.	Varias letras corresponden al mismo fono	*b* *v* = [b] *c* *s* *z* = [s] *g* *j* *x* = [x] *c* *k* *qu* = [k] *r* *rr* = [r] *y* *ll* = [ʝ̞]						*b*urro, tam*b*ién, *v*aso, in*v*itar pare*c*er, prome*s*a, ca*b*e*z*a *g*ema, lu*j*o, Mé*x*ico, *c*asa, *k*ilómetro, *qu*erer *r*uta, *r*amo, pe*rr*o, a*rr*esto *m*a*y*o, papa*y*a, si*ll*a, estre*ll*a
d.	Varios fonos corresponden a la misma letra	*g* = [g] [x] *c* = [θ] [s] [k] *r* = [ɾ] [r] *y* = [i̯] [ʝ̞]						*g*ato, *g*oma, a*g*ente, *g*itano na*c*e, *c*osa, a*c*tuar pe*r*o, ca*r*a, *r*opa, *r*ama re*y*, Paragua*y*, po*y*o, ma*y*a
e.	Un fono no corresponde a ninguna letra			=	[e]			[e]*stop*, [e]*spray*, [e]*smog* [e]*Snoopy*, [e]*Smith*, [e]*Sprite*
f.	Una letra no corresponde a ningún fono	*h* = *p* =						*h*ermano, *h*ilo, des*h*izo *p*sicología, *p*terodáctilo

interna de la palabra *año*). Además, el AFI usa **diacríticos**, los cuales son marcas que se le añaden al símbolo de un fono para representar modificaciones menores de ese sonido. Un ejemplo de esto es el diacrítico ˌ que indica "dentalidad". Cuando este diacrítico aparece debajo de una consonante significa que ese fono tiene una articulación dental, como sucede con la *d* y la *t* del español (p. ej. *dama* y *tono*, que se pronuncian [d̪ama] y [t̪ono], respectivamente).

La más reciente revisión del AFI fue realizada en 2005. Cuando tenga ocasión, visite el sitio http://www.arts.gla.ac.uk/ipa/ipa.html. Allí encontrará el alfabeto con los símbolos necesarios para representar los fonos que hasta el momento se conocen de las lenguas del mundo. Para los propósitos de este libro, es más práctico que usemos una versión reducida, debido a que existen muchos fonos que se representan en el AFI pero que no ocurren en español. La tabla que aparece en el interior de la cubierta posterior recoge solamente los símbolos necesarios para representar la pronunciación del español y sus dialectos. Use esa tabla como fuente de referencia o como complemento a los capítulos 11–21, donde se describen detalladamente todos los fonos que esos símbolos fonéticos representan.

2.3 ▌▌ Los fonos básicos del español

En todas las lenguas del mundo existen algunos fonos básicos y otros que son variantes de los fonos básicos. Debido a que cada fono básico puede tener múltiples variantes, es conveniente que comencemos por familiarizarnos con los fonos básicos.

Los fonos de cualquier lengua se pueden dividir en dos grupos principales: consonantes y vocales. Las **consonantes** son fonos que se articulan creando algún tipo de impedimento a la salida del aire por la boca (p. ej. [p], [f], [n], [l], [r], etc.); mientras que las **vocales** se articulan sin tal impedimento, sino más bien con cierto grado de abertura de la boca (p. ej. [a], [e], [i], etc.). Resulta que todos los dialectos de español usan cinco vocales básicas, pero el número de consonantes básicas fluctúa entre diecisiete y diecinueve, dependiendo del dialecto. La Tabla 2.2 presenta el inventario de fonos básicos del español junto con ejemplos de palabras donde ocurren.

Las principales diferencias en cuanto al número de consonantes básicas tienen que ver con los fonos [θ] y [ʎ]. El primero ocurre típicamente en los dialectos del centro y norte de España, donde palabras como *cima* y *luz* se pronuncian [θima] y [luθ]. El segundo se conserva en áreas más que todo rurales o apartadas de España e Hispanoamérica, donde palabras como *llama* y *calle* se pronuncian [ʎama] y [kaʎe].

Los dialectos que cuentan con solamente diecisiete consonantes básicas son aquellos que carecen de [θ] y [ʎ] (p. ej. la mayoría de los dialectos hispanoamericanos y del sur de España). En contraste, existen dialectos que tienen [θ] pero carecen de [ʎ] (p. ej. dialectos urbanos del centro y norte de España); y dialectos que tienen [ʎ] pero carecen de [θ] (p. ej. algunos dialectos suramericanos). Es decir que en lo que concierne al inventario de fonos básicos, las diferencias entre dialectos españoles ocurren en el ámbito de las consonantes. Las cinco vocales tienden a ser las mismas de un dialecto a otro.

Un dato interesante que incluye la Tabla 2.2 es la frecuencia con que ocurre cada uno de los fonos básicos del español.[1] Esta información es de interés porque revela la funcionalidad de las unidades que componen el sistema de sonidos. A este respecto, vale la pena destacar que aunque el número de consonantes es más del triple que el número de vocales, las consonantes no son significativamente más funcionales que las vocales. Las cinco vocales se usan aproximadamente con

---

[1]Los porcentajes de frecuencia se obtuvieron por medio de examinar 30.000 palabras extraídas de textos escritos (revistas y periódicos). Para una comparación con conteos similares, consulte la siguiente fuente: Antonio Quilis y Manuel Esgueva, <<Frecuencia de fonemas en el español hablado>>, *Lingüística Española Actual* 2, no. 1 (1980): 1–25.

Tabla 2.2		Los fonos básicos del español (consonantes y vocales)			
		AFI	ORTOGRAFÍA ESPAÑOLA	EJEMPLOS	FRECUENCIA
Consonantes	1.	[s]	s, c, z	*suelo, cena, zulú*	8,3%
	2.	[n]	n	*nuez, nadie*	7,2%
	3.	[ɾ]	r	*poro, cero*	5,4%
	4.	[t̪]	t	*toro, triángulo*	4,4%
	5.	[l]	l	*lima, lodo*	4,2%
	6.	[d̪]	d	*durazno, dama*	4,0%
	7.	[k]	c, qu, k	*comer, querer, kilómetro*	3,8%
	8.	[m]	m	*mañana, marco*	3,0%
	9.	[p]	p	*poco, pato*	2,7%
	10.	[b]	b, v	*beso, vaca*	2,5%
	11.	[θ]*	z, c	*zapato, ciudad*	1,5%
	12.	[g]	g, gu	*ganas, guerrero*	1,1%
	12.	[r]	r, rr	*rápido, corro*	0,9%
	14.	[f]	f	*fabuloso, fresa*	0,8%
	15.	[ʎ]*	ll	*llegar, calle*	0,7%
	16.	[x]	j, g, x	*jerigonza, gente, Xavier*	0,6%
	17.	[j]	y, ll	*suyo, malla*	0,4%
	18.	[t͡ʃ]	ch	*choza, chaleco*	0,3%
	19.	[ɲ]	ñ	*ñandú, ñame*	0,2%
	Subtotal				52%
Vocales	1.	[a]	a	*arma, aseo*	15,0%
	2.	[e]	e	*escuela, enano*	13,0%
	3.	[o]	o	*olor, onomatopeya*	10,0%
	4.	[i]	i, y	*isla, imán, rey*	7,0%
	5.	[u]	u	*uña, usar*	3,0%
	Subtotal				48%
	TOTAL				100%

*Sólo en algunos dialectos. [θ] es como **th** en *think*, mientras que [ʎ] suena similar a *lli* en *William*.

Nota: Las consonantes [ʝ], [ʒ], [ʃ], [d͡ʒ] y [ɟ͡ʝ] no son fonos básicos del español sino maneras alternativas de pronunciar el fono básico [j], el cual se representa en ortografía española por medio de las letras *y* o *ll*. Así, por ejemplo, en los dialectos en los que las palabras *maya* 'Mayan' y *malla* 'mesh' son homófonas, su pronunciación puede ser [maja], [maʝa], [maʒa], [maʃa], [mad͡ʒa] o [maɟ͡ʝa], dependiendo de factores como el dialecto de la región, la velocidad y el énfasis con que se hable. En este libro se favorece el uso de la variante [ʝ] por ser la más generalizada en el mundo hispanohablante.

la misma frecuencia que las diecinueve consonantes (48% contra 52%). Es evidente que algunas de las consonantes tienen muy baja frecuencia (p. ej. [ɲ], [t͡ʃ], [j], [x], [ʎ], [f], [r]), mientras que las cinco vocales tienen porcentajes de frecuencia considerables. Observe que entre las consonantes, la más frecuente es [s] (8,3%), mientras que entre las vocales, la más usada es [a] (15%).

2.4 ▣ Algunos consejos para hacer transcripciones fonéticas

Transcribir fonéticamente significa usar el alfabeto fonético para representar la pronunciación de una lengua. Puesto que usted no ha tenido experiencia haciendo transcripciones fonéticas, es obvio que necesitará practicar para desarrollar esa habilidad. Al principio, es común que los estudiantes cometan errores a causa de la interferencia que causan las letras de la ortografía. Para evitar los errores más comunes, siga los siguientes consejos, que le ayudarán a distinguir la transcripción fonética de la escritura ortográfica.

a. Corchetes

Siempre que transcriba la pronunciación, use **corchetes**: [ ]. Esta convención es importante porque evita que haya confusión entre los *fonos* (que pertenecen a la lengua oral) y las *letras* (que pertenecen a la lengua escrita). Tenga en cuenta que, puesto que estamos estudiando la lengua oral y no la escrita, lo importante no son las letras con las que se escriben las palabras, sino los fonos con que se pronuncian.

Ejemplos: *huraño* [uraɲo]   *caricatura* [karikat̪ura]
              poquito [pokit̪o]   *cuchara* [kut͡ʃara]

b. Mayúsculas

En la transcripción fonética, no se usan mayúsculas del mismo modo que se hace en ortografía. Aunque el AFI incluye algunos símbolos tanto en minúscula como en mayúscula, esta diferencia no es simplemente de estilo sino que se usa para distinguir dos fonos distintos. Veamos algunos ejemplos. Puesto que el apellido de los miembros de la familia *Ramos* y los manojos de flores que llamamos *ramos* tienen idéntica pronunciación, las dos palabras se deben transcribir con los mismos símbolos sin importar que una es un nombre propio, mientras que la otra es un nombre común. Lo mismo es válido para *Lima*, la capital de Perú, y la fruta cítrica que llamamos *lima*.

Ejemplos: *Ramos* [ramos]   *Lima* [lima]
              ramos [ramos]   *lima* [lima]

Si en lugar de [ramos] y [lima] transcribiéramos [ʀamos] y [ʟima], la pronunciación sería muy diferente, porque los símbolos [ʀ] y [ʟ] representan fonos distintos de [r] y [l].

c. Confusión entre [a] y [ɑ]

En el AFI, el uso de [a] y [ɑ] tampoco es una diferencia de estilo, sino una distinción entre dos vocales. De estas dos, [a] es la única que ocurre en español. Así que si usted está acostumbrado a escribir la letra **a** como *a*, debe evitar hacerlo en la transcripción fonética de palabras españolas. Éste es uno de los errores que los estudiantes cometen con mayor frecuencia, y usted debe hacer un esfuerzo por evitarlo porque, de caer en él, terminará transcribiendo pronunciaciones inexistentes en español.

Ejemplos: *malo*   [malo]   *cama*   [kama]
              fulano [fulano]   *cerámica* [seramika]

d. Confusión entre [c] y [k]

Aunque tanto [c] como [k] son símbolos del AFI, hay que tener en cuenta que no son intercambiables. El símbolo [c] representa una consonante que no existe en español. Usted necesita recordar que cuando la ortografía española usa la letra *c* antes de *a*, *o*, *u*, el fono que se pronuncia en todos los dialectos de español es la consonante [k]. Recuerde también que cuando la ortografía española usa la letra *c* antes de *e* o *i*, el fono que se pronuncia varía dependiendo del dialecto. Se pronuncia [θ] en los dialectos del centro y norte de España, y [s] en los dialectos del sur de España y toda Hispanoamérica.

Ejemplos: *Coca-Cola* [kokakola]   *cebolla* [θeβoʝa] o [seβoʝa]
              cura   [kura]   *cocina*   [koθina] o [kosina]

e. Confusión entre la letra *x* y el fono [x]

Es fácil caer en el error de confundir la letra *x* con el fono [x]. Pero no se deje engañar por su aparente identidad. Aunque es verdad que existen unas pocas palabras en las que la letra *x* se corresponde con el fono [x] (p. ej. *mexicano* [mexikano]), lo más común es que la letra *x* represente la secuencia [ks] (p. ej. *máximo* [maksimo]). De otra parte, para representar el fono [x], la ortografía española utiliza principalmente la letra *j*, como en *jamás* [xamas], o la letra *g*, como en *gitano* [xiṭano].

Ejemplos: *axila* [aksila]   *pájaro* [paxaro]
              mixto [miksṭo]   *elige*   [elixe]

f. Letras mudas

Recuerde que todo símbolo que aparezca en la transcripción fonética debe representar un sonido real. El problema es que algunas letras que aparecen en la escritura ortográfica de una palabra no se pronuncian. En español, el caso más común es la letra *h*, que en la mayoría de los dialectos no corresponde a ningún sonido. Otro caso frecuente es la letra *u* en las combinaciones *qu* y *gu*, donde sólo se pronuncia [k] o [g], excepto cuando la *u* se escribe con diéresis: *gü*.

Ejemplos: *hebilla*   [eβiɟa]   *guitarra*   [giṯara]
                química   [kimika]   *güiro*   [gu̯iro]

2.5 ▌▌ Más detalles sobre la transcripción fonética ━━━

La secuencia de fonos que producimos al hablar se compone de diversas propiedades fonéticas, muchas de las cuales no se incluyen en la lengua escrita porque la ortografía carece de símbolos para representarlas. Sin embargo, como nuestro objetivo es aprender a pronunciar el español con precisión, es imprescindible que incluyamos en la transcripción fonética toda la información que sea relevante. A continuación discutimos algunas de las propiedades fonéticas que la escritura ortográfica pasa por alto, pero que son esenciales para hacer una descripción precisa de la pronunciación del español.

a. Sílabas

Aunque los fonos que producimos al hablar forman una secuencia continua, dentro de esa secuencia podemos reconocer agrupaciones de fonos que se llaman **sílabas**. Los límites entre sílabas se representan en la transcripción fonética usando un punto. La palabra *pequeñito*, por ejemplo, se compone de cuatro sílabas: [pe.ke.ɲi.ṯo], cada una de las cuales contiene una vocal que funciona como el núcleo silábico por ser el fono más prominente dentro de la sílaba. Incluir los límites silábicos es conveniente no sólo porque facilita la lectura de la transcripción fonética, sino también porque muchos de los cambios que afectan a los fonos dependen de la posición que ocupen dentro de la sílaba.

Una advertencia importante que hay que hacer es que, en español, las sílabas no se forman de la misma manera que se hace en inglés. En el capítulo 8 veremos cómo se forman las sílabas españolas. Por el momento, basta con que usted se familiarice con dos de las diferencias más sobresalientes con respecto al inglés.

Siempre que haya una consonante intervocálica (entre dos vocales), el español requiere que esa consonante forme sílaba con la vocal siguiente. Entonces, palabras como *coral* y *taco* se pronuncian con la consonante intervocálica en la segunda sílaba: [ko.ral] y [ṯa.ko]. Esta tendencia es tan fuerte en español que también se aplica entre palabras. Más específicamente, cuando una palabra que termina en consonante precede a una palabra que comienza por vocal (p. ej. *dos años*), la consonante final de la primera palabra forma sílaba con la vocal inicial de la segunda palabra: [ḏo.sa.ɲos]. Ejemplos adicionales son *mar azul* [ma.ra.sul] y *con ella* [ko.ne.ɟa].

Otra discrepancia evidente entre las sílabas del español y el inglés es que, en español, [l] y [ɾ] son las únicas consonantes que se pueden combinar con una consonante precedente en el inicio de una sílaba. Por esa razón, las sílabas de las palabras *oprimo* y *aclaro* son [o.pri.mo] y [a.kla.ro], pero las sílabas de *aspiro* y *escaso* sólo pueden ser [as.pi.ro] y [es.ka.so]. No olvide que el español prohíbe las sílabas que comienzan con [s] en combinación con otra consonante.

Entonces, para evitar el surgimiento de dicha estructura, la [s] se asigna a la posición final de la sílaba anterior.

Ejemplos: *astuto* [as.t̪u.t̪o]   *huraño* [u.ɾa.ɲo]
 transferir [t̪rans.fe.ɾir]   *cumplir* [kum.pliɾ]

b. Acento

Entre las sílabas que forman la palabra, es normal que haya una que es más prominente que las demás por ser la que porta el acento. En la palabra *caMIno*, por ejemplo, *MI* es la sílaba que lleva acento. A las sílabas que tienen acento se les llama **acentuadas**, mientras que a las que carecen de esa propiedad se les llama **inacentuadas**.

Es muy importante no confundir la tilde con el acento. La **tilde** es el nombre que se le da al símbolo ´, el cual se emplea en ortografía española para distinguir dos palabras que de otra manera tendrían idéntica escritura (p. ej. *solo* 'alone' versus *sólo* 'only'), o para identificar aquellas palabras cuyo acento es de algún modo irregular (p. ej. *sofá, fértil, pirámide, anécdota*). Esto significa que la tilde es un elemento relevante solamente para la lengua escrita.

El **acento**, en contraste, es relevante para la lengua oral, porque es la prominencia acústica que tienen las sílabas de ciertas palabras cuando se pronuncian. Aunque es verdad que existen excepciones, lo normal es que los nombres, verbos, adjetivos y adverbios se pronuncien con una sílaba acentuada (p. ej. *aMIgo, traBAjan, conTENto, RÁpido*), mientras que la mayoría de las preposiciones, conjunciones, pronombres y otras palabras de enlace se pronuncian sin acento (p. ej. *con, sin, que, y, pero, se, nos*, etc.).

Un punto importante que hay que resaltar es que existen muchas palabras que se escriben sin tilde pero se pronuncian con acento (p. ej. *PElo, caSAdo, matriMOnio*, etc.). Esto se debe a que, como dijimos antes, la ortografía española sólo usa la tilde para identificar las palabras que tienen acento irregular. Tratándose de la transcripción fonética, sin embargo, es crucial incluir el acento en todas las palabras que lo tengan y ubicarlo en la sílaba correcta. Un pequeño cambio en la posición del acento dentro de la palabra puede afectar severamente su pronunciación e interpretación. Compare, por ejemplo, la pronunciación de la forma verbal *oí* 'I heard' con la pronunciación del adverbio *hoy* 'today'.

Las sílabas que pueden tener la mayor prominencia dentro de una palabra española son la **última**, la **penúltima** y la **antepenúltima**. En la palabra *tamBOR*, por ejemplo, la última sílaba es la más prominente. Esto contrasta con la palabra *huMAno*, donde la penúltima sílaba es la que tiene acento. La palabra *meCÁnico*, por su parte, tiene la mayor prominencia en la antepenúltima sílaba. En el capítulo 22 se discuten los factores que contribuyen a determinar si la sílaba más prominente de la palabra será la última, la penúltima o la antepenúltima. Por ahora, basta con saber que en el sistema del AFI, el acento se representa poniendo el símbolo ´ al comienzo de la sílaba acentuada.

Ejemplos: *mar* ['maɾ]   *caramelo* [ka.ɾa.'me.lo]
 allí [a.'ji]   *facilísimo* [fa.si.'li.si.mo]

c. Diptongos y triptongos

Aunque lo más común es que en el interior de cada sílaba haya solamente una vocal (p. ej. *casino* [ka.'si.no]), el español también permite formar sílabas donde existen dos o tres vocales (p. ej. *pie* ['pi̯e], *¡guay!* ['gu̯ai̯]). Cuando una sílaba contiene dos vocales se dice que hay **diptongo**, mientras que si contiene tres se habla de **triptongo**. En tales casos, la vocal más prominente del grupo domina a las vocales que la acompañan. Esto hace que las vocales acompañantes se subordinen y se conviertan en **semivocales**. En el AFI, las semivocales se identifican por medio del diacrítico ‿, que se ubica debajo de la vocal pertinente.

Ejemplos: *quiosco*   ['ki̯os.ko]   *apreciáis*   [a.pre.'θi̯ai̯s]
           cuáles   ['ku̯a.les]   *situáis*   [si.'tu̯ai̯s]

d. Variantes de las vocales [e] y [o]

Bajo ciertas condiciones, es posible que los fonos [e] y [o] se pronuncien con la boca un poco más abierta de lo normal. Este incremento en la abertura oral convierte las vocales [e] y [o] en sus variantes [e̞] y [o̞]. Contraste, por ejemplo, la pronunciación de *e* en las palabras *vela* y *verla* y la pronunciación de *o* en las palabras *tope* y *torpe*. Observe que la *e* de *verla* ['be̞r.la] es un poco más abierta que la *e* de *vela* ['be.la]. Similarmente, la *o* de *torpe* ['to̞r.pe] es un poco más abierta que la *o* de *tope* ['to.pe]. Para distinguir la *e* y *o* abiertas de la *e* y *o* normales, el AFI emplea el diacrítico ˕, que indica que el fono que lo lleva se produce con un mayor grado de abertura. Aunque existen casos especiales, lo que sucede, básicamente, es que las vocales [e] y [o] se usan en las sílabas que terminan en vocal, mientras que sus variantes abiertas [e̞] y [o̞] se usan en las sílabas terminadas en consonante.[2]

Ejemplos: *detener*   [d̪e.t̪e.'ne̞r]   *portero*   [po̞r.'te.ro]
           preserva   [pre.'se̞r.ba]   *comporto* [ko̞m.'po̞r.t̪o]

e. Variantes de las consonantes [b], [d̪] y [g]

Un hecho característico de la pronunciación del español es que las consonantes [b], [d̪] y [g] pueden tener las variantes relajadas [β], [ð̪] y [ɣ], respectivamente. Los fonos [β], [ð̪] y [ɣ] son formas relajadas de [b], [d̪] y [g] en el sentido de que los órganos que participan en su producción no se unen completamente, sino que apenas se acercan. La diferencia entre el grupo [b], [d̪], [g] y el grupo [β], [ð̪], [ɣ] es, entonces, que los fonos del primer grupo se articulan con un cierre completo, mientras que los del segundo grupo se producen con un cierre incompleto. A raíz de esto, en [b], [d̪] y [g], el flujo de aire que sale por la boca se interrumpe momentáneamente, mientras que en [β], [ð̪] y [ɣ] el aire sale ininterrumpidamente.

---

[2]La alternancia entre los fonos [e] y [e̞] y [o] y [o̞] se discute detalladamente en el capítulo 11.

La presencia de un cierre incompleto es fácil de observar en el caso de [β], que se produce acercando los labios como en [b], pero sin permitir que se unan completamente (p. ej. *Cuba* [ˈku.βa]). En el caso del fono [ð̪], la punta de la lengua se acerca a los dientes superiores como en [d̪], pero sin adherirse firmemente (p. ej. *nido* [ˈni.ð̪o]). La producción de [ɣ] es más difícil de observar porque ocurre en un punto más interno de la boca, pero también es un caso de relajamiento porque, a diferencia de lo que sucede en [g], la parte posterior de la lengua no asciende hasta pegarse a la superficie superior del fondo de la boca, sino que deja una pequeña brecha (p. ej. *sigo* [ˈsi.ɣo]).

Como regla general, los fonos [β], [ð̪] y [ɣ] se usan en lugar de [b], [d̪] y [g] cuando el fono precedente es una vocal. Más adelante veremos, sin embargo, que hay dialectos que también permiten los fonos [β], [ð̪] y [ɣ] después de ciertas consonantes (véase el capítulo 20).

Ejemplos: *habilidad* [a.βi.li.ˈð̪að̪]   *pegaba* [pe.ˈɣa.βa]

abogada [a.βo.ˈɣa.ð̪a]   *dibujado* [d̪i.βu.ˈxa.ð̪o]

f. Vocales nasalizadas

Cuando una vocal aparece entre dos consonantes nasales (p. ej. [m], [n], [ɲ], etc.), es natural que se nasalice. Esto significa que la vocal adquiere la cualidad nasal de las consonantes vecinas. En la palabra *mundo*, por ejemplo, la vocal de la primera sílaba se pronuncia **nasalizada**, pero no ocurre lo mismo con la vocal de la segunda sílaba: [ˈmũn̪.d̪o]. La nasalización de las vocales también suele ocurrir cuando la vocal aparece precedida por una pausa y seguida por una consonante nasal. En la expresión *¡Enamórate!*, por ejemplo, se pronuncia nasalizada no solamente la vocal de la segunda sílaba, sino también la de la sílaba inicial: [ẽ.nã.ˈmo.ra.t̪e]. Como puede verse, la nasalización se indica en la transcripción fonética poniendo el diacrítico ~ encima de la vocal afectada.[3]

Ejemplos: *común* [ko.ˈmũn]   *nombre* [ˈnõm.bre]

niñas [ˈnĩ.ɲas]   *¿Entiendes?* [ẽn̪.ˈt̪ien̪.d̪es]

g. Pausas

Cuando hablamos, es normal que pausemos. Las pausas que hacemos al hablar son necesarias no solamente para respirar y recobrar el aliento, sino también para dividir lógicamente el mensaje que estamos expresando. Los silencios o pausas, que en la escritura ortográfica se representan por medio de signos de puntuación como el punto y la coma, se representan en la transcripción fonética por medio de barras verticales: ‖ o |.

---

[3] El fenómeno de la nasalización de vocales se discute en el capítulo 11.

Las **pausas mayores**, que son las que ocurren al inicio y al final de un enunciado, se representan con una barra doble: ‖. Por otra parte, las **pausas menores**, que son las transiciones breves que pueden ocurrir en el interior de un enunciado, se representan con una barra sencilla: |. Veamos algunos ejemplos.

Insertado dentro de un discurso, el enunciado *Vinimos pronto porque queríamos verte* se pronuncia con dos pausas mayores (una al inicio y otra al final). Adicionalmente, es natural hacer una pausa menor después de la palabra *pronto*. Examine la transcripción fonética de este enunciado.

Ejemplo: *Vinimos pronto porque queríamos verte.*

[‖bi.ˈnĩ.mos.ˈpɾon̪.t̪o | poɾ.ke.ke.ˈɾi.a.moz.ˈbe̞ɾ.t̪e‖]

A modo de comparación, considere ahora lo que sucede al pronunciar el enunciado *La brisa fría mece los árboles suavemente*. Además de las pausas mayores que ocurren al inicio y al final, este enunciado se puede pronunciar con dos pausas menores (una después de la palabra *fría* y otra después de la palabra *árboles*).

Ejemplo: *La brisa fría mece los árboles suavemente.*

[‖la.ˈβɾi.sa.ˈfɾi.a | ˈme.se.lo.ˈsaɾ.bo.les | ˈsu̯a.βe.ˈmẽn̪.t̪e‖]

Estos ejemplos revelan que algunas de las pausas que hacemos al hablar no se indican con un signo de puntuación en la escritura ortográfica. Al hacer la transcripción fonética, sin embargo, es de suma importancia incluir todas las pausas que el hablante haga, debido a que los fonos que ocurren entre dos pausas se influyen entre sí por el hecho de pronunciarse estrechamente ligados. Los fonos que van separados por una pausa, en cambio, no pueden influirse entre sí puesto que la pausa actúa como una barrera que bloquea el efecto de un fono sobre el otro.

Los casos que hemos visto en este capítulo son suficientes para darse cuenta que aprender a transcribir la pronunciación del español no es una tarea trivial. Hay mucha información sobre los fonos y la manera como los agrupamos al hablar que es relevante para la transcripción fonética. Aunque al comienzo le parezca que transcribir fonéticamente es un ejercicio muy complicado, no se desanime por eso. Tenga la seguridad de que su habilidad para hacer transcripciones fonéticas progresará con la práctica. Lo que importa es que su pronunciación del español mejorará sustancialmente a través de las explicaciones, la repetición de los ejemplos y los ejercicios de transcripción incluidos en cada capítulo. Además, el uso del AFI tiene la ventaja de que resuelve todas las inconsistencias entre fonos y letras que existen en la ortografía española. Esto nos permitirá estudiar los fonos del español con mucha mayor precisión.

PRÁCTICAS

Práctica 1

Escuche y repita la pronunciación de los siguientes proverbios. Marque las pausas mayores y menores con los símbolos ‖ y |. Luego, escriba al lado de cada una de las palabras seleccionadas el número total de fonos que contiene.

1. *El éxito es una escalera por la que no puedes subir con las manos en los bolsillos.*

   éxito: _____ bolsillos: _____

2. *Es más fácil variar el curso de un río que el carácter de un hombre.*

   variar: _____ hombre: _____

3. *Quien no comprende una mirada, tampoco comprenderá una larga explicación.*

   Quien: _____ explicación: _____

4. *Las palabras se las lleva el viento; lo escrito permanece.*

   lleva: _____ escrito: _____

5. *El que hoy te compra con su adulación, mañana te venderá con su traición.*

   hoy: _____ traición: _____

Práctica 2

Las siguientes palabras están escritas fonéticamente. Escríbalas en ortografía española y pronúncielas.

[ka.ˈβe.ʝo] *cabello* _____

1. [ˈfraŋ.ko] _____
2. [ˈgraṇ.d̪e] _____
3. [pe.ˈke.ɲo] _____
4. [t̪am.ˈbi̯eṇ] _____
5. [θe.ˈni.θa] _____
6. [ˈki.mi.ka] _____
7. [es.ˈpa.ɲa] _____
8. [ˈkri.t̪i.ka] _____
9. [se.ˈmi.ʝa] _____
10. [ri.ˈke.sa] _____
11. [ka.ˈri.ɲo] _____
12. [a.βo.ˈɣa.ð̞o] _____

Práctica 3

Escuche y repita la pronunciación de las siguientes palabras. Luego, escriba el símbolo fonético que corresponde al fono inicial de cada palabra. En caso de duda, use la Tabla 2.2 como guía. No olvide que los fonos se escriben entre corchetes.

*gu*iso   [g]

1. *j*irafa _____   **5.** *z*apato _____   **9.** *gu*itarra _____

2. *p*sicópata _____   **6.** *ch*orizo _____   **10.** *y*unque _____

3. *ll*uvia _____   **7.** *ñ*ame _____   **11.** *k*iosco _____

4. *r*eloj _____   **8.** *g*estión _____   **12.** *gü*ero _____

Práctica 4

La transcripción fonética de las siguientes palabras es incorrecta debido a que la agrupación de fonos en sílabas no respeta las tendencias que se favorecen en español. Haga los cambios que sean necesarios para corregir la transcripción. Observe que, para indicar que una pronunciación es incorrecta, es convencional poner un asterisco al inicio de la transcripción. Repita las palabras usando la pronunciación correcta.

	INCORRECTO	CORRECTO
parte	*['pa.ɾt̪e]	['paɾ.t̪e]
1. *suplicar*	*[sup.li.'kaɾ]	_____
2. *transferir*	*[t̪ran.sfe.'riɾ]	_____
3. *horario*	*[oɾ.'aɾ.i̯o]	_____
4. *firma*	*['firm.a]	_____
5. *huraño*	*[uɾ.'aɲ.o]	_____
6. *aclama*	*[ak.'la.ma]	_____
7. *irónico*	*[iɾ.'on.ik.o]	_____
8. *desistir*	*[d̪es.i.'st̪iɾ]	_____

Práctica 5

En las siguientes transcripciones fonéticas hay diferentes tipos de errores. Haga los cambios que sean necesarios para que la transcripción refleje la pronunciación correcta y luego pronuncie cada palabra.

	INCORRECTO	CORRECTO
papelito	*[pa.pe.li.ˈt̪o]	[pa.pe.ˈli.t̪o]
1. *hechizo*	*[he.ˈt͡ʃi.zo]	_____
2. *paquete*	*[pa.ˈku̯e.t̪e]	_____
3. *económico*	*[e.co.ˈno.mi.co]	_____
4. *tener*	*[t̪e.ˈner]	_____
5. *huraño*	*[ur.ˈaɲ.o]	_____
6. *Luna*	*[ˈʟun.a]	_____
7. *desatento*	*[d̪es.a.ˈten̪.t̪o]	_____
8. *mañana*	*[ma.ˈɲa.nã]	_____

Práctica 6

Transcriba fonéticamente las siguientes palabras. No olvide usar corchetes e indicar las sílabas y los acentos. Además, tenga presente que todo símbolo que se incluya en la transcripción fonética debe ser un sonido real. Pronuncie cada transcripción fonética en voz alta.

hacer   [a.ˈse̞ɾ]

1. *comer* _____
2. *claras* _____
3. *espeso* _____
4. *parque* _____
5. *rico* _____
6. *amoroso* _____
7. *suyo* _____
8. *leyes* _____
9. *peine* _____
10. *para* _____

11. *tiquete* _____
12. *esperanza* _____
13. *merece* _____
14. *manzana* _____
15. *hay* _____
16. *visitar* _____
17. *dibujado* _____
18. *cuentas* _____
19. *pan* _____
20. *España* _____

Prácticas adicionales

Visite http://www.prenhall.com/estructuradelossonidos/.

Unidad 2

Articulación y clases de fonos

Los órganos del aparato fonador

Está claro que no todos los sonidos tienen una aplicación lingüística. Fíjese que aunque es fácil producir y percibir aplausos, zapateos, tronidos de los dedos, ninguna lengua incluye tales sonidos en su inventario. Son solamente los sonidos producidos por un grupo de órganos especializados, conocido como el **aparato fonador**, los que se usan en las lenguas humanas. El aparato fonador se compone de órganos del aparato respiratorio (p. ej. tráquea, pulmones, etc.) y del aparato digestivo (p. ej. dientes, lengua, etc.) a los que, encima de su función biológica, se les ha superpuesto una función lingüística. Familiarizarse con los órganos del aparato fonador y su funcionamiento le ayudará a aprender a dominar la producción de los sonidos del español.

3.1 ■ El mecanismo de fonación

El proceso de producir fonos se llama **fonación**. La fonética articulatoria nos informa que la fonación se compone de tres partes: una fuente de energía, una fuente de voz y un sistema de cámaras de resonancia (vea la Figura 3.1). La **fuente de energía** son los pulmones, los cuales proveen el aire necesario para producir el sonido. La **fuente de voz** es la laringe, en el interior de la cual se encuentran las cuerdas vocales, que son las responsables de convertir el aire en una onda acústica. Las **cámaras de resonancia** son la cavidad nasal, la cavidad oral y la cavidad faríngea, donde los sonidos se modulan y amplifican.

En términos generales, el mecanismo de fonación funciona de la siguiente manera. El aire expulsado de los pulmones forma una corriente de aire que viaja por un sistema de tubos hasta la laringe. Allí, la vibración de las cuerdas vocales excita las partículas de aire y esto genera una onda acústica fundamental, es decir, la **voz**. La corriente de aire convertida en voz pasa entonces a la cavidad faríngea, la cavidad oral y la cavidad nasal, las cuales actúan como resonadores. Al chocar contra los muros de estas cámaras, algunas de las frecuencias de la voz se amplifican mientras que otras se amortiguan. La modulación de la voz se obtiene por medio del proceso de **articulación**, que consiste en modificar la forma de los resonadores a través de la acción de un grupo de órganos móviles. Esto es lo que le da a cada fono el timbre particular que lo identifica.

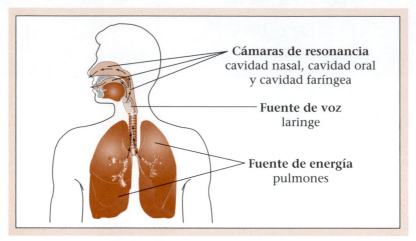

Figura 3.1 Componentes del mecanismo de fonación.

3.2 ▮▮ Fuente de energía

La actividad de los pulmones durante la respiración da lugar a dos movimientos que se repiten constantemente: la **inspiración**, que infla los pulmones al llenarlos de aire, y la **espiración**, que desinfla los pulmones al expulsar el aire. Normalmente, los sonidos lingüísticos se producen durante la espiración.

3.3 ▮▮ Fuente de voz

En el interior de la laringe están las **cuerdas vocales**, que son dos pliegues en forma de labios ubicados en posición horizontal. La estructura de las cuerdas vocales se compone de múltiples capas de músculos, lo cual les da gran elasticidad. Cuando se separan (vea la Figura 3.2), las cuerdas vocales crean una abertura en forma de triángulo que se conoce como la **glotis**. Esta abertura funciona como una válvula que controla el flujo de aire a través de la laringe. Durante la respiración, por ejemplo, la glotis está en su máximo estado de abertura permitiendo así el paso de una gran cantidad de aire.

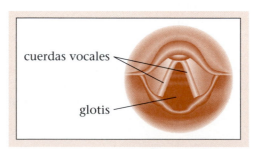

Figura 3.2 Las cuerdas vocales durante la respiración (vistas desde arriba).

Esto contrasta con lo que sucede en la fonación. Durante la producción del habla, las cuerdas vocales se acercan, de modo que se reduce el tamaño de la glotis y, por lo tanto, también disminuye el flujo de aire (vea la Figura 3.3a). Cuando los bordes de las cuerdas vocales se tocan, el flujo se detiene por completo, lo cual hace que el aire que viene de los pulmones se acumule debajo. La acumulación de aire causa un aumento de presión y esto empuja las cuerdas vocales. Al ser empujadas desde abajo, las cuerdas vocales se separan, empezando desde las capas inferiores hasta alcanzar las capas superiores (vea los pasos 1–5 de la Figura 3.3b). Una vez reabierta la glotis, el flujo de aire se reestablece. Pero el descenso de presión que sobreviene con el escape de aire chupa los bordes de las cuerdas vocales y hace que éstas se unan nuevamente (pasos 6–10 de la Figura 3.3b). Con este nuevo cierre, se vuelven a dar las condiciones propicias para que la presión acumulada debajo de la glotis empuje las cuerdas vocales hacia arriba otra vez. Así se repiten estos movimientos, que al dejar que escapen intermitentemente pequeñas masas de aire, generan vibraciones cuya frecuencia es igual a los cierres y aberturas de la glotis. La onda acústica creada por esas vibraciones es nuestra voz.

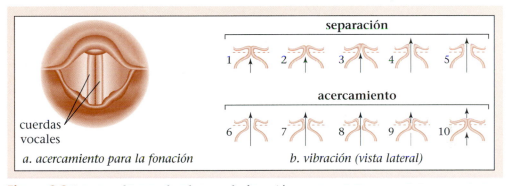

Figura 3.3 Las cuerdas vocales durante la fonación.

3.4 ▐▐ Cámaras de resonancia

Tras salir de la laringe, la corriente de aire convertida en voz pasa a la primera cámara de resonancia, la **cavidad faríngea**, que está conectada con los otros dos resonadores: la **cavidad oral** y la **cavidad nasal** (vea la Figura 3.4). La cavidad nasal, cuya forma y volumen son fijos, no contiene ningún órgano móvil relevante para la articulación de los fonos. Pero la cavidad oral y la cavidad faríngea pueden cambiar de forma por la acción de los órganos móviles que las componen.

El trayecto comprendido entre las cuerdas vocales y los labios (o sea, la cavidad faríngea + la cavidad oral) se conoce como el **tracto vocal** (refiérase a la

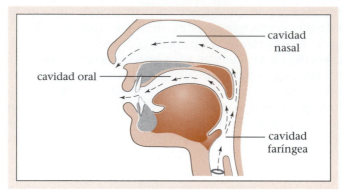

Figura 3.4 Las tres cámaras de resonancia del aparato fonador.

Figura 3.5). Esta es la zona más importante de las cámaras de resonancia porque es allí dónde se concentra el proceso de articulación. A continuación pasamos a discutir cada uno de los órganos que forman el tracto vocal.

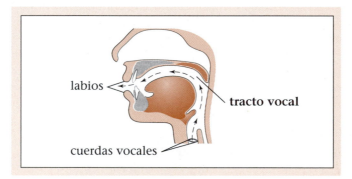

Figura 3.5 El tracto vocal es el canal comprendido entre las cuerdas vocales y los labios.

Una manera de visualizar el tracto vocal es imaginarlo como si fuera un tubo formado por dos superficies: una inferior y otra superior. Empecemos por describir las partes que forman la superficie inferior, la cual aparece resaltada en la Figura 3.6.

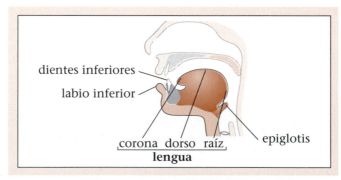

Figura 3.6 Las estructuras que componen la superficie inferior del tracto vocal.

Encima de la caja que forma la laringe se encuentra la **epiglotis**. Además de su función biológica de proteger la entrada a las vías respiratorias, la epiglotis participa en la articulación de consonantes faríngeas gracias a su habilidad para acercarse a la pared posterior de la faringe. Sucede, sin embargo, que las consonantes faríngeas, que se usan en lenguas como el árabe y el hebreo, no se utilizan ni en español ni en inglés.

Conectada a la epiglotis está la **lengua**, que se compone de tres partes principales (la raíz, el dorso y la corona), cada una de las cuales tiene relativa independencia de las otras. El dorso y la corona son las partes de la lengua que participan más activamente en el proceso de articulación, por lo que es conveniente hacer las siguientes subdivisiones.

La **raíz** o base de la lengua puede avanzar o retraerse, con lo cual contribuye a la expansión o compresión de la cavidad faríngea. El **dorso**, que forma la mayor parte de la superficie horizontal de la lengua, puede elevarse, descender, avanzar, o retraerse para así modificar la forma de la cavidad oral. Al articular la vocal [i], por ejemplo, el dorso asciende y avanza. La subdivisión del dorso en **predorso**, **mediodorso** y **postdorso** nos ayudará a describir con mayor precisión las diferencias entre varios sonidos que se articulan usando el dorso (refiérase a la Figura 3.7). En la articulación de la consonante [k], por ejemplo, la parte del dorso que es relevante es el postdorso, mientras que en la consonante [ɲ] intervienen el predorso y el mediodorso en colaboración con la lámina.

La **corona**, que corresponde al frente de la lengua, no es tan extensa como el dorso; pero por ser la parte más móvil de la lengua, es necesario subdividirla en dos zonas: el **ápice**, que es la punta de la lengua, y la **lámina** que se extiende aproximadamente dos centímetros (¾ de pulgada) hacia atrás del ápice. Una diferencia notoria en la pronunciación de la *s* entre dialectos de español tiene que ver con el ápice y la lámina. Hay dialectos que usan [s], producida con la lámina (p. ej. *seso* [ˈse.so]); mientras que otros dialectos usan [s̺], producida con el ápice (p. ej. *seso* [ˈs̺e.s̺o]).[1] En cuanto a la corona, también cabe mencionar que

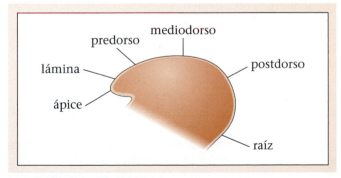

Figura 3.7 Las subdivisiones de la lengua.

---

[1]El símbolo ̺ es un diacrítico que indica apicalidad, es decir, articulación con el ápice.

por ser la parte más flexible y veloz de la lengua es capaz de asumir una gran variedad de formas y posiciones. No ha de parecer sorprendente, por lo tanto, que todas las lenguas del mundo emplean fonos articulados con la corona, y éste es el tipo de fono predominante en los inventarios de sonido.

Delante de la lengua están los **dientes inferiores**, que por ser inmóviles, sólo pueden servir como punto de apoyo para la corona en la articulación de ciertos fonos. Terminando la superficie inferior del tracto vocal está el **labio inferior**, el cual exhibe un mayor grado de movilidad que el **labio superior**. Note que, en la articulación del fono [p], es el labio inferior el que hace el desplazamiento y lo mismo sucede en la producción del fono [f]. Sin embargo, también es posible que los dos labios se muevan juntos, como cuando se redondean para producir vocales como [u] y [o].

Ahora pasemos a ver la otra superficie del tubo. La parte superior del tracto vocal aparece resaltada en la Figura 3.8. Observe que inmediatamente detrás del labio superior se encuentran los **dientes superiores**. A pesar de ser inmóviles, los dientes juegan un papel importante en la articulación, porque son una de las superficies contra las cuales la lengua puede crear constricciones para modificar la cualidad de la voz. Una propiedad importante de la *t* y la *d* del español, por ejemplo, es que se producen poniendo el ápice contra los dientes superiores: [t̪] y [d̪].

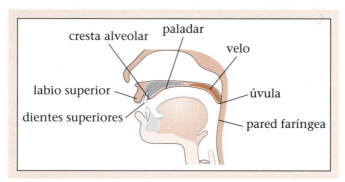

Figura 3.8 Las estructuras que componen la superficie superior del tracto vocal.

Detrás de los dientes superiores existe una superficie ondulada y carnosa que por ser ascendente y estar cerca de los alvéolos (las fosas donde están incrustados los dientes) recibe el nombre de **cresta alveolar**. El punto más alto de la cresta alveolar forma una **protuberancia** que se usa como punto de referencia para dividir la cresta alveolar en dos zonas (refiérase a la Figura 3.9). La zona **alveolar anterior** va desde la protuberancia alveolar hacia los dientes, mientras que la zona **alveolar posterior** va desde la protuberancia alveolar hacia el paladar.

A pesar de carecer de movimiento, la cresta alveolar participa en la formación de constricciones creadas con el ápice, la lámina o el predorso. La constricción que forma la lámina en la producción del fono [s], por ejemplo, es contra la zona anterior de la cresta alveolar (p. ej. *solo* ['so.lo]). En contraste, para producir [ʃ], que es el fono que aparece al principio de la palabra *shoe* en inglés, la lámina y el predorso colaboran para formar una constricción contra la zona posterior de la cresta alveolar. El fono [ʃ] no es de uso general en español, pero es importante saber que, en algunos países (Argentina, Uruguay, Ecuador, México, entre otros), se

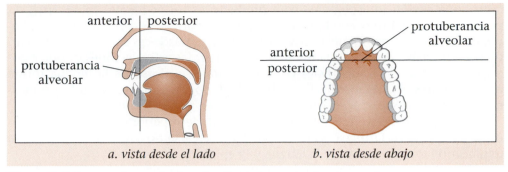

a. vista desde el lado   b. vista desde abajo

Figura 3.9 La protuberancia alveolar divide la cresta alveolar en dos zonas.

usa como una de las pronunciaciones posibles para las letras *y* y *ll* (p. ej. *yo* ['ʃo], *calle* ['ka.ʃe]). Además, existen regiones de Panamá, Cuba, México, España, etc., donde se emplea el fono [ʃ] como una pronunciación alternativa para la consonante representada por la letra *ch* (p. ej. *derecho* [d̪e.'re.ʃo], *noche* ['no.ʃe]).

Después de las últimas ondulaciones de la cresta alveolar comienza una superficie lisa y cóncava que constituye la mayor parte del cielo de la boca. La parte anterior del cielo de la boca corresponde al **paladar**, que es una superficie dura por tener estructura ósea (refiérase a la Figura 3.8). Ésta es otra de las estructuras inmóviles del tracto vocal contra las que la lengua puede crear constricciones. Tal es el caso del fono [ɲ], en cuya producción el predorso y el mediodorso se adhieren al paladar, mientras que parte de la lámina se adhiere a la zona posterior de la cresta alveolar (p. ej. *seña* ['se.ɲa]).

La mitad posterior del cielo de la boca es, en contraste, una superficie blanda que se llama **velo** (vea la Figura 3.8). El velo se diferencia del paladar no sólo por su textura sino también por ser móvil. Al extremo posterior del velo se halla la **úvula**, la membrana en forma de campanilla que vemos cuando miramos hacia el fondo de la boca abierta. En virtud de su movilidad, el velo tiene la capacidad de funcionar como la válvula que controla el flujo de aire a través de la cavidad nasal.

Cuando el velo asciende queda bloqueado el acceso de la corriente de aire a la cavidad nasal (vea la Figura 3.10a). Es así precisamente cómo se producen los fonos orales (p. ej. [b]). Por otro lado, cuando el velo desciende, abre el paso por la cavidad nasal, con lo cual la corriente de aire tiene acceso a esa cámara de resonancia (refiérase a la Figura 3.10b). El movimiento de descenso velar es, por lo

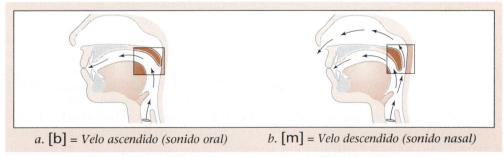

a. [b] = *Velo ascendido (sonido oral)*   b. [m] = *Velo descendido (sonido nasal)*

Figura 3.10 Acción del velo en la producción de sonidos lingüísticos.

tanto, una acción indispensable para producir los fonos nasales (p. ej. [m]). Es pertinente agregar que, en el proceso de articulación, el velo y la úvula no siempre participan de una manera activa, sino que algunas veces son pasivos. La participación pasiva del velo y la úvula se verifica en las articulaciones donde estos órganos sirven como superficies contra las cuales el dorso de la lengua forma constricciones. Al articular los fonos [g] y [χ], por ejemplo, el dorso (específicamente el postdorso) se acerca al velo y a la úvula, respectivamente.

Como puede verse en la Figura 3.8, la superficie superior del tracto vocal termina con la pared faríngea, a la cual pueden acercarse no solamente el velo y la úvula sino también la raíz de la lengua y la epiglotis.

De acuerdo con la discusión anterior, podemos concluir que algunas de las estructuras que forman el tracto vocal son activas mientras que otras son pasivas. Entonces, si adoptamos el término **articulador** para referirnos a los órganos del tracto vocal que participan en el proceso de articulación, podemos distinguir entre **articuladores activos** y **articuladores pasivos**. Los articuladores activos son los que ejecutan los movimientos articulatorios, mientras que los articuladores pasivos son los que sirven como muro de contención a esos movimientos. La Tabla 3.1 clasifica los órganos del tracto vocal en estas dos categorías.

Tabla 3.1 Articuladores activos vs. articuladores pasivos	
ARTICULADORES ACTIVOS	**ARTICULADORES PASIVOS**
1. **labios** (superior e inferior)	1. **labio superior**
2. **corona** (ápice y lámina)	2. **dientes** (superiores e inferiores)
3. **dorso** (predorso, mediodorso y postdorso)	3. **cresta alveolar**
4. **raíz** (incluyendo la epiglotis)	4. **paladar**
5. **velo** (incluyendo la úvula)	5. **velo** (incluyendo la úvula)
6. **cuerdas vocales**	6. **pared faríngea**

Como vemos aquí, existen seis articuladores activos y seis pasivos. Los articuladores activos son: los labios, la corona, el dorso, la raíz (que incluye la epiglotis por ser una prolongación de la raíz), el velo (que incluye la úvula por ser una extensión del velo) y las cuerdas vocales. Los articuladores pasivos son: el labio superior (cuando recibe el contacto del labio inferior), los dientes, la cresta alveolar, el paladar, el velo (que es activo cuando controla el paso del aire por la cavidad nasal, pero pasivo cuando recibe el contacto del dorso), y la pared faríngea.

Desde esta perspectiva, aprender a producir los fonos de una segunda lengua requiere que desarrollemos el mismo tipo de control que los hablantes nativos de esa lengua tienen sobre los articuladores activos. Para lograrlo, ¡la práctica es esencial!

PRÁCTICAS

Práctica 1

Escuche y repita la pronunciación del siguiente trabalenguas que se basa en la repetición de los fonos [k] y [ɾ]. Marque las pausas mayores y menores con los símbolos ‖ y |, respectivamente. Una vez que pueda leer todo el trabalenguas con fluidez, responda las preguntas a continuación.

> *Quiero y no quiero querer a quien no queriendo quiero. He querido sin querer y estoy sin querer queriendo. Si por mucho que te quiero quieres que te quiera más, he de quererte más que me quieres. ¿Qué más quieres? ¿Quieres más?*

1. *¿Cuál es el articulador activo en la articulación del fono* [k]? _____
2. *¿Cuál es el articulador pasivo en la articulación del fono* [k]? _____
3. *¿Cuál es el articulador activo en la articulación del fono* [ɾ]? _____
4. *¿Cuál es el articulador pasivo en la articulación del fono* [ɾ]? _____

Práctica 2

Para cada uno de los siguientes fonos, dé un ejemplo de una palabra que comience con ese fono y transcriba toda la palabra fonéticamente. Luego, pronuncie cada palabra.

[k] *cama* ['ka.ma]

1. [l] _____   9. [d̪] _____
2. [b] _____   10. [u] _____
3. [f] _____   11. [g] _____
4. [o] _____   12. [n] _____
5. [t̪] _____   13. [p] _____
6. [r] _____   14. [e] _____
7. [a] _____   15. [i] _____
8. [ɲ] _____   16. [θ] _____

Práctica 3

Las siguientes afirmaciones son falsas. Después de leerlas en voz alta, corríjalas y explíquele a un/a compañero/a de clase en qué consiste el error.

1. *La estructura del aparato fonador que funciona como la fuente de voz es la cavidad nasal.*

   Corrección: _____

2. *Normalmente, los sonidos lingüísticos se producen durante la inspiración.*

   Corrección: _____

3. *Todas las tres cámaras de resonancia del aparato fonador hacen parte del tracto vocal.*

   Corrección: _____

4. *La válvula que forman las cuerdas vocales y que controla el flujo de aire por la laringe se llama velo.*

   Corrección: _____

5. *Los sonidos nasales se producen con el velo ascendido.*

   Corrección: _____

6. *La cresta alveolar es el articulador pasivo en la producción del fono [ɲ].*

   Corrección: _____

7. *La parte posterior del cielo de la boca es una superficie blanda que se llama paladar.*

   Corrección: _____

8. *La raíz es la parte más flexible y rápida de la lengua.*

   Corrección: _____

9. *El fono [s] se articula en la zona posterior de la cresta alveolar.*

   Corrección: _____

Práctica 4

Para cada uno de los siguientes articuladores, dé un ejemplo de un fono que se produzca usando ese articulador y una palabra que contenga ese fono. Transcriba la palabra fonéticamente y pronúnciela.

	ARTICULADOR	FONO	EJEMPLO	TRANSCRIPCIÓN FONÉTICA
	labio inferior	[f]	café	[ka.'fe]
1.	ápice	_____	_____	_____
2.	labio superior e inferior	_____	_____	_____
3.	lámina	_____	_____	_____
4.	paladar	_____	_____	_____
5.	velo	_____	_____	_____
6.	dientes superiores	_____	_____	_____
7.	postdorso	_____	_____	_____
8.	cresta alveolar	_____	_____	_____
9.	dientes superiores e inferiores	_____	_____	_____

Práctica 5

Para cada uno de los siguientes fonos, identifique su articulador activo y su articulador pasivo. Luego, dé un ejemplo de una palabra que contenga ese fono, transcríbala fonéticamente y pronúnciela en voz alta.

	FONO	ARTI. ACTIVO	ARTI. PASIVO	EJEMPLO	TRANSCRIPCIÓN FONÉTICA
	[g]	postdorso	velo	gota	['go.t̪a]
1.	[n]	_____	_____	_____	_____
2.	[d̪]	_____	_____	_____	_____
3.	[s]	_____	_____	_____	_____
4.	[l]	_____	_____	_____	_____
5.	[b]	_____	_____	_____	_____
6.	[ɲ]	_____	_____	_____	_____
7.	[r]	_____	_____	_____	_____
8.	[f]	_____	_____	_____	_____

Práctica 6

Sin consultar las páginas anteriores, escriba sobre las líneas los nombres de los órganos del tracto vocal que aparecen señalados. Luego, use las Figuras 3.6 y 3.8 para confirmar si sus respuestas son correctas.

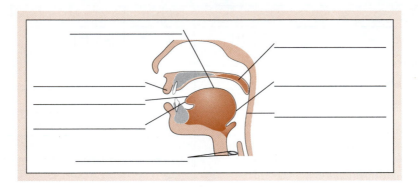

Prácticas adicionales

Visite http://www.prenhall.com/estructuradelossonidos/.

Maneras de articulación

La secuencia de fonos que producimos al hablar forma lo que se conoce como la **cadena fónica**. La expresión *¡Es fabuloso!*, por ejemplo, forma una cadena fónica que se compone de diez fonos organizados en cinco sílabas. Comprué-belo en la transcripción ['es.fa.βu.'lo.so]. Es sorprendente que, a pesar de que no hay límites que nos digan exactamente dónde termina un fono y dónde comienza el próximo, los hablantes podemos segmentar la cadena fónica con gran precisión. Lo que nos permite hacerlo es que cada fono tiene diferentes propiedades acústicas, que se derivan directamente de los movimientos articu-latorios con que se producen. Un componente esencial de la identidad de los fonos es su **manera de articulación**, es decir, el modo como los articuladores activos modifican la forma del tracto vocal. En este capítulo discutiremos las diferentes maneras de articular los fonos del español.

4.1 ■ Consonantes vs. vocales

Al examinar los fonos de la cadena fónica, el contraste más evidente es el que existe entre consonantes y vocales. La distinción entre estos dos tipos de fono se basa en el hecho de que, durante la articulación de una consonante, el tracto vocal adopta una configuración opuesta a la que adopta durante la articulación de una vocal. Las consonantes son fonos en cuya articulación se hace y se des-hace rápidamente una constricción local que obstaculiza el flujo de aire a través del tracto vocal (vea la Figura 4.1a). Es obvio que el lugar exacto variará de acuerdo con el articulador de lugar que se use (p. ej. los labios, la corona, el dorso, o la raíz); sin embargo, la presencia de una constricción rápida y local es una pro-piedad constante de los fonos consonánticos.

Lo que sucede en la producción de las vocales, por otro lado, es que el tracto vocal se abre para cambiar su forma global sin que se obstaculice el flujo de aire (Figura 4.1b). Las vocales, por lo tanto, tienen una configuración abierta, mien-tras que las consonantes tienen una configuración cerrada. Otra diferencia es que, puesto que las vocales requieren variar la forma global del tracto vocal, su producción toma más tiempo, por lo que su duración es bastante mayor que la de las consonantes.

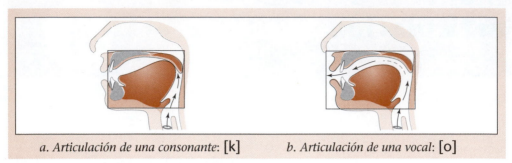

a. Articulación de una consonante: [k]   *b. Articulación de una vocal*: [o]

Figura 4.1 Contraste entre consonantes y vocales.

4.2 ▮▮ Maneras de articulación de las consonantes

En el inventario de sonidos del español existen siete clases de consonantes según la manera de articulación: **oclusivas**, **fricativas**, **africadas**, **nasales**, **laterales**, **vibrantes** y **semiconsonantes**. Veamos cuáles son las propiedades que caracterizan cada grupo.

4.2.1 Oclusivas

Las oclusivas son consonantes que se producen formando una oclusión (un cierre de 100%) en algún punto del tracto vocal, mientras el velo está ascendido (refiérase a la Figura 4.2a). Puesto que la oclusión obstruye la cavidad oral y el velo ascendido bloquea el acceso a la cavidad nasal, las oclusivas tienen una primera fase en la que se interrumpe el flujo de aire y sobreviene absoluto silencio. De acuerdo con esta propiedad, es común describir a las oclusivas como **interruptas**. Luego, hay una segunda fase, en la que se deshace rápidamente la oclusión, pero se mantiene sellada la cavidad nasal. Esto produce una explosión, que deja salir por la boca el aire aprisionado en el tracto vocal (Figura 4.2b).

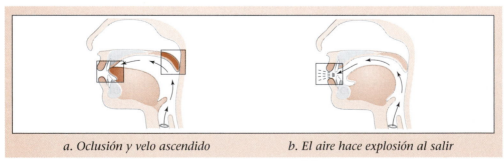

a. Oclusión y velo ascendido   *b. El aire hace explosión al salir*

Figura 4.2 Producción de una consonante oclusiva: [t̪].

Entre los fonos básicos del español existen seis consonantes oclusivas. Dos de ellas se articulan con los labios: [p] y [b]; dos se producen con la corona: [t̯] y [d̯]; y las dos restantes se articulan con el dorso: [k] y [g].

4.2.2 Fricativas

Las fricativas son consonantes que se producen poniendo un articulador activo muy cerca de un articulador pasivo mientras el velo está ascendido (vea la Figura 4.3a). La cercanía entre los dos articuladores permite que se forme un pasaje bastante estrecho (aproximadamente 90% cerrado), por donde el aire acumulado en el tracto vocal escapa forzadamente y a gran velocidad (Figura 4.3b). Al salir haciendo fricción contra las paredes de este pasaje, la corriente de aire produce un ruido turbulento que se llama **fricación**. Comparadas con las oclusivas, la principal diferencia es que las fricativas son **continuas**; es decir que se pueden prolongar, gracias a que el flujo de aire no se interrumpe.

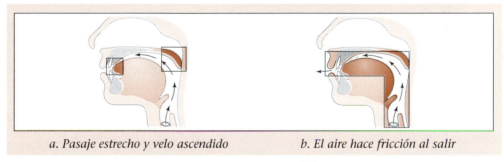

a. Pasaje estrecho y velo ascendido   b. El aire hace fricción al salir

Figura 4.3 Producción de una consonante fricativa: [s].

Entre los fonos básicos del español encontramos cuatro consonantes fricativas. Una de ellas se articula usando el labio inferior: [f]; dos se producen usando la corona: [θ] y [s]; y la restante se articula usando el dorso: [x]. Sucede, sin embargo, que la mayoría de los dialectos sólo tienen tres fricativas básicas porque carecen de [θ] y usan [s] en su lugar.

4.2.3 Africadas

Las africadas son consonantes híbridas porque en ellas se combina la manera de articulación de las oclusivas (oclusión) con la manera de articulación de las fricativas (fricción). Al igual que las oclusivas, las africadas se producen con el velo ascendido y formando una oclusión en algún punto del tracto vocal (vea la Figura 4.4a). Lo que es diferente es que en vez de deshacer la oclusión balísticamente (muy rápido), se usa un movimiento controlado de modo que el articulador activo se aleja gradualmente del articulador pasivo. Esto permite que se forme un pasaje estrecho entre los dos articuladores y crea las condiciones

a. Oclusión y velo ascendido   *b. El aire hace fricción al salir*

Figura 4.4 Producción de una consonante africada: [t͡ʃ].

propicias para que el aire acumulado en el tracto vocal haga fricción al salir a gran velocidad (Figura 4.4b). Tal mecanismo articulatorio hace que las africadas tengan una fase inicial, en la que hay absoluto silencio, y una fase final, en la que hay fricación. Es por eso, precisamente, que también se les da el nombre de **semioclusivas**.

Entre los fonos básicos del español existe solamente una consonante africada, [t͡ʃ], la cual se produce con la cooperación de la corona y el dorso (p. ej. *China* ['t͡ʃi.na]. Esta consonante se representa uniendo el símbolo de la oclusiva [t] con el símbolo de la fricativa [ʃ] por medio del diacrítico que indica enlace. Esto no quiere decir, sin embargo, que la africada sea una secuencia de dos fonos. Una africada es un solo fono que tiene dos fases: oclusión y fricción.

Cabe mencionar que hay lenguas que además de [t͡ʃ], que es la africada más común, emplean regularmente otras africadas (p. ej. [d͡ʒ] como en la palabra *judge* ['d͡ʒʌd͡ʒ] 'juez' del inglés, o [p͡f] como en la palabra *Pfanne* ['p͡fa.nə] 'sartén' del alemán). Lo interesante es que a pesar de su parentesco con las oclusivas y fricativas, tales consonantes se comportan como miembros de una clase independiente.

4.2.4 Nasales

Las nasales son consonantes que se parecen a las oclusivas porque también se producen formando una oclusión en algún punto del tracto vocal; pero difieren en que esto ocurre mientras el velo está descendido (vea la Figura 4.5a). El

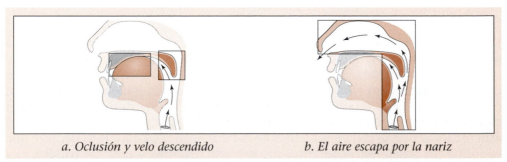

a. Oclusión y velo descendido   *b. El aire escapa por la nariz*

Figura 4.5 Producción de una consonante nasal: [ɲ].

descenso del velo hace posible que, a pesar de que el tracto vocal esté obstruido, las nasales tengan bastante resonancia dado que el aire fluye libremente a través de la cavidad nasal (Figura 4.5b).

Entre los fonos básicos del español encontramos tres nasales. Una de ellas se articula usando los dos labios: [m]; otra se articula con la corona: [n]; y la restante se produce con la cooperación del dorso y la corona: [ɲ].

4.2.5 Laterales

Las laterales son consonantes que se producen forzando el flujo oral a que tome un curso lateral mientras el velo está ascendido (vea la Figura 4.6). La manera de hacer que el flujo oral salga lateralmente es elevando el centro de la lengua hacia algún punto del cielo de la boca con el fin de obstaculizar la salida de aire por el centro (Figura 4.6a). Simultáneamente, los lados de la lengua descienden y se contraen para formar un solo pasaje a un lado, o dos pasajes (uno a cada lado), por donde fluye una mayor cantidad de aire que la que puede escapar por el centro de la boca (Figura 4.6b).

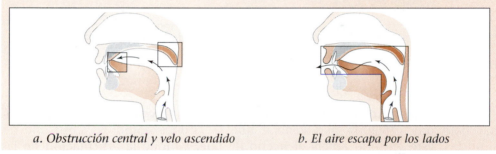

a. Obstrucción central y velo ascendido   *b. El aire escapa por los lados*

Figura 4.6 Producción de una consonante lateral: [l].

Entre los fonos básicos del español existen dos consonantes laterales. Una de ellas se produce con la corona: [l], mientras que la otra se articula usando el dorso y la corona: [ʎ]. Hay que aclarar, sin embargo, que [ʎ] está en vía de desaparición y sólo se conserva en regiones más que todo rurales de España e Hispanoamérica.

En la mayoría de los dialectos, la consonante lateral [ʎ] ha cambiado su manera de articulación como efecto de una tendencia que avanza desde las grandes ciudades hacia el campo. Resulta, por ejemplo, que la mayoría de las personas ya no pronuncian la palabra *pollo* como ['po.ʎo], sino que dicen ['po.jo] o emplean otras variantes del fono básico [j] (p. ej. ['po.ʒo], ['po.ʃo], etc.). A pesar de que en la actualidad son pocos los hispanohablantes que la conservan, la consonante [ʎ] fue un sonido de uso general hasta hace relativamente poco tiempo, y sería desacertado excluirla porque hay dialectos en los que todavía es un fono de uso corriente (p. ej. regiones de Argentina, Bolivia, Ecuador, Colombia, entre otras). Vale la pena mencionar, además, que [ʎ] ocurre con frecuencia en otras lenguas románicas (p. ej. italiano, catalán, portugués).

4.2.6 Vibrantes

Las vibrantes son consonantes en las que se emplea un movimiento vibratorio para formar una constricción en el tracto vocal, mientras el velo está ascendido (refiérase a la Figura 4.7a). El movimiento vibratorio tiene el efecto de imprimirle una o más pulsaciones a la corriente de aire que fluye por el centro de la cavidad oral (Figura 4.7b). Si el movimiento vibratorio es de un solo ciclo, se produce una vibrante simple; mientras que cuando se usa más de un ciclo, el resultado es una vibrante múltiple. Entre los fonos básicos del español existen dos vibrantes: la simple [ɾ] y la múltiple [r]. Ambas se articulan con la corona.

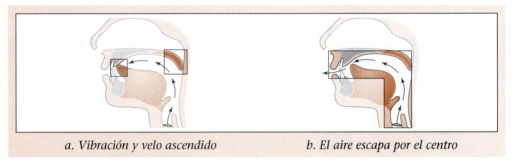

a. Vibración y velo ascendido   b. El aire escapa por el centro

Figura 4.7 Producción de una consonante vibrante: [ɾ].

Es importante añadir que las consonantes vibrantes y laterales se suelen agrupar bajo una categoría más general que se conoce como las **consonantes líquidas**. Este término refleja el hecho de que, aunque la articulación de las vibrantes y laterales involucra la formación de una constricción en el tracto vocal, la corriente de aire no se reduce severamente sino que se mantiene un flujo abundante, que corre de modo similar a como lo haría un líquido. Valiéndonos de este término, podemos aseverar que, entre los sonidos básicos del español, existen cuatro consonantes líquidas: [l], [ʎ], [ɾ] y [r].

4.2.7 Semiconsonantes

La articulación de las semiconsonantes se caracteriza por la formación de un pasaje amplio, que resulta de cerrar ligeramente el tracto vocal mientras el velo está ascendido (vea la Figura 4.8a). Aunque la presencia de este pasaje hace que las semiconsonantes se parezcan a las fricativas, existe una diferencia crucial. Las semiconsonantes carecen del ruido turbulento que caracteriza a las fricativas, porque la amplitud del pasaje impide que se acumule mucho aire en la boca. Así, la presión oral no llega a ser muy alta y el aire puede salir sin hacer fricción (Figura 4.8b). Resulta, además, que las semiconsonantes se parecen a las vocales en el sentido de que la configuración del tracto vocal no es muy cerrada, sino entreabierta. El término 'semiconsonante' se debe precisamente a que el

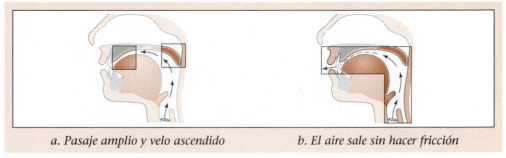

a. Pasaje amplio y velo ascendido   *b. El aire sale sin hacer fricción*

Figura 4.8 Producción de una semiconsonante: [j].

poco grado de cierre con que se articulan hace que sean menos eficientes que otras consonantes.

Entre los fonos básicos del español existe una sola semiconsonante: [j], la cual se articula aproximando el dorso al paladar (p. ej. *yeso* ['je.so] 'plaster', *soya* ['so.ja] 'soy'). El inglés, por su parte, cuenta con dos semiconsonantes básicas. Una es [j], como en la palabra *yet* 'todavía', y la otra es [w], como en la palabra *wet* 'mojado'.

4.2.8 Cerrantes vs. aproximantes

Las siete clases consonánticas descritas arriba se pueden organizar en dos grupos principales: cerrantes vs. aproximantes. El grupo de las **consonantes cerrantes** incluye las oclusivas, fricativas, africadas y nasales, las cuales comparten la propiedad de articularse cerrando severamente el tracto vocal (90–100% cerrado). En contraste, la articulación de las **consonantes aproximantes** se caracteriza porque la obstrucción del tracto vocal es moderada (60–90% cerradas), lo cual hace que sea más preciso conceptualizar su articulación en términos de aproximación que de cierre.

Está claro que las vibrantes, laterales y semiconsonantes no pertenecen al grupo de las cerrantes, sino al de las aproximantes. Las laterales son aproximantes gracias a los pasajes que se forman a los lados de la lengua, por donde el aire fluye abundantemente. Las vibrantes son aproximantes porque la rapidez con que se ejecuta el movimiento vibratorio evita que la constricción que se forma afecte severamente el flujo de aire. En el caso de las semiconsonantes, la naturaleza aproximante es aun más evidente dado que la amplitud del pasaje con que se articulan hace que sean las consonantes menos cerradas.

Un hecho notable de la pronunciación del español es que, además de las laterales, vibrantes y semiconsonantes, la gran mayoría de dialectos también hace uso de un grupo peculiar de aproximantes: [β, ð, ɣ]. Estas aproximantes están estrechamente relacionadas con las oclusivas [b, d, g]. Considere, por ejemplo, la aproximante [β], que es una variante altamente relajada de [b].

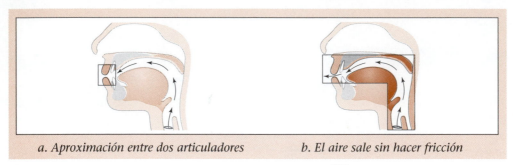

a. Aproximación entre dos articuladores   *b. El aire sale sin hacer fricción*

Figura 4.9 Producción de una consonante aproximante: [β̞].

Este tipo de aproximante tiene su origen en el hecho de que los hispanohablantes no siempre pronuncian las oclusivas [b, d̪, g] formando un cierre completo. Sucede que, si en el momento de formar la constricción, el movimiento del articulador activo se relaja, es posible que éste no llegue a hacer contacto con el articulador pasivo. Si el relajamiento es ligero, se obtienen las fricativas [β, ð̪, ɣ], pero cuando el relajamiento es mayor, el resultado son las aproximantes [β̞, ð̪̞, ɣ̞]. Un corto desplazamiento del articulador activo hacia el pasivo es, entonces, la causa de que [β̞], [ð̪̞] y [ɣ̞] sustituyan la oclusión de [b, d̪, g] con un pasaje amplio, por donde el aire sale sin dificultad (Figura 4.9).

Si bien es cierto que ni las fricativas [β, ð̪, ɣ] ni las aproximantes [β̞, ð̪̞, ɣ̞] son fonos básicos del español, es importante que nos familiaricemos con ellas porque ocurren con bastante frecuencia en muchos dialectos. Una descripción detallada de la articulación de estos fonos y su relación con las oclusivas [b, d̪, g] aparece en el capítulo 21.

4.3 ▮ Maneras de articulación de las vocales ━━━━

El sistema vocálico del español está formado por cinco vocales básicas: [i], [u], [e], [o] y [a]. La manera de articulación de las vocales depende de la posición del dorso en el eje vertical, es decir, su altura. En esta dimensión, las vocales del español forman tres subgrupos: vocales altas, medias y bajas. Como muestra la Figura 4.10, las **vocales altas** son [i] y [u], las **vocales medias** son [e] y [o], y la **vocal baja** es [a].

La posibilidad de variar la posición del dorso en el eje horizontal crea, además, contrastes de lugar entre vocales de una misma altura. Según la posición del dorso en el eje horizontal, las vocales del español forman tres subgrupos: anteriores, posteriores y centrales. Las **vocales anteriores** son [i] y [e], las **vocales posteriores** son [u] y [o], y la **vocal central** es [a].

El sistema de vocales del español se puede visualizar de la siguiente manera. Teniendo en cuenta que la posición de la vocal [a] es muy similar a la posición

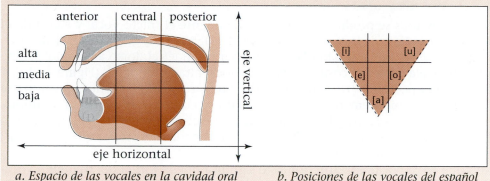

a. Espacio de las vocales en la cavidad oral   *b. Posiciones de las vocales del español*

Figura 4.10 La posición del dorso puede variar en el eje vertical u horizontal.

que adopta el dorso cuando respiramos con la boca abierta, podemos verla como una posición básica. Con referencia a dicha posición, la posición de las demás vocales se obtiene por medio de desplazar el dorso hacia adelante o hacia atrás. Desplazando el dorso desde la posición básica hacia adelante se obtiene la serie [a, e, i], donde el dorso asciende progresivamente hacia el paladar. Si, por el contrario, la lengua se desplaza desde la posición básica hacia atrás, se obtiene la serie [a, o, u], donde el ascenso del dorso es hacia el velo. Desde esta perspectiva, es fácil ver que el sistema formado por las cinco vocales del español tiene forma de triángulo (Figura 4.10b).

Para apreciar mejor las diferentes posiciones que asume el dorso durante la articulación de las vocales, haga el siguiente ejercicio. Pronuncie las cinco vocales españolas avanzando, a lo largo de los bordes del triángulo vocálico, desde el extremo anterior hacia el extremo posterior. El resultado será la serie [i, e, a, o, u]. Fíjese que durante el fragmento [i, e, a] el dorso desciende y se retrae gradualmente a medida que la boca se abre. En contraste, durante el fragmento [a, o, u] el dorso asciende y se retrae gradualmente a medida que la boca se cierra. Si ahora hace el mismo ejercicio en la dirección opuesta, obtendrá la serie [u, o, a, e, i]. En este caso, note que, durante el fragmento [u, o, a], el dorso desciende y avanza gradualmente a medida que la boca se abre; lo cual contrasta con el fragmento [a, e, i], donde el dorso asciende y avanza gradualmente a medida que la boca se cierra.

Vale la pena mencionar también que, en lo que concierne a la acción del velo, las cinco vocales básicas del español son orales. En otras palabras, lo normal es que las vocales del español se produzcan con el velo ascendido. Aunque, como ya dijimos, existe la posibilidad de que las vocales españolas adquieran la nasalidad de consonantes nasales adyacentes (p. ej. *niño* ['nĩ.ɲo], *¡Anda!* ['ãn̪.d̪a]), hay que tener presente que tales vocales no son fonos básicos sino variantes contextuales de las vocales básicas.

4.3.1 Vocales altas

Las vocales altas se producen abriendo ligeramente el tracto vocal y elevando el dorso hacia el cielo de la boca (vea la Figura 4.11). Mientras esto sucede, el velo permanece ascendido. La posibilidad de avanzar o retraer el dorso al mismo tiempo que éste se eleva crea el contraste entre la vocal alta anterior [i], (Figura 4.11a), y la vocal alta posterior [u], (Figura 4.11b). En la vocal alta anterior, la corona se adelanta para complementar la acción del dorso cuando éste avanza. En cambio, en la vocal alta posterior, los labios se redondean para complementar la acción del dorso cuando éste se retrae. También vale la pena mencionar que, aunque [i] y [u] son ambas altas, en la vocal alta posterior el dorso está ligeramente más bajo que en la vocal alta anterior. Esto significa que la forma del triángulo vocálico no es tan perfectamente simétrica como aparece en la Figura 4.10b. En realidad, la parte posterior del triángulo es un poco más baja que la parte anterior.

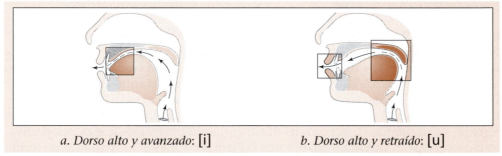

a. Dorso alto y avanzado: [i]   *b. Dorso alto y retraído*: [u]

Figura 4.11 Producción de vocales altas.

4.3.2 Vocales bajas

Las vocales bajas se producen abriendo ampliamente el tracto vocal y elevando el dorso muy ligeramente (vea la Figura 4.12). Mientras esto sucede, el velo permanece adherido a la pared faríngea. Aunque es posible avanzar o retraer el dorso al mismo tiempo que éste se ubica en la posición baja, la única vocal baja que

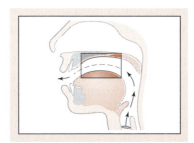

Figura 4.12 Producción de una vocal baja: [a]. Observe que el dorso está bajo y centrado.

existe en español es central. Por ocupar una posición neutral en el eje horizontal, la articulación de la vocal [a] no requiere la participación de la corona ni los labios. Es decir que, a diferencia de las vocales anteriores y posteriores, la forma que adopta el tracto vocal en la vocal central depende solamente de la acción del dorso.

4.3.3 Vocales medias

Las vocales medias se producen abriendo moderadamente el tracto vocal y elevando el dorso hasta ubicarlo a una altura intermedia entre la de las vocales altas y la de la vocal baja (vea la Figura 4.13). Mientras esto sucede, la cavidad nasal permanece sellada por el velo. Si al ubicarse a dicha altura, el dorso también avanza, el resultado es la vocal media anterior [e] (Figura 4.13a); en cambio, si el dorso se retrae, se obtiene la vocal media posterior [o] (Figura 4.13b). En la vocal media anterior, la corona complementa la acción del dorso cuando éste avanza, mientras que en la vocal media posterior los labios son los que complementan la acción del dorso cuando éste se retrae. Sucede, además, que como en el caso de las vocales altas, la posición del dorso en la vocal media posterior es ligeramente más baja que en la vocal media anterior, a pesar de que las dos son medias.

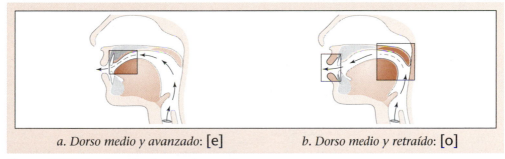

a. Dorso medio y avanzado: [e]   *b. Dorso medio y retraído*: [o]

Figura 4.13 Producción de vocales medias.

Para sintetizar, en este capítulo hemos visto que los fonos que forman la cadena fónica no son todos de un solo tipo sino que existen varias clases de acuerdo a la manera como se articulan. Cada una de las clases consonánticas tiene una manera de articulación que la distingue de las otras y lo mismo sucede entre las vocales.

La Tabla 4.1 recoge las diez maneras de articulación que distinguen los fonos básicos del español. Al lado de cada manera de articulación aparece una breve descripción de los movimientos articulatorios con que se producen y algunos fonos representativos. Un dato adicional que provee la Tabla 4.1 es la frecuencia con que ocurre cada una de las clases consonánticas y vocálicas. A este respecto, vale la pena resaltar que, entre las consonantes, las oclusivas son la clase más común (18,5%), mientras que las africadas son las consonantes menos frecuentes (0,3%). Entre las clases vocálicas, las vocales medias constituyen el grupo más frecuente (23%), mientras que las vocales altas son las menos comunes (10%).

Tabla 4.1   Maneras de articulación de los fonos básicos del español

		MANERA	MOVIMIENTOS ARTICULATORIOS	EJEMPLOS	FRECUENCIA
CONSONANTES	Cerrantes	1. Oclusiva	Oclusión del tracto vocal mientras el velo está ascendido	[p̪], [b], [t̪], [d̪], [k], [g]	18,5%
		2. Fricativa	Formación de un pasaje estrecho en el tracto vocal mientras el velo está ascendido	[f], [θ], [s], [x]	11,2%
		3. Africada	Oclusión del tracto vocal combinada con la formación de un pasaje estrecho mientras el velo está ascendido	[t͡ʃ]	0,3%
	Aproximantes	4. Nasal	Oclusión del tracto vocal mientras el velo está descendido	[m], [n], [ɲ]	10,4%
		5. Lateral	Constricción creada con el centro de la lengua mientras los lados descienden y se contraen para formar pasajes laterales. Velo ascendido.	[l], [ʎ]	4,9%
		6. Vibrante	Constricción creada por el movimiento vibratorio de un articulador activo. Velo ascendido.	[ɾ], [r]	6,3%
		7. Semi-consonante	Formación de un pasaje amplio en el tracto vocal mientas el velo está ascendido	[j]	0,4%
VOCALES		8. Alta	Tracto vocal abierto con ascenso del dorso a una posición alta. Velo ascendido.	[i], [u]	10%
		9. Media	Tracto vocal abierto con ascenso del dorso a una posición media. Velo ascendido.	[e], [o]	23%
		10. Baja	Tracto vocal abierto con ascenso muy ligero del dorso. Velo ascendido.	[a]	15%
Total					100%

PRÁCTICAS

Práctica 1

Escuche y repita la pronunciación del siguiente poema. Indique las pausas mayores y menores usando los símbolos ‖ y |, respectivamente. Una vez que pueda leer todo el poema con fluidez, responda las preguntas de abajo.

En la noche

Carlos-Eduardo Piñeros

En un lugar del mundo te acuestas pensando en mí.
Dondequiera que yo vaya me duermo pensando en ti.
En mi oración te hablo y te imagino allá.
En tu oración respondes y me ves acá.

5   *Yo sé que antes de irte a descansar,*
Un minuto ofreces para en mí pensar.
Tantos pensamientos te vienen y van.
Cuántas cosas te preguntas si ya serán.

Ambos miramos al techo antes de soñar
10   *Y abrazamos la almohada para recordar.*
Los dos dormimos bajo el cielo de una ciudad,
Cerramos los ojos esperando que el otro esté en paz.

Con la distancia no se puede más que desear
Lo que queremos regalar y no podemos dar.
15   *Pero al concluir del día ten la seguridad*
Que un minuto de mi día fue tuyo ya.

1. ¿Cuántos fonos tiene la cadena fónica formada por el verso número 3?

_____

2. ¿Cuáles fonos del verso 3 son consonantes fricativas? Escriba la letra de la ortografía y el símbolo fonético correspondiente para cada uno de ellos.

_____

3. ¿Cuántas sílabas tiene la cadena fónica formada por el verso 6?

_____

4. ¿Cuáles fonos del verso 6 son vocales altas y cuáles son vocales medias? Escriba la letra de la ortografía y el símbolo fonético para cada uno de ellos.

_____

5. ¿Cuántos fonos tiene la cadena fónica formada por el verso 9?

_____

6. ¿Cuáles fonos del verso 9 son consonantes nasales? Escriba la letra de la ortografía y el símbolo fonético correspondiente para cada uno de ellos.

_____

Práctica 2

Después de escuchar y repetir la pronunciación de las siguientes palabras extraídas del poema, transcríbalas fonéticamente.

1. *dondequiera* _____		**7.** *techo* _____
2. *imagino* _____		**8.** *abrazamos* _____
3. *respondes* _____		**9.** *almohada* _____
4. *descansar* _____		**10.** *distancia* _____
5. *ofreces* _____		**11.** *queremos* _____
6. *cuántas* _____		**12.** *concluir* _____

Práctica 3

Después de pronunciar los siguientes fonos, encierre con un círculo aquellos que pertenecen a la clase que aparece a la derecha de cada grupo.

1. [n]	[s]	[m]	[ɲ]	[g]	nasales
2. [f]	[t̪]	[θ]	[s]	[l]	fricativas
3. [e]	[p]	[l]	[b]	[ʎ]	laterales
4. [t͡ʃ]	[r]	[d͡ʒ]	[p͡f]	[ɲ]	africadas
5. [d̪]	[g]	[k]	[b]	[m]	oclusivas
6. [o]	[e]	[b]	[i]	[u]	vocales altas

Práctica 4

Escuche y repita la pronunciación de los siguientes enunciados. Marque las pausas mayores y menores con los símbolos ‖ y |. Luego, transcriba las palabras seleccionadas de cada línea.

1. *Ven pronto que la película ya va a comenzar.*

película _____   *comenzar* _____

2. *¿Qué le dijiste cuando te preguntó?*

dijiste _____   *preguntó* _____

3. *Creo que ya es tarde y me tengo que ir.*

   creo _____ *tarde* _____

4. *¿Quieres que te dé la bufanda negra o la blanca?*

   quieres _____ *bufanda* _____

5. *Si no me llamas, asumiré que vienes.*

   llamas _____ *asumiré* _____

6. *Quizás, pero es posible que prefiera quedarse en casa.*

   quizás _____ *quedarse* _____

7. *No se lo cuentes a mi madre, que se puede enojar.*

   cuentes _____ *enojar* _____

Práctica 5

Después de pronunciar las siguientes palabras, escriba el símbolo fonético y la manera de articulación del fono correspondiente a la letra que aparece en negrilla.

***p**uedo* [p] *oclusiva* _____

1. *gira* [ ] _____	11. *cariño* [ ] _____
2. *quiso* [ ] _____	12. *deuda* [ ] _____
3. *tantas* [ ] _____	13. *rumbo* [ ] _____
4. *amado* [ ] _____	14. *desear* [ ] _____
5. *tengo* [ ] _____	15. *vacuna* [ ] _____
6. *alma* [ ] _____	16. *tarifa* [ ] _____
7. *como* [ ] _____	17. *lleva* [ ] _____
8. *ves* [ ] _____	18. *quieta* [ ] _____
9. *pico* [ ] _____	19. *sombras* [ ] _____
10. *cuna* [ ] _____	20. *cerro* [ ] _____

Prácticas adicionales

Visite http://www.prenhall.com/estructuradelossonidos/.

Lugares de articulación

Además de las maneras de articulación, las diferencias en los lugares de articulación le adicionan una variedad de matices a la cualidad de los fonos. Los labios, la corona, el dorso y la raíz se conocen como los articuladores de lugar por ser los que determinan el punto exacto del tracto vocal donde se articula cada fono. El español contrasta tres lugares de articulación básicos: **labial** (articulación con los labios), **coronal** (articulación con la corona) y **dorsal** (articulación con el dorso). La raíz es, entonces, el único articulador de lugar que no se emplea para distinguir fonos en español. Por esa razón, excluiremos la categoría **radical** (articulación con la raíz), y nos concentraremos en los puntos de articulación dentro de las categorías labial, coronal y dorsal.

5.1 ▮▮ Fonos labiales

Cuando uno o ambos labios actúan para modificar la forma del tracto vocal se produce un fono labial. Dada su ubicación en el tracto vocal, el labio inferior es capaz de desplazarse en dirección al labio superior o en dirección a los dientes superiores. Estos dos movimientos resultan en dos lugares de articulación dentro de la categoría labial: **bilabial** y **labiodental**.

5.1.1 Fonos bilabiales

Cuando los dos labios cooperan para modificar la forma del tracto vocal se produce un fono bilabial (refiérase a la Figura 5.1a). Debido a que en la producción de una consonante bilabial el labio inferior se desplaza más que el labio superior, se considera que el labio inferior es el articulador activo mientras que el labio superior es el articulador pasivo. Entre los fonos básicos del español, existen tres consonantes que se articulan usando ambos labios: las oclusivas [p] y [b] y la nasal [m].

Las vocales labializadas, es decir, aquellas que se producen con participación de los labios, también son fonos bilabiales, dado que tanto el labio inferior como el labio superior funcionan activamente para producir redondeamiento labial (Figura 5.1b). El redondeamiento de los labios altera el timbre de las vocales porque tiene el efecto de incrementar la longitud del tracto vocal. En español, las vocales que se producen con redondeamiento de los labios son las vocales posteriores [u] y [o].

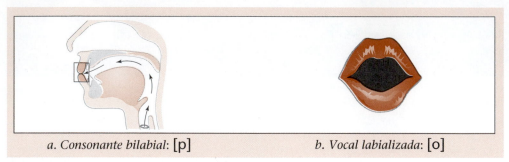

a. Consonante bilabial: [p]   *b. Vocal labializada*: [o]

Figura 5.1 Articulación de fonos bilabiales.

5.1.2 Fonos labiodentales

Cuando el labio inferior se desplaza en dirección de los dientes superiores se produce una consonante labiodental (vea la Figura 5.2). La única consonante de este tipo que existe entre los fonos básicos del español es la fricativa [f] (p. ej. *fama* ['fa.ma], *jefe* ['xe.fe]). En contraste, el inglés cuenta con dos fricativas labiodentales: [f], como en la palabra *fear* 'miedo' y [v], como en la palabra *veer* 'virar'.

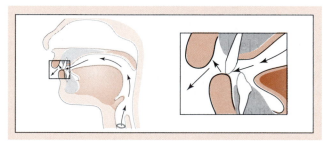

Figura 5.2 Articulación de un fono labiodental: [f].

5.2 ▮▮ Fonos coronales

Los fonos coronales se producen cuando la corona se desplaza para cambiar la forma del tracto vocal. Gracias a su ubicación y gran flexibilidad, la corona es capaz de cubrir una amplia zona de la boca. Basta un pequeño desplazamiento para que la corona toque la cresta alveolar o los dientes superiores, y si el movimiento es mayor, la corona puede avanzar hasta tocar el labio superior o retraerse hasta tocar el paladar. Sucede, sin embargo, que no todos los lugares que puede tocar la corona se usan para producir sonidos en español. Los fonos del español en los que participa la corona se articulan en los siguientes lugares: **interdental**, **dental**, **alveolar**, **alveopalatal** y **palatal**.

5.2.1 Fonos interdentales

En la producción de un fono interdental, la corona se adelgaza y avanza para ubicarse entre los bordes de los dientes superiores e inferiores (Figura 5.3). El único fono básico del español que se articula en este lugar es la consonante fricativa [θ] (p. ej. *cima* [ˈθi.ma], *paz* [ˈpaθ]). El inglés, en cambio, tiene dos fricativas interdentales: [θ], como en el nombre *breath* 'aliento' y [ð], como en el verbo *breathe* 'respirar'.

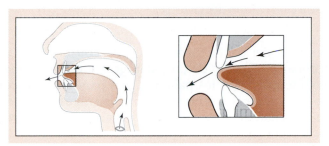

Figura 5.3 Articulación de un fono interdental: [θ].

5.2.2 Fonos dentales

En la producción de un fono dental, la corona se desplaza hacia los dientes superiores (vea la Figura 5.4). Entre los fonos básicos del español, hay dos que se articulan adhiriendo la corona a los dientes superiores: las oclusivas [t̪] y [d̪]. Al articular estas consonantes, el ápice toca el borde de los dientes superiores mientras que la lámina continúa este contacto hacia arriba. Dada la cercanía de la cresta alveolar, es natural que la lámina toque no solamente la cara interior de los dientes sino también parte de la cresta alveolar. De todos modos, el área donde se concentra el contacto no es contra la cresta alveolar, sino contra los dientes superiores.

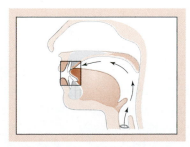

Figura 5.4 Articulación de un fono dental: [t̪].

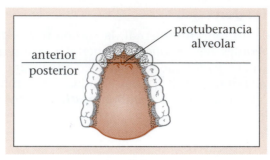

Figura 5.5 Constricción corono-dental de [t̪].

La concentración del contacto de la corona contra los dientes superiores se puede comprobar por medio de un palatograma como el que aparece en la Figura 5.5. Los fonetistas usan los palatogramas para registrar con exactitud el área del cielo de la boca que recibe el contacto de la lengua durante la articulación de un fono. En un palatograma, el área de contacto aparece sombreada. Así, el palatograma de la Figura 5.5 muestra que en la producción de la consonante [t̪], la cara interior de los dientes superiores es la que tiene mayor contacto con la corona, aunque se observa que parte de la zona anterior de la cresta alveolar también participa en el contacto. El sombreado que aparece a los lados se debe a que, además del contacto corono-dental, los lados de la lengua se adhieren a las encías y molares superiores para impedir que el aire escape lateralmente.

5.2.3 Fonos alveolares

Para producir un fono alveolar, la corona se acerca a la zona anterior de la cresta alveolar. Generalmente, el ápice es la parte de la corona que forma la constricción contra la cresta alveolar (refiérase a la Figura 5.6a). Sin embargo, también es posible dirigir el ápice hacia abajo, en cuyo caso la lámina es la que forma la constricción corono-alveolar (Figura 5.6b). Entre los fonos básicos del español, encontramos que la mayoría de las clases consonánticas cuentan con un fono alveolar. La fricativa [s], la nasal [n], la lateral [l] y las vibrantes [r] y [ɾ] son todas alveolares.

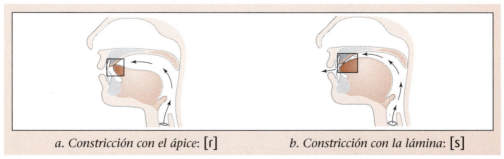

a. Constricción con el ápice: [ɾ]   *b. Constricción con la lámina:* [s]

Figura 5.6 Articulación de fonos alveolares.

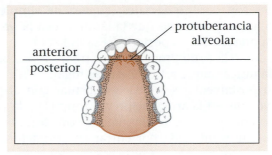

Figura 5.7 Constricción corono-alveolar de [s].

La concentración del contacto coronal contra la zona anterior de la cresta alveolar se puede observar claramente en el palatograma de la Figura 5.7, que corresponde a la articulación de la consonante [s]. Note en este palatograma que el área sombreada no alcanza a tocar los dientes, lo cual contrasta con el palatograma de la Figura 5.5, donde la zona sombreada cubre completamente los dientes superiores. Otra diferencia es que en el palatograma de la Figura 5.7 hay un espacio sin sombrear en el frente, sobre la línea media de la boca. Esta brecha corresponde al pasaje estrecho que se forma en la articulación de las consonantes fricativas. El aspecto en el que los palatogramas en las Figuras 5.5 y 5.7 se asemejan es que, en ambos casos, hay sombreado en las zonas laterales. Esto se debe a que tanto en [t̪] como en [s], los lados de la lengua se adhieren a los molares y encías superiores para prevenir que el aire escape lateralmente.

5.2.4 Fonos alveopalatales

Los fonos alveopalatales no caen exclusivamente bajo la categoría coronal porque en este tipo de articulación el dorso de la lengua complementa el movimiento de la corona (Figura 5.8a). Dicho de otra manera, la corona funciona como el **articulador de lugar primario**, mientras que el dorso actúa como un **articulador de lugar secundario**. Es más preciso, por lo tanto, decir que los

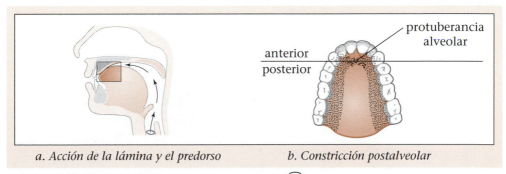

a. Acción de la lámina y el predorso   *b. Constricción postalveolar*

Figura 5.8 Articulación de un fono alveopalatal: [t͡ʃ].

fonos alveopalatales son corono-dorsales, en vez de simplemente coronales. Note en la Figura 5.8a que, mientras que la lámina toca la protuberancia alveolar, el predorso toca una zona más posterior. Ésa es la **zona postalveolar**, la cual también se conoce como la **zona prepalatal**. Entre los fonos básicos del español, la africada [t͡ʃ] es la única que se articula en ese lugar.

La constricción postalveolar se puede confirmar con el palatograma de la Figura 5.8b. Observe que, en la articulación del fono [t͡ʃ], la zona alveolar anterior hace muy poco contacto con la lengua. En contraste, la zona postalveolar aparece completamente sombreada por entrar en contacto con la lámina y el predorso. Note, además, que tanto al frente como a los lados, el área de contacto es mucho más extensa en un fono alveopalatal como [t͡ʃ], que en un fono alveolar como [s] (compare la Figura 5.8b con la Figura 5.7).

5.2.5 Fonos palatales

Los fonos palatales comparten con los alveopalatales el hecho de articularse con la participación de la corona y el dorso. La diferencia es que en la articulación palatal, el dorso es el articulador de lugar primario, mientras que la corona es el articulador de lugar secundario. De acuerdo con esto, los fonos palatales no son propiamente coronales, sino dorso-coronales. Para producir un fono palatal, el predorso y el mediodorso se elevan hacia el paladar mientras que la corona desciende y avanza hasta tocar los dientes inferiores (Figura 5.9a). Entre los fonos básicos del español, existen tres consonantes palatales: la nasal [ɲ], la lateral [ʎ] y la semiconsonante [j]. De estas tres, la nasal palatal es la más estable. Recuerde que, en la mayoría de los dialectos, [ʎ] ha sido sustituida por [j] y esta última tiende a tener diversas variantes contextuales (p. ej. *ella* ['e.ja], ['e.ʝa], ['e.ʒa], ['e.ʃa], entre otras).

El palatograma de la Figura 5.9b muestra el contacto linguo-palatal que ocurre en la articulación de la consonante [ɲ]. La comparación de este palatograma con el de la Figura 5.8b revela que el contacto de la lengua contra el cielo de la boca es mucho más extenso en un fono palatal que en uno alveopalatal. Observe que en la Figura 5.9b el área sombreada es mucho mayor que en la Figura 5.8b.

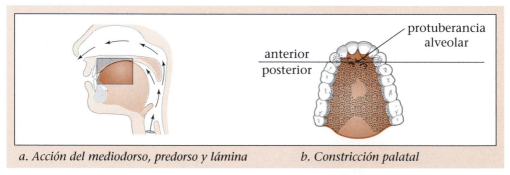

a. *Acción del mediodorso, predorso y lámina*   b. *Constricción palatal*

Figura 5.9 Articulación de un fono palatal: [ɲ].

5.3 ▌▌ Fonos dorsales

Los fonos dorsales son aquellos que se producen usando el dorso para modificar la forma del tracto vocal. Ya vimos que los fonos alveopalatales y palatales son parcialmente dorsales debido a que en su articulación el dorso colabora con la corona para formar la constricción. Sucede, además, que el dorso es capaz de funcionar independientemente en la articulación de ciertos fonos. En virtud de su ubicación dentro del tracto vocal, el dorso también puede dirigirse hacia el velo o hacia la úvula, con lo cual se generan otros dos lugares de articulación: **velar** y **uvular**.

5.3.1 Fonos velares

En la articulación de los fonos velares, el postdorso se desplaza en dirección del velo (vea la Figura 5.10). Entre los fonos básicos del español, hay tres consonantes que se articulan en este lugar: las oclusivas [k] y [g], y la fricativa [x].

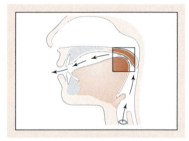

Figura 5.10 Articulación de un fono velar: [x].

5.3.2 Fonos uvulares

Los fonos uvulares se producen cuando el postdorso, en colaboración con la raíz, se retrae para formar una constricción contra la úvula (vea la Figura 5.11). Dada la participación de la raíz, los fonos uvulares no son exclusivamente dorsales, sino dorso-radicales. Esta clasificación concuerda con el hecho de que

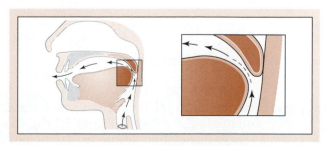

Figura 5.11 Articulación de un fono uvular: [χ].

el dorso es el articulador de lugar primario, mientras que la raíz es el articulador de lugar secundario. A pesar de que ninguno de los fonos básicos del español es uvular, es necesario que incluyamos esta categoría porque en algunos dialectos ciertos fonos básicos pueden tener variantes que se articulan formando una constricción contra la úvula.

Uno de los fonos básicos que puede tener variantes uvulares es la consonante vibrante múltiple [r]. En ciertas regiones del Caribe, especialmente Puerto Rico, es posible que una palabra como *barra* 'bar' se pronuncie ['ba.ʀa] o ['ba.χa], en lugar de ['ba.ra]. El símbolo [ʀ] representa una consonante vibrante múltiple uvular, como la que ocurre en el francés (p. ej. ['ʀɔz] 'rosa'). El símbolo [χ], por su parte, representa una consonante fricativa uvular. Otro fono básico que tiene una variante uvular es la consonante fricativa velar [x]. En el centro y norte de España, es común que una palabra como *jurar* se pronuncie [χu.'raɾ] en lugar de [xu.'raɾ].

5.4 ▋ Ausencia de lugar

Aunque lo normal es que los fonos tengan no solamente manera sino también lugar de articulación, existe una clase excepcional de consonantes que se articulan sin que ninguno de los articuladores de lugar forme una constricción en el tracto vocal. A esta clase pertenecen los fonos [h] y [ʔ]. La articulación de estos sonidos consiste simplemente en un movimiento de las cuerdas vocales. Veamos cómo se producen.

Para articular el fono [h], las cuerdas vocales se separan bastante de modo que la glotis se dilata (vea la Figura 5.12a). Al pasar a gran velocidad por la abertura triangular que forma la glotis, la corriente de aire produce fricación. Es por esa razón que el fono [h] se clasifica como una consonante **fricativa glotal**.

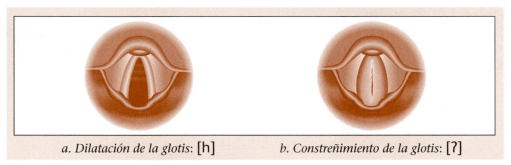

a. Dilatación de la glotis: [h]   *b. Constreñimiento de la glotis*: [ʔ]

Figura 5.12 Articulación de las consonantes glotales.

En contraste, para articular el fono [ʔ], las cuerdas vocales se acercan hasta el punto de sellar herméticamente la glotis (vea la Figura 5.12b). El efecto de constreñir la glotis de esta manera es que el flujo de aire se detiene por completo, con lo cual sobreviene un momento de absoluto silencio. La interrupción del flujo de aire es precisamente lo que justifica la clasificación de [ʔ] como una consonante **oclusiva glotal**.

A pesar de que las consonantes glotales no forman parte del inventario de fonos básicos del español, es preciso familiarizarnos con ellas porque existen algunas variedades regionales que sí las utilizan. Saber cómo se articulan los fonos [h] y [ʔ] también nos ayudará, más adelante, a remediar un problema común. Sucede que como los fonos [h] y [ʔ] se usan más frecuentemente en inglés que en español, los anglohablantes que aprenden español tienden a cometer el error de usarlos en posiciones donde el español no los permite.

Las únicas variedades de español que usan la oclusiva glotal regularmente son aquellas que se hablan en regiones donde el español coexiste con alguna lengua indígena (p. ej. guaraní en Paraguay o maya en la Península de Yucatán). En la mayor parte del mundo hispánico, [ʔ] sólo aparece esporádicamente, y más que todo en el habla enfática o en ciertas interjecciones, como cuando una persona niega algo con disgusto diciendo *¡hahaha!* [ʔa.ʔa.ʔa].

El uso de la fricativa glotal, por otro lado, es una tendencia dialectal que está bastante extendida en el español moderno. La consonante [h] ocurre con frecuencia en una amplia zona del mundo hispánico (p. ej. el sur de España, todos los países del Caribe y zonas costeras de Hispanoamérica). En esas regiones, el fono [h] es una manera común de pronunciar la *s* cuando aparece en posición final de sílaba. Así, por ejemplo, una frase como *las casas* puede pronunciarse [lah.'ka.sah].

Recogiendo todo lo dicho arriba, existen diez lugares dentro del tracto vocal que se usan para articular las consonantes del español (vea la Figura 5.13). Dos de estos lugares involucran los labios (bilabial y labiodental). Tres dependen exclusivamente de la corona (interdental, dental y alveolar). En dos, colaboran la corona y el dorso (alveopalatal y palatal). En otros dos, el dorso es el principal articulador (velar y uvular) y, finalmente, existe la posibilidad de que no intervenga ningún articulador de lugar, sino que solamente las cuerdas vocales controlen el flujo de aire (glotal).

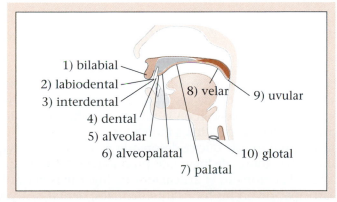

Figura 5.13 Áreas locales donde se articulan las consonantes del español.

5.5 ■ El lugar de articulación de las vocales

Con respecto a las vocales, es importante notar que, aunque cada vocal se puede asociar con una zona del tracto vocal, su articulación no tiene lugar en un punto tan exacto como el de las consonantes. Esto se debe a que, al articular una vocal, lo que se busca no es formar una constricción local, sino modificar la configuración global de las cámaras de resonancia. Consecuentemente, para describir el lugar de articulación de una vocal, no es necesario hacer referencia a un articulador pasivo. Basta con que identifiquemos los articuladores activos que contribuyen a crear la forma del tracto vocal típica de ese fono.

En todas las vocales, el articulador de lugar primario es el dorso, por ser el órgano que contribuye en mayor medida a crear la configuración abierta del tracto vocal. Recuerde que, en cuanto a la manera, el dorso es el que produce la distinción entre vocales altas, medias y bajas, según sea la altura a la que se ubique. En el capítulo 4, también mencionamos que en cuanto al lugar, el dorso crea el contraste entre vocales anteriores, posteriores y centrales según avance, se retraiga, o permanezca en una posición neutral.

Resulta que las vocales anteriores, [i] y [e], son **dorso-coronales** porque la corona funciona como un articulador de lugar secundario. Observe en la Figura 5.14a que la corona se adelanta para complementar la acción del dorso cuando éste avanza. En contraste, las vocales posteriores, [u] y [o], son **dorsolabiales** dado que los labios se redondean al mismo tiempo que el dorso se retrae (Figura 5.14b). Por último, la vocal central, [a], es simplemente **dorsal** porque ni la corona ni los labios intervienen mientras el dorso asciende muy ligeramente (Figura 5.14c).

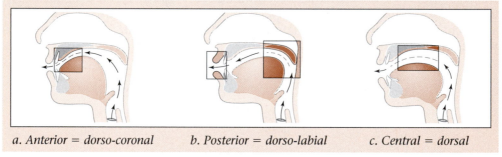

a. Anterior = dorso-coronal   b. Posterior = dorso-labial   c. Central = dorsal

Figura 5.14 Todas las vocales son dorsales.

En la Tabla 5.1 se recogen los diez lugares de articulación de las consonantes y los tres lugares de articulación de las vocales. A modo de práctica, pronuncie cada uno de los fonos que aparecen en la última columna y verifique que en su producción participan los articuladores indicados.

Una conclusión importante que se desprende de la Tabla 5.1 es que la corona y el dorso son los articuladores de lugar más productivos. Observe que, tratándose de las consonantes, la corona es el articulador de lugar más versátil, tal como lo evidencia su participación en los fonos interdentales, dentales, alveolares, alveopalales y palatales. Por otro lado, para la producción de las vocales, el dorso se

		LUGAR	ARTICULADOR ACTIVO	ARTICULADOR PASIVO	EJEMPLOS
Tabla 5.1 Lugares de articulación de los fonos del español					
CONSONANTES	1.	Bilabial	labio inferior	labio superior	[p], [b], [m]
	2.	Labiodental	labio inferior	dientes superiores	[f]
	3.	Interdental	corona (lámina)	dientes superiores e inferiores	[θ]
	4.	Dental	corona (lámina)	dientes superiores	[t̪], [d̪]
	5.	Alveolar	corona (ápice o lámina)	cresta alveolar	[s], [n], [l], [r], [ɾ]
	6.	Alveopalatal	corona (lámina) y dorso (predorso)	zona postalveolar	[t͡ʃ]
	7.	Palatal	dorso (predorso y mediodorso) y corona (lámina)	paladar y zona postalveolar	[ɲ], [ʎ], [j]
	8.	Velar	dorso (postdorso)	velo	[k], [g], [x]
	9.	Uvular	dorso (postdorso) y raíz	úvula	[ʀ], [χ]
	10.	Glotal	cuerdas vocales		[h], [ʔ]
VOCALES	11.	Anterior	dorso y corona		[i], [e]
	12.	Central	dorso		[a]
	13.	Posterior	dorso y labios		[u], [o]

perfila como el articulador de lugar más apto, como lo demuestra el hecho de que su participación es indispensable en la articulación de cualquier vocal.

PRÁCTICAS

Práctica 1

Por tratarse de consonantes, todos los fonos que aparecen en la siguiente lista se articulan en un área local del tracto vocal. Localice en el siguiente diagrama el punto exacto del tracto vocal donde se articula cada uno de ellos. Tenga en cuenta que puede haber varios fonos que se articulan en el mismo lugar, pero difieren en cuanto a la manera de articulación.

[k]   [n]   [m]   [θ]   [t͡ʃ]   [ʀ]   [n̪]   [r]   [p]   [h]   [d̪]   [β]
[ɾ]   [x]   [f]   [ʔ]   [s]   [ʃ]   [j]   [χ]   [t̪]   [ɲ]   [l]   [ʎ]

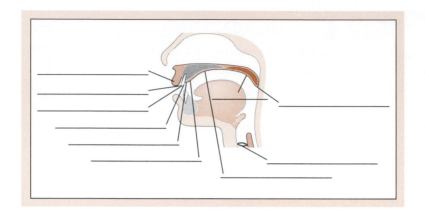

Práctica 2

Después de pronunciar los siguientes enunciados, determine si son verdaderos (**V**) o falsos (**F**). Para los falsos, haga los cambios que sean necesarios para convertirlos en verdaderos. Luego, explíquele a un/a compañero/a de clase por qué son falsos.

1. _____ *Los labios, la corona, el dorso y las cuerdas vocales se conocen como los articuladores de lugar.*

2. _____ *El paladar es el articulador pasivo en la producción del fono* [x].

3. _____ *La cresta alveolar es el articulador pasivo en la producción del fono* [s].

4. _____ *En los fonos alveolares, el ápice es siempre la parte de la corona de la lengua que forma la constricción contra la cresta alveolar.*

5. _____ *Los fonos alveopalatales se articulan con una constricción en la zona anterior de la cresta alveolar.*

6. _____ *La raíz de la lengua colabora con el dorso en la articulación de los fonos uvulares.*

7. _____ *Los labios participan en la articulación de todas las vocales.*

8. _____ *El articulador activo en la producción de un sonido palatal es exclusivamente el dorso.*

9. _____ *El fono* [h] *es excepcional en el sentido de que se articula sin la participación de un articulador de lugar.*

10. _____ *El área de contacto en un fono alveolar es más extensa que en un fono palatal.*

Práctica 3

Para cada uno de los siguientes fonos, diga cuál es su lugar de articulación y dé un ejemplo de una palabra que comience con ese fono. Transcriba fonéticamente cada ejemplo y pronúncielo en voz alta.

FONO	LUGAR	EJEMPLO
[a]	central	hacienda [a.ˈsi̯en̪.d̪a]
1. [j]	_____	_____
2. [g]	_____	_____
3. [i]	_____	_____
4. [f]	_____	_____
5. [r]	_____	_____
6. [b]	_____	_____
7. [l]	_____	_____
8. [θ]	_____	_____
9. [e]	_____	_____
10. [x]	_____	_____
11. [t͡ʃ]	_____	_____
12. [o]	_____	_____

Práctica 4

Después de pronunciar los siguientes fonos, encierre con un círculo aquellos que se producen en el lugar de articulación que aparece a la derecha.

1. [f]	[s]	[x]	[θ]	[l]	alveolar
2. [j]	[o]	[ʎ]	[ʃ]	[ɲ]	palatal
3. [i]	[n]	[ɾ]	[h]	[k]	glotal
4. [f]	[i]	[a]	[b]	[t̪]	labiodental
5. [m]	[k]	[g]	[v]	[ʀ]	velar
6. [n]	[s]	[ʃ]	[m]	[t͡ʃ]	alveopalatal
7. [r]	[f]	[ð]	[ɲ]	[θ]	interdental
8. [d̪]	[χ]	[b]	[ʀ]	[p]	uvular
9. [f]	[b]	[h]	[x]	[p]	bilabial
10. [n]	[t̪]	[a]	[ð̥]	[d̪]	dental

Práctica 5

Para cada una de las siguientes palabras, diga cuál es el lugar de articulación del fono que corresponde a la letra que aparece en negrilla. Luego, pronuncie cada palabra en voz alta.

1. **ll**eno _____
2. colo**r**ido _____
3. **c**ampesino _____
4. pre**s**enta _____
5. e**v**ento _____
6. **d**iablo _____
7. te**s**oro _____
8. compar**s**a _____
9. mu**j**eres _____
10. ma**y**or _____

11. **ch**ivo _____
12. **h**ollín _____
13. a**h**orro _____
14. e**n**tierra _____
15. **g**ran _____
16. **f**iesta _____
17. nari**z** _____
18. caba**ñ**a _____
19. pelu**d**o _____
20. a**p**uro _____

Prácticas adicionales

Visite http://www.prenhall.com/estructuradelossonidos/.

Acción de las cuerdas vocales

Para distinguir unos fonos de otros, es común que las lenguas complementen los contrastes en manera y lugar de articulación con contrastes laríngeos, los cuales dependen de la acción de las cuerdas vocales. Gracias a los músculos que las controlan, las cuerdas vocales pueden adoptar diversas posiciones que permiten regular el flujo de aire a través de la glotis y modificar así la cualidad de la voz. En español, la presencia de **vibración de las cuerdas vocales** es el único tipo de contraste laríngeo que se usa para distinguir entre fonos. Las consonantes [b] y [p], por ejemplo, se distinguen porque, aunque son idénticas en la manera y el lugar de articulación (oclusivas bilabiales), [b] se produce con vibración de las cuerdas vocales, mientras que [p] carece de esa propiedad. En este capítulo veremos que, aunque el español y el inglés explotan la posibilidad de contrastar fonos de acuerdo con la acción de las cuerdas vocales, los mecanismos que usan para obtener tales contrastes son diferentes.

6.1 ▊▊ Vibración de las cuerdas vocales ────────

Los músculos que controlan las cuerdas vocales son capaces de acercarlas y relajarlas, lo cual permite que el aire que pasa a través de la glotis pueda hacerlas vibrar. Observe en la Figura 6.1a que, cuando las cuerdas vocales se acercan, el tamaño de la glotis se reduce. Al llegar al punto en que los bordes de las cuerdas vocales se rozan, la presión del aire que se acumula debajo las empuja hacia arriba y hace que se vuelvan a separar. Sin embargo, el descenso de presión que sobreviene con el escape de aire chupa los bordes de las cuerdas vocales y hace que éstas se junten otra vez (revise la discusión del capítulo 3 sobre la fuente de voz, pp. 34–35). A las vibraciones que resultan de repetir este ciclo de movimientos rápidamente se les llama voz, o **sonoridad**, y los fonos que cuentan con esta propiedad se clasifican como **sonoros**. Algunos ejemplos de fonos sonoros son las consonantes [b], [d̪] y [g], que aparecen al inicio de las palabras *vía* ['bi.a], *día* ['d̪i.a] y *guía* ['gi.a].

De modo opuesto, la separación de las cuerdas vocales hace que sus bordes se tensionen y queden demasiado lejos para que el aire que pasa por la glotis pueda hacerlas vibrar (Figura 6.1b). Así se producen los fonos **sordos**, cuya propiedad característica, la **sordez**, es equivalente a no tener vibración de las cuerdas vocales. Pronuncie, por ejemplo, los fonos [p], [t̪] y [k], en las palabras *pía* ['pi.a], *tía* ['t̪i.a] y *quía* ['ki.a].

De acuerdo con la sonoridad, las consonantes oclusivas del español se dividen en dos grupos: las oclusivas sonoras [b, d̪, g] y las oclusivas sordas [p, t̪, k].

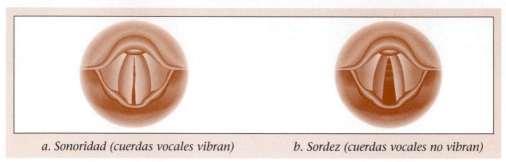

a. Sonoridad (cuerdas vocales vibran)   *b. Sordez (cuerdas vocales no vibran)*

Figura 6.1 Presencia vs. ausencia de vibración de las cuerdas vocales.

Esto hace posible que a pesar de articularse de la misma manera y en el mismo lugar, [b] se distinga de [p], [d̪] se distinga de [t̪] y [g] se distinga de [k] (vea la Tabla 6.1). A partir de estas oposiciones, surgen palabras como *beso* ['be.so] 'kiss' contra *peso* ['pe.so] 'weight', *duna* ['d̪u.na] 'dune' contra *tuna* ['t̪u.na] 'prickly pear', y *gasa* ['ga.sa] 'gauze' contra *casa* ['ka.sa] 'house', las cuales forman **pares mínimos**, es decir, parejas de palabras cuyos significantes son idénticos excepto por uno solo de sus fonos.

En el sistema de sonidos del español, las oclusivas son las únicas consonantes que se oponen en la dimensión de sonoridad. Sucede que la única semiconsonante básica, [j], las dos vibrantes básicas, [ɾ, r], las dos laterales básicas, [l, ʎ] y las tres nasales básicas, [m, n, ɲ], son todas sonoras. De otra parte, las cuatro fricativas básicas, [f, θ, s, x] y la única africada básica, [t͡ʃ], son todas sordas. En cuanto a las vocales, tampoco existen contrastes de sonoridad entre los miembros de este grupo porque los fonos [i, u, e, o, a] son todos sonoros.

Un método práctico que usted puede usar para cerciorarse si un fono es sordo o sonoro es ponerse la mano en el cuello justamente sobre la nuez de Adán (*Adam's apple*). Si al pronunciar el sonido siente en la mano vibraciones provenientes del cuello, se trata de un fono sonoro; pero si no siente vibraciones, el fono es sordo. Otro método es taparse las orejas con las manos mientras pronuncia el fono. Si al realizar este experimento escucha un zumbido que le resuena en la cabeza, el fono es sonoro; pero si el ruido que oye no le resuena en la cabeza, el fono es sordo. Haga estos experimentos para confirmar el contraste entre los fonos de la Tabla 6.1.

Tabla 6.1 El español contrasta oclusivas sonoras con oclusivas sordas			
MANERA	**LUGAR**	**SONORIDAD**	
		Sonora	*Sorda*
	Bilabial	[b]	[p]
Oclusiva	*Dental*	[d̪]	[t̪]
	Velar	[g]	[k]

6.2 ■ Abertura de la glotis

La posibilidad de dilatar o constreñir la glotis da lugar a otro tipo de contraste laríngeo. La glotis puede dilatarse por medio de separar las cuerdas vocales más de lo que se separan durante la producción de los fonos sordos (compare las Figuras 6.2a y 6.1b). Cuando esto sucede, el flujo de aire que pasa a través de la glotis aumenta considerablemente. Ese flujo de aire adicional se llama **aspiración**, que es lo que el oído percibe como la consonante fricativa glotal [h]. Es pertinente añadir que también existe la posibilidad de agregarle aspiración a ciertos fonos (p. ej. [p] + [h] = [pʰ]), lo cual los convierte en **aspirados**. En inglés, por ejemplo, las consonantes iniciales de las palabras *pick*, *tick* y *kick* son aspiradas: [ˈpʰɪk], [ˈtʰɪk] y [ˈkʰɪk].

El opuesto de dilatar la glotis es constreñirla. Esto ocurre cuando la glotis se cierra herméticamente por medio de juntar firmemente las cuerdas vocales (refiérase a la Figura 6.2b). El efecto de esto es que se interrumpe el flujo de aire por la laringe, lo cual es percibido por el oído como la consonante oclusiva glotal [ʔ].

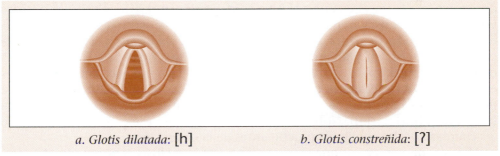

a. Glotis dilatada: [h]   *b. Glotis constreñida*: [ʔ]

Figura 6.2 Contraste en la abertura de la glotis.

Una diferencia importante entre la pronunciación del español y el inglés tiene que ver precisamente con la oclusiva glotal. En inglés, es común usar el fono [ʔ] para demarcar los límites entre palabras. Un ejemplo de esto es la frase *the Earth*, donde se tiende a insertar una oclusiva glotal para separar las vocales convergentes: [ðɪ.ˈʔɛɹ̠θ]. Esto es algo que usted debe evitar hacer cuando hable español porque, a excepción de unas pocas regiones con fuerte sustrato indígena (p. ej. Yucatán), los dialectos de español no emplean regularmente la oclusiva glotal para separar vocales convergentes. La opción que se prefiere es combinar las vocales adyacentes en una sola sílaba, con lo cual se crea un diptongo. Es más común, por ejemplo, que la oración *¿Cómo estás?* se pronuncie [ˈko.mo̯es.ˈt̪as] o [ˈko.mu̯es.ˈt̪as], en lugar de [ˈko.mo.ʔes.ˈt̪as].

Otra diferencia importante entre las dos lenguas es que, mientras que el inglés se vale de la aspiración para distinguir pares de oclusivas que tienen el mismo lugar de articulación (p. ej. [pʰ] contra [p]), el español lo hace por medio de la sonoridad (p. ej. [b] contra [p]). A raíz de esto, el inglés cuenta con pares mínimos basados en la oposición aspirado contra inaspirado (p. ej. *pin* [ˈpʰɪ̃n] contra *bin* ['pĩn], *tear* ['tʰɛɹ] contra *dare* ['tɛɹ] y *come* ['kʰʌm] contra *gum* ['kʌm]. En contraste, el español cuenta con pares mínimos basados en la oposición sonoro contra sordo (p. ej. *vino* ['bi.no] contra *pino* ['pi.no], *déme* ['d̪e.me] contra *teme* ['t̪e.me] y *coma* ['ko.ma] contra *goma* ['go.ma].

El uso de aspiración es la causa de uno de los problemas de pronunciación más comunes que tienen los anglohablantes cuando aprenden español. No es raro, por ejemplo, que un estudiante de primer año pronuncie las palabras *pasa*, *tasa* y *casa* como *['pʰa.sa], *['tʰa.sa] y *['kʰa.sa] en lugar de ['pa.sa], ['t̪a.sa] y ['ka.sa]. El inconveniente que esto tiene es que produce un fuerte acento extranjero. Además, debido a que en español no se aspiran las consonantes [p, t̪, k], los anglohablantes tienden a confundirlas con [b, d̪, g] cuando las oyen. Esto crea problemas de comprensión en pares mínimos como *pena* ['pe.na] 'sorrow' contra *vena* ['be.na] 'vein', *tono* ['t̪o.no] 'tone' contra *dono* ['d̪o.no] 'I donate' y *cana* ['ka.na] 'gray hair' contra *gana* ['ga.na] 'desire', los cuales son difíciles de distinguir para un anglohablante.

Para prevenir estos problemas, es necesario que usted aprenda a distinguir entre fonos sordos, aspirados y sonoros. La diferencia entre estas tres categorías se ilustra en la Figura 6.3. Observe en la Figura 6.3a que, cuando la consonante que precede a la vocal es una oclusiva sorda (p. ej. [pa], [t̪a], [ka]), las cuerdas vocales comienzan a vibrar al tiempo que ocurre la **distensión**, es decir, en el momento en que el articulador activo se separa del articulador pasivo. Esto contrasta con lo que sucede en sílabas donde la consonante que precede a la vocal es una oclusiva aspirada (p. ej. [pʰa], [tʰa], [kʰa]). En tal caso, las cuerdas vocales empiezan a vibrar bastante después de la distensión (Figura 6.3b). Una tercera posibilidad es la que se da en sílabas donde la consonante oclusiva es sonora (p. ej. [ba], [d̪a] y [ga]). Note en la Figura 6.3c que, en ese caso, la vibración de las cuerdas vocales comienza mucho antes de la distensión.

Resulta que, mientras que el inglés contrasta las oclusivas por medio de retardar o no retardar el *tiempo de iniciación de sonoridad*, el español las contrasta por

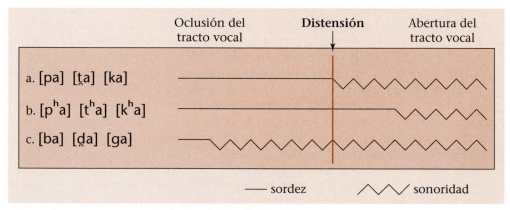

Figura 6.3 Diferencias en el tiempo de iniciación de sonoridad.

medio de anticiparlo o no anticiparlo. En otras palabras, el inglés usa las posibilidades ilustradas en las Figuras 6.3b y 6.3a, mientras que el español usa las posibilidades ilustradas en las Figuras 6.3c y 6.3a. Así, por ejemplo, la palabra inglesa *pan* 'cacerola' se pronuncia con una oclusiva aspirada, es decir, retardando el tiempo de iniciación de sonoridad: [ˈpʰæn]. En cambio, la palabra española *van* 'they go' se pronuncia con una oclusiva sonora, es decir, anticipando el tiempo de iniciación de sonoridad: [ˈban]. De otra parte, la consonante inicial de la palabra inglesa *ban* 'prohibir' y la consonante inicial de la palabra española *pan* 'bread' se pronuncian bastante similares: [ˈpæn] y [ˈpan], respectivamente. Esto se debe a que, al no haber ni anticipación ni retardo, el tiempo de iniciación de sonoridad tiende a coincidir con la distensión. Lo que esto sugiere es que la *b*, la *d* y la *g* del inglés no son realmente [b, d, g], sino que están más cercanas de ser [p, t, k]. De ahí precisamente que cuando un hispanohablante pronuncia una palabra como [ˈpan] 'bread', los anglohablantes se inclinan a creer, equivocadamente, que lo que han oído no es *pan* sino *van* 'they go'.

Para practicar el contraste que resulta de anticipar o no anticipar el tiempo de iniciación de sonoridad ([b, d̪, g] contra [p, t̪, k]), haga el siguiente ejercicio de discriminación auditiva. De las dos palabras que forman los siguientes pares mínimos, su instructor/a pronunciará solamente una. Escuche cuidadosamente y subraye la palabra de cada par que su instructor/a pronuncie. Luego, practique la pronunciación de todos los pares mínimos asegurándose que contrasta las oclusivas por medio de anticipar o no anticipar el tiempo de iniciación de sonoridad.

[b]	[p]	[d̪]	[t̪]	[g]	[k]
1. *vino*	*pino*	*déme*	*teme*	*gama*	*cama*
2. *bala*	*pala*	*duna*	*tuna*	*guiso*	*quiso*
3. *bolo*	*polo*	*dilo*	*tilo*	*gasa*	*casa*
4. *vela*	*pela*	*doma*	*toma*	*goza*	*cosa*
5. *vena*	*pena*	*dino*	*tino*	*gorro*	*corro*
6. *bozo*	*pozo*	*daza*	*taza*	*guiña*	*quiña*
7. *bollo*	*pollo*	*doro*	*toro*	*gota*	*cota*
8. *villa*	*pilla*	*déle*	*tele*	*güero*	*cuero*
9. *buso*	*puso*	*dono*	*tono*	*gala*	*cala*

Para resumir, las consonantes oclusivas del español se pueden producir sincronizando el inicio de la sonoridad con la distensión (oclusivas sordas) o anticipándolo (oclusivas sonoras). Lo que usted debe evitar a toda costa es pronunciar las consonantes oclusivas del español iniciando la sonoridad retardadamente (oclusivas aspiradas), porque esa opción se permite en inglés pero no en español.

La clave para evitar la presencia de aspiración en las oclusivas sordas es controlar el grado de abertura de la glotis. Es cierto que las cuerdas vocales necesitan separarse un poco para tensionarse y generar así la sordez característica de [p], [t̪], [k]; sin embargo, hay que evitar separarlas demasiado, porque esto hace que la glotis se dilate (revise las Figuras 6.1b y 6.2a). Fíjese que si la glotis no se abre extremadamente, el flujo de aire no puede ser masivo, y consecuentemente, la aspiración no ocurrirá.

Una prueba que usted puede hacer para detectar si está produciendo las oclusivas del español con aspiración es poner una hoja de papel enfrente de la boca cuando las pronuncia. Si la hoja de papel se mueve enérgicamente al recibir el impacto de la corriente de aire que sale de la boca, es porque usted está separando las cuerdas vocales demasiado (está usando aspiración). Al producir las oclusivas del español, la hoja de papel debe moverse muy ligeramente, porque la corriente de aire que sale por la boca no es masiva y, por lo tanto, no puede hacer que la hoja de papel se agite mucho. Aplique esta prueba al pronunciar los siguientes tripletes de palabras.

Ejemplos:	**[p]**		**[t̪]**		**[k]**
pasa	['pa.sa]	*tasa*	['t̪a.sa]	*casa*	['ka.sa]
pito	['pi.t̪o]	*Tito*	['t̪i.t̪o]	*Quito*	['ki.t̪o]
peso	['pe.so]	*teso*	['t̪e.so]	*queso*	['ke.so]
puna	['pu.na]	*tuna*	['t̪u.na]	*cuna*	['ku.na]
pongo	['po̞ŋ.go]	*tongo*	['t̪o̞ŋ.go]	*Congo*	['ko̞ŋ.go]
para	['pa.ɾa]	*tara*	['t̪a.ɾa]	*cara*	['ka.ɾa]

6.3 ▋▋ Aspiración con sonoridad

La posibilidad de controlar la tensión de las cuerdas vocales independientemente del grado de abertura de la glotis permite obtener un efecto peculiar. Observe en la Figura 6.4 que, a pesar de estar separadas, las cuerdas vocales se mantienen relajadas de modo que pueden vibrar al mismo tiempo que una corriente

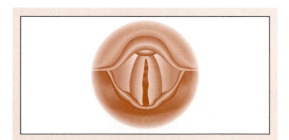

Figura 6.4 Combinación de aspiración y sonoridad: [ɦ].

abundante de aire fluye por la glotis. La combinación de aspiración y sonoridad resulta en el fono [ɦ], que por ir acompañado de fricación, se clasifica como una consonante **fricativa glotal sonora**.

La consonante fricativa glotal sorda, [h], y la consonante fricativa glotal sonora, [ɦ], ocurren con frecuencia en los dialectos de español que tienden a relajar la articulación de la consonante [s] en posición final de sílaba. En Cuba, por ejemplo, las frases *sus cosas* y *sus mesas* se suelen pronunciar [suh.'ko.sah] y [suɦ.'me.sah]. Observe en estos ejemplos que mientras que, en inicio de sílaba, la *s* se pronuncia consistentemente como [s]; en fin de sílaba, hay dos alternativas. La *s* final de sílaba se pronuncia como [h] si el fono siguiente es sordo o si no le sigue ningún otro fono. La variante [ɦ], por otra parte, se usa cuando la *s* final de sílaba va seguida por un fono sonoro. A modo de práctica, pronuncie los siguientes ejemplos adicionales y haga la transcripción fonética de los ejemplos que faltan por transcribir.

Ejemplos:	PRONUNCIACIÓN DE *s* COMO [s], [h] O [ɦ]
esas personas	['e.sah.pe̞r.'so.nah]
islas pequeñas	['iɦ.lah.pe.'ke.ɲah]
meses largos	['me.se̞ɦ.'lar.go̞h]
coses más	['ko.se̞ɦ.'mah]
seis pastillas	_____
usaste tres	_____
consejos malos	_____
resistes más	_____

A pesar de que este modo de pronunciar la *s* es muy común en algunas regiones del mundo hispánico, es importante tener en cuenta que [h] y [ɦ] no son fonos básicos del español, sino dos maneras alternativas de pronunciar el fono básico [s]. La prueba es que los hablantes que pronuncian la *s* final como [h] y [ɦ] también usan la opción de pronunciarla intacta: [s]. La tendencia general es usar las variantes [h] y [ɦ] cuando se habla rápida o informalmente, mientras que al hablar lenta o formalmente aumenta la probabilidad de que la *s* no se relaje. Esto indica claramente que el relajamiento de *s* no es un cambio categórico, sino una tendencia variable.

De la discusión anterior concluimos que, en cuanto a la acción de las cuerdas vocales, la sonoridad es la única propiedad laríngea de la que se vale el español para crear contrastes entre palabras (p. ej. *barra* ['ba.ra] 'bar' contra *parra* ['pa.ra] 'grapevine'). Además, encontramos que su uso está bastante restringido puesto que las consonantes oclusivas son la única clase dentro de la cual se explotan los contrastes de sonoridad. La Tabla 6.2 resume todas las oposiciones distintivas en las que se basa el inventario de fonos básicos del español de acuerdo con lo discutido en los últimos tres capítulos.

Tabla 6.2	Clasificación de los fonos básicos del español			
	MANERA	LUGAR	SONORIDAD	
			Sonora	*Sorda*
CONSONANTES	Oclusiva	Bilabial	[b]	[p]
		Dental	[d̪]	[t̪]
		Velar	[g]	[k]
	Africada	Alveopalatal		[t͡ʃ]
	Fricativa	Labiodental		[f]
		Interdental		[θ]
		Alveolar		[s]
		Velar		[x]
	Nasal	Bilabial	[m]	
		Alveolar	[n]	
		Palatal	[ɲ]	
	Lateral	Alveolar	[l]	
		Palatal	[ʎ]	
	Vibrante	Alveolar	[ɾ], [r]	
	Semiconsonante	Palatal	[j]	
VOCALES	Alta	Anterior	[i]	
		Posterior	[u]	
	Media	Anterior	[e]	
		Posterior	[o]	
	Baja	Central	[a]	

PRÁCTICAS

Práctica 1

Contraste las siguientes palabras del inglés y del español enfocándose en las consonantes iniciales. Transcriba las palabras españolas que faltan por transcribir teniendo en cuenta que, mientras que en las palabras inglesas, las oclusivas sordas tienen aspiración, en las palabras españolas, no existe el soplo de aire adicional que resulta de la aspiración. Repita la pronunciación de las palabras españolas en voz alta.

1.	*park*	*vs.*	*parque*	['par.ke]		*press*	*vs.*	*preso*	_____
2.	*pill*		*pila*	_____		*pride*		*prado*	['pra.ðo]
3.	*pain*		*pena*	_____		*plot*		*plato*	_____
4.	*tease*		*tiza*	_____		*trick*		*trique*	['t̪ri.ke]
5.	*Turk*		*terco*	['t̪er.ko]		*tram*		*tramo*	_____
6.	*tomb*		*tumo*	_____		*tree*		*trío*	_____
7.	*coat*		*coto*	_____		*crib*		*criba*	['kri.βa]
8.	*kept*		*quepo*	_____		*crest*		*cresta*	['kres.t̪a]
9.	*kiss*		*quiso*	['ki.so]		*chrome*		*cromo*	_____

Práctica 2

Todas las palabras que aparecen en la siguiente lista contienen por lo menos una consonante oclusiva. Use estas palabras para formar pares mínimos en los que contraste una oclusiva sorda con una sonora. Luego, transcriba y pronuncie ambas palabras.

PALABRA 1 (con oclusiva sorda)		PALABRA 2 (con oclusiva sonora)	
pino	['pi.no]	*vino*	['bi.no]
1. *cuánto*	_____	_____	_____
2. *paño*	_____	_____	_____
3. _____	_____	*goma*	_____
4. _____	_____	*vez*	_____
5. *pasta*	_____	_____	_____
6. *quiso*	_____	_____	_____
7. _____	_____	*manda*	_____
8. *pelo*	_____	_____	_____
9. *manco*	_____	_____	_____
10. _____	_____	*bar*	_____

Práctica 3

Después de pronunciar los siguientes fonos, encierre con un círculo aquellos que NO pertenecen a la categoría que aparece a la derecha de cada grupo.

1. [o]	[r]	[m]	[k]	[g]	sonoro
2. [n]	[t̪]	[θ]	[f]	[l]	sordo
3. [tʰ]	[k]	[h]	[pʰ]	[d̪]	aspirado
4. [t͡ʃ]	[i]	[ʎ]	[ɲ]	[p]	sonoro
5. [s]	[u]	[k]	[b]	[m]	sordo
6. [o]	[e]	[b]	[l]	[h]	sonoro
7. [l]	[a]	[j]	[x]	[θ]	sonoro
8. [ɾ]	[o]	[f]	[s]	[p]	sordo
9. [ʀ]	[j]	[χ]	[d̪]	[kʰ]	sonoro
10. [u]	[β]	[p]	[ʃ]	[t͡ʃ]	sordo

Práctica 4

Las siguientes palabras inglesas tienen equivalentes en español cuya pronunciación es similar, pero no idéntica. Pronuncie las palabras en las dos lenguas poniendo atención a la diferencia entre las oclusivas aspiradas y las oclusivas sordas. Transcriba la pronunciación de las palabras españolas.

attack	*ataque*	[a.ˈt̪a.ke]
1. *pretend*	*pretende*	_____
2. *quota*	*cuota*	_____
3. *practice*	*práctica*	_____
4. *accord*	*acuerdo*	_____
5. *pistol*	*pistola*	_____
6. *total*	*total*	_____
7. *creature*	*criatura*	_____
8. *temptation*	*tentación*	_____
9. *contemplate*	*contemplar*	_____
10. *critical*	*crítico*	_____
11. *typical*	*típico*	_____
12. *politics*	*política*	_____

Prácticas adicionales

Visite http://www.prenhall.com/estructuradelossonidos/.

Unidad 3

Combinaciones de fonos

La perceptibilidad de los fonos

Los fonos con los que se forman las sílabas de la cadena fónica difieren también en **perceptibilidad**, es decir, la prominencia acústica que tienen. Las vocales, por ejemplo, son mucho más perceptibles (acústicamente más prominentes) que las consonantes. Para apreciarlo, pronuncie los fonos [a] y [p] y compárelos. No hay duda de que la vocal [a] es mucho más perceptible que la consonante [p]. Es precisamente con base en este tipo de contraste que el español prefiere ubicar las vocales dentro del núcleo de la sílaba, mientras que las consonantes se acomodan en los márgenes (p. ej. *paz* ['pas]). La perceptibilidad que tienen los sonidos lingüísticos se llama **sonancia**. A continuación veremos cómo las diferentes clases de fonos se pueden organizar en una escala de mayor a menor sonancia. La posición de cada clase de fono en la escala de sonancia es crucial porque determina con qué otras clases de fonos se puede combinar para formar sílabas.

7.1 ▥ Diferencias de sonancia entre vocales

Aunque todas las vocales son más **sonantes** (perceptibles) que cualquier consonante, existen algunas vocales que son menos sonantes que otras. Pronuncie, por ejemplo, la vocal [a] y compárela con la vocal [e]. Es evidente que la segunda es menos sonante que la primera. Si pronuncia ahora [a] y la compara con [o], notará que [a] es otra vez la vocal de mayor sonancia. Por otro lado, si compara [e] con [o], no encontrará una diferencia significativa de sonancia. Más bien, la sonancia de [e] y [o] es aproximadamente la misma. Esto significa que las vocales medias [e] y [o] son equivalentes en sonancia, pero ambas son menos sonantes que la vocal baja [a]. Asumiendo que el símbolo > significa "más sonante que", podemos cifrar esta diferencia de sonancia de la siguiente manera: *vocal baja > vocales medias*.

Si ahora incluye las otras dos vocales del español en la comparación, encontrará un tercer grado de sonancia. Pronuncie, por ejemplo, [i] y compárela con [e] y [a]. Luego, pronuncie [u] y compárela con [o] y [a]. Finalmente, pronuncie [i] y [u] y compárelas. Fíjese que la sonancia aumenta progresivamente al pasar de [i] a [e] y luego a [a]. Igualmente, hay un incremento gradual de sonancia al pasar de [u] a [o] y luego a [a]. En contraste, al pasar de [i] a [u], no hay una diferencia significativa de sonancia. Esto nos lleva a concluir que las vocales altas [i] y [u] son equivalentes en sonancia, pero ambas son menos sonantes que las vocales medias [e] y [o], para las que ya establecimos que tienen menor sonancia

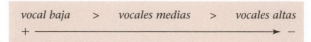

Figura 7.1 Escala de sonancia para las vocales.

que la vocal baja [a]. Estas observaciones resultan en la escala de sonancia para las vocales presentada en la Figura 7.1.

En términos articulatorios, lo que esta escala significa es que la sonancia de una vocal es proporcional al grado de abertura que adopta el tracto vocal durante su articulación. Así, la vocal baja es la más sonante de todas porque es la que se articula con el tracto vocal más abierto. Le siguen las vocales medias ya que se articulan con el tracto vocal menos abierto que en la vocal baja, pero más abierto que en las vocales altas. Estas últimas son las menos sonantes por tener el menor grado de abertura.

La correlación entre la sonancia de un fono y el grado de abertura con que se articula es algo muy natural. Fíjese que cuanto más abierto esté el tracto vocal, más espacio habrá en los resonadores. Con un mayor volumen de aire en los resonadores, la resonancia de la voz será mayor. Es decir que los fonos más sonantes son precisamente los que tienen mayor resonancia.

La escala de sonancia en la Figura 7.1 nos ayuda a comprender el comportamiento de las vocales dentro de los diptongos y triptongos. Resulta que cuando una sílaba contiene más de una vocal, las vocales altas tienden a subordinarse a cualquier otra vocal. Así, la vocal baja o media se mantiene firme como vocal, mientras que la vocal alta se convierte en semivocal (p. ej. *hacia* ['a.si̯a], *puesto* ['pu̯es.to], *buey* ['bu̯ei̯]). La causa de esta asimetría son las diferencias de sonancia que existen entre las tres clases vocálicas. Por ser la clase vocálica de menor sonancia, las vocales altas nunca pueden dominar a otra vocal adyacente. Esto las obliga a subordinarse a cualquiera de las demás vocales. Entre [i] y [e], por ejemplo, [e] siempre será la ganadora, y entre [u] y [o], [o] siempre saldrá favorecida.

Aunque es cierto que las vocales medias son más prominentes que las vocales altas, su supremacía no es absoluta. Las vocales medias pueden ser vencidas por la vocal baja, que por ser la de mayor sonancia, nunca se subordina a otra vocal. Fíjese que, cuando una vocal media y una vocal baja compiten, la vocal baja es la que domina por ser la más sonante de las dos. Por ejemplo, las frases *vino antes* y *te amo* suelen pronunciarse ['bi.'nõãn̪.tes] y ['te̯a.mo], respectivamente. Para practicar, pronuncie y transcriba los diptongos y triptongos que se forman en las siguientes palabras y frases.

Ejemplos: *cielo* _____   *lo haré* _____

cuota _____   *su euforia* _____

cuáles _____   *me aislaste* _____

viaje _____   *su autor* _____

cuello _____   *le hablé* _____

guapo _____   *se usó* _____

7.2 ◼ Diferencias de sonancia entre consonantes ━━━━

Aunque todas las consonantes tienen menor sonancia que cualquier vocal, hay algunas consonantes que tienen mayor sonancia que otras. Pronuncie, por ejemplo, la consonante [l] y compárela con la consonante [t̪]. Es evidente que la primera es más sonante que la segunda. Al igual que en el caso de las vocales, la sonancia de las consonantes depende del volumen de los resonadores. Cuanto más se reduzca el volumen de los resonadores, menor resonancia tendrá la voz y, consecuentemente, menor será la sonancia del fono. Veamos cómo las diferencias en la manera de articulación de las consonantes producen diferentes niveles de sonancia.

Las consonantes oclusivas son las menos sonantes de todas debido a que en su articulación se obstruye completamente el tracto vocal y se bloquea la cavidad nasal. A consecuencia de esto, el volumen de los resonadores se reduce severamente. Así, la resonancia de la voz durante la articulación de una oclusiva es mínima. Compruébelo pronunciando [p], [b], [t̪], [d̪], [k] o [g]. La misma situación se presenta con las consonantes africadas (o semioclusivas) ya que, como dijimos antes, su articulación incluye una fase inicial en la que el tracto vocal está completamente obstruido y el velo ascendido. Confírmelo pronunciando la africada [t͡ʃ].

De otra parte, al comparar una consonante oclusiva con una fricativa, se percibe una diferencia considerable de sonancia. Pronuncie, por ejemplo, la consonante [t̪] y compárela con [s]. La segunda es, ciertamente, más sonante que la primera. Esto es de esperar dado que, aunque el velo bloquea la cavidad nasal durante la articulación de oclusivas y fricativas, la constricción que se forma en el tracto vocal durante la articulación de una fricativa es ligeramente menos severa que la de una oclusiva (90% contra 100% cerrado). Lo mismo se puede observar al comparar [p] con [f] y [k] con [x]. Este incremento en el volumen del tracto vocal permite que haya un poco más de resonancia durante las fricativas que durante las oclusivas: *fricativas > oclusivas*.

Las fricativas, a su vez, son menos sonantes que las consonantes nasales. Pronuncie, por ejemplo, la consonante [s] y compárela con [n]. Es indudable que la nasal es más sonante que la fricativa. Esto parece sorprendente en vista del hecho de que las nasales comparten con las oclusivas la propiedad de articularse con el tracto vocal ocluido. Sin embargo, las nasales son especiales en el sentido de que se articulan con el velo descendido, lo cual habilita la cavidad nasal para que actúe como una cámara de resonancia. En otras palabras, las consonantes nasales usan resonancia nasal para compensar la escasez de resonancia en la cavidad oral. Compruébelo observando el incremento gradual de sonancia que hay al pasar de [t̪] a [s] y luego a [n]. Note que lo mismo sucede al pasar de [p] a [f] y luego a [m]. Entonces, la escala de sonancia que resulta con la inclusión de las nasales es: *nasales > fricativas > oclusivas*.

Aun más sonantes que las nasales son las consonantes laterales. Pronuncie, por ejemplo, la nasal [n] y compárela con la lateral [l]. Observe también el incremento en sonancia que hay al pasar de [ɲ] a [ʎ]. A pesar de que durante su articulación la cavidad nasal está bloqueada y la lengua forma una constricción central (sobre la línea media de la boca), las consonantes laterales tienen bastante sonancia debido a que los lados de la lengua descienden y se contraen para formar pasajes laterales. Esta maniobra permite que, al pasar libremente por los lados de la boca, el aire resuene ampliamente dentro de la cavidad oral. Con la inclusión de las laterales, la escala de sonancia toma la siguiente forma: *laterales > nasales > fricativas > oclusivas*.

En comparación con las laterales, las consonantes vibrantes exhiben un ligero incremento de sonancia. Pronuncie, por ejemplo, [l] y compárela con [r]. La propiedad que contribuye a que las vibrantes tengan mayor sonancia es que sus vibraciones se producen por medio de un movimiento balístico (extremadamente rápido). Esto permite que aunque se forme una constricción en el tracto vocal, el cierre es tan breve que no afecta severamente la resonancia de la voz. Añadiendo este grupo obtenemos la escala: *vibrantes > laterales > nasales > fricativas > oclusivas*.

Finalmente, las semiconsonantes superan a las vibrantes y, por ende, a todas las demás clases consonánticas, porque el pasaje amplio que se forma durante su articulación permite que la cavidad oral pueda acomodar un volumen de aire comparable con el de las vocales altas. Al pronunciar la serie [r], [j], [i], se nota que la sonancia de la semiconsonante es intermedia entre la de la vibrante y la de la vocal alta. Esto nos lleva a concluir que la escala completa de sonancia para las consonantes es como aparece en la Figura 7.2.

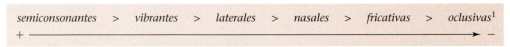

semiconsonantes > vibrantes > laterales > nasales > fricativas > oclusivas[1]

Figura 7.2 Escala de sonancia para las consonantes.

El orden en que aparecen los elementos de esta escala refleja el hecho de que algunos fonos son más eficientes como consonantes que otros. Si tenemos en cuenta que lo que define a las consonantes es la creación de una constricción con el propósito de obstaculizar el flujo de aire, resulta evidente que las oclusivas son las mejores consonantes puesto que son las únicas que logran impedir completamente la salida de aire. En el extremo opuesto se ubican las semiconsonantes, que están catalogadas como las peores consonantes por ser las que menor resistencia oponen al flujo de aire. No causa sorpresa, por lo tanto, que en un estudio en que se examinaron 317 lenguas, se encontró que el 100% emplea consonantes oclusivas, pero solamente el 86% usa semiconsonantes.[2] Entre estos dos polos de máxima y mínima eficiencia consonántica, se encuentran las fricativas, nasales, laterales y vibrantes, en orden descendente.

De acuerdo con estas observaciones, se infiere que las sílabas [t̪a], [sa], [na], [la], [ra] y [ja] forman un espectro en el que la calidad de la sílaba disminuye gradualmente a medida que aumenta la sonancia de la consonante inicial. Esto

---

[1]Recuerde que las africadas, o semioclusivas, se agrupan junto con las oclusivas porque su sonancia es comparable.

[2]Ian Maddieson, *Patterns of Sounds* (New York: Cambridge University Press, 1984).

significa que, a diferencia de las vocales, las consonantes son mejores cuando tienen menor sonancia. A medida que la sonancia de una consonante aumenta, su efectividad como consonante disminuye. Si ahora combinamos la escala que forman las clases vocálicas (Figura 7.1) con la escala que forman las clases consonánticas (Figura 7.2) obtenemos la escala total que aparece en la Figura 7.3. Fíjese que, por ser tipos opuestos de fonos, las vocales y consonantes se inclinan hacia los extremos opuestos de la escala de sonancia. En virtud de su alta sonancia, las vocales se ubican en el extremo superior de la escala, mientras que las consonantes ocupan el extremo inferior debido a su baja sonancia.

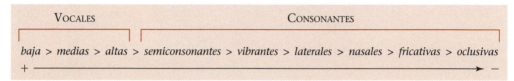

Figura 7.3 Escala de sonancia para vocales y consonantes.

Entre las vocales, la vocal baja emerge como la vocal prototípica porque, al ocupar el nivel más alto de la escala, es la que menos se parece a las consonantes. Entre las consonantes, las oclusivas se perfilan como las consonantes prototípicas porque, al ocupar el nivel más bajo de la escala, son las que menos se parecen a las vocales. Las vocales altas y las semiconsonantes, por otro lado, son las menos óptimas de sus respectivos grupos dado que son las que más se asemejan al grupo contrario.

7.3 ▦ La sonancia dentro de la sílaba ━━━━━━━

La ubicación de los fonos dentro de la sílaba depende críticamente de su sonancia. Sucede que en el interior de una sílaba, la sonancia tiende a disminuir desde el **núcleo**, que corresponde al pico de sonancia, hacia los márgenes: el izquierdo o **prenúcleo** y el derecho o **postnúcleo**. Esta tendencia se conoce como el **principio de la secuencia de sonancia**. La aplicación de este principio hace que no todas las combinaciones de fonos sean sílabas posibles. Para que una sílaba esté bien formada, es necesario que sus fonos estén ubicados de tal modo que la sonancia aumente desde el prenúcleo hacia el núcleo y que disminuya desde el núcleo hacia el postnúcleo. Veamos un ejemplo.

Con un grupo de fonos como [t̪], [r], [a], [n], [s] es posible crear la sílaba [t̪rans], como ocurre al inicio de la palabra *transformar* [t̪rans.foɾ.'mar]. Resulta, sin embargo, que cualquier otra combinación que se haga usando estos mismos fonos (p. ej. *[rt̪ans], *[t̪rasn], *[art̪ns], *[t̪rnsa], etc.) no es una sílaba posible.[3] La sílaba bien formada se ilustra en la Figura 7.4, donde los niveles de sonancia están ordenados en la columna de la izquierda según la escala de sonancia en la

―――――――――

[3]Recuerde que el asterisco que apare al inicio de la transcripción fonética indica que tal pronunciación es inaceptable.

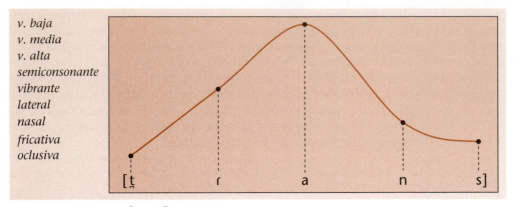

Figura 7.4 La sílaba [t̪rans] obedece el principio de la secuencia de sonancia.

Figura 7.3. El símbolo • encima de cada fono indica cuál es su nivel de sonancia. Así, la curva que resulta de unir todos los puntos representa la secuencia de sonancia dentro de la sílaba.

Como se puede ver aquí, la sonancia de la sílaba [t̪rans] aumenta gradualmente desde el prenúcleo, que incluye la oclusiva [t̪] y la vibrante [ɾ], hasta el núcleo, que corresponde a la vocal [a]. A partir de allí, la sonancia disminuye hacia el postnúcleo, que incluye la nasal [n] y la fricativa [s]. Observe que, para obedecer el principio de la secuencia de sonancia, es crucial que los fonos se organicen de tal forma que solamente haya un **pico de sonancia** dentro de la sílaba. La satisfacción de este requisito es lo que hace que [t̪rans] sea una sílaba bien formada.

En contraste, la Figura 7.5 ilustra que la secuencia de sonancia de la combinación *[ɾt̪ans] es problemática. Note que en vez de comenzar con un ascenso, esta sílaba empieza con un descenso de sonancia desde la consonante [ɾ] hasta la consonante [t̪]. Después de [t̪], la sonancia sube hasta la vocal [a], que forma el pico más alto de sonancia. A partir de allí, la sonancia vuelve a descender, esta vez hacia la consonante [n] y luego hasta [s]. A consecuencia de que para ir del

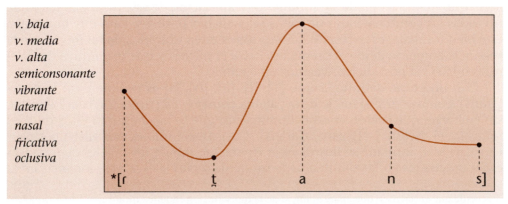

Figura 7.5 La combinación [ɾt̪ans] viola el principio de la secuencia de sonancia.

margen izquierdo al derecho hay que pasar por dos descensos de sonancia, esta sílaba termina teniendo dos picos, [ɾ] y [a], en lugar de uno solo. Esto constituye una clara violación del principio de la secuencia de sonancia ya que la sonancia no desciende continuamente desde el núcleo hasta el margen izquierdo sino que vuelve a ascender antes de llegar allí. Por esa razón, la combinación *[r̩tans] está mal formada, como lo señala el asterisco. El hecho crucial que hay que observar es que aunque [tr̩ans] y *[r̩tans] contienen exactamente los mismos fonos, sólo el orden que respeta el principio de la secuencia de sonancia es aceptable.

La adhesión de cada sílaba al principio de la secuencia de sonancia hace que los ascensos y descensos de sonancia se repitan en forma de ciclos. Esto se ilustra en la Figura 7.6 con la palabra [tr̩ans.for̩.'maɾ]. Observe que cada sílaba forma un **ciclo de sonancia** en el que hay un solo pico. Para que cada sílaba tenga este perfil es imprescindible que los fonos de mayor sonancia se ubiquen hacia el núcleo, mientras que los fonos de menor sonancia deben ubicarse hacia los márgenes: [− … + … −].

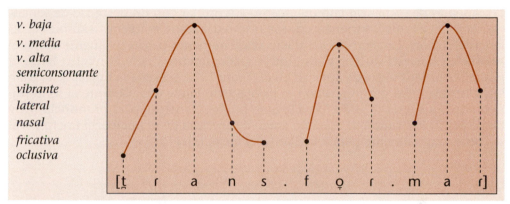

Figura 7.6 Las sílabas forman ciclos de sonancia.

No está de más aclarar que, tal como lo sugiere su nombre, el principio de la secuencia de sonancia sólo es relevante para las sílabas que contienen una secuencia de fonos. Cuando la sílaba no contiene más que el núcleo (p. ej. *ahí* [a.'i]), es obvio que no habrá descenso de sonancia desde el núcleo hacia ninguno de los márgenes puesto que ambos márgenes están vacíos. Similarmente, cuando la sílaba sólo tiene consonantes en uno de sus dos márgenes (p. ej. *alma* ['al.ma]), el descenso de sonancia sólo ocurrirá en ese margen ya que el otro está vacío. A pesar de no tener fonos en los márgenes, tales sílabas no contradicen el principio de la secuencia de sonancia siempre y cuando sólo haya un pico de sonancia en su interior. La Figura 7.7 ilustra todos estos casos con las cuatro sílabas de la palabra *empeorar* [ẽm.pe.o.'raɾ]. Note que, mientras que en la última sílaba la sonancia desciende desde el núcleo hacia ambos márgenes, en la primera y segunda sílaba sólo hay descenso desde el núcleo hacia uno de los márgenes. La tercera sílaba, por su parte, carece de descenso en ambas direcciones. Aunque es evidente que las tres primeras sílabas tienen ciclos de sonancia más simples, las

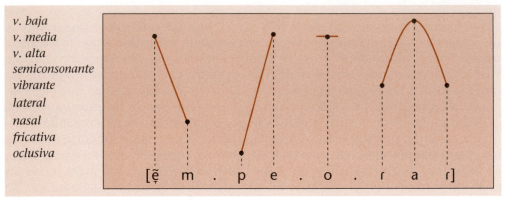

Figura 7.7 Todas las sílabas bien formadas tienen un solo pico de sonancia.

cuatro sílabas de esta palabra están bien formadas porque cada una contiene un solo pico de sonancia.

Además de comenzar con un ascenso y terminar con un descenso de sonancia, las sílabas que contienen consonantes en ambos márgenes exhiben el siguiente patrón. La abertura del tracto vocal aumenta progresivamente desde el prenúcleo hacia el núcleo y disminuye gradualmente desde el núcleo hacia el postnúcleo. Esto se puede apreciar en la Figura 7.8 con la sílaba inicial de la palabra *claustro*, cuya pronunciación es ['klaṷs.t̪ro]. Fíjese que, durante el fono [k], el tracto vocal está ocluido, pero se abre progresivamente para pronunciar [l] y luego [a]. Tras alcanzar el máximo grado de abertura en el núcleo, el tracto vocal se cierra gradualmente para articular [ṷ] y luego [s].

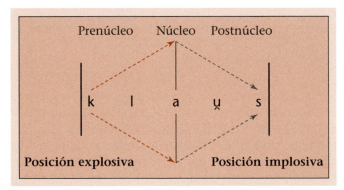

Figura 7.8 Cambio en la abertura del tracto vocal durante la producción de una sílaba.

Este fenómeno tiene una explicación natural si recordamos que la sonancia está relacionada con el grado de abertura del tracto vocal. Para que la sonancia aumente desde el prenúcleo hacia el núcleo, el tracto vocal necesita abrirse, con lo cual se produce una **explosión**. Por otro lado, para que la sonancia disminuya desde el núcleo hacia el postnúcleo, el tracto vocal necesita cerrarse, con lo cual se produce una **implosión**. De conformidad con este mecanismo, el margen izquierdo de la sílaba también se conoce como la **posición explosiva**, mientras que para referirse al margen derecho también es posible usar el término **posición implosiva**.

Una observación importante a este respecto es que el español prefiere ubicar las consonantes fuertes (las de baja sonancia) en la posición explosiva, mientras que las consonantes débiles (las de alta sonancia) se prefieren en la posición implosiva (p. ej. *pintar* [piṉ.'t̪ar], *cárcel* ['kar.se̞l], etc.). A raíz de esta tendencia, las oclusivas, africadas y fricativas ocurren más frecuentemente en el margen izquierdo, mientras que las vibrantes, laterales y nasales son las consonantes más comunes en el margen derecho.[4] La conclusión que se desprende de esto es que la posición explosiva favorece las consonantes fuertes, mientras que la posición implosiva las desfavorece.

En síntesis, la sonancia de los fonos es una propiedad esencial para determinar qué posición pueden ocupar dentro de la sílaba. En el interior de cada sílaba hay un núcleo, que es la posición más compatible con las vocales porque representa el pico de sonancia. Existe también la posibilidad de que la sílaba tenga consonantes ocupando el margen izquierdo, el margen derecho o ambos márgenes. Cuando hay otros fonos acompañando al núcleo, su distribución debe ser tal que la sonancia disminuya desde el núcleo hacia los márgenes ocupados. Adicionalmente, es preferible que las consonantes que ocupan el prenúcleo tengan baja sonancia, mientras que en el postnúcleo se prefieren las consonantes de alta sonancia.

PRÁCTICAS

Práctica 1

Los siguientes fonos aparecen en desorden. Después de pronunciarlos, use el símbolo > para organizarlos en orden de mayor a menor sonancia.

1. [s]   [l]   [u]   [r]   [j]   [k]   [n]   [e]   [a]

_____

2. [ɾ]   [i]   [f]   [g]   [m]   [a]   [j]   [ʎ]   [o]

_____

3. [i]   [x]   [j]   [e]   [a]   [p]   [l]   [r]   [ɲ]

_____

4. [t͡ʃ]   [χ]   [ʎ]   [n]   [a]   [u]   [o]   [ʀ]   [j]

_____

5. [j]   [d̪]   [e]   [ʃ]   [r]   [i]   [a]   [ɲ]   [l]

_____

---

[4]A pesar de que las semiconsonantes son la clase consonántica de mayor sonancia, el fono [j] no ocurre en posición implosiva porque el español prohíbe los fonos palatales en esa posición.

Práctica 2

Las siguientes palabras y frases contienen diptongos y triptongos. Después de pronunciarlas, transcríbalas fonéticamente. No olvide usar el símbolo ˰ para identificar las semivocales.

1. mosaico _____
2. Europa _____
3. Cairo _____
4. limpiáis _____
5. baile _____
6. diurético _____
7. desafiéis _____
8. sueño _____
9. continuáis _____
10. acuario _____

11. gesto humano _____
12. casa inmensa _____
13. mutuo amor _____
14. libro usado _____
15. quiero hacerlo _____
16. porfiáis _____
17. lo aclama _____
18. estatua inerte _____
19. fuerte abrazo _____
20. mucho aire _____

Práctica 3

Los siguientes grupos de fonos no son sílabas posibles en español porque violan el **principio de la secuencia de sonancia**. Organice los fonos de cada grupo de modo que creen una sílaba bien formada. Luego, dé un ejemplo de una palabra que contenga esa sílaba, transcríbala y pronúnciela en voz alta.

INCORRECTO	CORRECTO	EJEMPLO
*[.npi.]	[.pin.]	*pincel* [pin.'sel̪]
1. *[.lnfa.]	_____	_____
2. *[.rspe̯.]	_____	_____
3. *[.ukm.]	_____	_____
4. *[.ibɾ.]	_____	_____
5. *[.lmo̯.]	_____	_____
6. *[.u̯fal.]	_____	_____
7. *[.e̯ɾpi̯.]	_____	_____
8. *[.si̯fa.]	_____	_____

Práctica 4

En las siguientes sílabas, solamente uno de los dos márgenes aparece ocupado por una consonante. Agregue una consonante en el margen vacío para crear así una sílaba más compleja. Por último, encuentre una palabra que contenga esa sílaba, transcríbala y pronúnciela en voz alta.

Con un margen vacío	Con ambos margenes llenos	Ejemplo
[.al.]	[.fal.]	*falso* ['fal.so]
1. [.t̪ri.]	_____	_____
2. [.ẹm.]	_____	_____
3. [.fli.]	_____	_____
4. [.ko.]	_____	_____
5. [.ẹrs.]	_____	_____
6. [.ẹr.]	_____	_____
7. [.ans.]	_____	_____

Práctica 5

Las siguientes palabras contienen una sílaba en la que el margen derecho está ocupado por dos consonantes, la segunda de las cuales siempre es *s*. Es común, sin embargo, que, al hablar informalmente, los hispanohablantes simplifiquen tales sílabas por medio de omitir una de las dos consonantes. Transcriba y practique ambas pronunciaciones siguiendo el ejemplo.

	Habla formal	Habla informal
transpirar	[t̪rans.pi.'rar]	[t̪ras.pi.'rar]
1. *constante*	_____	_____
2. *extraño*	_____	_____
3. *pretexto*	_____	_____
4. *instituto*	_____	_____
5. *abstraer*	_____	_____
6. *transferencia*	_____	_____
7. *conspiración*	_____	_____
8. *exponer*	_____	_____

Usando el concepto de **posición implosiva**, ¿cómo se podría explicar este ajuste que se le hace a la sílaba?

_____

_____

_____

_____

_____

Prácticas adicionales

Visite http://www.prenhall.com/estructuradelossonidos/.

Las sílabas del español

En el estudio de la pronunciación, la sílaba es un concepto clave, dado que los fonos pueden sufrir diversos cambios dependiendo de la posición que ocupen dentro de la sílaba. Veamos un ejemplo. La vibrante simple, [ɾ], se comporta de manera diferente según sea su posición silábica. En una palabra como *par* ['paɾ] 'pair' la vibrante simple es final de sílaba, en cuyo caso el español permite que, en el habla enfática, se refuerce y se convierta en vibrante múltiple: ['par]. En contraste, en la palabra *pare* ['pa.ɾe] 'stop', la vibrante simple es inicial de sílaba, en cuyo caso es imposible que se enfatice para convertirla en múltiple: *['pa.re]. Esto demuestra que la posición de un fono dentro de la sílaba puede tener consecuencias significativas para su pronunciación.

La sílaba también es importante porque es el entorno dentro del cual se determina la **fonotaxis** de una lengua, es decir, las combinaciones de fonos que la lengua permite. Así, aunque [s] y [k] pueden aparecer en secuencia dentro de una palabra (p. ej. *pesca* ['pes.ka] 'fishing'), el español no les permite combinarse dentro del prenúcleo de una sílaba (p. ej. *['pe.ska]). La única posibilidad de que [s] y [k] compartan la misma sílaba es si aparecen en el postnúcleo y en el orden inverso: *extra* ['eks.tɾa]. Lo intrigante es que aunque tanto [sk] en el prenúcleo como [ks] en el postnúcleo violan el principio de la secuencia de sonancia, el español sólo tolera la violación en el postnúcleo.

El objetivo de este capítulo es mostrar en mayor detalle cómo se construyen las sílabas en español. Esto nos será de gran utilidad para entender el comportamiento y la distribución de todas las clases de fonos que estudiaremos en los capítulos subsiguientes.

8.1 ■ Estructura silábica

Ya vimos que las agrupaciones de fonos que llamamos sílabas se caracterizan por el hecho de contener un **núcleo**, el cual sobresale entre los demás elementos porque alberga al fono más sonante dentro de la sílaba. Recuerde también que la condición de que el núcleo sea un elemento prominente es lo que favorece a las vocales en el papel de núcleo, mientras que las consonantes son más compatibles con el prenúcleo y el postnúcleo, a causa de su baja sonancia.

El término técnico que se usa en lingüística para referirse a las consonantes que ocupan el prenúcleo es **ataque**, mientras que las consonantes que ocupan el postnúcleo se conocen como la **coda**. La adopción de estos términos nos permite

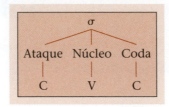

Figura 8.1 La sílaba es una unidad de sonido que provee tres posiciones.

afirmar que la sílaba es una unidad de sonido que provee tres posiciones para ubicar los fonos: ataque, núcleo y coda. Usando los símbolos σ, C y V para las sílabas, las consonantes y las vocales, respectivamente, la estructura silábica se puede representar como se ilustra en la Figura 8.1.

El requisito de que toda sílaba tenga núcleo hace que la sílaba mínima del español sea [V], es decir, una sílaba en la que el núcleo está ocupado por una vocal mientras que el ataque y la coda están vacíos (p. ej. *oí* [o.ˈi] 'I heard'). Hay que reconocer, sin embargo, que aunque este tipo de sílaba es posible, la tendencia predominante es que las sílabas españolas comiencen con una consonante (p. ej. *comí* [ko.ˈmi] 'I ate'). De hecho, el 85% de las sílabas españolas contienen por lo menos una consonante en el prenúcleo, lo cual indica que aunque los ataques no son obligatorios, sí son deseables. Las codas, en cambio, son elementos indeseables. Esta conclusión se basa en dos observaciones: sólo el 29% de las sílabas españolas terminan en consonante y muchos dialectos tienen la tendencia a eliminar las consonantes finales de sílaba (p. ej. *edad* [e.ˈð8a], *séptimo* [ˈse.t̪i.mo]).

La preferencia por los ataques y la aversión contra las codas hacen que el tipo silábico más común en español sea [CV]. Resulta que mientras que las sílabas [CV] ocurren con una frecuencia de 58%, los otros dos tipos silábicos más comunes son bastante menos frecuentes: [CVC] con 22% y [V] con 5%. Una comparación entre estos tres tipos silábicos es reveladora porque sugiere que el tipo [CV] tiene ventajas sobre los tipos [CVC] y [V]. La ventaja que tienen las sílabas [CV] sobre las del tipo [V] es que cuentan con un contraste de sonancia (p. ej. *papa* [ˈpa.pa] 'Pope'). Observe que la consonante, siendo un fono de baja sonancia, contrasta nítidamente con la vocal y sirve para marcar el inicio de la sílaba, lo cual permite que las sílabas [CV] sean más fáciles de identificar que las sílabas sin ataque. Con respecto a las sílabas [CVC], la ventaja que tiene el tipo [CV] es que evita la ubicación de una consonante en posición implosiva, lo cual es deseable porque una consonante en la coda resulta empobrecida debido a que la falta de explosión audible hace que parte de la información acústica que la identifica se pierda. En breve, las sílabas [CV] tienen una estructura óptima gracias a que contrastan la vocal nuclear con una consonante que marca el inicio de la sílaba y está ubicada en la posición más favorable para las consonantes: la posición explosiva. La superioridad de esta estructura encuentra apoyo adicional en el hecho de que todas las lenguas humanas que se conocen la usan.

Pasando a sílabas de mayor complejidad, el español permite también que el núcleo de la sílaba albergue dos o tres vocales (diptongos y triptongos), en cuyo

caso se habla de un **núcleo compuesto** (p. ej. *piel* ['pi̯el] 'skin', *buey* ['bu̯ei̯]
'ox'). Cabe señalar, sin embargo, que a causa de su mayor complejidad, las sílabas con núcleo compuesto (7%) son mucho menos frecuentes que las sílabas con
núcleo simple (93%).

Existe además la posibilidad de que el ataque y la coda contengan más de un
fono. En español, el máximo número de consonantes que se permiten en un
ataque compuesto es dos (p. ej. *clase* ['kla.se]), y lo mismo se aplica a las **codas
compuestas** (p. ej. *inspira* [ĩns.'pi.ɾa]). No hay duda, sin embargo, de que, a
causa de su mayor complejidad, los ataques y las codas compuestas son más costosos que los ataques y las codas simples. Esto explica por qué su frecuencia es
muy baja. Las sílabas con ataque compuesto tienen una frecuencia de 5.8%,
mientras que las sílabas con coda compuesta son aun más infrecuentes (0.5%).

Resumiendo lo dicho hasta el momento, la sílaba ofrece tres posiciones para
alojar a los fonos: el ataque, el núcleo y la coda. Por ser la posición más prominente, es natural que el núcleo favorezca las vocales sobre las consonantes. La
sílaba mínima es [V], pero es posible expandirla por medio de añadirle otras
vocales al núcleo o de ubicar consonantes en el ataque, en la coda, o en los dos.
Dependiendo de cuantos fonos ocupen cada una de estas posiciones, los núcleos,
ataques y codas pueden ser simples o compuestos. Todas estas opciones se sinte-
tizan en la Figura 8.2, donde los elementos opcionales se identifican por medio
de paréntesis.

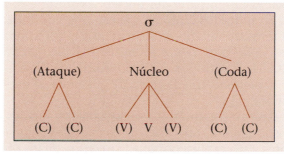

Figura 8.2 Las posiciones silábicas pueden ser simples o compuestas.

8.2 ■ Núcleos

Los núcleos de las sílabas del español pueden ser de tres tipos básicos:
monoptongos, diptongos y **triptongos** (refiérase a la Figura 8.3). Los monoptongos son núcleos simples, o sea, que contienen una sola vocal. En contraste, los
diptongos y triptongos son núcleos compuestos por dos y tres vocales, respectivamente.

Cualquiera de las cinco vocales españolas, [i, u, e, o, a], puede ser, por sí sola,
el núcleo de una sílaba. Practique la pronunciación de las siguientes palabras,

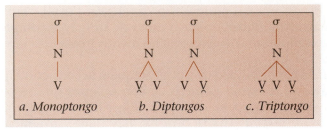

Figura 8.3 Tipos de núcleo silábico.

cuyas sílabas contienen monoptongos solos, [V], o en combinación con un ataque simple, [CV].

Ejemplos:
hizo	['i.so]	*ira*	['i.ra]	*hile*	['i.le]
uso	['u.so]	*ura*	['u.ra]	*hule*	['u.le]
eso	['e.so]	*era*	['e.ra]	*ele*	['e.le]
oso	['o.so]	*ora*	['o.ra]	*ole*	['o.le]
aso	['a.so]	*ara*	['a.ra]	*hale*	['a.le]

En cuanto a los diptongos (vea la Figura 8.3b), es importante resaltar que, aunque ambas vocales hacen parte del núcleo, existe una diferencia de prominencia entre ellas. En todos los diptongos existe una vocal más prominente que la otra. A la vocal más prominente la llamaremos el **foco**, porque coincide con el centro del núcleo. A la vocal menos prominente la llamaremos el **satélite**, porque es un elemento secundario que está subordinado al foco. La subordinación del satélite al foco es precisamente la causa de que la vocal menos prominente se convierta en semivocal: [V̯].

En virtud de su mayor sonancia, las vocales bajas y medias son las más apropiadas para servir como focos, mientras que las vocales altas son más aptas para actuar como satélites. Esto explica por qué la mayoría de los diptongos consisten en una vocal baja o media acompañada por una semivocal alta (p. ej. *fauna* ['fau̯.na], *siete* ['si̯e.te]). Hay que admitir, sin embargo, que la existencia de palabras como *cuida* ['ku̯i.ða] y *muy* ['mui̯], donde la vocal y semivocal son de la misma altura, indica que los miembros del diptongo no tienen que diferir en el grado de sonancia.

Otro aspecto interesante de la estructura de los diptongos es que el satélite puede aparecer antes o después del foco, por lo que es posible distinguir dos tipos de diptongo: creciente y decreciente. Los **diptongos crecientes** son aquellos en los que hay un aumento de prominencia al pasar del primer elemento al segundo, debido a que el satélite precede al foco: [V̯V]. Ocho de los quince diptongos que existen en español son crecientes: [i̯a], [i̯e], [i̯o], [i̯u], [u̯a], [u̯e], [u̯o] y [u̯i]. En contraste, los **diptongos decrecientes** exhiben una disminución de prominencia al pasar del primer elemento al segundo, debido a que el satélite sigue al foco: [VV̯]. Siete de los quince diptongos que existen en español son decrecientes: [ai̯], [e̯i̯], [oi̯], [ui̯], [au̯], [eu̯] y [ou̯]. Pronuncie las siguientes palabras y diga si los diptongos que contienen son crecientes (**C**) o decrecientes (**D**).

Ejemplos:	*dieta*	['d̯ie̯.t̯a]	_____	*pascua*	['pas.ku̯a]	_____
	ruina	['ru̯i.na]	_____	*neutro*	['ne̯u̯.t̯ro]	_____
	muy	['mui̯]	_____	*carey*	[ka.'re̯i̯]	_____
	cuota	['ku̯o.t̯a]	_____	*bou*	['bo̯u̯]	_____
	gracias	['gra.si̯as]	_____	*magia*	['ma.xi̯a]	_____
	Cairo	['kai̯.ro]	_____	*viuda*	['bi̯u.ð̯a]	_____
	cuello	['ku̯e.ʝo]	_____	*serio*	['se.ri̯o]	_____

Pasando ahora a un tipo de núcleo más complejo, considere el caso de las sílabas con triptongo (Figura 8.3c). La presencia de tres vocales en el núcleo requiere que dos de ellas funcionen como satélites del foco: [V̯VV̯]. Las vocales altas son, obviamente, las más aptas para desempeñar ese papel y es por eso que los cuatro triptongos del español, [i̯ai̯], [u̯ai̯], [i̯ei̯] y [u̯ei̯], contienen dos vocales altas, una a cada lado del foco. Observe que la ubicación de los satélites a los lados del foco contribuye a que la sonancia disminuya desde el pico hacia los dos márgenes de la sílaba (p. ej. *Uruguay* [u.ru.'ɣu̯ai̯], *vieira* ['bi̯ei̯.ra]). Es pertinente agregar que los triptongos son más comunes en los dialectos de España que en los dialectos de Hispanoamérica. La razón de esto es que únicamente en España se usa regularmente el pronombre *vosotros,* cuya forma verbal correspondiente puede incluir tres vocales adyacentes.

Ejemplos:	*iniciáis*	[ĩ.ni.'θi̯ai̯s]	*asociéis*	[a.so.'θi̯ei̯s]
	apreciáis	[a.pre.'θi̯ai̯s]	*odiéis*	[o.'ð̯i̯ei̯s]
	evaluáis	[e.βa.'lu̯ai̯s]	*graduéis*	[gra.'ð̯u̯ei̯s]
	insinuáis	[ĩn.si.'nu̯ai̯s]	*atenuéis*	[a.t̯e.'nu̯ei̯s]

En el capítulo 11, estudiaremos en detalle la pronunciación de los monoptongos, mientras que la pronunciación de los diptongos y triptongos será el tema del capítulo 12.

8.3 ▮ Ataques

Ya sabemos que el español permite que las sílabas tengan ataques simples o compuestos y que los ataques compuestos contienen un máximo de dos consonantes. En cuanto a los ataques simples, lo que hay que agregar es que cada una de las diecinueve consonantes básicas del español puede ser un ataque por sí sola.

EJEMPLOS:	ATAQUE SIMPLE INICIAL DE PALABRA		ATAQUE SIMPLE INTERNO DE PALABRA	
1. [p]	*pala*	['pa.la]	*capa*	['ka.pa]
2. [b]	*bola*	['bo.la]	*rumbo*	['rum.bo]
3. [t̪]	*tipo*	['t̪i.po]	*pato*	['pa.t̪o]
4. [d̪]	*dama*	['d̪a.ma]	*conde*	['ko̦n̪.d̪e]
5. [k]	*caso*	['ka.so]	*laca*	['la.ka]
6. [g]	*goma*	['go.ma]	*hongo*	['o̦ŋ.go]
7. [t͡ʃ]	*chico*	['t͡ʃi.ko]	*lucha*	['lu.t͡ʃa]
8. [f]	*fama*	['fa.ma]	*rifa*	['ri.fa]
9. [θ]*	*zona*	['θo.na]	*loza*	['lo.θa]
10. [s]	*suma*	['su.ma]	*cosa*	['ko.sa]
11. [x]	*jota*	['xo.t̪a]	*caja*	['ka.xa]
12. [m]	*misa*	['mi.sa]	*lomo*	['lo.mo]
13. [n]	*noche*	['no.t͡ʃe]	*tina*	['t̪i.na]
14. [ɲ]	*ñame*	['ɲã.me]	*riña*	['ri.ɲa]
15. [l]	*luna*	['lu.na]	*pelo*	['pe.lo]
16. [ʎ]*	*llave*	['ʎa.βe]	*callo*	['ka.ʎo]
17. [r]	*rana*	['ra.na]	*torre*	['t̪o.ɾe̦]
18. [ɾ]	—	—	*caro*	['ka.ɾo]
19. [j]	*yeso*	['je.so]	*raya*	['ra.ja]

*Sólo en algunos dialectos

Como muestran estos ejemplos, la única restricción que existe es que la vibrante simple, [ɾ], no puede ser el ataque simple de una sílaba inicial de palabra. A raíz de esto, existen bastantes palabras que comienzan con [r] (p. ej. *rama* ['ra.ma] 'branch', *rico* ['ri.ko] 'rich', etc.), pero no existe ni una sola palabra que comience con [ɾ] (p. ej. *['ra.ma], *['ri.ko]). En interior de palabra, en cambio, cualquiera de las dos vibrantes puede formar un ataque simple (p. ej. *perro* ['pe̦.ro] 'dog' contra *pero* ['pe.ɾo] 'but', *forro* ['fo̦.ro] 'lining' contra *foro* ['fo.ɾo] 'forum').

A pesar de que la combinación de dos consonantes multiplica las posibilidades de crear ataques, sucede que el número de ataques compuestos es menor que el de ataques simples. Esto sugiere que los ataques compuestos están altamente restringidos, lo cual se refleja en el hecho de que, de las 361 combinaciones que resultarían de combinar libremente las diecinueve consonantes básicas, solamente doce están permitidas. Teniendo en cuenta que en cada ataque compuesto participa una consonante líquida, el inventario de ataques compuestos se puede dividir en dos grupos: uno donde el segundo elemento del ataque compuesto es la líquida lateral y otro en el que ese elemento es la líquida vibrante.

Tabla 8.1	Ataques compuestos del español		
		C + LÍQUIDA LATERAL	C + LÍQUIDA VIBRANTE
a.	con oclusiva bilabial	[pl] [bl]	[pɾ] [bɾ]
b.	con oclusiva dental	— —	[t̪ɾ] [d̪ɾ]
c.	con oclusiva velar	[kl] [gl]	[kɾ] [gɾ]
d.	con fricativa labiodental	[fl]	[fɾ]

Es significativo que, en diez de los doce ataques compuestos que se permiten, la consonante líquida está precedida por una consonante oclusiva (a–c en la Tabla 8.1). En los dos ataques restantes (la fila d), la consonante líquida va precedida por la consonante fricativa labiodental. Observe, además, que aunque la combinación de oclusiva + líquida es la que se favorece, las oclusivas dentales fallan en combinarse con la líquida lateral. Todas las variedades de español rechazan la combinación *[d̪l] y, en el caso de la combinación [t̪l], la mayoría de los dialectos no la permiten. La excepción son algunos dialectos hispanoamericanos (México, Colombia, Venezuela, etc.), donde es posible que una palabra como *atlas* se pronuncie ['a.t̪las]. Entre los dialectos que toleran la combinación [t̪l], sobresale el español mexicano, donde el contacto con el náhuatl ha introducido un número considerable de palabras que contienen sílabas con [t̪l] en el ataque (p. ej. *Tlaxcala* [t̪las.'ka.la], *Mazatlán* [ma.sa.'t̪lan]).

El problema que tienen los ataques formados por oclusiva dental + lateral parece ser el hecho de que la articulación de [t̪] y [d̪] es bastante similar a la articulación de [l], lo cual hace que estas consonantes sean difíciles de pronunciar dentro de la misma sílaba. Una oclusiva dental es bastante similar a una lateral alveolar porque, en ambos casos, la corona forma una constricción que interrumpe el paso del aire por el centro de la boca. Entonces, si asumimos que el problema es el grado de similitud entre los miembros del ataque, la combinación [t̪l] constituye un mejor ataque que *[d̪l] porque las dos consonantes difieren en sonoridad. Esto explicaría por qué [t̪l] es aceptable en algunos dialectos, pero ningún dialecto acepta la combinación *[d̪l] como un ataque compuesto.

Si además tenemos en cuenta que la tendencia a excluir las combinaciones *[t̪l] y *[d̪l] elimina dos de los doce ataques compuestos generados por la fórmula oclusiva + líquida, surge la posibilidad de interpretar la inclusión de los ataques formados por [f] + líquida como una manera de compensar la pérdida funcional que causa la eliminación de *[t̪l] y *[d̪l]. La elección de [f] sobre las demás fricativas se explica de la siguiente manera. La fricativa labiodental es preferible que las fricativas coronales porque ni [s] ni [θ] evitarían la similitud en cuanto al articulador de lugar (p. ej. *[sl], *[sɾ], *[θl], *[θɾ]). La fricativa labiodental también es preferible que la velar porque, aunque tanto [f] como [x] evaden la objeción de tener el mismo articulador de lugar que [l] y [ɾ], es indudable que el labio inferior es un articulador más eficiente para articular consonantes que el dorso de la lengua. De esto se desprende que [f] es la fricativa más apta para combinarse con una líquida dentro de un ataque compuesto: [fl] y [fɾ].

En términos más generales, la Tabla 8.1 revela que una condición que todos los ataques compuestos deben cumplir es que la primera consonante debe ser menos sonante que la segunda. Este requisito es lo que obliga a la consonante líquida a aparecer en la segunda posición dentro del ataque. Note que si la líquida fuera el primer elemento del ataque (p. ej. *[lp], *[ɾg], etc.), se produciría un descenso en lugar de un ascenso de sonancia, lo cual haría que la sílaba tuviera más de un pico (p. ej. *[lpa], *[ɾga]).

Otro requisito que restringe severamente los ataques compuestos del español es que las consonantes participantes tienen que contrastar en más de un nivel de sonancia. A este respecto, la fórmula oclusiva + líquida tiene la ventaja de que entre el nivel de sonancia de las oclusivas y el de las líquidas, existen varios niveles intermedios de sonancia (fricativas y nasales). El efecto de esto es que, en la transición del primer elemento al segundo, hay un ascenso significativo de sonancia que realza el contraste entre las dos consonantes (p. ej. [pɾ], [kl], [gɾ], etc.). Note también que, aunque en la fórmula [f] + líquida el ascenso de sonancia es menor, existe por lo menos un nivel de sonancia (las nasales) que separa a las dos consonantes. La razón por la que las fórmulas oclusiva + fricativa, fricativa + nasal y nasal + líquida no se permiten en español parece ahora evidente. Por involucrar dos consonantes cuyos niveles de sonancia son adyacentes, el ascenso de sonancia que surge al pasar de la primera a la segunda consonante de estos grupos no es significativo (p. ej. *[ps], *[sn], *[nl]). Esto hace que las dos consonantes sean más difíciles de percibir.

Para resumir, existen dos requisitos básicos que todos los ataques compuestos del español deben cumplir: (1) la primera consonante debe ser menos sonante que la segunda y (2) las dos consonantes deben contrastar en más de un nivel de sonancia. La fórmula oclusiva + líquida es la más productiva para formar ataques compuestos porque es la que mejor satisface ambas condiciones. A pesar de ello, dos de las doce combinaciones producidas por esta fórmula se descartan por motivos de similitud entre las dos consonantes (p. ej. *[t̪l] y *[d̪l]). Para llenar los dos vacíos que deja en el sistema su eliminación, el español recurre a la combinación [f] + líquida.

Como un dato complementario, hay que agregar que la posibilidad de relajar la constricción de las consonantes [b], [d̪] y [g] genera cinco ataques compuestos adicionales: [βl], [βɾ], [ð̪ɾ], [ɣl] y [ɣɾ]. La razón por la que estas combinaciones no fueron incluidas en la Tabla 8.1 es porque no son ataques compuestos básicos, sino variantes contextuales de [bl], [bɾ], [d̪ɾ], [gl] y [gɾ], respectivamente. Observe, por ejemplo, que los ataques compuestos de palabras como *blusa* ['blu.sa], *bruma* ['bɾu.ma], *droga* ['d̪ɾo.ɣa], *glotis* ['glo.t̪is] y *grapa* ['gɾa.pa] tienen una pronunciación alternativa en las frases *la blusa* [la.'βlu.sa], *la bruma* [la.ˈβɾu.ma], *la droga* [la.ˈð̞ɾo.ɣa], *la glotis* [la.ˈɣlo.t̪is] y *la grapa* [la.ˈɣɾa.pa]. Esto se debe a que, como dijimos antes, la presencia de una vocal precedente favorece el relajamiento de la constricción de las consonantes oclusivas sonoras. Ejemplos de los doce ataques compuestos básicos, en inicio e interior de palabra, aparecen a continuación.

EJEMPLOS:	ATAQUE COMPUESTO INICIAL DE PALABRA		ATAQUE COMPUESTO INTERNO DE PALABRA	
1. [pl]	*plato*	[ˈpla.t̪o]	*duplo*	[ˈd̪u.plo]
2. [bl]	*blusa*	[ˈblu.sa]	*temblar*	[t̪em̞.ˈblar]
3. [pɾ]	*prado*	[ˈpɾa.ð̞o]	*compre*	[ˈkom̞.pɾe]
4. [bɾ]	*broma*	[ˈbɾo.ma]	*sombra*	[ˈsom̞.bɾa]
5. [t̪ɾ]	*trato*	[ˈt̪ɾa.t̪o]	*cuatro*	[ˈku̯a.t̪ɾo]
6. [d̪ɾ]	*drama*	[ˈd̪ɾa.ma]	*Sandra*	[ˈsan̪.d̪ɾa]
7. [kl]	*clima*	[ˈkli.ma]	*ciclo*	[ˈsi.klo]
8. [gl]	*glotis*	[ˈglo.t̪is]	*jungla*	[ˈxuŋ.gla]
9. [kɾ]	*crema*	[ˈkɾe.ma]	*sacro*	[ˈsa.kɾo]
10. [gɾ]	*grúa*	[ˈgɾu.a]	*sangre*	[ˈsaŋ.gɾe]
11. [fl]	*flaco*	[ˈfla.ko]	*bafle*	[ˈba.fle]
12. [fɾ]	*fruta*	[ˈfɾu.t̪a]	*cofre*	[ˈko.fɾe]

Nota: [t̪l] sólo se permite en algunos dialectos.

8.4 ▮▮ Codas

A diferencia de los ataques simples, el número de codas simples es bastante reducido porque el español restringe severamente las consonantes en fin de sílaba. La prueba es que, de las diecinueve consonantes básicas, solamente seis aparecen regularmente en la coda: [ɾ], [l], [n], [s] y [θ] y [d̪].[1] Si tomamos en consideración que todos los miembros de este grupo coinciden en que su articulador de lugar es exclusivamente la corona, resulta evidente que el español desfavorece las consonantes labiales y dorsales en la coda. Esto no es sorprendente dado que ya sabemos que los labios y el dorso son menos ágiles que la corona para producir la constricción local típica de las consonantes. También es importante notar que aunque [t̪] es exclusivamente coronal, la posibilidad de que esa consonante aparezca en fin de sílaba es prácticamente nula. La generalización que estas

---

[1]En el caso de [d̪], hay que aclarar que, como cuando ocupa la coda va precedida siempre por una vocal, lo normal es que allí se pronuncie como la variante relajada [ð̞] (p.ej. *red* [ˈre̞ð̞] 'net').

observaciones sugieren es que el español limita las consonantes en posición de coda por medio de dos restricciones. No sólo se rechazan las codas que no son exclusivamente coronales sino que además se desaprueban las codas que son oclusivas sordas. Una posible explicación para la asimetría entre [d̪] y [t̪] en la coda es reconocer que aunque ambas tienen muy poca sonancia, la primera es ligeramente más sonante que la segunda gracias a que tiene sonoridad. Esto le da la ventaja a [d̪] cuando se trata de ocupar la coda ya que dicha posición tolera mejor las consonantes cuanto más sonantes sean.

Ejemplos:	CODA SIMPLE INTERNA DE PALABRA		CODA SIMPLE FINAL DE PALABRA	
1. [ɾ]	parte	['paɾ.t̪e]	usar	[u.'saɾ]
2. [l]	falso	['fal.so]	hotel	[o.'t̪el]
3. [n]	quince	['kin.se]	varón	[ba.'ɾon]
4. [s]	casco	['kas.ko]	Tomás	[t̪o.'mas]
5. [θ]*	gozque	['goθ.ke]	capaz	[ka.'paθ]
6. [d̪]	admiro	[ad̪.'mi.ɾo]	pared	[pa.'ɾed̪]

*Sólo en algunos dialectos

   No hay duda de que las palabras que contienen sílabas con codas diferentes de [ɾ], [l], [n], [s], [θ] o [d̪] son excepcionales. Su excepcionalidad se puede explicar si observamos la diferencia entre palabras patrimoniales y no patrimoniales. Las **palabras patrimoniales** son aquellas que, por haber evolucionado dentro de la lengua, siguen las tendencias fonéticas del español. En contraste, las **palabras no patrimoniales** son palabras que el español ha tomado prestadas de otras lenguas y, dependiendo del grado de su **nativización** (adaptación al español), violan en menor o mayor medida las tendencias fonéticas de la lengua. Uno de estos casos es el de las llamadas *palabras cultas*, que son palabras que se tomaron prestadas directamente de una lengua clásica (latín o griego) hace ya varios siglos (p. ej. *hipnosis*, *etnia*, *magnífico*, *reducto*, *afta*, *tedéum*). El otro caso son préstamos más recientes tomados de lenguas como el inglés, el francés o el árabe (p. ej. *clip*, *club*, *ballet*, *chic*, *zigzag*, *sándwich*, *rosbif*, *cambuj*, *islam*).
   El punto importante es que, a diferencia de las palabras patrimoniales, las palabras no patrimoniales permiten que consonantes oclusivas sordas o no coronales ocupen la coda: [p], [b], [t̪], [k], [g], [t͡ʃ], [f], [x] y [m]. Hay que puntualizar, sin embargo, que tales codas se perciben como exóticas y muchos hispanohablantes tienen dificultad para pronunciarlas. Es natural, entonces, que para facilitar la pronunciación, los hablantes recurran a diversas estrategias. Un ejemplo de esto es la inserción de una [e] al final de la palabra *sándwich*, con lo cual se evita que la consonante [t͡ʃ] sea final de sílaba: ['san.d̪ui.t͡ʃe]. Otra manera de resolver el problema es conservar la consonante en la coda, pero alterándola para

que se ajuste a las tendencias del español. Así, la ***m*** final de *islam* y *tedéum* se suele pronunciar como [n]: [iz.'lan] y [t̪e.'ð̪e.un].

Es pertinente anotar que las consonantes más rechazadas en la coda son, sin duda alguna, las palatales: [ɲ], [ʎ], [j]/[j̪]. El hecho de articularse usando el dorso en colaboración con la corona explica por qué las consonantes palatales son más indeseables que las que son exclusivamente dorsales o labiales (p. ej. [ŋ] o [m]). Note que, aunque las dorsales y labiales emplean un articulador de lugar diferente de la corona, las palatales son más costosas porque utilizan dos articuladores de lugar, en vez de uno solo.

En cuanto a las codas compuestas, está claro que su uso es mucho más restringido que el de las codas simples. Las únicas codas compuestas se encuentran en palabras cultas (p. ej. *tránsfugo* ['t̪rans.fu.ɣo], *fénix* ['fe.niks]) o en préstamos recientes (p. ej. *test* ['t̪est̪], *fax* ['faks]). Entre todas las combinaciones posibles, las codas compuestas que siguen la fórmula C + [s] son las que mejor se toleran (p. ej. *transcurrir, obstinado, adstrato, tríceps, éxtasis,* etc.). De esto se infiere que el español favorece la consonante fricativa alveolar sorda, [s], como el segundo elemento de una coda compuesta. Esta preferencia no impide, sin embargo, que tales codas sean afectadas por la fuerte tendencia que tiene el español a simplificar las codas compuestas por medio de eliminar una de las dos consonantes (p. ej. *tránsfugo* ['t̪ras.fu.ɣo], *fénix* ['fe.nis], *test* ['t̪es], *fax* ['fas]). A consecuencia de esto, solamente en el habla formal o enfática, y especialmente entre los hablantes educados, es posible oír las dos consonantes de una coda compuesta. Los siguientes ejemplos ilustran las siete codas compuestas que gozan de mayor aceptación. Note que, cuando el primer elemento de la coda compuesta es una consonante oclusiva sonora, su constricción se relaja por ir precedida por una vocal.

Ejemplos:	Coda compuesta interna de palabra		Coda compuesta final de palabra	
1. [rs]	*perspectiva*	[pe̞rs.pe̞k.'t̪i.βa]	—	—
2. [ls]	*solsticio*	[so̞ls.'t̪i.si̯o]	*vals*	['bals]
3. [ns]	*conspicuo*	[ko̞ns.'pi.ku̯o]	*africaans*	[a.fri.'kans]
4. [bs]	*abstemio*	[aβs.'t̪e.mi̯o]	*clubs*	['kluβs]
5. [ps]	—	—	*bíceps*	['bi.se̞ps]
6. [d̪s]	*adscribir*	[að̪s.kri.'βir]	—	—
7. [ks]	*experto*	[e̞ks.'pe̞r.t̪o]	*Félix*	['fe.liks]

8.5 ▮▮ División silábica ──────────────

Ahora que ya sabemos cuáles son las combinaciones de fonos que el español permite dentro de la sílaba, estamos preparados para ver cómo se determinan los límites entre sílabas. Aprender a dividir las palabras en sílabas es de suma importancia porque la realización de los fonos puede variar según la posición silábica que ocupen. Tomemos como ejemplo las palabras *es* y *eso*, donde la consonante [s] está en la coda en ['es], pero en el ataque en ['e.so]. Con base en esta diferencia es que, en ciertos dialectos, ['es] se pronuncia alternativamente como ['e̞h], mientras que la pronunciación de ['e.so] tiende a ser invariable. La palabra ['e.so] también revela que, aunque una consonante en posición intervocálica tiene la opción de funcionar como coda o como ataque, el español toma la segunda opción. Es decir que siempre que una palabra contenga la secuencia [VCV], su división silábica será [V.CV]. Esto es una consecuencia directa de que el español prefiere los ataques sobre las codas por el motivo de que la posición explosiva es la más favorable para las consonantes. Pronuncie las siguientes palabras y divídalas en sílabas de acuerdo con este principio.

1. [ãmapola] _____
2. [paxaro] _____
3. [kariɲo] _____
4. [ere̞ðero] _____
5. [kamisa] _____

6. [sapa̞to] _____
7. [marino] _____
8. [usa̞ðo] _____
9. [mãɲãna] _____
10. [piɟama] _____

En caso de que la palabra contenga un grupo de dos consonantes en posición intervocálica, [VCCV], el español también prefiere que tales consonantes se combinen con la segunda vocal para que ambas queden ubicadas en el ataque: [V.CCV]. Ejemplos de esto son las palabras *ocre* ['o.kɾe] y *afro* ['a.fɾo]. Resulta, sin embargo, que la asignación de ambas consonantes al ataque no siempre es posible, porque depende de que se obtenga uno de los ataques compuestos que se permiten. Las sílabas de las palabras *arco* y *alma*, por ejemplo, no pueden ser *['a.ɾko] y *['a.lma] porque tales ataques compuestos representan un descenso en lugar de un ascenso de sonancia. Cuando el grupo formado por dos consonantes intervocálicas no respeta las condiciones que tienen que cumplir los ataques compuestos, la única opción que queda es asignar cada consonante a una sílaba diferente: [VC.CV]. Para referirnos a las consonantes que pertenecen a sílabas distintas, diremos que son **heterosilábicas** (p. ej. *porta* ['po̞ɾ.ta]), mientras que a las consonantes que pertenecen a la misma sílaba las llamaremos **homosilábicas** (p. ej. *potra* ['po.tɾa]). Divida las siguientes palabras en sílabas poniendo atención a si las consonantes adyacentes son homosilábicas o heterosilábicas.

1. [plasti̞ko] _____
2. [proβlema] _____
3. [glandula] _____
4. [fraktu̞ra] _____
5. [multi̞ple] _____

6. [arbusto] _____
7. [iðrante] _____
8. [ko̞rbata] _____
9. [aklama] _____
10. [asufɾe] _____

El máximo número de consonantes adyacentes que permite el español es cuatro. En todo caso, los grupos de tres y cuatro consonantes se comportan de manera similar a los grupos formados por dos consonantes. Si la combinación de la consonante prevocálica con la consonante inmediatamente anterior resulta en un ataque aceptable, éstas se ubican en el ataque de la misma sílaba y las demás consonantes se asignan a la coda de la sílaba anterior: [VC.CCV] o [VCC.CCV]. Ejemplos de esto son las palabras *escrito* [es.ˈkɾi.t̪o] e *inscrito* [ĩns.ˈkɾi.t̪o]. Por otro lado, si la combinación de consonantes no permite obtener un ataque compuesto aceptable, solamente la consonante prevocálica se asigna al ataque y las demás se asignan a la coda de la sílaba anterior. Esto es evidente en las palabras *instalar* [ĩns.t̪a.ˈlaɾ] y *perspicaz* [pe̞ɾs.pi.ˈkas]. Pronuncie las siguientes palabras y divídalas en sílabas.

1. [ko̞nst̪ɾe̞ɲiɾ] _____
2. [t̪ɾanspo̞ɾt̪e̞] _____
3. [fɾust̪ɾað̞o] _____
4. [ko̞ŋkɾe̞t̪o] _____
5. [e̞ksploɾaɾ] _____

6. [ko̞mpɾesa] _____
7. [ĩnst̪it̪ut̪o] _____
8. [e̞kspɾimiɾ] _____
9. [ĩnst̪ant̪e̞] _____
10. [ĩmplant̪aɾ] _____

Consideremos ahora el caso de las vocales. Así como una palabra puede contener una secuencia de consonantes, existe también la posibilidad de que la palabra contenga una secuencia de vocales. La adyacencia de vocales nos presenta la opción de que cada una funcione como el núcleo de su propia sílaba (p. ej. *ahí* [a.ˈi] 'there'), o de que se combinen dentro de la misma sílaba (p. ej. *hay* [ˈai̯] 'there is'). Cuando las dos vocales adyacentes se asignan a sílabas diferentes se crea un **hiato**: [V.V], mientras que si comparten la misma sílaba se obtiene un núcleo compuesto. El contraste que vemos entre las palabras *ahí* [a.ˈi] y *hay* [ˈai̯] es revelador porque indica que la posibilidad de combinar dos vocales adyacentes en una sola sílaba está ligada a la presencia de acento. Cuando una de las dos vocales es alta e inacentuada, el diptongo es la norma (p. ej. *aula* [ˈau̯.la] 'classroom', *aire* [ˈai̯.ɾe] 'air'). En contraste, si una de las vocales es alta pero está acentuada, el hiato es la opción elegida (p. ej. *aúlla* [a.ˈu.ja] 's/he howls', *aíra* [a.ˈi.ɾa] 's/he acts with anger'). Esto se debe a que el acento tiene el efecto de fortalecer a la vocal que lo porta. Así, la vocal alta, a pesar de ser menos sonante, no tiene que subordinarse a otra vocal adyacente, y esto conduce a que se cree un hiato.

El hiato también puede surgir cuando ninguna de las vocales adyacentes es alta (p. ej. *teatro* [t̪e.ˈa.t̪ro], *poema* [po.ˈe.ma]). Esto es fácil de comprender si tomamos en cuenta que el alto grado de sonancia que tienen las vocales medias y bajas las desfavorece para ser satélites. Recuerde que las vocales altas son más adecuadas para desempeñar el papel de satélite gracias a su menor sonancia. Así, la resistencia a formar diptongos en los que no hay una vocal alta puede interpretarse como una manera de prevenir un diptongo en el que el satélite sería demasiado prominente (p. ej. [e̯a], [o̯e]). Más adelante veremos, sin embargo, que esta objeción puede ignorarse en el habla rápida (p. ej. *teatro* ['te̯a.tro], *poema* ['po̯e.ma]).

Para resumir, la formación de núcleos complejos se favorece cuando la secuencia de vocales incluye una o más vocales altas que carecen de acento. Si ninguna de las vocales es alta, o si hay una vocal alta, pero ésta tiene el apoyo del acento, el hiato puede emerger. Pronuncie las siguientes palabras y transcríbalas poniendo atención a si las vocales convergentes forman hiato, diptongo o triptongo.

1. *bohío* _____
2. *biología* _____
3. *creador* _____
4. *actúe* _____
5. *evacuáis* _____

6. *teología* _____
7. *periódico* _____
8. *período* _____
9. *actuemos* _____
10. *continúo* _____

8.6 ■ Ajuste silábico

Además de aprender a dividir las palabras en sílabas, usted necesita saber que la estructura silábica de las palabras españolas no siempre es constante, sino que puede variar dependiendo de varios factores, incluyendo la posición dentro de la palabra y la velocidad con que se hable. Comencemos por ver cómo la posición dentro de la palabra promueve la reestructuración de las sílabas. El inicio y el fin de palabra son dos posiciones en las que es común que las sílabas sufran diversos tipos de ajuste. La razón de esto es que el español aprovecha las combinaciones que surgen cuando las palabras se encadenan. Considere, por ejemplo, el caso de una frase en la que la primera palabra termina en consonante, mientras que la segunda palabra comienza con vocal: *iban allá*. Aunque dichas aisladamente, estas palabras se pronuncian ['i.βan] y [a.'ja], cuando se combinan en una frase, su pronunciación normal es ['i.βa.na.'ja]. Aquí vemos que la consonante final de *iban* se transfiere de la coda de la sílaba final de esa palabra al ataque de la sílaba inicial de la palabra siguiente. De conformidad con esto, el nombre que le damos a este tipo de ajuste silábico es **transferencia de coda**.

La transferencia de coda es una de varias estrategias usadas por el español para mejorar la estructura de las sílabas que carecen de ataque. Fíjese que la sílaba inicial de [a.'ja] tiene el inconveniente de que no tiene ataque. Por otro lado, la sílaba final de ['i.βan] es reprochable por el hecho de que contiene una consonante en la coda, que como ya sabemos, no es la mejor posición para una consonante. La solución a ambos problemas se presenta cuando las palabras se encadenan en la frase. Al transferir la consonante final de palabra al inicio de la palabra siguiente se resuelven ambas objeciones porque la consonante cuya ubicación es reprochable se aprovecha para llenar la posición de ataque que estaba vacía.

La oración *Todos ellos iban allá* muestra que la transferencia de coda no se limita a las palabras de una misma frase sino que también puede ocurrir entre palabras de diferentes frases: [ˈto.ðo.ˈse.ɟo.ˈsi.βa.na.ˈja]. Sucede, sin embargo, que la aplicación de este ajuste silábico no es ilimitada, sino que puede ser bloqueada por la presencia de una pausa entre las palabras. Para ilustrar, pronuncie el enunciado *Todos ellos, a veces, iban allá*, haciendo las pausas indicadas por las comas. Observe que, en ese caso, no hay transferencia de coda entre las palabras *ellos* y *a* ni entre las palabras *veces* e *iban*: [lˈto.ðo.ˈse.jos | a.ˈβe.ses | ˈi.βa.na.ˈjall]. A modo de práctica, pronuncie y transcriba los siguientes enunciados haciendo transferencia de coda en los contextos donde sea aplicable. No olvide transcribir las pausas que haga.

1. *¿Eres actor o director?* _____

2. *Mis hijos están en el Ecuador.* _____

3. *El amor hace milagros.* _____

4. *Maribel, oye las opiniones.* _____

5. *Ayer, o tal vez hoy, harían eso.* _____

Cuando el encadenamiento de palabras crea una secuencia de dos vocales (p. ej. *vive allá* [ˈbi.βe.a.ˈja]), el español también prefiere que se haga un ajuste silábico. En este ejemplo, la carencia de ataque de la sílaba inicial de la palabra [a.ˈja] se puede remediar por medio de fusionar esa sílaba con la sílaba final de la palabra precedente: [ˈbi.βe]. La fusión de dichas sílabas produce una sílaba con núcleo compuesto, donde una de las vocales adyacentes ha tenido que renunciar a su papel de foco para convertirse en el satélite de la otra: [ˈbi.βe̯a.ˈja]. Aunque es verdad que el diptongo que se crea en este caso tiene el inconveniente de que el satélite no es una vocal alta, hay que reconocer que esta estrategia es una manera efectiva de evitar una sílaba sin ataque. De conformidad con la reducción de sílabas que se observa, el nombre que le damos a este tipo de ajuste silábico es **fusión de sílabas**.

La fusión de sílabas es un fenómeno muy común entre palabras, pero también puede ocurrir entre sílabas de una misma palabra. La pronunciación de las palabras *teatro* y *poema* como [ˈte̯a.t̪ro] y [ˈpo̯e.ma] es precisamente una manera de evitar tener que pronunciar una sílaba interna desprovista de ataque: [t̪e.ˈa.t̪ro] y [po.ˈe.ma].

Ya sea que las vocales adyacentes aparezcan entre palabras o dentro de una misma palabra, la fusión de sílabas no ocurre todo el tiempo, sino que depende de varios factores, incluyendo la cualidad de las vocales, el acento y la velocidad con que se hable. Por regla general, la fusión de sílabas es más común en el habla rápida, lo cual es de esperar si tenemos en cuenta que la conexión entre los sonidos de la cadena fónica es más estrecha cuando se producen a mayor velocidad. Cuando una de las dos vocales es alta e inacentuada (p. ej. *su amigo* [su.a.ˈmi.ɣo]), la probabilidad de que la fusión tenga lugar es bastante alta: [su̯a.ˈmi.ɣo]. Similarmente, es común que si las vocales adyacentes son idénticas

(p. ej. *me esperas* [me.es.'pe.ɾas]), se pronuncie una sola de ellas: [mes.'pe.ɾas].
En contraste, la probabilidad de que la fusión de sílabas tenga lugar es menor
en el habla lenta o enfática, especialmente cuando ninguna de las vocales es
alta (p. ej. *lo hace* [lo.'a.se]), o si ambas vocales están acentuadas (p. ej. *tú oyes*
['t̪u.'o.jes]). Esto no impide, sin embargo, que en el habla rápida, tales secuencias también sean afectadas por la fusión de sílabas: ['lo̯a.se] y ['t̪u̯o.jes]).

En el capítulo 12, cuyo foco es la pronunciación de las semivocales, discutiremos el tema de la fusión de sílabas en mayor detalle. Por el momento, pronuncie y transcriba los siguientes ejemplos, primero en habla lenta y luego en habla
rápida.

1. *Todo aquello me interesó.*   Lento: _____

    Rápido: _____

2. *Lo peor era la hora que era.*   Lento: _____

    Rápido: _____

3. *No asumo otra cosa ahora.*   Lento: _____

    Rápido: _____

4. *Te adoro, ¿no es evidente?*   Lento: _____

    Rápido: _____

PRÁCTICAS

Práctica 1

Escuche y repita el siguiente párrafo que habla sobre un volcán localizado en Ni-
caragua. Identifique las pausas mayores y menores con los símbolos ‖ y |. Una vez
que pueda leer todo el párrafo con fluidez, haga los ejercicios de transcripción
que aparecen abajo.

Mombacho, El Volcán Encantado

Martha Isabel Arana

*Se dice del Mombacho que es un lugar encantado, donde el misterio se mezcla con el
aire fresco de su cúspide y sus leyendas duermen entrelazadas con el aroma a café de
sus laderas, sus orquídeas y su fauna. Hay personas que insisten que recorriendo sus
angostos caminos han visualizado una mujer misteriosa que vestida de blanco desaparece en el aire. El Mombacho también es conocido por burlarse de las personas que
quieren hacerle daño a su fauna, confundiéndoles el camino a frustrados cazadores
o escondiéndoles sus presas heridas.*

1. Transcriba la palabra *frescos* y explique por qué solamente uno de los dos grupos consonánticos que contiene puede ser homosilábico.

   _____

   _____

   _____

2. Transcriba la palabra *duermen* y diga si el diptongo que contiene es creciente o decreciente.

   _____

   _____

3. Transcriba la pronunciación de la palabra *orquídeas* en el habla lenta y en el habla rápida y explique cómo esta palabra ilustra el concepto de fusión de sílabas.

   Lento: _____ Rápido: _____

   _____

   _____

Práctica 2

Después de pronunciar las siguientes palabras, transcríbalas fonéticamente y represente la estructura de cada sílaba como en el ejemplo. A = Ataque, N = Núcleo y C = Coda.

Ejemplo: *porfiáis*

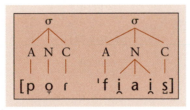

1. *levantamiento*

2. *prioritario*

3. *transcriptor*

Práctica 3

La transcripción fonética de las siguientes palabras es incorrecta debido a que la agrupación de fonos en sílabas no respeta las tendencias que se favorecen en español. Haga los cambios que sean necesarios para corregir la transcripción. Luego, practique la pronunciación correcta de cada palabra en voz alta.

	INCORRECTO	**CORRECTO**
casa	*[kas.a]	['ka.sa]
1. *cantante*	*[kan̪t.an̪t.e]	_____
2. *persiste*	*[pe̞.rsi.s̪t̪e]	_____
3. *vehículo*	*[bei̯.kul.o]	_____
4. *raíz*	*[rai̯s]	_____
5. *adscrito*	*[að̞.skri̪t̪.o]	_____
6. *bahía*	*[ba.i̯a]	_____
7. *alquimia*	*[alk.i.mi.a]	_____
8. *policía*	*[pol.i.si̯a]	_____

Práctica 4

Pronuncie las siguientes palabras aisladamente y transcríbalas. Luego, pronuncie las dos palabras encadenadas y transcríbalas poniendo atención al ajuste que ocurre por transferencia de coda.

	salir	*afuera*	*salir afuera*
	[sa.ˈlir]	[a.ˈfu̯e.ra]	[sa.ˈli.ra.ˈfu̯e.ra]
1.	*cárcel*	*oscura*	*cárcel oscura*
	_____	_____	_____
2.	*pasión*	*ardiente*	*pasión ardiente*
	_____	_____	_____
3.	*vienes*	*hoy*	*vienes hoy*
	_____	_____	_____
4.	*usted*	*habló*	*usted habló*
	_____	_____	_____
5.	*trabajar*	*así*	*trabajar así*
	_____	_____	_____

Práctica 5

Pronuncie las siguientes palabras aisladamente y transcríbalas. Luego, pronuncie las dos palabras encadenadas y transcríbalas poniendo atención al ajuste que ocurre por fusión de sílabas.

	cosa	*inútil*	*cosa inútil*
	['ko.sa]	[ĩ.'nu.t̪il]	['ko.sai̯.'nu.t̪il]
1.	*amigo*	*impaciente*	*amigo impaciente*
	_____	_____	_____
2.	*considera*	*apropiado*	*considera apropiado*
	_____	_____	_____
3.	*vino*	*urgentemente*	*vino urgentemente*
	_____	_____	_____
4.	*decidió*	*esperar*	*decidió esperar*
	_____	_____	_____
5.	*viva*	*orgulloso*	*viva orgulloso*
	_____	_____	_____

Práctica 6

Después de pronunciar las siguientes oraciones, transcríbalas poniendo atención a los ajustes silábicos que ocurren como consecuencia de encadenar las palabras.

	José era el más alto.	[xo.'se.rae̯l.'ma.'sal̯.t̪o]
1.	*Vino a verte ayer.*	_____
2.	*¿Piensas estar aquí?*	_____
3.	*Su esposa habla inglés.*	_____
4.	*Les enviamos eso ayer.*	_____
5.	*No ocurren en enero.*	_____
6.	*Celebras y te alegras.*	_____
7.	*Son espinas horribles.*	_____
8.	*Mi amor está allá.*	_____
9.	*Somos amigos especiales.*	_____
10.	*Su único arte era así.*	_____

Práctica 7

Pronuncie las siguientes definiciones en voz alta y emparéjelas con el concepto correspondiente de la columna de la izquierda.

Conceptos	Definiciones
1. _____ ataque	a. *La posición silábica donde se ubican las consonantes que siguen al núcleo.*
2. _____ fonotaxis	b. *Un núcleo silábico compuesto por tres vocales.*
3. _____ hiato	c. *El tipo de diptongo en el que el satélite precede al foco.*
4. _____ decreciente	d. *Un cambio que se le hace a una sílaba para reestructurarla.*
5. _____ coda	e. *El tipo de diptongo en el que el satélite sigue al foco.*
6. _____ patrimoniales	f. *La posición silábica donde se ubican las consonantes que preceden al núcleo.*
7. _____ ajuste silábico	g. *Una secuencia de dos vocales que pertenecen a sílabas diferentes.*
8. _____ fusión de sílabas	h. *Las combinaciones de fonos permitidas en una lengua.*
9. _____ triptongo	i. *La eliminación de un hiato por medio de fundir dos sílabas en una.*
10. _____ creciente	j. *Las palabras que respetan las tendencias fonéticas de una lengua por haberse desarrollado dentro de esa lengua.*

Prácticas adicionales

Visite http://www.prenhall.com/estructuradelossonidos/.

Unidad 4

Variación en la pronunciación

Fonemas vs. alófonos

Hasta el momento, nos hemos concentrado en los fonos básicos y ha sido sólo marginalmente que hemos hablado de las variaciones que éstos pueden tener. Ahora que tenemos las bases necesarias para estudiar el comportamiento de los fonos, conviene que usemos términos más precisos. A los fonos básicos los llamaremos **fonemas**, mientras que a sus variantes las denominaremos **alófonos**. Según el dialecto, el número de fonemas del español oscila entre veintidós y veinticuatro (entre diecisiete y diecinueve consonantes y cinco vocales). Sin embargo, el número de alófonos es mucho más alto debido a que cada fonema tiene múltiples variantes que alternan entre sí. Considere, por ejemplo, los fonos [i] e [i̯]. Estos dos fonos son alófonos del fonema que describimos como la vocal alta anterior. El alófono [i] ocurre cuando dicha vocal es la única dentro de la sílaba (p. ej. *día* ['d̪i.a]), mientras que el alófono [i̯] surge cuando hay otra vocal dentro de la misma sílaba (p. ej. *diario* ['d̪i̯a.ri̯o]). El propósito de este capítulo es aprender a distinguir entre los conceptos de fonema y alófono y ver cómo se relacionan entre sí.[1]

9.1 ■ La composición de los fonos y su identidad

Si tomamos en consideración que la sonoridad, el lugar y la manera de articulación son las propiedades que definen a las consonantes y vocales, se nos presenta la posibilidad de analizar cualquier fono como una unidad de sonido compuesta de elementos primitivos. Para usar una metáfora, los fonos son como moléculas, en el interior de las cuales existen partículas atómicas que las componen. El fono [p], por ejemplo, se compone de las propiedades *consonante, oclusiva, bilabial, sorda*. A modo de práctica, examine los siguientes fonos e identifique las propiedades que los componen.

---

[1]Es importante notar que, a pesar de terminar en la vocal [a], la palabra *fonema* no tiene género femenino sino masculino. Entonces, asegúrese que cuando la use, cualquier palabra que la modifique tiene también género masculino (p. ej. **un** *fonema oclusivo*, **los** *fonemas consonánticos*, etc.).

	FONO	TIPO	MANERA	LUGAR	SONORIDAD
1.	[o]	vocal	media	posterior	sonora
2.	[m]				
3.	[a]				
4.	[ʎ]				
5.	[s]				

Aunque la identidad de un fono depende de sus propiedades dentro de cada una de estas categorías, hay casos en los que el cambio de una propiedad no afecta la concepción que los hablantes tienen de ese fono. Para ilustrar este fenómeno, tomemos el caso de la consonante [s], que en ciertos dialectos de español se puede pronunciar como [z], siempre y cuando se cumplan ciertas condiciones. Algunos de los dialectos donde esto ocurre son los que se hablan en ciudades como San José (Costa Rica), Bogotá (Colombia) y la Ciudad de México (México). Examine la pronunciación de los siguientes ejemplos.

9.1.1 Pronunciación de la *s* en ciertos dialectos

se supone	[se.su.'po.ne]	*a sí mismos*	[a.'si.'miz.mos]
sin espinas	[si.nes.'pi.nas]	*dos lesiones*	['doz.le.'si̯o.nes]
son desafíos	['so̯n.d̪e.sa.'fi.os]	*unos niños*	['ũ.noz.'nĩ.ɲos]
sus camisas	[sus.ka.'mi.sas]	*las rosas*	[laz.'ro̯.sas]

Estos datos muestran que la consonante representada por la letra *s* se puede pronunciar de dos maneras diferentes, según la posición que ocupe dentro de la sílaba y los fonos con los que esté en contacto. En el ataque (posición explosiva), *s* se pronuncia consistentemente como [s] (p. ej. [se.su.'po.ne] *se supone*). En contraste, en la coda (posición implosiva) existen dos posibilidades. La pronunciación de *s* es [s] si no hay ningún fono a continuación, o si el fono que le sigue es una consonante sorda (p. ej. [es.'pi.nas] *espinas*). De otra parte, si el fono siguiente es una consonante sonora, la *s* en posición implosiva se pronuncia [z] (p. ej. ['miz.mos] *mismos*).

Teniendo en cuenta que las propiedades de [s] son *consonante, fricativa, alveolar, sorda* y las de [z] son *consonante, fricativa, alveolar, sonora*, resulta evidente que el cambio consiste simplemente en sustituir el valor dentro de la categoría de sonoridad. Específicamente, lo que se reemplaza es *sorda* por *sonora*. Con esto basta para que [s] se convierta en [z]. Para comprobarlo, póngase la mano en el cuello y pronuncie el fono [s] prolongadamente: [sssssss]. Usted notará que las cuerdas vocales no vibran. Si en medio de esta articulación, hace que las cuerdas vocales empiecen a vibrar, el resultado será [ssszzzz]. Esto demuestra que [z] es igual a [s], excepto por el hecho de que incluye vibración de las cuerdas vocales.

La causa de que [s] se convierta en [z] en el contexto descrito arriba es muy natural. Los fonos vecinos se influyen mutuamente. Dado que los fonos de la cadena fónica se producen en secuencia, es de esperar que la articulación de un fono afecte la articulación de los fonos con los que esté en contacto. Esto está relacionado con el fenómeno de la **coarticulación**, es decir, el hecho de que al mismo tiempo que un articulador está ejecutando un movimiento articulatorio es posible que otro articulador ya haya comenzado un movimiento articulatorio necesario para producir el fono siguiente. Es decir que el encadenamiento de movimientos articulatorios hace que las propiedades de un fono específico no siempre aparezcan exclusivamente en ese fono, sino que pueden extenderse hacia los fonos circundantes. La probabilidad de que esto suceda es mucho mayor en el habla rápida que en el habla lenta, debido a que la conexión entre fonos es más estrecha cuando la cadena fónica se produce a mayor velocidad.

El proceso por el cual un fono de la cadena fónica adopta propiedades de un fono vecino se conoce como **asimilación**. Como su nombre lo indica, la asimilación tiene el efecto de convertir el fono asimilado en un fono más parecido o similar al fono asimilador. La conversión del fono [s] en [z] es precisamente un caso de asimilación. Observe que cuando una palabra como *mismos* se pronuncia ['miz.mos] en lugar de ['mis.mos], el resultado es que las dos consonantes adyacentes ya no difieren en sonoridad. En otras palabras, la consonante sorda [s] se ha asimilado a la consonante sonora [m].

Un aspecto interesante de este fenómeno es que los hispanohablantes que pronuncian la consonante [s] como [z] lo hacen inconscientemente y tienden a creer que cuando pronuncian [z], lo que están pronunciado es igual a [s]. Esto sugiere que para tales hablantes, los fonos [s] y [z] tienen la misma identidad. Sicológicamente, estos dos fonos no son dos entidades distintas, sino variantes de una misma entidad. De hecho, un mismo individuo puede pronunciar la palabra *mismos* como ['miz.mos], si habla rápidamente; o como ['mis.mos], si habla lentamente. La conclusión a la que esto nos lleva es que los sonidos que los hablantes de una lengua interpretan en su mente no siempre tienen la misma forma física en el momento de ser pronunciados.

Con base en esta observación, los lingüistas reservan el término **fonema** para hablar de la representación mental de un fono, mientras que a las realizaciones físicas de ese fono se les llama **alófonos**. Aunque ambos son unidades de sonido, es importante reconocer que pertenecen a dos dimensiones diferentes (refiérase a la Figura 9.1). Los fonemas son entidades abstractas; es decir que solamente tienen realidad sicológica (pertenecen a la competencia lingüística). Por otro lado, los alófonos son entidades físicas; es decir que son sonidos reales (pertenecen a la actuación lingüística). Para no confundir unos con otros, es conveniente que adoptemos la siguiente convención. A los fonemas los representaremos entre barras (p. ej. / /), mientras que a los alófonos los representaremos entre corchetes (p. ej. [ ]). Entonces, si aplicamos estas nociones al ejemplo que venimos discutiendo, podemos afirmar que los hispanohablantes de ciudades como San José, Bogotá y Ciudad de México tienen en su mente el fonema /s/, pero su realización física no siempre es la misma sino que alterna entre los alófonos [s] o [z]. Comparados con el fonema que representan, el primero es un **alófono fiel**, dado que preserva todas las propiedades de /s/. El segundo, en cambio, es un **alófono infiel**.

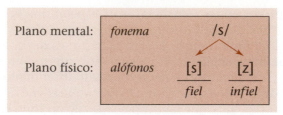

Figura 9.1 Fonemas y alófonos pertenecen a dimensiones diferentes.

9.2 ▥ Identificación de fonemas ━━━━━━━

Una pregunta que viene a la mente cuando examinamos los fonos de una lengua es cuáles de ellos representan fonemas diferentes y cuáles son alófonos de un mismo fonema. Hay dos pruebas que podemos aplicar para resolver esta cuestión. Una es la prueba de **distintividad** y la otra es la prueba de **distribución**.

La prueba de distintividad se basa en la existencia de *pares mínimos*. Si existen en la lengua dos palabras cuyo significado cambia al sustituir solamente uno de sus fonos por otro, es porque los dos fonos que participan en la sustitución representan fonemas diferentes. Por ejemplo, la existencia de pares mínimos como *sumo* ['su.mo] 'I add' versus *fumo* ['fu.mo] 'I smoke' indica que [s] y [f] pertenecen a dos fonemas distintos. Fíjese que, para poder distinguir los significados de estas dos palabras, es crucial que los hablantes de español tengan los fonemas /s/ y /f/ en su mente.

Por otro lado, si en la lengua no existe ningún par mínimo que dependa de sustituir uno de los dos fonos que están siendo investigados por el otro es porque tales fonos son simplemente alófonos. La lógica de esto es que, no siendo necesarios para distinguir el significado de dos palabras diferentes, los hablantes no necesitan representar tales fonos en su mente. Esto quiere decir que solamente los fonos que tienen valor distintivo son fonemas. Los fonos que carecen de valor distintivo son alófonos.

La alternancia entre los fonos [s] y [z] también nos sirve para ilustrar este punto. La prueba de distintividad confirma que, en español, estos dos fonos son alófonos de un mismo fonema. Esta conclusión se desprende del hecho de que no existe ningún par de palabras españolas que difieran solamente en los fonos [s] y [z]. Lo que encontramos, en realidad, es que cualquier palabra que se pronuncie con el fono [z] (p. ej. *asno* ['az.no] en el habla rápida), también se puede pronunciar con el fono [s] (p. ej. *asno* ['as.no] en el habla lenta) sin que esto cambie de ningún modo el significado. Similarmente, si alguien dijera [u.'saɾ] o [u.'zaɾ], cualquier hispanohablante comprenderá que lo que se quiere expresar en ambos casos es *usar* 'to use'.[2]

Para practicar la prueba de distintividad, haga el siguiente ejercicio. Encuentre un par mínimo que demuestre que los siguientes pares de fonos pertenecen a

---

[2]Con respecto a la pronunciación [u.'zaɾ], es importante aclarar que sólo hay unos pocos dialectos que la usan regularmente (p. ej. regiones de Colombia y Costa Rica). A este respecto, nuestra recomendación es que usted evite pronunciar la *s* intervocálica como [z] porque esto incrementa la probabilidad de que su pronunciación suene extranjera.

fonemas diferentes y transcriba ambas palabras. Tenga en cuenta que las dos palabras deben tener el acento en la misma sílaba, ya que de lo contrario, el contraste no sería mínimo.

Ejemplo: Par mínimo: [x]:   *jota* ['xo.t̪a]   [g]:   *gota* ['go.t̪a]

           Conclusión: *Los fonos* [x] *y* [g] *son alófonos de distintos fonemas*

1. Par mínimo: [o]: _____   [e]: _____

    Conclusión: _____

2. Par mínimo: [ɾ]: _____   [l]: _____

    Conclusión: _____

3. Par mínimo: [k]: _____   [x]: _____

    Conclusión: _____

4. Par mínimo: [p]: _____   [f]: _____

    Conclusión: _____

5. Par mínimo: [i]: _____   [u]: _____

    Conclusión: _____

    Un inconveniente que tiene este método es que requiere que conozcamos muy bien el vocabulario de la lengua para poder identificar pares mínimos. No se sorprenda si le toca recurrir a un diccionario para determinar si existe una palabra que contrasta en un solo fono con la palabra que usted tiene en mente. Es más, aun con el diccionario en mano, la aplicación de la prueba de distintividad se complica porque dentro de toda lengua existe un gran número de palabras que no forman parte de ningún par mínimo. En caso de no poder encontrar pares mínimos, podemos recurrir a la prueba de distribución.

    La prueba de distribución consiste en observar las posiciones en las que pueden aparecer los fonos dentro de la cadena fónica. La distribución de los fonos puede ser libre o complementaria. Dos fonos están en **distribución libre** cuando los dos pueden ocupar las mismas posiciones. En tal caso, cada uno de los fonos representa un fonema diferente puesto que solamente dos entidades diferentes pueden convergir en el mismo sitio produciendo un efecto contrastivo.

    Esta prueba corrobora que [s] y [f] representan dos fonemas diferentes en español, dado que en la mayoría de posiciones donde aparece el uno puede aparecer el otro. Por ejemplo, [s] y [f] pueden aparecer en posición inicial de sílaba como en *pasé* [pa.'se] y *Santafé* [san̪.t̪a.'fe], en posición inicial de palabra como en *solo* ['so.lo] y *foco* ['fo.ko], en posición final de sílaba como en *pesca* ['pes.ka] y *afta* ['af.t̪a] y en posición final de palabra como en *tres* ['t̪res] y *chef* ['t͡ʃef]. Tal similitud en su distribución es posible porque, siendo alófonos de fonemas independientes, nada les impide ocupar las mismas posiciones.

En contraste, dos fonos están en **distribución complementaria** cuando en la posición en la que aparece uno, no aparece normalmente el otro. Es decir que los contextos en los que los dos fonos aparecen se complementan. Cuando esto sucede, los dos fonos son alófonos de un mismo fonema, ya que el hecho de pertenecer a una misma entidad es lo que les impide aparecer libremente en el mismo lugar. Esta prueba ratifica que, en español, los fonos [s] y [z] son alófonos de un mismo fonema. Recuerde que la única posición en la que [z] aparece regularmente es en fin de sílaba antes de consonante sonora (p. ej. *muslo* ['muz.lo] 'thigh'), mientras que [s] aparece en las demás posiciones (p. ej. *espaciosos* [es.pa.'si̯o.sos] 'spacious').

Una estrategia que usted puede usar para comprender y recordar el concepto de distribución complementaria es compararlo con el caso de una persona que tiene doble identidad, como por ejemplo, Supermán. ¿Ha notado usted que cuando Supermán va a auxiliar a alguien, Clark Kent nunca está presente, y cuando Clark Kent llega a hacer el reportaje de lo sucedido, Supermán ya se ha marchado? La razón por la que estos dos personajes nunca se encuentran en el mismo sitio al mismo tiempo es simple. Supermán y Clark Kent son formas de la misma persona. A raíz de esto, donde uno de ellos está presente el otro está, necesariamente, ausente. De igual modo, en aquellos dialectos de español que emplean los fonos [s] y [z], éstos se excluyen mutuamente de las posiciones donde ocurren debido a que son formas de un mismo fonema: /s/.

No está de más resaltar que la clasificación de los fonos como fonemas o alófonos no es universal sino que varía de una lengua a otra. Para apreciarlo, compararemos la función de los fonos [s] y [z] en español con su función en inglés. Resulta que los fonos [s] y [z] son alófonos de fonemas distintos en inglés. Así lo indica tanto la prueba de distintividad como la prueba de distribución. Fíjese que, a diferencia del español, el inglés cuenta con pares mínimos como *sip* ['sɪp] 'sorber' versus *zip* ['zɪp] 'cerrar con cremallera' o *loose* ['luu̯s] 'suelto' versus *lose* ['luu̯z] 'perder', que demuestran que [s] y [z] tienen valor distintivo. Estos ejemplos también son evidencia de que, en cuanto a su distribución, tanto [s] como [z] pueden aparecer en inicio de sílaba, inicio de palabra, fin de sílaba y fin de palabra. A partir de estas observaciones es posible concluir que el papel que juegan los fonos [s] y [z] en español e inglés es bastante diferente. Mientras que, en español, [s] y [z] representan el mismo fonema (vea la Figura 9.2a), en inglés, cada uno de ellos representa un fonema distinto (Figura 9.2b).

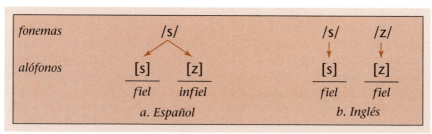

Figura 9.2 Los fonos [s] y [z] tienen diferente función en el español y en el inglés.

9.3 ■ Procesos fonológicos ━━━━━

Los casos en los que un fonema se realiza a través de un alófono infiel sugieren que las lenguas cuentan con **procesos fonológicos**, es decir, transformaciones por las que pasa un fonema para materializarse como un alófono específico. El cambio del fonema /s/ en el alófono [z], por ejemplo, es un caso de **sonorización**. Éste es el nombre que se le da al proceso fonológico por el cual un fono sordo se convierte en sonoro. Así, diremos que en una palabra como *rasco* ['ras.ko] 'I scratch', la pronunciación de *s* no involucra ningún cambio; pero en una palabra como *rasgo* ['raz.go] 'I rip', se le ha aplicado un proceso fonológico de sonorización.

Teniendo en cuenta que el alófono infiel que resulta de aplicar un proceso fonológico alterna con el alófono fiel, podemos decir que los procesos fonológicos crean **alternancias**. Desde este punto de vista, los fonos [s] y [z] son alófonos alternantes, dado que uno u otro puede ser la realización del fonema /s/, según el contexto donde aparezca. La influencia del contexto es, entonces, la causa de que los fonemas tengan varios alófonos y de que los alófonos de un mismo fonema estén en distribución complementaria. Fíjese, por ejemplo, que en las frases *es poco* ['es.'po.ko] y *es mucho* ['ez.'mu.tʃo], la palabra *es* tiene dos pronunciaciones diferentes a causa de que la realización del fonema /s/ alterna entre [s] y [z], según se encuentre bajo la influencia de una consonante sonora o no.

El inverso de la sonorización es el **ensordecimiento**, o sea, la conversión de un fono sonoro en sordo. Un ejemplo de esto es la pronunciación enfática de palabras como *adquirir* y *adjuntar*: [at̪.ki.'rir] y [at̪.xuṇ.'t̪ar]. Aquí vemos que el fonema /d̪/ se materializa como el alófono [t̪], cuando está en posición de coda y va seguido por una consonante sorda. Dicho metafóricamente, las consonantes sordas [k] y [x] contaminan con su sordez al fonema /d̪/, y esto es lo que causa su ensordecimiento. Un hecho que apoya esta conclusión es que la pronunciación enfática de palabras como *admitir* y *adlátere* es [ad̪.mi.'t̪ir] y [ad̪.'la.t̪e.re]. Estos ejemplos muestran que cuando el fonema /d̪/ está en la coda, pero NO bajo la influencia de una consonante sorda, se resiste a perder su sonoridad. La explicación para la alternancia entre [d̪] y [t̪] como manifestaciones físicas del fonema /d̪/ es simple. Dado que consonantes como [m] y [l] son sonoras, éstas nunca pueden causar el ensordecimiento de una consonante en la coda. En contraste, la sordez que caracteriza a consonantes como [k] y [x] puede extenderse al fonema /d̪/ cuando éste ocupa la coda precedente.

Una consecuencia importante que tiene el proceso de ensordecimiento es que el fonema /d̪/ invade el espacio de otro fonema. Recuerde que el español contrasta el fonema /d̪/ con el fonema /t̪/ en palabras como *doma* ['d̪o.ma] 's/he tames' versus *toma* ['t̪o.ma] 's/he takes'. Lo interesante es que el contraste entre estos dos fonemas se anula en posición de coda, debido a que el alófono [t̪] puede ser no solamente la realización fiel del fonema /t̪/, sino también una realización infiel del fonema /d̪/. Esto se puede apreciar en la pronunciación enfática de frases como *pared sucia* [pa.'ret̪.'su.si̯a] versus *clóset sucio* ['klo.set̪.'su.si̯o]. Observe que, aunque la consonante final de *pared* es el fonema /d̪/ y la consonante final de *clóset* es el fonema /t̪/, ambas palabras se pronuncian con [t̪]. La situación en la que la aplicación de un proceso fonológico resulta en la eliminación del contraste entre dos fonemas se llama **neutralización**. De acuerdo con esto, diremos que el proceso de ensordecimiento es neutralizante (vea la Figura 9.3). Fíjese, en cambio, que la sonorización que afecta al fonema /s/ no es neutralizante porque, al no existir un fonema /z/ en español, el cambio de /s/ a [z] no anula el contraste entre dos fonemas.

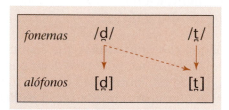

Figura 9.3 El ensordecimiento de /d̪/ resulta en neutralización con /t̪/.

Los ejemplos anteriores de sonorización y ensordecimiento son formas de un proceso más general que se conoce como **asimilación de sonoridad**. El efecto de la asimilación de sonoridad es hacer que dos fonos adyacentes que discrepan en sonoridad concuerden en esa propiedad por medio de sonorizar o ensordecer uno de ellos. Tratándose de dos consonantes adyacentes, lo más común es que la concordancia se obtenga a expensas de alterar la consonante que aparece en la coda de la sílaba, lo cual es comprensible si tenemos en cuenta que la posición implosiva es una posición que desfavorece las consonantes. En contraste, la consonante que aparece en el ataque tiende a conservarse inalterada porque la posición explosiva la favorece.

También es común que los fonos adyacentes participen en **asimilación de lugar**, es decir, el proceso por el cual un fono modifica su lugar de articulación para concordar en esa propiedad con otro fono con el que está en contacto. En la frase *sin pena*, por ejemplo, el fonema /n/ tiende a convertirse en el alófono bilabial [m] por influencia de la consonante bilabial que le sigue: [sim.ˈpe.na]. Sabemos que el fonema /n/ de la primera palabra es afectado por un proceso de asimilación de lugar porque, cuando no está bajo la influencia de una consonante siguiente, conserva su articulación alveolar, como se puede ver en *sin ánimo* [si.ˈnã.nĩ.mo]. Ejemplos como *sin familia* [sim.fa.ˈmi.li̯a], *sin dolor* [sin̪.d̪o.ˈlor] y *sin gracia* [siŋ.ˈgra.si̯a] demuestran, además, que un proceso fonológico como la asimilación de lugar puede producir varios alófonos infieles. Lo que estas frases muestran es que la nasal final de la preposición *sin* se materializa como un alófono labiodental [ɱ], dental [n̪], o velar [ŋ], cuando está en la coda y va seguida por una consonante labiodental, dental o velar, respectivamente. Éstos y otros alófonos nasales que resultan de aplicar el proceso de asimilación de lugar se describen en el capítulo 17. El punto importante para la presente discusión es que los procesos fonológicos son la causa de que un fonema pueda tener múltiples alófonos infieles, además de su alófono fiel (vea la Figura 9.4).

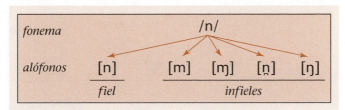

Figura 9.4 La asimilación de lugar crea múltiples alófonos infieles del fonema /n/.

Muchas de las diferencias de pronunciación que existen entre dialectos de español se deben a que no todos los dialectos usan los mismos procesos fonológicos. La variación en la realización del fonema /s/ es un buen ejemplo de esto. Resulta que, en algunos dialectos, cuando el fonema /s/ aparece en posición implosiva, no sólo sufre asimilación de sonoridad, sino que también se desbucaliza. **Desbucalización** es el nombre que se le da al proceso fonológico por el cual se suprimen los gestos bucales de un fono. Este cambio convierte al fonema /s/ en las consonantes glotales [h] o [ɦ]. Así, la palabra *islas* 'islands' se pronuncia ['iɦ.lah] en lugar de ['iz.las]. Si comparamos la pronunciación dialectal ['iɦ.lah] con la pronunciación académica ['iz.las], vemos que [ɦ] reemplaza a [z], mientras que [h] sustituye a [s]. Además, si tenemos en cuenta que la principal diferencia que existe entre [z]/[s] y [ɦ]/[h] es el lugar donde se produce la fricación (cresta alveolar versus glotis), resulta evidente que la desbucalización consiste en trasladar el lugar de articulación de la boca a la laringe. De este modo se simplifica la estructura de la consonante porque, mientras que los fonos alveolares [s] y [z] requieren la participación de la corona y las cuerdas vocales, los fonos glotales [h] y [ɦ] emplean solamente las cuerdas vocales. Esto sugiere que la articulación de [h] y [ɦ] es menos costosa que la articulación de [s] y [z] porque involucra menos gestos articulatorios.

La tendencia a simplificar la estructura del fonema /s/ en posición implosiva puede llegar al extremo de eliminar no solamente sus gestos bucales sino también sus gestos laríngeos, lo cual equivale a decir que se suprimen todos sus movimientos articulatorios. Por ejemplo, en la ciudad de Santo Domingo, República Dominicana, es común que una frase como *las misas* 'the masses' se pronuncie [lah.'mi.sah] o [la.'mi.sa], en lugar de [laz.'mi.sas]. La pérdida total de un fonema se llama **elisión** y normalmente se indica dejando el fono elidido por fuera de la transcripción fonética. Otra manera de representar la elisión es a través del símbolo [ø], al que se le da el nombre de **cero fonético**. Esta opción es útil cuando se quiere expresar la idea de que un fonema se realiza a través de un alófono que carece de sustancia física. La Figura 9.5 ilustra la relación entre el fonema /s/ y los alófonos con los que se materializa cuando los hablantes emplean los procesos de desbucalización y elisión.

Como usted podrá prever, la posibilidad de que cada fonema tenga múltiples realizaciones hace que la tarea de mejorar la pronunciación del español se complique. No es suficiente aprender el alófono fiel de cada fonema. También es necesario saber cuáles son los alófonos infieles con los que alterna el alófono fiel y

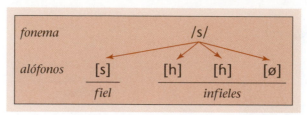

Figura 9.5 La desbucalización y la elisión crean alófonos infieles del fonema /s/.

bajo qué condiciones se usa cada uno de ellos. Adicionalmente, el hecho de que no todos los dialectos usan los mismos procesos fonológicos requiere que antes de comenzar a estudiar cada uno de los fonemas del español, nos familiaricemos con las principales tendencias dialectales. Este será nuestro objetivo en el próximo capítulo.

PRÁCTICAS

Práctica 1

Complete el siguiente cuadro según sean las propiedades que caracterizan los fonos de la lista.

	FONO	TIPO	MANERA	LUGAR	SONORIDAD
1.	[ɲ]				
2.	[θ]				
3.	[ɾ]				
4.	[e]				
5.	[j]				
6.	[d̪]				
7.	[p]				
8.	[u]				
9.	[f]				
10.	[i]				

Práctica 2

Forme pares mínimos con los siguientes pares de fonos. Luego, transcriba ambas palabras y pronúncielas.

1. Fonos: [n]   [m]

   Par mínimo: _____   _____

2. Fonos: [b]   [p]

   Par mínimo: _____   _____

3. Fonos: [e]   [i]

   Par mínimo: _____   _____

4. Fonos: [ɾ]   [r]

   Par mínimo: _____   _____

5. Fonos: [t͡ʃ]   [t̪]

   Par mínimo: _____   _____

Práctica 3

Después de escuchar y repetir las siguientes palabras, transcriba las que faltan por transcribir. Note que en ninguna de estas palabras se sonoriza el fonema /s/. Tenga presente que, en la mayoría de los dialectos, el fonema /s/ sólo se sonoriza cuando aparece en posición implosiva antes de una consonante sonora.

1. *presente* [pre.ˈsen̪.t̪e]
2. *José* _____
3. *acuso* [a.ˈku.so]
4. *visita* _____
5. *esposo* _____
6. *usar* _____
7. *positivo* [po.si.ˈt̪i.βo]
8. *físico* _____
9. *mosaico* [mo.ˈsai̯.ko]
10. *música* _____
11. *rosa* [ˈro̞.sa]
12. *compromiso* _____
13. *desierto* _____
14. *basura* _____
15. *preciso* [pre.ˈsi.so]
16. *Jesús* _____
17. *presumir* [pre.su.ˈmir]
18. *fusionar* _____
19. *decisión* _____
20. *resumen* [re̞.ˈsu.me̞n]

Práctica 4

Después de escuchar y repetir las siguientes palabras, transcríbalas fonéticamente. Aplique el proceso de asimilación de sonoridad al fonema /s/ cuando aparezca en el contexto apropiado.

1. estatua _____
2. muslo _____
3. asfalto _____
4. riesgo _____
5. arisco _____
6. pastilla _____
7. misterio _____
8. esmalte _____
9. desgracia _____
10. histeria _____
11. costilla _____
12. racismo _____
13. eslabón _____
14. esbelto _____
15. canasta _____
16. esfera _____
17. abismo _____
18. espejo _____
19. asno _____
20. rasguño _____

Práctica 5

Pronuncie y transcriba las siguientes frases aplicando el proceso de desbucalización al fonema /s/ en posición implosiva. Luego, lea todas las frases elidiendo el fonema /s/ en posición implosiva.

1. sus cosas _____
2. mis mesas _____
3. más queso _____
4. los dos _____
5. son tres _____
6. es triste _____
7. sin seso _____
8. te asustas _____
9. son siete _____
10. no asistas _____
11. éste sí _____
12. los pisos _____
13. vas lento _____
14. tus labios _____
15. tres casas _____
16. eres menso _____
17. nos vamos _____
18. se casó _____
19. me usaste _____
20. desististe _____

Práctica 6

Responda las siguientes preguntas y discuta luego sus respuestas con un/a compañero/a de clase.

1. Usando sus propias palabras, explique la diferencia entre los conceptos de fonema y alófono.

    _____

    _____

    _____

    _____

    _____

2. ¿Qué conexión existe entre los procesos fonológicos y la neutralización de fonemas?

    _____

    _____

    _____

    _____

    _____

Prácticas adicionales

Visite http://www.prenhall.com/estructuradelossonidos/.

Variación lingüística

Siendo el español una lengua que se habla en más de veinte países, es natural que exista gran variación en su pronunciación. La **variación lingüística** es muy amplia cuando una lengua se habla en un territorio extenso, debido a que la **distancia** disminuye las posibilidades de comunicación entre los diversos grupos de hablantes. Al no haber contacto entre comunidades, las innovaciones que introduce cada nueva generación hacen que la lengua evolucione en diferentes direcciones. Ésta es la causa de que el español que se habla en cada país sea diferente del de los demás países y que aun dentro de un mismo país se hablen diferentes dialectos. Si además tenemos en cuenta que los grupos sociales y la formalidad del contexto pueden crear distancia entre los hablantes de una misma comunidad, es de esperar que existan muchas maneras de pronunciar el español. En este capítulo veremos cómo los factores geográficos, sociales y contextuales contribuyen a la amplia gama de variación fonológica del español.

10.1 ▌ Variación geolingüística

La causa más evidente de la variación en la pronunciación del español es la distancia geográfica. Desde Europa hasta América, África y las Islas Filipinas, el español cruza las fronteras de más de veinte naciones, en muchas de las cuales se hablan también otras lenguas (p. ej. vasco, gallego, catalán, náhuatl, quechua, guaraní, aimara, tagalo, inglés, etc.). Aun si ignoramos la influencia de las lenguas con las que el español está en contacto, la gran diversidad geográfica de este territorio nos obliga a reconocer un número enorme de **geolectos**, es decir, modos de hablar particulares de ciertas áreas geográficas. Por razones de espacio, aquí nos limitamos a identificar las principales zonas geolectales. De acuerdo con tendencias generales de pronunciación, es posible dividir el mundo hispánico en tres regiones básicas: el centro y norte de España, las tierras altas y las tierras bajas. Aunque es innegable que la pronunciación del español no es uniforme en ninguna de estas regiones y que existen amplias zonas fronterizas que presentan características ambiguas, esta clasificación es útil porque nos permite fragmentar a grandes líneas el vasto territorio donde se habla el español.

10.1.1 El centro y norte de España

Los dialectos de español que se hablan en el centro y norte de España exhiben un conjunto de propiedades fonológicas que los relacionan entre sí y los distinguen de los demás dialectos. De acuerdo con esto, los agrupamos bajo el nombre de **español peninsular norteño**, haciendo la salvedad de que no se trata de un solo geolecto sino más bien de una familia de geolectos. Su extensión geográfica se ilustra en la Figura 10.1, donde también se puede apreciar la localización de España en la Península Ibérica.

Figura 10.1 Territorio donde se habla el español peninsular norteño.

El rasgo fonológico que identifica al español peninsular norteño es la pronunciación de los fonemas fricativos. En primer lugar, este geolecto cuenta con el fonema /θ/, cuyo alófono principal es [θ]. Parejas de palabras como *sien* y *cien*, *casa* y *caza*, *ves* y *vez*, que son homófonas en los demás geolectos, tienen distinta pronunciación en el centro y norte de España: ['s̺i̯e̞n] versus ['θi̯e̞n], ['ka.s̺a] versus ['ka.θa], ['be̞s̺] versus ['be̞θ]). Gracias a la inclusión del fonema /θ/, el español peninsular norteño tiene cuatro, en lugar de sólo tres, fonemas fricativos: /f/, /θ/, /s/ y /x/.

La pronunciación que se le da al fonema fricativo alveolar, /s/, también es un rasgo notable del español peninsular norteño. En vez de [s], el español peninsular norteño usa [s̺], un fono que se articula usando el ápice en lugar de la lámina para formar la constricción contra la cresta alveolar. Así, palabras como *suma* y *peso* se pronuncian ['s̺u.ma] y ['pe̞.s̺o], en lugar de ['su.ma] y ['pe̞.so]. Si bien es cierto que hay pequeñas zonas de Hispanoamérica donde el fonema /s/ se realiza como [s̺], el uso de este alófono está fuertemente asociado con el español peninsular norteño.

El fonema fricativo velar, /x/, también recibe una pronunciación peculiar en el centro y norte de España. En vez de su alófono fiel, es común que /x/ se realice como [χ], que es una fricativa uvular sorda, como ocurre en *jurar* [χu.'rar] y *cajón* [ka.'χo̞n]. En comparación con [x], la variante [χ] se caracteriza porque el postdorso forma la constricción en un punto más interno de la boca. Esta retracción en el lugar de constricción hace que la fricación sea mucho más áspera, lo cual es una marca notoria de la pronunciación peninsular norteña.

Muestra de pronunciación

Para escuchar una muestra de un hablante que usa la pronunciación peninsular norteña, visite http://www.prenhall.com/estructuradelossonidos/.

10.1.2 Las tierras altas

El territorio de las tierras altas consiste en dos grandes zonas de Hispanoamérica reconocibles por su mayor elevación topográfica en comparación con los territorios que se encuentran apenas por encima del nivel del mar. Una de estas zonas comienza en las sierras de Centroamérica (partes de Panamá, Costa Rica, Nicaragua, Honduras, El Salvador, y Guatemala) y se extiende hacia el norte cubriendo la mayor parte de México hasta entrar en el suroeste de los Estados Unidos (vea la Figura 10.2). La otra zona alta la forman los territorios suramericanos por donde pasa la cordillera de los Andes, que surca partes de Chile, Argentina, Bolivia, Perú, Ecuador, Colombia y Venezuela. Sin olvidar que en las tierras altas existen múltiples geolectos claramente diferenciables entre sí, adoptamos el término **español terraltense** para referirnos a todos ellos en conjunto.

Figura 10.2 Territorio donde se habla el español terraltense.

Habiendo dicho antes que el fonema /θ/ es exclusivo del español peninsular norteño, es de esperar que el español terraltense no tenga dos fonemas fricativos coronales, sino uno solo: /s/. La realización más común de este fonema es el alófono [s], excepto por pequeñas zonas altas de Bolivia y de Colombia, donde se usa el alófono [ṣ].

En términos más generales, la propiedad fonológica que relaciona a los geolectos terraltenses es su fuerte tendencia a preservar las consonantes en posición
implosiva sin hacerles mayores cambios. Así, palabras como *pacto* ['pak.to], *caspa*
['kas.pa], *ganso* ['gan.so], *falso* ['fal.so], y *barco* ['bar.ko], que tienen sílabas
terminadas en consonantes oclusivas, fricativas, nasales, laterales o vibrantes, se
pronuncian sin perder o alterar tales consonantes.

Si bien es cierto que la tendencia a preservar las consonantes en posición
implosiva está presente no sólo en el español terraltense sino también en el
español peninsular norteño, las diferencias en cuanto a las consonantes fricativas
son tan notorias que justifican la clasificación de estas dos variedades de español en categorías diferentes. Es evidente que, por carecer del fonema /θ/ y de
los alófonos [θ], [χ] y [s̪], el sistema de consonantes fricativas del español
terraltense es más simple y hace que suene bastante diferente del español
peninsular norteño.

Muestra de pronunciación

Para escuchar una muestra de un hablante que usa la pronunciación terraltense,
visite http://www.prenhall.com/estructuradelossonidos/.

10.1.3 Las tierras bajas

Dentro de las tierras bajas se agrupan tres áreas principales (refiérase a la
Figura 10.3). Un área baja está formada por las zonas costeras de Hispanoamérica, que incluyen las islas de Cuba, República Dominicana y Puerto Rico, junto
con partes de Chile, Perú, Ecuador, Colombia, Venezuela, Panamá, Costa Rica,

Figura 10.3 Territorio donde se habla el español terrabajense.

Nicaragua, El Salvador, Honduras, Guatemala y México. Otra área baja abarca las llanuras de Suramérica, que incluyen la mayor parte de Argentina, Uruguay, Paraguay, la parte occidental de Bolivia, Perú, Ecuador y Colombia. Finalmente, las Islas Canarias y el sur de España, se adicionan a este territorio porque tienen más propiedades lingüísticas en común con las tierras bajas de Hispanoamérica que con el centro y norte de España.

Como usted ya habrá inferido, el uso de un único fonema fricativo coronal, /s/, es una propiedad fonológica que el español terrabajense comparte con el español terraltense. Sin embargo, el español terrabajense tiene una innovación en cuanto a las consonantes fricativas porque emplea las fricativas glotales, [h] y [ɦ], que no ocurren regularmente ni en el español terraltense ni en el peninsular norteño. En los geolectos terrabajenses, los fonos [h] y [ɦ] alternan como realizaciones del fonema /s/ en fin de sílaba, según sea la sonoridad del fono siguiente (p. ej. *esas luces* [ˈe.saɦ.ˈlu.se̥h]). Además, muchos geolectos terrabajenses también usan [h] como la realización del fonema fricativo velar, /x/, en inicio de sílaba. Por ejemplo, palabras como *cajas* y *jueces* se pueden pronunciar [ˈka.hah] y [ˈhu̯e.se̥h], respectivamente.

En términos generales, la propiedad fonológica que define mejor al español terrabajense es el **debilitamiento** de las consonantes en la coda. En esa posición silábica, las consonantes se debilitan por medio de suprimir algunos de sus gestos articulatorios. Algunos procesos de debilitamiento afectan la manera de articulación (p. ej. *admira* se puede pronunciar [al̥.ˈmi.ɾa] o [ai̯.ˈmi.ɾa]), mientras que otros alteran el lugar de articulación (p. ej. *pasto* se puede pronunciar [ˈpah.t̪o]). El máximo grado de debilitamiento se obtiene con la elisión, es decir, la pérdida de todos los gestos articulatorios de un fono (p. ej. *pasto* también se puede pronunciar [ˈpa.t̪o]).

El debilitamiento de las consonantes en posición de coda es la causa de que los geolectos terrabajenses difieran drásticamente de los demás geolectos en cuanto a la estructura de las sílabas. Para comprender en qué consiste la diferencia, es necesario saber que las sílabas pueden clasificarse en dos tipos básicos según el fono en que terminen. Las sílabas que terminan en vocal (o sea, aquellas que no tienen coda) se llaman **sílabas abiertas** (p. ej. todas las sílabas de *panameño* [pa.nã.ˈmẽ.ɲo]). Por otro lado, las sílabas que terminan en consonante (o sea, aquellas que sí tienen coda) se llaman **sílabas cerradas** (p. ej. todas las sílabas de *informantes* [ĩɱ.foɾ.ˈmãn̪.t̪es]). Aunque las sílabas de las palabras españolas pueden ser de ambos tipos, no hay duda de que el español prefiere las sílabas abiertas, dado que el 71% de las sílabas españolas son abiertas, pero sólo el 29% son cerradas.

Resulta que, en los geolectos terrabajenses, la preferencia por las sílabas abiertas ha ganado gran vitalidad gracias a diversos procesos fonológicos que debilitan las consonantes finales de sílaba. En algunos casos, el debilitamiento es moderado, puesto que sólo altera la manera o el lugar de articulación de la consonante final de sílaba; pero existen geolectos terrabajenses en los que el debilitamiento es tan drástico que las consonantes finales de sílaba se omiten por completo. Examine los siguientes ejemplos.

DEBILITAMIENTO MODERADO		---------->	DEBILITAMIENTO DRÁSTICO
acto	['at̪.t̪o]	['ai̯.t̪o]	['a.t̪o]
caspa	['kap.pa]	['kah.pa]	['ka.pa]
ganso	['gãŋ.so]	['gãɣ̃.so]	['gã.so]
falso	['faɹ.so]	['fai̯.so]	['fa.so]
barco	['bal.ko]	['bai̯.ko]	['ba.ko]

Nota: [ŋ] es una consonante nasal cuya constricción se forma poniendo el posdorso contra el velo, como en la palabra *sing* del inglés. [ɣ̃] es una consonante nasal velar, que difiere de [ŋ] en que el postdorso no se adhiere al velo. El símbolo [ɹ] representa una consonante vibrante aproximante alveolar en la que la corona no llega a hacer contacto contra la cresta alveolar, sino que apenas se aproxima.

La progresión que vemos en estos cambios sugiere que el español terrabajense está avanzando gradualmente hacia la conversión de las sílabas cerradas en sílabas abiertas. Aunque aún no existe ningún geolecto terrabajense que tenga exclusivamente sílabas abiertas, todos los geolectos terrabajenses exhiben alguna forma de debilitamiento de las consonantes en la coda. Normalmente, las primeras consonantes que se debilitan en esa posición son las menos sonantes (oclusivas y fricativas), ya que éstas son las más incompatibles con la posición implosiva. Sin embargo, a medida que la tendencia al debilitamiento avanza, las consonantes más sonantes (nasales, laterales y vibrantes) también llegan a ser afectadas.

Muestra de pronunciación

Para escuchar una muestra de un hablante que usa la pronunciación terrabajense, visite http://www.prenhall.com/estructuradelossonidos/.

10.2 ■ Variación sociolingüística

Otro tipo de distancia que contribuye a que la pronunciación del español no sea uniforme es la separación que imponen las diferencias entre grupos sociales. De acuerdo con los estratos sociales (p. ej. clase alta, clase media y clase baja), el acceso que los individuos tienen a la educación varía. Mientras que las personas de la clase alta normalmente tienen educación universitaria, las personas de la clase baja generalmente tienen apenas educación elemental o son iletradas. Otro factor que favorece a los hablantes de la clase alta es el mayor acceso que tienen a la literatura, las artes y otras formas de expresión. La desigualdad de estas condiciones hace que el habla de la clase alta sea la que goza de prestigio social, mientras que el habla de la clase baja se tiende a ver con una actitud negativa (estigmatización).

Para referirse al modo de hablar de un grupo social específico, los lingüistas usan el término sociolecto. A manera de ilustración, consideremos la pronunciación del fonema /s/ en el español de la República Dominicana. Siendo formas del español terrabajense, los diversos geolectos que se hablan en la República

Dominicana tienen la tendencia a debilitar las consonantes en posición implosiva. Lo interesante es que hay diferencias notorias entre sociolectos. El habla de la clase baja dominicana constituye un sociolecto en el que el debilitamiento de las consonantes finales de sílaba es drástico. A consecuencia de esto, palabras como *busca* y *atrás* se pronuncian regularmente sin [s]: ['bu.ka] y [a.'t̪ra]. El habla de la clase alta dominicana, por su parte, es un sociolecto en el que el debilitamiento de consonantes finales de sílaba es menos drástico, con lo cual palabras como *busca* y *atrás* exhiben desbucalización de /s/ en vez de elisión: ['buh.ka] y [a.'t̪rah]. De hecho, no es raro que los dominicanos de la clase alta también pronuncien estas palabras como ['bus.ka] y [a.'t̪ras] dado que, en el ambiente académico, ellos aprenden que el fonema /s/ hace parte de la estructura de estas palabras y consideran que es más educado y prestigioso conservarlo.

Debido a que, en la sociedad dominicana, se considera prestigioso pronunciar la [s] final de sílaba, los hablantes de la clase baja se esfuerzan por imitar la pronunciación de la clase alta. Suele suceder, sin embargo, que en su esfuerzo por sonar más educados, los hablantes ineducados se exceden tratando de reponer la [s] que normalmente no pronuncian. Al no saber leer ni escribir, los hablantes de la clase baja no tienen ninguna pista que les ayude a determinar cuáles sílabas terminan con [s] y cuáles no. Es por eso que algunas veces terminan insertando [s] donde no corresponde. Es posible, por ejemplo, que en una conversación con una persona educada, un dominicano de la clase baja diga *Yos vivo aquís* cuando lo que quiere decir es *Yo vivo aquí*. La situación en la que los hablantes alteran la pronunciación incorrectamente, porque creen que lo que están haciendo es mejorarla, se llama **ultracorrección**. Irónicamente, a la ultracorrección de /s/ en el español dominicano se le ha dado el nombre de *hablar fisno*.

Además de la clase social, existen otros factores sociales como el sexo y la edad que afectan la pronunciación. Los hombres y las mujeres de una misma comunidad pueden diferir en la frecuencia con la que usan cierto alófono. Similarmente, es posible que los hablantes de una generación usen un alófono con mayor frecuencia que los hablantes de otra generación. En la Península de Yucatán, por ejemplo, los hablantes tienden a **labializar** (convertir en labial) las consonantes nasales en fin de palabra. Así, palabras como *huracán* y *Colón* pueden pronunciarse [u.ra.'kam] y [ko.'lom], en lugar de [u.ra.'kan] y [ko.'lon]. Lo interesante es que, en un estudio cuantitativo, se encontró que las mujeres labializan la consonante nasal final de palabra con una frecuencia de 50%, mientras que los hombres lo hacen con una frecuencia de 32%.[1] Además, sucede que entre los hombres, los jóvenes labializan la nasal final de palabra con una frecuencia de 58%, lo cual hace que su habla se aproxime a la de las mujeres. En contraste, los hombres mayores sólo labializan la nasal final de palabra en un 20% de los casos. Esto indica que la labialización nasal es una tendencia que tiene mayor auge en los sociolectos de las mujeres y de los hombres jóvenes. El sociolecto de los hombres mayores es mucho más conservador en la adopción del cambio.

---

[1]Kent Yager, <<La -m bilabial en posición final absoluta en el español hablado en Mérida, Yucatán (México)>>, *Nueva Revista de Filología Hispánica* 37, no. 1 (1989): 83–94.

10.3 ■ Variación contextual

Ocurre, además, que sin importar cuál sea nuestro geolecto o sociolecto, los hablantes de una lengua usamos diferentes **estilos de habla** porque adaptamos nuestro modo de hablar a las condiciones del contexto en el que se desarrolle el acto de habla. En un contexto formal, como al dar una conferencia, es natural que hablemos de una manera más esmerada; mientras que en un contexto informal, como al hablar con amigos en una fiesta, es más apropiado hablar relajadamente. En ciertas situaciones, como cuando damos instrucciones, es mejor hablar despacio; mientras que en otras situaciones, como cuando narramos un evento excitante, conviene hablar rápido. Algunas situaciones nos obligan a hablar enfáticamente, pero otras no lo requieren. La velocidad, la formalidad y el énfasis con que hablemos son determinantes adicionales de nuestra pronunciación. Como regla general, cuanto más lenta, formal o enfática sea la expresión, más probable es que usemos alófonos que se mantienen fieles a sus fonemas correspondientes. Pero a medida que aumenta la velocidad o informalidad, es más probable que usemos alófonos infieles. El número de pausas y el número de sílabas también tienden a variar grandemente según sea la velocidad y la formalidad con que hablemos. Para apreciarlo mejor, considere el siguiente ejemplo. La oración *Anoche vino a verme un viejo y querido amigo* podría pronunciarse como en (a), (b) o (c), dependiendo del estilo de habla.

Variación en la pronunciación según el estilo de habla	
	Sílabas
a. [‖a.ˈno.t͡ʃe ǀ ˈbi.no.a.ˈber.me ǀ ˈun.ˈbi̯e.xo ǀ i.ke.ˈri.d̪o.a.ˈmi.go‖]	18
b. [‖ã.ˈno.t͡ʃe.ˈβi.no̯a.ˈβe̯r.me ǀ ˈũm.ˈbi̯e.xo̯i.ke.ˈri.ð̪o̯a.ˈmi.ɣo‖]	15
c. [‖ã.ˈno.t͡ʃe.ˈβi.nu̯a.ˈβe̯r.ˈmĩ̯ũm.ˈbi̯e.xu̯i.ke.ˈri.ð̪u̯a.ˈmi.ɣo‖]	14

La transcripción en (a) corresponde a la pronunciación lenta, esmerada o enfática que se usa en una situación que requiere extremada claridad o precisión, como por ejemplo, cuando un hablante nativo habla con un extranjero que sabe muy poco español.

Observe que bajo estas condiciones, la oración se pronuncia con tres pausas internas y un total de dieciocho sílabas. Además, los fonemas se materializan a través de alófonos transparentes. Por ejemplo, las consonantes oclusivas /b/, /d̪/ y /g/ se realizan a través de sus alófonos fieles [b], [d̪] y [g]. Similarmente, el fonema nasal /n/ se realiza como su alófono fiel [n], a pesar de que está en la coda y va seguido por una consonante, que podría afectar su lugar de articulación.

La transcripción en (b) corresponde a un estilo más natural (el habla corriente o fluida), como cuando hablamos con un amigo en una situación ordinaria.

Fíjese que en vez de tres pausas internas, ahora sólo hay una y en vez de diecio-cho sílabas, ahora sólo hay quince. Estos cambios se deben a que, al incrementar la velocidad del habla, las palabras se conectan, lo cual permite que las vocales adyacentes se puedan combinar en una misma sílaba (fusión de sílabas). Otro punto que hay que notar con respecto a este estilo es que no todos los fonemas se realizan a través de sus alófonos fieles. Por ejemplo, las consonantes oclusivas /b/, /d̪/ y /g/ se convierten en los alófonos fricativos [β], [ð̪] y [ɣ] cuando el fono precedente es una vocal. Observe también que el fonema /n/ de la palabra /un/ se convierte en el alófono bilabial [m], como resultado de asimilarse a la consonante bilabial que le sigue. Además, surge la posibilidad de que las vocales se nasalicen o ajusten su grado de abertura, [ã], [e̞], [o̞], según el contexto donde aparezcan.

La transcripción en (c) corresponde a un estilo muy rápido e informal, como cuando hablamos con miembros de nuestra familia en una situación que requiere rapidez. Note que en este caso la oración se pronuncia sin hacer ninguna pausa interna y el número de sílabas se reduce a catorce. En (c) tam-bién se puede ver que el grado de infidelidad de ciertos alófonos aumenta. Cuando van precedidos por una vocal, los fonemas oclusivos /b/, /d̪/ y /g/ se convierten en los alófonos aproximantes [β̞], [ð̪̞] y [ɣ̞], los cuales exhiben un mayor grado de relajamiento de la constricción que [β], [ð̪] y [ɣ]. Otro cambio importante es que los fonemas vocálicos /o/ y /e/ se realizan como los alófonos [u̯] e [i̯] cuando su sílaba se fusiona con la sílaba de otra vocal adya-cente para formar un diptongo. Este cambio de la vocal contribuye a obtener un mejor diptongo porque es preferible que el satélite que acompaña al foco sea una vocal alta.

Para cerrar esta discusión panorámica de la variación lingüística, cabe señalar que los diversos factores que condicionan la pronunciación no operan aislada-mente sino que suelen convergir en cada acto de habla. Ningún hablante está exento de adquirir las tendencias de pronunciación de la región donde vive, la clase social a la que pertenece, el sexo y la edad que tiene, o adaptarse a las pre-siones del contexto donde se desarrolla la comunicación. La convergencia de todos estos factores en cada acto de habla hace que nuestra actuación lingüística esté muy lejos de ser homogénea. Lo que ocurre, en realidad, es que los hablan-tes pueden pronunciar las palabras de diversas maneras según el peso de los factores geográficos, sociales y contextuales que intervengan.

PRÁCTICAS

Práctica 1

Escriba a la derecha de cada uno de los siguientes alófonos el geolecto o geolec-tos donde ocurre típicamente. Dé un ejemplo de una palabra que contenga ese alófono, transcríbala y pronúnciela en voz alta.

	GEOLECTO	EJEMPLO
1. [χ]	_____	_____
2. [h]	_____	_____
3. [s]	_____	_____
4. [ŋ]	_____	_____
5. [θ]	_____	_____
6. [s̺]	_____	_____
7. [i̯]	_____	_____
8. [x]	_____	_____

Práctica 2

A continuación aparece la transcripción fonética de una oración en tres estilos de habla diferentes. Después de pronunciar cada transcripción, señale cuáles son los cambios en cuanto al número de pausas internas, el número de sílabas y los alófonos infieles que ocurren.

Antenoche empecé a hacerla y hasta ahora la acabo.

Habla lenta

[‖an.t̪e.ˈno.t͡ʃe | en.pe.ˈse.a.a.ˈseɾ.la | i.as.t̪a.a.ˈo.ɾa | la.a.ˈka.bo‖]

Total de fonos: _____   Total de sílabas: _____

Total de pausas internas: _____

Infidelidad de alófonos: _____

_____

Habla corriente

[‖ãn̪.t̪e.ˈno.t͡ʃem.pe.ˈse̯a.ˈse̞ɾ.la | i̯as.ˈt̪ao̞.ɾa.la.ˈka.βo‖]

Total de fonos: _____   Total de sílabas: _____

Total de pausas internas: _____

Infidelidad de alófonos: _____

_____

Habla rápida

[ˈl̃ãn̪.t̪e.ˈno.t͡ʃẽm.pe.ˈsi̯a.ˈser.la.i̯as.ˈt̪o.ra.la.ˈka.βol̪]

Total de fonos: _____ Total de sílabas: _____

Total de pausas internas: _____

Infidelidad de alófonos: _____
_____

Práctica 3

Pronuncie las siguientes oraciones en el geolecto que se indica a la derecha y transcriba fonéticamente las palabras seleccionadas.

1. *Es un tópico interesante, pero controversial.* (español terraltense)

   interesante _____   *controversial* _____

2. *¿Me abres la puerta, por favor?* (español terrabajense)

   puerta _____   *favor* _____

3. *No jures, que no es necesario.* (español peninsular norteño)

   jures _____   *necesario* _____

4. *Esas cosas son resistentes.* (español terrabajense)

   cosas _____   *resistentes* _____

5. *¿Para quién son estas flores rojas?* (español terraltense)

   flores _____   *rojas* _____

6. *Si tú eres feliz, nosotros estaremos felices.* (español peninsular norteño)

   feliz _____   *estaremos* _____

Práctica 4

Complete los siguientes enunciados con los conceptos correspondientes. Luego, repítalos varias veces hasta que pueda pronunciarlos fluidamente.

1. A las variedades de una lengua que se definen según el área geográfica donde se hablan se les da el nombre de _____. Por otro lado, a las variedades de una lengua que se asocian con un grupo social específico se les llama _____.

2. Además de la clase social, otros dos factores sociales que afectan la manera como los hablantes de una lengua la pronuncian son el _____ y la _____.

3. Aunque el español terraltense y el español peninsular norteño se parecen en que ninguno de ellos tiende a debilitar las consonantes finales de sílaba, estos geolectos se distinguen porque difieren en cuanto a los alófonos que usan para los fonemas _____.

4. Uno de los factores contextuales que afecta la pronunciación es la velocidad del habla. A mayor velocidad, es más probable que se usen alófonos _____; mientras que a menor velocidad, es más probable que se usen alófonos _____.

Práctica 5

Resuelva los siguientes puntos y compare sus respuestas con un/a compañero/a de clase.

1. Explique la diferencia entre sílabas abiertas y sílabas cerradas y cómo este contraste sirve para caracterizar los geolectos terrabajenses.

   _____

   _____

   _____

   _____

   _____

   _____

2. Sintetice con sus propias palabras por qué la pronunciación del español no es homogénea, sino que existe un amplio espectro de pronunciaciones posibles.

   _____

   _____

   _____

   _____

   _____

   _____

Prácticas adicionales

Visite http://www.prenhall.com/estructuradelossonidos/.

Unidad 5

Las vocales

Las vocales silábicas

Cuando un fono funciona como el foco del núcleo de una sílaba, se dice que es **silábico** (p. ej. *á* en *cuál* ['ku̯al]). Los fonos silábicos dominan a los demás fonos dentro de la sílaba porque representan la máxima prominencia. Ya vimos que, al seleccionar el foco del núcleo, el español les da prioridad a las vocales sobre las consonantes porque la mayor sonancia que tienen las vocales las hace más aptas para ser silábicas. Ése es el motivo por el que todos los dialectos de español permiten que las cinco vocales sean **silábicas** (p. ej. *educativo* [e.ðu̯.ka.'t̬i.βo]), pero sólo una minoría de dialectos tolera que algunas consonantes también lo sean. A modo de ilustración, compare la pronunciación más común de la palabra *necesito* [ne.se.'si.t̬o] con la pronunciación alternativa que se permite en dialectos como el de la Ciudad de México: [ne.s̩.'si.t̬o]. El diacrítico ˌ indica que la consonante que lo lleva es silábica.

a. Cuatro sílabas con V silábica   *b. Una sílaba con C silábica*

Figura 11.1 El español prefiere las vocales silábicas sobre las consonantes silábicas.

Observe que, aunque ambas pronunciaciones incluyen cuatro sílabas, la pronunciación ilustrada en la Figura 11.1b es especial porque la segunda sílaba de la palabra contiene una consonante en su núcleo. Este tipo de núcleo silábico es muy raro en español, ya que las consonantes silábicas sólo se usan en unos pocos dialectos que tienden a debilitar las vocales inacentuadas.[1]

Resulta que, aunque las cinco vocales españolas pueden ser silábicas, hay casos en los que la presencia de una vocal adyacente obliga a la otra vocal a perder su silabicidad. Esto es, precisamente, lo que sucede en los diptongos y triptongos, donde la presencia de dos o tres vocales dentro de la misma sílaba

---

[1]En inglés, en cambio, las consonantes silábicas son bastante frecuentes (p. ej. *kitten, little, humor,* etc.).

requiere que las vocales de menor sonancia se subordinen a la vocal silábica (p. ej. *tiene* ['t̯i̯e.ne], *Uruguay* [u.ru.'ɣu̯ai̯]). En este capítulo estudiaremos los alófonos silábicos de las vocales anteriores, /i/ y /e/, las vocales posteriores, /u/ y /o/, y la vocal central /a/. Los alófonos no silábicos de estos fonemas se discuten en los capítulos 12 y 13.

11.1 ■ La vocal alta anterior /i/

Entre los cinco fonemas vocálicos del español, la vocal /i/ ocupa la cuarta posición por ocurrir con una frecuencia de 15%. Las letras que la ortografía española usa para representar el fonema /i/ son la **i latina** y la **y griega** (p. ej. *pianista* [pi̯a.'nis.t̯a] 'pianist', *guirigay* [gi.ri.'ɣai̯] 'fuss').

11.1.1 Articulación del alófono fiel [i]

El fono [i] se articula elevando y avanzando el dorso hacia el paladar mientras que la corona avanza para apoyarse contra los dientes inferiores (refiérase a la Figura 11.2a). Las mandíbulas se separan dejando un espacio de aproximadamente 4 milímetros entre los dientes superiores e inferiores. El dorso se adhiere a lo largo de los molares y encías superiores, pero no cubre todo el paladar, sino que deja una abertura central, por donde el aire fluye abundantemente (Figura 11.2b). Los labios se estiran y se retraen para formar una abertura labial alargada (Figura 11.2c). El velo se mantiene ascendido para impedir que el aire escape por la nariz. Las cuerdas vocales vibran.

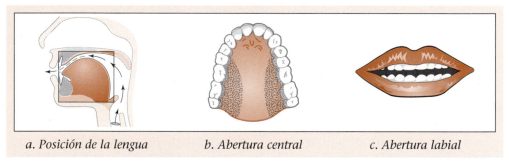

   a. Posición de la lengua   *b. Abertura central*   *c. Abertura labial*

Figura 11.2 Articulación del alófono [i].

Ejemplos:

piso	['pi.so]	*pésimo*	['pe.si.mo]	*alelí*	[a.le.'li]
fino	['fi.no]	*molino*	[mo.'li.no]	*Dalí*	[d̯a.'li]
misa	['mi.sa]	*opina*	[o.'pi.na]	*herí*	[e.'ri]
vino	['bi.no]	*oprime*	[o.'pri.me]	*ají*	[a.'xi]
quiso	['ki.so]	*asilo*	[a.'si.lo]	*oí*	[o.'i]

   Para pronunciar la vocal [i] correctamente, es crucial no prolongarla. Esta recomendación es de suma importancia porque, a diferencia del inglés, que tiene vocales largas y breves, todas las cinco vocales del español son breves. Fíjese que, aunque la vocal de palabras inglesas como *see* ['sii̯] y *pea* ['pʰii̯] se parece a la vocal de palabras españolas como *sí* ['si] y *pi* ['pi], estos dos fonos no son idénticos. Las dos palabras inglesas contienen la vocal larga [ii̯], mientras que las dos palabras españolas contienen la vocal breve [i]. El alargamiento de [i] debe evitarse porque tiene el efecto de engendrar una semivocal idéntica, lo cual convierte el monoptongo, o vocal sencilla, en un diptongo: [ii̯]. Aunque es verdad que el español cuenta con un número abundante de diptongos, los diptongos formados con dos vocales idénticas no se aceptan: *[ii̯]. Practique la diferencia entre vocales largas y breves con las siguientes palabras. Asegúrese de no alargar la vocal alta de las palabras españolas.

VOCALES LARGAS INGLESAS VS. VOCALES BREVES ESPAÑOLAS							
	[ii̯]		**[i]**		**[ii̯]**		**[i]**
see	['sii̯]	*sí*	['si]	*me*	['mii̯]	*mí*	['mi]
pea	['pʰii̯]	*pi*	['pi]	*tea*	['tʰii̯]	*ti*	['ti]
key	['kʰii̯]	*qui*	['ki]	*free*	['fɹii̯]	*frío*	['fri.o]
fee	['fii̯]	*fi*	['fi]	*peak*	['pʰii̯k]	*pico*	['pi.ko]

11.2 ▓ La vocal media anterior /e/ ━━━━━━

La ortografía española representa el fonema /e/ consistentemente a través de la letra *e*. Por ocurrir con una frecuencia de 27%, este fonema ocupa el segundo lugar entre las cinco vocales. Su alta funcionalidad se refleja en el hecho de que ésta es la vocal que se elige cuando es necesario insertar una vocal para acomodar las secuencias de consonantes que no se pueden combinar dentro de la misma sílaba. Un ejemplo de esto es la adaptación de la palabra *stress* del inglés al español. Note que la inserción de la vocal [e] evita tener que ubicar las tres consonantes adyacentes dentro de un ataque compuesto: *estrés* [es.'t̪res].

11.2.1 Articulación del alófono fiel [e]

La articulación de [e] se asemeja a la de [i] en que también involucra la acción del dorso y la corona. El dorso se eleva y avanza hacia el paladar, mientras que la corona avanza para apoyarse contra los dientes inferiores (vea la Figura 11.3a). La diferencia articulatoria entre [e] e [i] es el grado de abertura. Para articular [e], las mandíbulas se separan dejando un espacio de unos 6 milímetros entre los dientes superiores e inferiores. El dorso se adhiere a los lados del paladar hasta los segundos molares, pero deja una abertura central, que es más amplia que la de [i] (compare la Figura 11.3b con la Figura 11.2b). La abertura alargada que forman los labios al estirarse y retraerse también es más grande que en [i] (Figura 11.3c). El velo ascendido impide que haya flujo nasal. Las cuerdas vocales vibran.

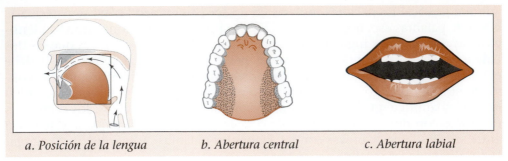

| a. Posición de la lengua | b. Abertura central | c. Abertura labial |

Figura 11.3 Articulación del alófono [e].

Ejemplos:

pena	['pe.na]	*pereza*	[pe.'re.sa]	*pagué*	[pa.'ɣe]
velo	['be.lo]	*vecino*	[be.'si.no]	*haré*	[a.'re]
meta	['me.t̪a]	*arena*	[a.'re.na]	*canté*	[kan̪.'te]
queso	['ke.so]	*derecho*	[d̪e.'re.t͡ʃo]	*oraré*	[o.ra.'re]
neto	['ne.t̪o]	*sereno*	[se.'re.no]	*comité*	[ko.mi.'t̪e]

Como las demás vocales del español, [e] es un monoptongo, lo cual requiere que usted evite prolongarla, porque esto puede hacer que suene como el diptongo [ei̯]. El alargamiento de la vocal [e] es problemático, no solamente porque crea acento extranjero, sino también porque afecta la comprensión. En pares mínimos como *peina* ['pei̯.na] 's/he combs' versus *pena* ['pe.na] 's/he suffers', la distinción entre el diptongo [ei̯] y el monoptongo [e] es crucial. Si compara la pronunciación de las siguientes palabras, usted verá que, donde las palabras inglesas tienen diptongo, las palabras españolas tienen monoptongo.

VOCALES LARGAS INGLESAS VS. VOCALES BREVES ESPAÑOLAS							
	[ei̯]		[e]		[ei̯]		[e]
ace	['ei̯s]	*es*	['es]	*say*	['sei̯]	*sé*	['se]
Fay	['fei̯]	*fe*	['fe]	*lace*	['lei̯s]	*leso*	['le.so]
trace	['tʰɹei̯s]	*tres*	['t̪res]	*flame*	['flẽĩ̯m]	*flema*	['fle.ma]
mace	['mei̯s]	*mes*	['mes]	*mate*	['mei̯t]	*meta*	['me.t̪a]

11.2.2 La pronunciación abierta de /e/

Otra realización posible del fonema /e/ es el alófono [ḛ], el cual es una forma más abierta de [e] (vea la Figura 11.4). En comparación con [e], la articulación de [ḛ] involucra un ligero aumento en la abertura del tracto vocal. La separación de las mandíbulas incrementa de modo que queda una brecha de aproximadamente 8 milímetros entre los dientes superiores e inferiores. La distancia entre el dorso y el paladar también aumenta, lo cual resulta en la ampliación de la abertura que se forma entre ellos (compare la Figura 11.4b con la Figura 11.3b). La separación de los labios también es mayor en [e̞] que en [e]. En todo lo demás, la articulación de estos dos fonos es idéntica.

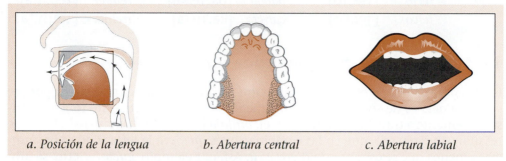

| a. Posición de la lengua | b. Abertura central | c. Abertura labial |

Figura 11.4 Articulación del alófono [e̞].

La realización de /e/ como los alófonos [e] o [e̞] depende principalmente del tipo de sílaba. Como regla general, las sílabas abiertas favorecen el alófono [e], mientras que las sílabas cerradas por una consonante favorecen el alófono [e̞]. Compare *seca* ['se.ka] con *cerca* ['se̞r.ka] o *seta* ['se.t̪a] versus *celta* ['se̞l.t̪a]). Practique contrastando la pronunciación de los siguientes pares de palabras.

vete	['be.t̪e]	*verte*	['be̞r.t̪e]	*vega*	['be.ɣa]	*venga*	['be̞ŋ.ga]
seda	['se.ð̞a]	*celda*	['se̞l.d̪a]	*ceda*	['se.ð̞a]	*cerda*	['se̞r.d̪a]
peca	['pe.ka]	*penca*	['pe̞ŋ.ka]	*ceba*	['se.βa]	*selva*	['se̞l.ba]
seta	['se.t̪a]	*secta*	['se̞k.t̪a]	*teso*	['t̪e.so]	*tenso*	['t̪e̞n.so]

Es preciso agregar que existen casos excepcionales porque el contacto con ciertos fonos también puede afectar la abertura de la vocal. Una de las excepciones tiene que ver con las fricativas coronales, [s]/[s̪] y [θ], y sus variantes sonorizadas, [z]/[z̪] y [ð]. Contrario a lo que esperaríamos, cuando una de estas consonantes es la que cierra la sílaba, la abertura de la vocal media no aumenta (p. ej. *crespo* ['kres.po], *esmero* [ez.'me.ro], *escasez* [es.ka.'seθ]).

Las consonantes [x] y [r] también causan un efecto excepcional, pero en el sentido inverso. El contacto con una de estas consonantes favorece la realización abierta de /e/, aun cuando no haya una consonante cerrando la sílaba. Así, antes de la fricativa velar [x] y antes o después de la vibrante múltiple [r], el fonema /e/ se realiza normalmente como [e̞] (p. ej. *eje* ['e̞.xe], *perra* ['pe̞.ra], *reto* ['re̞.t̪o]).

Finalmente, la presencia de una semivocal siguiente también favorece el alófono más abierto: [e̞i̯] y [e̞u̯]. En estos dos diptongos decrecientes, el fonema /e/ se realiza regularmente como [e̞], sin importar que la sílaba sea abierta o cerrada (p. ej. *afeitar* [a.fe̞i̯.'t̪ar], *veinte* ['be̞i̯n.t̪e], *deuda* ['d̪e̞u̯.ð̞a]). Otros ejemplos de palabras donde aparece el alófono [e̞] son los siguientes.

Ejemplos:

verde	['beɾ.de]	*directo*	[di.'ɾek.to]	*aceite*	[a.'sei̯.te]
belga	['bel.ga]	*remite*	[re.'mi.te]	*reina*	['rei̯.na]
comer	[ko.'meɾ]	*abeja*	[a.'βe.xa]	*ceutí*	[seu̯.'ti]
recto	['rek.to]	*pareja*	[pa.'ɾe.xa]	*reuma*	['reu̯.ma]
terco	['teɾ.ko]	*carrera*	[ka.'re.ra]	*treinta*	['trei̯n.ta]

11.3 ▦ La vocal alta posterior /u/

El fonema /u/ ocupa el último lugar entre las cinco vocales del español porque su frecuencia es de sólo 6%. La ortografía española representa este fonema consistentemente a través de la letra *u* (p. ej. *brújula* ['bɾu.xu.la] 'compass'). Hay que resaltar, sin embargo, que en las combinaciones *qu* y *gu*, la letra *u* no se pronuncia, a menos que se escriba con diéresis: *ü*. Así, por ejemplo, *gueto* 'ghetto' se pronuncia ['ge.to]; pero *güero* 'blond' se pronuncia ['gue.ro].

11.3.1 Articulación del alófono fiel [u]

El fono [u] se articula elevando y retrayendo el dorso hacia el velo, mientras los labios avanzan y se redondean para formar una abertura ovalada (refiérase a la Figura 11.5). Las mandíbulas se mantienen separadas dejando una brecha de unos 4 milímetros entre los dientes. El postdorso toca con sus lados las encías y los últimos molares superiores, pero deja, en el centro, una abertura por donde el aire fluye con abundancia. (Desafortunadamente, dicha abertura no se puede ilustrar con un palatograma porque esta técnica no permite captar el contacto de la lengua con la parte posterior del cielo de la boca.) El ascenso del velo impide el escape de aire por la nariz. Las cuerdas vocales vibran.

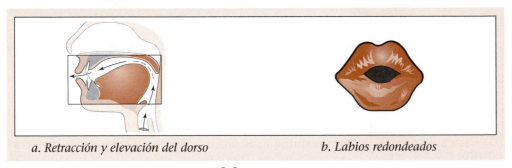

a. Retracción y elevación del dorso   *b. Labios redondeados*

Figura 11.5 Articulación del alófono [u].

Ejemplos:

mucho	['mu.tʃo]	*asumo*	[a.'su.mo]	*bambú*	[bam.'bu]
supo	['su.po]	*pezuña*	[pe.'su.ɲa]	*tabú*	[ta.'βu]
cuna	['ku.na]	*supuse*	[su.'pu.se]	*Perú*	[pe.'ru]
fuma	['fu.ma]	*apuro*	[a.'pu.ro]	*vudú*	[bu.'ðu]
luna	['lu.na]	*ayuno*	[a.'ju.no]	*iglú*	[i.'ɣlu]

Tal como vimos con [i] y [e], la vocal [u] del español es breve, lo cual la diferencia de la vocal más parecida que tiene el inglés: [uʊ̯] (p. ej. *tattoo*). Al no ir seguida por una semivocal, la vocal del español es propiamente un monoptongo: [u]. Practique esta diferencia entre las dos lenguas pronunciando las siguientes palabras.

VOCALES LARGAS INGLESAS VS. VOCALES BREVES ESPAÑOLAS							
	[uʊ̯]		[u]		[uʊ̯]		[u]
too	[ˈtʰuʊ̯]	*tú*	[ˈt̪u]	*tour*	[ˈtʰuʊ̯]	*tur*	[ˈt̪ur]
coo	[ˈkʰuʊ̯]	*cu*	[ˈku]	*food*	[ˈfuʊ̯d]	*fu*	[ˈfu]
moo	[ˈmuʊ̯]	*mu*	[ˈmu]	*rude*	[ˈɹuʊ̯d]	*rudo*	[ˈru.ð̞o]
pooh	[ˈpʰuʊ̯]	*pu*	[ˈpu]	*fruit*	[ˈfɹuʊ̯t]	*fruto*	[ˈfru.t̪o]

11.4 ▦ La vocal media posterior /o/

El fonema /o/ ocupa la tercera posición entre los cinco fonemas vocálicos del español por ocurrir con una frecuencia de 21%. La ortografía española lo representa consistentemente por medio de la letra ***o*** (p. ej. *cómodo* [ˈko.mo.ð̞o] 'comfortable').

11.4.1 Articulación del alófono fiel [o]

La participación del dorso y ambos labios hace que la articulación de [o] se parezca a la de [u], excepto por el grado de abertura, que es mayor en [o]. El dorso se retrae y asciende hacia el velo mientras que los labios avanzan y se redondean para formar una abertura ovalada más amplia que la de [u] (compare la Figura 11.6 con la Figura 11.5). La separación de las mandíbulas crea una brecha de unos 6 milímetros entre los dientes superiores e inferiores. El postdorso toca con los lados los últimos molares y encías superiores, pero deja una abertura central, que también es más amplia que la de [u]. El velo ascendido bloquea el acceso del aire a la cavidad nasal. Las cuerdas vocales vibran.

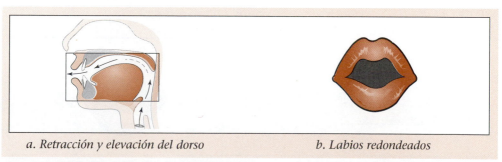
a. Retracción y elevación del dorso   *b. Labios redondeados*

Figura 11.6 Articulación del alófono [o].

Ejemplos:

toro	['to̞.ɾo]	*acoso*	[a.'ko.so]	*posó*	[po.'so]
moto	['mo.t̪o]	*dorado*	[d̪o.'ɾa.ð̞o]	*donó*	[d̪o.'no]
bono	['bo.no]	*goloso*	[go.'lo.so]	*selló*	[se.'jo]
poco	['po.ko]	*somero*	[so.'me.ɾo]	*armó*	[aɾ.'mo]
logo	['lo.ɣo]	*esposo*	[es.'po.so]	*paró*	[pa.'ɾo]

Es importante que usted no caiga en el error de alargar la vocal [o], ya que esto puede hacer que suene como el diptongo [o̞ʊ̯]. Note, por ejemplo, que aunque *no* es una palabra tanto del inglés como del español, su pronunciación es diferente. En español, se pronuncia con un monoptongo, ['no], mientras que en inglés se pronuncia con un diptongo, ['no̞ʊ̯]. Pronunciar el monoptongo [o] como el diptongo [o̞ʊ̯] no creará problemas de comprensión porque el español no tiene ningún par de palabras que se distinga sólo por estos sonidos. De todos modos, es recomendable que usted no alargue la vocal [o] porque, para el oído de un hispanohablante, ésta es una marca prominente de acento extranjero. Practique comparando la pronunciación de las siguientes palabras.

VOCALES LARGAS INGLESAS VS. VOCALES BREVES ESPAÑOLAS							
	[o̞ʊ̯]		[o]		[o̞ʊ̯]		[o]
pose	['pʰo̞ʊ̯z]	*pose*	['po.se]	*cocoa*	['kʰo̞ʊ̯.ko̞ʊ̯]	*coco*	['ko.ko]
toes	['tʰo̞ʊ̯z]	*tose*	['t̪o.se]	*photo*	['fo̞ʊ̯.ɾo̞ʊ̯]	*foto*	['fo.t̪o]
rose	['ɹo̞ʊ̯z]	*rosa*	['ro̞.sa]	*hippo*	['hɪp.o̞ʊ̯]	*hipo*	['i.po]
cone	['kʰõ̞ʊ̯̃n]	*cono*	['ko.no]	*lotto*	['lɑɾ.o̞ʊ̯]	*loto*	['lo.t̪o]

11.4.2 La pronunciación abierta de /o/

Al igual que /e/, el fonema /o/ tiene la opción de realizarse a través de un alófono ligeramente más abierto: [o̞]. Comparado con [o], la variante abierta se articula con mayor separación de las mandíbulas, las cuales dejan una brecha de aproximadamente 8 milímetros entre los dientes superiores e inferiores. La abertura que se forma entre el dorso y el velo también es mayor en [o̞], debido a que el postdorso no se eleva tanto como en [o] (compare la Figura 11.7 con la Figura 11.6). En cuanto al grado de abertura labial, [o̞] también supera a [o]. Por lo demás, estos dos fonos son idénticos.

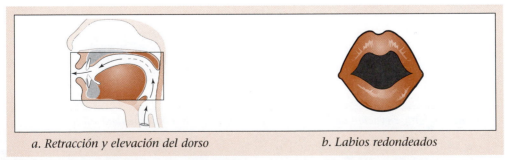

a. Retracción y elevación del dorso   *b. Labios redondeados*

Figura 11.7 Articulación del alófono [o̞].

La determinación de si el fonema /o/ se realizará como los alófonos [o] u [o̞] depende principalmente del tipo de sílaba al que pertenezca. En las sílabas terminadas en vocal, se tiende a usar el alófono [o]; mientras que en las sílabas terminadas en consonante, el alófono que se favorece es [o̞]. Compare *coto* ['ko.to̞] con *corto* ['ko̞r.to̞] o *como* ['ko.mo] versus *colmo* ['ko̞l.mo]). Pronuncie los siguientes ejemplos adicionales.

tono	['to̞.no]	*torno*	['to̞r.no]	*toso*	['to̞.so]	*torso*	['to̞r.so]
coma	['ko.ma]	*colma*	['ko̞l.ma]	*Oto*	['o.to̞]	*orto*	['o̞r.to̞]
boba	['bo.βa]	*bomba*	['bo̞m.ba]	*soda*	['so.ð̞a]	*solda*	['so̞l.d̞a]
opa	['o.pa]	*opta*	['o̞p.t̞a]	*oca*	['o.ka]	*orca*	['o̞r.ka]

Las excepciones a esta tendencia son las mismas que vimos antes con el caso del fonema /e/. Cuando la consonante que cierra la sílaba es [s]/[s̞] o [θ] (o una de las variantes sonorizadas [z]/[z̞] o [ð]), la abertura de la vocal media no incrementa (p. ej. *mosco* ['mos.ko], *cosmos* ['koz.mos], *feroz* [fe.'roθ]). Antes de la fricativa velar [x] y antes o después de la vibrante múltiple [r], el fonema /o/ se realiza normalmente como [o̞], aun cuando la sílaba sea abierta (p. ej. *ojo* ['o̞.xo], *gorro* ['go̞.ro̞]). Por último, en los diptongos decrecientes [o̞i̯] y [o̞u̯], también se favorece la variante más abierta (p. ej. *convoy* [ko̞m.'bo̞i̯], *bou* ['bo̞u̯]). Otros ejemplos donde ocurre el alófono [o̞] son los siguientes.

Ejemplos:

golpe	['go̞l.pe]	*óptimo*	['o̞p.t̞i.mo]	*estoy*	[es.'to̞i̯]
forma	['fo̞r.ma]	*ojeras*	[o̞.'xe.ras]	*hoy*	['o̞i̯]
robot	[ro̞.'βo̞t]	*enojo*	[e.'no̞.xo]	*lo uní*	[lo̞u̯.'ni]
complot	[ko̞m.'plo̞t]	*rosado*	[ro̞.'sa.ð̞o]	*lo usé*	[lo̞u̯.'se]
polvo	['po̞l.bo]	*arrojar*	[a.ro̞.'xar]	*coiné*	[ko̞i̯.'ne]

11.5 ■ La vocal baja central /a/

De acuerdo con su frecuencia (31%), la vocal /a/ ocupa el primer lugar entre los cinco fonemas vocálicos del español. Si tenemos en cuenta que el fono [a] se articula con el máximo grado de abertura, no es ninguna sorpresa que sea la vocal prototípica y la que más se usa en español. La ortografía española la representa a través de la letra *a* (p. ej. *anagrama* [ã.na.'ɣra.ma] 'anagram').

11.5.1 Articulación del alófono fiel [a]

Para articular el fono [a], las mandíbulas se separan dejando unos 10 milímetros entre los dientes superiores e inferiores. La lengua permanece extendida sobre el piso de la boca, de modo que sus lados tocan los molares inferiores, mientras que el ápice roza la cara interior de los dientes inferiores. El mediodorso se eleva ligeramente hacia el cielo de la boca, pero la elevación es tan pequeña que deja una abertura más amplia que en cualquiera de las demás vocales (vea la Figura 11.8a). Los labios no se estiran ni se redondean, pero se separan para formar una abertura más grande que la de cualquier otra vocal (la Figura 11.8b). El velo adherido a la pared faríngea impide que el aire escape por la nariz. Las cuerdas vocales vibran.

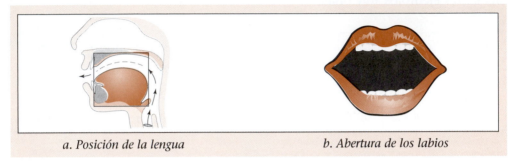

a. Posición de la lengua   b. Abertura de los labios

Figura 11.8 Articulación del alófono [a].

Ejemplos:

cana	['ka.na]	cabina	[ka.'βi.na]	ojalá	[o̞.xa.'la]
pasa	['pa.sa]	araña	[a.'ra.ɲa]	quizás	[ki.'sas]
fama	['fa.ma]	cabeza	[ka.'βe.sa]	papá	[pa.'pa]
saca	['sa.ka]	garaje	[ga.'ra.xe]	sofá	[so.'fa]
bata	['ba.t̪a]	sábana	['sa.βa.na]	edad	[e.'ð̞að̞]

Por tratarse de una vocal central, es muy importante que al pronunciar el fono [a], el dorso no avance ni se retraiga, ya que se obtendría la vocal baja anterior [æ] o la vocal baja posterior [ɑ]. El problema con esto es que esas dos vocales se usan en inglés, pero no en español. La vocal baja anterior aparece en palabras inglesas como *cap* ['kʰæp] y *camp* ['kæ̃mp]. En cuanto a la vocal baja posterior, hay que notar que es posible que no ocurra en el dialecto de inglés que usted habla, pero su uso es común en dialectos del este de los Estados Unidos, donde la distinción entre las vocales [a] y [ɔ] se neutraliza en favor de la vocal intermedia [ɑ]. En tales dialectos, palabras como *tot* y *taught* no se pronuncian ['tʰat] y ['tʰɔt], respectivamente, sino que son homófonas: ['tʰɑt]. Compare las siguientes palabras, asegurándose de pronunciar la vocal baja del español sin avanzar ni retraer el dorso.

VOCALES BAJAS INGLESAS VS. ESPAÑOLAS							
	[æ]		**[a]**		**[ɑ]**		**[a]**
tan	['tʰæ̃n]	tan	['t̪an]	caught	['kʰɑt]	cata	['ka.t̪a]
can	['kʰæ̃n]	can	['kan]	fought	['fɑt]	fata	['fa.t̪a]
clan	['kʰlæ̃n]	clan	['klan]	rot	['ɹɑt]	rata	['ra.t̪a]
tap	['tʰæp]	tapa	['t̪a.pa]	lock	['lɑk]	laca	['la.ka]

11.6 ■ Vocales en sílabas inacentuadas

Las vocales del español se comportan de modo muy diferente a las vocales del inglés en cuanto a la presencia del acento. Contrario a lo que ocurre en inglés, la cualidad de las vocales españolas no se oscurece cuando están en una sílaba inacentuada. Compare, por ejemplo, la pronunciación de la palabra española *responsable* [rẹs.pon̯.ˈsa.βle] con la pronunciación de la palabra inglesa *responsible* [ɹɨ.ˈspãn.sɨ.bəl]. Fíjese que mientras que, en inglés, las vocales de las tres sílabas inacentuadas se reducen a [ɨ] o [ə]; en español, ninguna de las vocales pierde su nitidez.

La tendencia a reducir las vocales inacentuadas es, quizás, la dificultad más grande que usted necesita superar para poder desarrollar una buena pronunciación del español. Para abandonar el hábito de reducir las vocales inacentuadas a [ɨ] o [ə], es útil saber que la principal diferencia entre las vocales reducidas y las vocales nítidas es su posición en el triángulo vocálico.

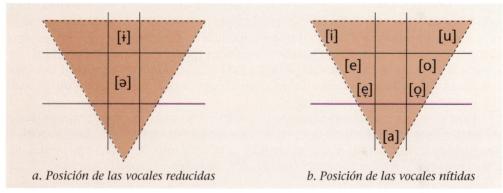

a. Posición de las vocales reducidas   *b. Posición de las vocales nítidas*

Figura 11.9 Vocales reducidas versus vocales nítidas.

Como usted puede ver en la Figura 11.9, mientras que las vocales reducidas [ɨ] y [ə] aparecen en el interior del triángulo (Figura 11.9a), las vocales nítidas [i], [u], [e]/[ẹ], [o]/[ọ] y [a] son periféricas, es decir que ocupan posiciones a lo largo de los bordes del triángulo (Figura 11.9b). La causa de esta asimetría es que, en las vocales reducidas, el desplazamiento de la lengua es mucho menor que en las vocales nítidas. Esta observación es importante porque nos ofrece una manera de mejorar la pronunciación de las vocales españolas. Lo que usted necesita hacer cuando hable español es asegurarse de que, al pronunciar cada una de las vocales, la lengua se desplaza suficientemente hacia la zona periférica del tracto vocal que le corresponde. De ese modo, la vocal tendrá su timbre nítido, en vez del timbre oscuro que adquiere cuando el movimiento de la lengua no es muy extenso.

Un consejo adicional que usted debe seguir es acostumbrarse a asociar las letras *i*, *u*, *e*, *o* y *a* con un solo fonema vocálico, como se ilustra a continuación.

Letra		Fonema
i	↔	/i/
u	↔	/u/
e	↔	/e/
o	↔	/o/
a	↔	/a/

A pesar de su simplicidad, estas asociaciones le pueden resultar difíciles porque los anglohablantes están acostumbrados a usar cada una de estas letras para representar más de un fonema vocálico. Observe, por ejemplo, las diferentes pronunciaciones de *o* en las palabras *pore* [ˈpʰɔɹ], *pot* [ˈpʰɑt], *pole* [ˈpʰoʊɫ] y *poor* [ˈpʰʊɹ]. Las palabras con las que usted necesita tener mayor cuidado son, definitivamente, aquellas que tienen idéntica escritura en las dos lenguas. Al ver la palabra española *mono* 'monkey', es muy probable que usted tienda a pronunciarla [ˈmɑ̃n.oʊ] porque esa es la pronunciación de la palabra inglesa *mono* 'mononucleosis'. ¡Pero no caiga en ese error! La pronunciación correcta de la palabra española sólo puede ser [ˈmõ.no] puesto que la letra *o* representa exclusivamente el fonema /o/ en español. Las palabras cognadas (p. ej. *orchestra* [ˈɔɹ.kə.stɹə] versus *orquesta* [oɾ.ˈkes.ta] y *capital* [ˈkʰæp.ɨ.təɫ] versus *capital* [ka.pi.ˈtal]) también requieren que usted haga un esfuerzo consciente para no dejarse influir por sus hábitos de pronunciación del inglés.

Para adquirir consciencia de este problema, contraste las siguientes palabras de las dos lenguas. Asegúrese que, al pronunciar las palabras españolas, no reduce las vocales inacentuadas y que mantiene una relación de uno a uno entre las letras *i*, *u*, *e*, *o* y *a* y los fonemas /i/, /u/, /e/, /o/ y /a/, respectivamente.

Vocales nítidas vs. reducidas		
Inglés	**Español**	
definitive	*definitivo*	[de.fi.ni.ˈti.βo]
disciplinary	*disciplinario*	[di.si.pli.ˈna.ɾi̯o]
corrupted	*corrupto*	[ko.ˈrup.to]
obscurity	*oscuridad*	[os.ku.ri.ˈðað̞]
participation	*participación*	[paɾ.ti.si.pa.ˈsi̯on]
puritanism	*puritanismo*	[pu.ri.ta.ˈniz.mo]
provisional	*provisional*	[pro.βi.si̯o.ˈnal]
recurrent	*recurrente*	[re.ku.ˈren.te]
operative	*operativo*	[o.pe.ɾa.ˈti.βo]
sensibility	*sensibilidad*	[sen.si.βi.li.ˈðað̞]
optimal	*óptimo*	[ˈop.ti.mo]

11.7 ▦ Vocales nasalizadas

Los cinco fonemas vocálicos del español pueden tener también alófonos **nasalizados**, es decir, variantes que, por asimilación, adquieren la nasalidad de consonantes nasales adyacentes. Para que esto suceda, es necesario que la vocal esté flanqueada por consonantes nasales a ambos costados (p. ej. *mano* ['mã.no] 'hand'), o que aparezca entre una pausa inicial y una consonante nasal (p. ej. *¡Entra!* [ˈĕ̃n̯.traɭ] 'enter'). Entonces, si alguien respondiera a una petición diciendo *¡Inmediatamente!*, la pronunciación de esta palabra sería [l̃ĩn.me.ˈð̥ĩa.ta. ˈmẽn̯.teɭ]. Observe que, por ser las únicas vocales que aparecen en los contextos indicados, las vocales de la sílaba inicial y la de la penúltima sílaba son las únicas que se nasalizan.

A consecuencia de la **nasalización vocálica**, cada uno de los alófonos silábicos [i], [u], [e]/[e̞], [o]/[o̞] y [a] tiene un equivalente nasalizado: [ĩ], [ũ], [ẽ]/[ẽ̞], [õ]/[õ̞] y [ã]. Resulta, además, que si en vez de una sola vocal, es un diptongo el que se encuentra en los contextos mencionados, ambos miembros del diptongo se nasalizan (p. ej. *mientras* [mĩẽ̞n̯.tras] 'while', *aunque* [ãũŋ.ke] 'although'). Practique la diferencia entre los alófonos orales y los alófonos nasalizados con las siguientes palabras.

VOCALES ORALES VS. NASALIZADAS							
	[V]		[Ṽ]		[V]		[Ṽ]
mato	['ma.t̪o]	*manto*	['mãn̯.t̪o]	*mesa*	['me.sa]	*mensa*	['mẽn̯.sa]
meta	['me.t̪a]	*menta*	['mẽn̯.t̪a]	*mudo*	['mu.ð̥o]	*mundo*	['mũn̯.d̪o]
moto	['mo.t̪o]	*monto*	['mõ̞n̯.t̪o]	*mora*	['mo.ra]	*moña*	['mõ.ɲa]
nuca	['nu.ka]	*nunca*	['nũŋ.ka]	*riña*	['ri.ɲa]	*niña*	['nĩ.ɲa]

11.8 ▦ Cambios dialectales

Aunque es cierto que las vocales españolas son más estables que las consonantes, existen varios fenómenos dialectales que afectan su realización. A continuación discutiremos dos de los casos más sobresalientes.

En algunos de los territorios donde el español coexiste con lenguas indígenas (p. ej. Bolivia y Perú), es posible que las vocales medias /e/ y /o/ se pronuncien como las vocales altas [i] y [u], respectivamente. Este cambio se conoce como **cerrazón** porque tiene el efecto de disminuir el grado de abertura de la vocal. El paso de /e/ a [i] y de /o/ a [u] suele ocurrir cuando la vocal pertenece a una sílaba inacentuada.

Ejemplos:

come	['ko.mi]		*lomo*	['lo.mu]
cerilla	[si.'ri.ja]		*cometa*	[ku.'me.t̪a]
levadura	[li.βa.'ð̥u.ra]		*cómico*	['ko.mi.ku]

En algunas zonas de los países andinos (p. ej. Bolivia, Perú, Ecuador, etc.) y también de México (p. ej. Guanajuato, Morelos, el Distrito Federal, etc.), cualquiera de las cinco vocales puede ensordecerse. El **ensordecimiento** de los fonemas /i/, /u/, /e/, /o/ y /a/ genera los alófonos [i̥], [u̥], [e̥], [o̥] y [ḁ], respectivamente.[2] Lo que caracteriza la articulación de estos fonos es que las cuerdas vocales no vibran mientras la lengua está en la posición típica de cada vocal.

Es común, además, que el ensordecimiento de las vocales vaya acompañado de **acortamiento**, es decir, la reducción en la duración de la vocal, pero sin que ésta pierda su timbre característico. La convergencia del ensordecimiento y el acortamiento en una misma vocal da lugar a los alófonos [ⁱ], [ᵘ], [ᵉ], [ᵒ] y [ᵃ].

La estrecha conexión que existe entre el ensordecimiento y el acortamiento se refleja en el hecho de que ambos cambios son favorecidos en el mismo contexto: en sílabas inacentuadas en las que la vocal está en contacto con consonantes sordas o con una pausa final. Examine los siguientes ejemplos.

Ejemplos:

parientes	[pa.ˈri̯e̯n.t̯ᵉs]	*moscos*	[ˈmos.kᵒs]
necesario	[ne.sᵉ.ˈsa.ri̯o]	*festejo*	[fᵉs.ˈte.xᵒ]
insistente	[ĩn.sⁱs.ˈte̯n.t̯ᵉ]	*asustaste*	[a.sᵘs.ˈtas.t̯ᵉ]
apestoso	[a.pᵉs.ˈto.sᵒ]	*etapa*	[e.ˈta.pᵃ]
puerta	[ˈpu̯er.t̯ᵃ]	*rico*	[ˈri.kᵒ]

En los casos más extremos, esta forma de debilitamiento puede llevar a que la vocal sea eclipsada completamente por una consonante vecina. En tal caso, la desaparición de la vocal se compensa por medio de alargar una consonante adyacente. Esta compensación es precisamente lo que crea las consonantes silábicas, tal como la que aparece en la pronunciación de *necesito* [ne.s̩.ˈsi.t̯o], que mencionamos al comienzo de este capítulo. Ejemplos adicionales son *bloques* [ˈblo.ks̩], *apuntes* [a.ˈpun̯.ts̩] y *parientes* [pa.ˈri̯e̯n.ts̩], en lugar de [ˈblo.kes], [a.ˈpun̯.tes] y [pa.ˈri̯e̯n.tes].

PRÁCTICAS

Práctica 1

De la siguiente lista de palabras, su instructor/a va a pronunciar sólo una de cada grupo. Subraye la palabra que él/ella pronuncie y transcríbala en el espacio a la derecha. Luego pronuncie todas las tres palabras de cada grupo evitando reducir las vocales inacentuadas.

[2]El diacrítico ̥ se usa para indicar sordez en un fono que normalmente es sonoro.

1. *camino*	*comino*	*camine*	_____
2. *pisada*	*pesada*	*pasado*	_____
3. *parece*	*perece*	*pureza*	_____
4. *mulato*	*maleta*	*muleta*	_____
5. *pirata*	*pirita*	*parata*	_____
6. *mesero*	*mocero*	*misero*	_____
7. *pelota*	*piloto*	*palote*	_____
8. *romero*	*Ramiro*	*rumoro*	_____
9. *casino*	*cocina*	*coseno*	_____
10. *pinzado*	*pensado*	*punzado*	_____
11. *oradora*	*aradora*	*heridora*	_____
12. *rosado*	*rizado*	*rezado*	_____

Práctica 2

Después de escuchar y repetir las siguientes palabras, transcríbalas fonéticamente. Tenga presente que ninguna de las vocales españolas se reduce a [ɨ] o [ə], aun en caso de no tener acento.

1. *afirmativo*	_____	**11.** *personal*	_____
2. *inteligente*	_____	**12.** *retórico*	_____
3. *republicano*	_____	**13.** *similar*	_____
4. *considerado*	_____	**14.** *represión*	_____
5. *referente*	_____	**15.** *continuo*	_____
6. *comparable*	_____	**16.** *felicidad*	_____
7. *reproducir*	_____	**17.** *ordinario*	_____
8. *arbitrario*	_____	**18.** *calendario*	_____
9. *monolítico*	_____	**19.** *místico*	_____
10. *recesivo*	_____	**20.** *resistente*	_____

Práctica 3

Además de no reducir las vocales inacentuadas, las siguientes palabras españolas difieren de sus equivalentes en inglés en que la vocal de la sílaba acentuada es diferente. Después de escuchar y repetir las palabras españolas, transcríbalas fonéticamente.

Inglés	Español	Transcripción
1. massive	masivo	_____
2. opportunity	oportunidad	_____
3. bank	banco	_____
4. mechanical	mecánico	_____
5. irrational	irracional	_____
6. mandate	mandato	_____
7. hospital	hospital	_____
8. modern	moderno	_____
9. modest	modesto	_____
10. absolute	absoluto	_____
11. authorization	autorización	_____
12. automatic	automático	_____
13. approximate	aproximado	_____
14. anecdote	anécdota	_____
15. coauthor	coautor	_____

Práctica 4

Escuche la pronunciación de los siguientes enunciados y pronúncielos en voz alta. Luego, transcriba las palabras seleccionadas poniendo atención a la alternancia entre los alófonos [e]/[ẹ] y [o]/[ọ], según el tipo de sílaba y los fonos con los que estén en contacto.

1. *¿Por qué no quieres comer lo que tienes en el plato?*

   comer: _____   *en el plato:* _____

2. *Si me compras lo que te pido, te prometo que me portaré bien.*

   compras: _____   *prometo:* _____

3. *Las rosas rojas son la pasión, pero las margaritas son mi predilección.*

   rosas rojas: _____   *predilección:* _____

4. *La reja que pusieron no impidió que los ladrones se metieran al convento.*

   la reja: _____   *metieran:* _____

5. *Todavía no logro entender por qué no aceptaste la oferta.*

   entender: _____   *oferta:* _____

6. *Es necesario que vengas hoy porque mañana será demasiado tarde.*

   necesario: _____   *demasiado:* _____

Práctica 5

Las siguientes oraciones contienen vocales en contacto con consonantes nasales. Después de escuchar y repetir su pronunciación, transcriba las palabras subrayadas poniendo atención a los casos de nasalización.

1. *Andrés habló <u>elocuentemente</u>.*   _____

2. *Mónica es la amiga de <u>mi hermana</u>.*   _____

3. *<u>Aunque</u> no quieras, vendré.*   _____

4. *La <u>máquina</u> se dañó esta mañana.*   _____

5. *<u>Intenta</u> no tener que repetirlo.*   _____

6. *Ése fue un invento que <u>me maravilló</u>.* _____

Prácticas adicionales

Visite http://www.prenhall.com/estructuradelossonidos/.

Las vocales no silábicas

En el interior de toda sílaba existe únicamente un fono silábico: aquel que funciona como el foco del núcleo (p. ej. *e* en *bien* ['bi̯ęn]). La diferencia en **silabicidad**, o sea, la cualidad de ser o no ser el foco del núcleo de una sílaba, es lo que distingue a las vocales de las semivocales. Por ejemplo, la realización del fonema /i/ en palabras como *vía* ['bi.a] 'road' y *vial* ['bi̯al] 'road-related' depende críticamente de su silabicidad. En caso de ser silábico, el fonema /i/ se realiza como la vocal [i], pero si no es silábico, su realización es la semivocal [i̯]. Una conclusión importante que se desprende de esto es que las semivocales son simplemente vocales a las que se les ha asignado el papel de satélite dentro de un núcleo compuesto.

Como regla general, los diptongos y triptongos del español se forman a expensas de sacrificar la silabicidad de las vocales altas. Así, existen ocho diptongos en los que participa la semivocal [i̯] y siete en los que participa la semivocal [u̯]. Además, existen cuatro triptongos, en los que también participan las semivocales [i̯] y [u̯]. Aunque es cierto que existe la posibilidad de crear diptongos y triptongos con las semivocales medias, [e̯] y [o̯], esto sólo ocurre en el habla fluida a consecuencia de aplicar el proceso de fusión de sílabas. Así, por ejemplo, la frase *mucho amor* puede pronunciarse ['mu.t͡ʃo.a.'moɾ] o ['mu.t͡ʃo̯a.'moɾ]. El hecho de que el habla rápida favorece la pronunciación ['mu.t͡ʃu̯a.'moɾ] confirma, sin embargo, que el español tiene una preferencia por las semivocales altas. A continuación, pasamos a discutir las condiciones bajo las cuales los fonemas vocálicos del español se realizan como vocales no silábicas.

12.1 ■ Condiciones para la formación de diptongos ━━

Una condición esencial para que surja un diptongo es que la cadena fónica contenga dos vocales adyacentes (p. ej. *cuarto* ['ku̯aɾ.to]). Pero esto no implica que siempre que encontremos dos vocales adyacentes éstas se agruparán dentro del mismo núcleo silábico. Sucede que, si ninguna de las dos vocales es alta (p. ej. *leal* y *peor*), la estructura resultante puede ser un hiato: [le.'al] y [pe.'oɾ]. Otra situación que desfavorece el diptongo es cuando, a pesar de que una de las dos vocales es alta, la vocal alta es la que porta el acento de la palabra (p. ej. *río* y *grúa*). El resultado, en ese caso, también es un hiato: ['ri.o] y ['gru.a]. Estas observaciones nos permiten precisar que para que una secuencia [V_1V_2] forme diptongo es esencial que al menos una de las dos vocales sea alta e inacentuada. Palabras como *pauta* ['pau̯.ta] y *serie* ['se.ɾi̯e] se pronuncian con diptongo porque las secuencias de vocales que contienen satisfacen todas las condiciones mencionadas.

Lo que frena la creación del diptongo cuando ninguna de las dos vocales es alta es que la semivocal que se obtendría sería demasiado sonante: ['le̯al]. La preferencia por los diptongos con semivocales altas no es algo específico del español, sino una tendencia lingüística universal, que se deriva del hecho de que una semivocal alta permite obtener un mejor contraste de sonancia entre los dos miembros del diptongo.

De otra parte, lo que bloquea la creación de un diptongo cuando la vocal alta está acentuada es el efecto de fortalecimiento que causa el acento sobre la vocal que lo porta. El acento incrementa la prominencia de una vocal. Compare, por ejemplo, la prominencia de la vocal /i/ en las palabras *aliado* [a.'li̯a.ðo̯] 'allied' versus *alía* [a.'li.a] 's/he allies'. Aquí vemos que, con el apoyo que le brinda el acento, la vocal alta es capaz de resistir la influencia de la vocal adyacente y puede mantenerse como el foco del núcleo de su propia sílaba.

12.2 ■ Diptongos con la semivocal [i̯]

Cuando el fonema /i/ está en contacto con otra vocal y carece del apoyo del acento, se ve obligado a perder su silabicidad y se realiza como la semivocal [i̯] (p. ej. *violín* [bi̯o.'lin] y *aire* ['ai̯.re]). De los ocho diptongos en los que participa la semivocal [i̯], cuatro son crecientes, porque la prominencia aumenta al pasar del primer miembro del diptongo al segundo: [i̯a], [i̯e], [i̯o] y [i̯u]. Los otros cuatro son decrecientes, porque la prominencia disminuye al pasar del primer miembro del diptongo al segundo: [ai̯], [ei̯], [oi̯] y [ui̯].

La articulación de la semivocal [i̯] es bastante similar a la de la vocal [i]. La diferencia es que el dorso no sostiene la posición alta y avanzada típica de [i], sino que se acerca o se aleja de esa posición. En un diptongo creciente la lengua se mueve desde la posición alta y avanzada de [i] hacia la posición de la vocal que le siga (vea la Figura 12.1a). En cambio, en un diptongo decreciente, la lengua se mueve desde la posición de la vocal precedente hacia la posición alta y avanzada de [i] (Figura 12.1b).

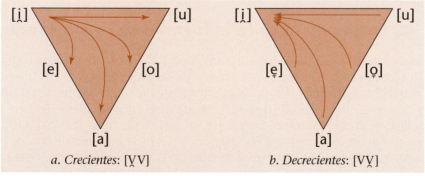

a. Crecientes: [V̯V]　　　　　　*b. Decrecientes*: [VV̯]

Figura 12.1 Diptongos con la semivocal [i̯].

Lo que caracteriza a las semivocales es, entonces, el hecho de que su articulación no involucra una posición estable sino transitoria, debido a que la lengua se desplaza constantemente durante su producción. A raíz de esto, resulta imposible pronunciar las semivocales aisladamente. Por ser un elemento de transición, [i̯] sólo puede pronunciarse en compañía de otra vocal, con la que forma un núcleo compuesto. Otra consecuencia de la naturaleza transitoria de las semivocales es que su duración es menor que la de la vocal correspondiente. La semivocal [i̯], por ejemplo, es un fono más breve que la vocal [i]. Practique el alófono [i̯] pronunciando los diptongos de las siguientes palabras.

DIPTONGOS CRECIENTES CON LA SEMIVOCAL [i̯]					
[i̯a]	diario	['di̯a.ri̯o]	[i̯e]	viene	['bi̯e.ne]
	Asia	['a.si̯a]		quiere	['ki̯e.re]
	viaje	['bi̯a.xe]		especie	[es.'pe.si̯e]
	sucia	['su.si̯a]		siete	['si̯e.te]
	liana	['li̯a.na]		aprecie	[a.'pre.si̯e]
[i̯o]	cambio	['kam.bi̯o]	[i̯u]	diurno	['di̯ur.no]
	piola	['pi̯o.la]		viuda	['bi̯u.ða]
	pionero	[pi̯o.'ne.ro]		triunfo	['tri̯uɱ.fo]
	lirio	['li.ri̯o]		ciudad	[si̯u.'ðað]
	radio	['ra.ði̯o]		fiuciar	[fi̯u.'si̯ar]

En cuanto a los diptongos decrecientes, es importante notar que, en [e̯i] y [o̯i], la vocal media exhibe un ligero incremento en el grado de abertura. Esto se puede comprobar comparando las vocales medias de pares como *pena* ['pe.na] versus *peina* ['pe̯i.na] y *sola* ['so.la] versus *Zoila* ['so̯i.la]. También vale la pena resaltar que, en el diptongo [u̯i], donde las dos vocales son equivalentes en sonancia, la posición del acento es el factor que determina que la primera vocal sea el foco, y no la segunda.

DIPTONGOS DECRECIENTES CON LA SEMIVOCAL [i̯]					
[ai̯]	fraile	['frai̯.le]	[e̯i]	seis	['se̯is]
	¡caray!	[ka.'rai̯]		reina	['re̯i.na]
	laico	['lai̯.ko]		caney	[ka.'ne̯i]
	vaina	['bai̯.na]		ley	['le̯i]
	nanay	[nã.'nai̯]		pleito	['ple̯i.to]
[o̯i]	soy	['so̯i]	[u̯i]	muy	['mu̯i]
	estoy	[es.'to̯i]		cocuy	[ko.'ku̯i]
	voy	['bo̯i]		espumuy	[es.pu.'mu̯i]
	doy	['do̯i]		cacuy	[ka.'ku̯i]
	hoy	['o̯i]		¡huy!	['u̯i]

12.3 ■ Diptongos con la semivocal [u̯]

Similar a lo que sucede con /i/, cuando el fonema /u/ está en contacto con otra vocal y carece del apoyo del acento, pierde su silabicidad y se materializa como la semivocal [u̯] (p. ej. *residuo* [re̝.ˈsi.ðu̯o]). Como se ve en la Figura 12.2, cuatro de los siete diptongos en los que participa esta semivocal son crecientes: [u̯a], [u̯e], [u̯o], [u̯i]. Los tres restantes son decrecientes: [au̯], [eu̯] y [ou̯].

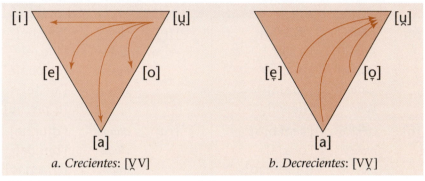

a. Crecientes: [V̯V]   *b. Decrecientes*: [VV̯]

Figura 12.2 Diptongos con la semivocal [u̯].

Observe que, en el caso de los diptongos decrecientes [eu̯] y [ou̯], la vocal media se pronuncia un poco más abierta de lo normal: [e̝] y [o̝]. Compruébelo comparando pares de palabras como *ero* [ˈe.ro] versus *euro* [ˈe̝u̯.ro] y *vos* [ˈbos] versus *bous* [ˈbo̝u̯s].

Debido a la naturaleza transitoria de su articulación, la semivocal [u̯] es un fono más breve que la vocal [u] y, como cualquier otra semivocal, no se puede pronunciar aisladamente, sino que siempre ocurre en combinación con otra vocal dentro de un núcleo compuesto. Practique la pronunciación de los siguientes ejemplos.

DIPTONGOS CRECIENTES CON LA SEMIVOCAL [u̯]					
[u̯a]	*Juan*	[ˈxu̯an]	[u̯e]	*puesto*	[ˈpu̯es.to̞]
	guapo	[ˈgu̯a.po]		*fuera*	[ˈfu̯e.ra]
	cuáles	[ˈku̯a.les]		*vuelo*	[ˈbu̯e.lo]
	guante	[ˈgu̯an̪.te̞]		*duele*	[ˈdu̯e.le]
	acuático	[a.ˈku̯a.t̪i.ko]		*tenue*	[ˈt̪e.nu̯e]
[u̯o]	*cuota*	[ˈku̯o.t̪a]	[u̯i]	*Luisa*	[ˈlu̯i.sa]
	inocuo	[i.ˈno.ku̯o]		*ruina*	[ˈru̯i.na]
	vacuo	[ˈba.ku̯o]		*fuiste*	[ˈfu̯is.t̪e̞]
	asiduo	[a.ˈsi.ðu̯o]		*ruido*	[ˈru̯i.ðo]
	mutuo	[ˈmu.t̪u̯o]		*cuida*	[ˈku̯i.ða]

DIPTONGOS DECRECIENTES CON LA SEMIVOCAL [u̯]		
[au̯]	**[eu̯]**	**[ou̯]***
pausa ['pau̯.sa]	*euro* ['eu̯.ro]	*bou* ['bou̯]
auge ['au̯.xe]	*deuda* ['deu̯.ða]	*lo usé* [lou̯.'se]
fauna ['fau̯.na]	*neutro* ['neu̯.t̪ro]	*lo uní* [lou̯.'ni]
cauce ['kau̯.se]	*reuma* ['reu̯.ma]	*lo ubiqué* [lou̯.βi.'ke]
sauna ['sau̯.na]	*Ceuta* ['seu̯.t̪a]	*lo ungí* [lou̯ŋ.'xi]

*El diptongo [ou̯] es infrecuente en interior de palabra, pero es común que se cree al conectar palabras.

12.4 ■ Triptongos

El español emplea cuatro triptongos, [i̯ai̯], [u̯ai̯], [i̯ei̯] y [u̯ei̯], cuya estructura consiste en una vocal baja o media flanqueada por semivocales altas: [V̯VV̯]. Con respecto a los dos triptongos con la vocal media anterior, cabe mencionar que en ellos también se observa un ligero aumento en la abertura de [e] por influencia de la semivocal siguiente: [i̯e̞i̯] y [u̯e̞i̯]. Compruébelo comparando pares como *viera* ['bi̯e.ra] versus *vieira* ['bi̯e̞i̯.ra] y *pues* ['pu̯es] versus *buey* ['bu̯e̞i̯].

En los cuatro triptongos, la primera semivocal se pronuncia moviendo la lengua desde la posición alta de [i̯] o [u̯] hacia la posición de la vocal baja o media que le siga (vea la Figura 12.3). Enseguida, la lengua se vuelve a elevar hacia la posición alta de [i̯] o [u̯], con lo cual se produce la segunda semivocal. Desde esta perspectiva, es fácil ver que los triptongos de este tipo se pueden analizar como una amalgama que resulta de unir un diptongo creciente con uno decreciente: [V̯V] + [VV̯] = [V̯VV̯].

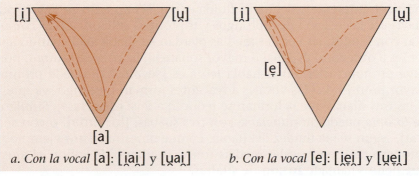

a. Con la vocal [a]: [i̯ai̯] y [u̯ai̯]   *b. Con la vocal* [e]: [i̯e̞i̯] y [u̯e̞i̯]

Figura 12.3 Triptongos del español.

La probabilidad de que usted oiga estos triptongos es mucho más alta si habla con personas procedentes del centro y norte de España que si habla con personas originales de otras regiones del mundo hispánico. La causa es que sólo en el español peninsular norteño se emplea el pronombre *vosotros*. Sucede que cuando la raíz de un verbo termina en una vocal alta (p. ej. *liar* /li + a + ɾ/ 'to tie' y *licuar* /liku + a + ɾ/ 'to liquify'), la conjugación en la forma vosotros del presente del indicativo y del subjuntivo produce tres vocales en secuencia (p. ej. *liáis* ['li̯ai̯s̺], *licuéis* [li.'ku̯ei̯s̺]). Este contexto es óptimo para la formación de triptongos porque la vocal de mayor sonancia queda ubicada en medio de dos vocales que son altas e inacentuadas. Practique los cuatro triptongos con los siguientes ejemplos.

TRIPTONGOS					
[i̯ai̯]	*iniciáis*	[ĩ.ni.'θi̯ai̯s̺]	[i̯ei̯]	*vieira*	['bi̯ei̯.ra]
	cambiáis	[kam.'bi̯ai̯s̺]		*asociéis*	[a.s̺o.'θi̯ei̯s̺]
	saciáis	[s̺a.'θi̯ai̯s̺]		*odiéis*	[o.'ði̯ei̯s̺]
	vaciáis	[ba.'θi̯ai̯s̺]		*lidiéis*	[li.'ði̯ei̯s̺]
	apreciáis	[a.pre.'θi̯ai̯s̺]		*preciéis*	[pre.'θi̯ei̯s̺]
[u̯ai̯]	*Uruguay*	[u.ru.'ɣu̯ai̯]	[u̯ei̯]	*buey*	['bu̯ei̯]
	Paraguay	[pa.ra.'ɣu̯ai̯]		*graduéis*	[gra.'ðu̯ei̯s̺]
	evaluáis	[e.βa.'lu̯ai̯s̺]		*atenuéis*	[a.te̯.'nu̯ei̯s̺]
	insinuáis	[ĩn.s̺i.'nu̯ai̯s̺]		*puntuéis*	[pun̪.'tu̯ei̯s̺]
	evacuáis	[e.βa.'ku̯ai̯s̺]		*tatuéis*	[ta.'tu̯ei̯s̺]

12.5 ■ Diptongos y triptongos con semivocales medias

Un fenómeno interesante del habla fluida es que el aumento en la velocidad del habla favorece la creación de diptongos y triptongos adicionales. Es común que, al hablar con fluidez, las vocales medias pierdan su silabicidad cuando aparecen adyacentes a otra vocal de igual o mayor sonancia. La palabra *seamos*, por ejemplo, cuya pronunciación en el habla lenta es [s̺e.'a.mos̺], puede pronunciarse con mayor prontitud si las vocales adyacentes forman diptongo, ya que, de ese modo, las tres sílabas que la forman se reducen a dos: ['s̺e̯a.mos̺]. Similarmente, la frase *lo ama* puede pronunciarse con tres sílabas, [lo.'a.ma], o con sólo dos, ['lo̯a.ma], según sea la fluidez del habla. Lo que muestran estos ejemplos es que los diptongos con semivocales medias son el resultado de aplicar el ajuste silábico que hemos llamado **fusión de sílabas**.

Tradicionalmente, el término usado para referirse a la fusión de sílabas en el interior de una palabra es **sinéresis**, mientras que cuando las sílabas que se fusionan pertenecen a dos palabras distintas, el término que se usa es **sinalefa**. Es evidente, sin embargo, que tanto en la sinéresis como en la sinalefa, la motivación del cambio es la misma. Las sílabas de dos vocales adyacentes se fusionan en una sola para evitar que una de ellas carezca de ataque. Observe que tanto en la palabra *poema* [po.'e.ma] como en la frase *sólo ella* ['so.lo.'e.ja] hay una sílaba sin ataque. En los dos casos, el habla fluida resuelve el problema haciendo fusión de sílabas: ['po̯e.ma] y ['so.'lo̯e.ja].

Hay que reconocer, sin embargo, que las secuencias de vocales que surgen en interior de palabra son menos complejas que las que surgen entre palabras. Ya vimos que, en interior de palabra, la máxima secuencia de vocales que encontramos es tres (p. ej. *buey* ['bu̯e̯i]). En contraste, al yuxtaponer los bordes de palabras es posible que se creen secuencias de dos, tres, cuatro y hasta cinco vocales, las cuales son susceptibles de sufrir fusión de sílabas. Un ejemplo de una frase en la que convergen cinco vocales es *un paseo a Europa*, la cual puede pronunciarse ['ũm.pa.'se.o.a.e̯u̯.'ro.pa], o ['ũm.pa.'se̯o̯ae̯u̯.'ro.pa], según la velocidad del habla. Aquí vemos que la fusión de sílabas resulta en una sílaba bastante compleja, puesto que el núcleo incluye un foco acompañado de cuatro satélites. En el capítulo 13 estudiaremos la variedad de núcleos compuestos que surge cuando la fusión de sílabas se aplica entre palabras.

12.5.1 Diptongos con la semivocal [e̯]

El español permite crear cuatro diptongos con la semivocal [e̯] (vea la Figura 12.4). Dos de ellos son crecientes, [e̯a] y [e̯o], mientras que los otros dos son decrecientes, [ae̯] y [oe̯]. Note que las combinaciones *[e̯e] o *[ee̯] son imposibles porque, como dijimos antes, el español prohíbe los diptongos formados con vocales idénticas.

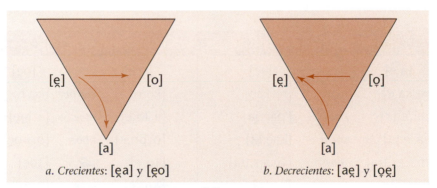

a. Crecientes: [e̯a] y [e̯o]   *b. Decrecientes*: [ae̯] y [oe̯]

Figura 12.4 Diptongos con la semivocal [e̯].

La articulación de la semivocal [e̯] es muy similar a la de la vocal [e]. La diferencia es que el dorso no sostiene la posición media y avanzada típica de [e], sino que se acerca o se aleja de esa posición. En un diptongo creciente la lengua se mueve desde la posición media y avanzada de [e] hacia la posición de la vocal que le siga (Figura 12.4a). En contraste, en un diptongo decreciente, la lengua se mueve desde la posición de la vocal precedente hacia la posición media y avanzada de [e] (Figura 12.4b). Por ser un sonido de transición, la semivocal [e̯] también difiere de [e] en que su duración es menor. Adicionalmente, [e̯] tiene la limitación de no poder pronunciarse aisladamente, sino que siempre aparece como parte de un núcleo compuesto.

Como ya se dijo, aquellos hiatos que surgen en el habla lenta a consecuencia de que una de las vocales adyacentes no es alta se resuelven en el habla fluida por medio de fusión de sílabas. El efecto de este ajuste silábico es que muchas palabras pueden alternar entre dos pronunciaciones: una pronunciación lenta en la que se tolera el hiato (p. ej. *león* [le.ˈo̞n]) y una pronunciación fluida en la que se crea un diptongo: [ˈle̯o̞n]. Pronuncie las siguientes palabras, primero lenta y luego fluidamente, asegurándose de aplicar la fusión de sílabas al hablar con fluidez.

FORMACIÓN DE DIPTONGOS CRECIENTES CON LA SEMIVOCAL [e̯]					
HIATO		**DIPTONGO**	**HIATO**		**DIPTONGO**
[e.a]		[e̯a]	[e.o]		[e̯o]
[le.ˈal]	*leal*	[ˈle̯al]	[pe.ˈo̞n]	*peón*	[ˈpe̯o̞n]
[kre.ˈa.mos]	*creamos*	[ˈkre̯a.mos]	[le.ˈo.na]	*leona*	[ˈle̯o.na]
[be.ˈa.mos]	*veamos*	[ˈbe̯a.mos]	[pe.ˈo̞r]	*peor*	[ˈpe̯o̞r]
[re̞.ˈa.les]	*reales*	[ˈre̯a.les]	[me.ˈo.ˌjo]	*meollo*	[ˈme̯o.ˌjo]
[pe.ˈa.xe]	*peaje*	[ˈpe̯a.xe]	[ne.ˈo̞n]	*neón*	[ˈne̯õ̞n]

FORMACIÓN DE DIPTONGOS DECRECIENTES CON LA SEMIVOCAL [e̯]					
[a.e]		[ae̯]	[o.e]		[oe̯]
[re̞.ˈka.e]	*recae*	[re̞.ˈkae̯]	[ko̞.ˈro̞.e]	*corroe*	[ko̞.ˈro̞e̯]
[pa.ˈe.ˌja]	*paella*	[ˈpae̯.ˌja]	[a.ˈlo.e]	*aloe*	[a.ˈlo̞e̯]
[sa.ˈe.ta̞]	*saeta*	[ˈsae̯.ta̞]	[o.ˈβo.e]	*oboe*	[o.ˈβo̞e̯]
[ma.ˈes.ta̞ra]	*maestra*	[ˈmae̯s.ta̞ra]	[ˈto̞.e]	*toe*	[ˈto̞e̯]
[ˈpa.es]	*Páez*	[ˈpae̯s]	[ˈkro.e]	*croe*	[ˈkro̞e̯]

En los estilos más rápidos o informales, existe también la posibilidad de que el fonema /e/ se realice como la semivocal alta [i̯]. Este cambio es un caso de *cerrazón* porque tiene el efecto de disminuir el grado de abertura de la vocal afectada. La cerrazón afecta al fonema /e/ cuando actúa como la semivocal de un diptongo creciente. Así, los diptongos [e̯a] y [e̯o] se pueden convertir en los diptongos [i̯a] y [i̯o]. Al hablar muy rápida o informalmente es posible, por ejemplo, que la palabra *seamos* se pronuncie ['si̯a.mos]. Practique la cerrazón del fonema /e/ con los siguientes ejemplos.

CERRAZÓN CON DIPTONGOS CRECIENTES			
SIN CERRAZÓN	CON CERRAZÓN	SIN CERRAZÓN	CON CERRAZÓN
[e̯a]	[i̯a]	[e̯o]	[i̯o]
['le̯al] *leal*	['li̯al]	['pe̯on] *peón*	['pi̯on]
['kre̯a.mos] *creamos*	['kri̯a.mos]	['le̯o.na] *leona*	['li̯o.na]
['be̯a.mos] *veamos*	['bi̯a.mos]	['pe̯or] *peor*	['pi̯or]
['re̯a.les] *reales*	['ri̯a.les]	['me̯o.xo] *meollo*	['mi̯o.xo]
['pe̯a.xe] *peaje*	['pi̯a.xe]	['ne̯õn] *neón*	['ni̯õn]

12.5.2 Diptongos con la semivocal [o̯]

Paralelamente a lo que sucede con /e/, el español permite formar cuatro diptongos por medio de sacrificar la silabicidad del fonema /o/ cuando no tiene acento y está adyacente a otra vocal de mayor o igual sonancia (refiérase a la Figura 12.5). Dos de los diptongos que esto crea son crecientes, [o̯a] y [o̯e], mientras que los otros dos son decrecientes, [ao̯] y [eo̯].

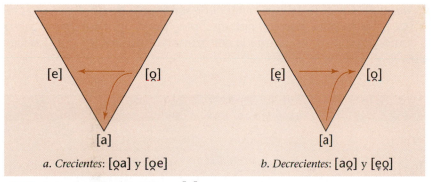

a. Crecientes: [o̯a] y [o̯e]   *b. Decrecientes:* [ao̯] y [eo̯]

Figura 12.5 Articulación del alófono [o̯].

Como consecuencia de ser un fono de transición, la duración de la semivocal [o̯] es menor que la de la vocal [o] y, al igual que todas las semivocales, sólo puede ocurrir como parte de un núcleo compuesto. Los siguientes ejemplos ilustran la fusión de sílabas que da origen a la semivocal [o̯].

FORMACIÓN DE DIPTONGOS CRECIENTES CON LA SEMIVOCAL [o̯]					
HIATO		**DIPTONGO**	**HIATO**		**DIPTONGO**
[o.a]		[o̯a]	[o.e]		[o̯e]
[t̪o.'a.ja]	*toalla*	['t̪o̯a.ja]	[po.'e.ma]	*poema*	['po̯e.ma]
[lo.'a.βle]	*loable*	['lo̯a.βle]	[so.'es]	*soez*	['so̯es]
[bo.'a.t̪o]	*boato*	['bo̯a.t̪o]	[ko.'e.t̪e]	*cohete*	['ko̯e.t̪e]
[mo.a.'re]	*moaré*	[mo̯a.'re]	[ro̯e.'ð̞o̞ɾ]	*roedor*	[ro̯e.'ð̞o̞ɾ]
[so.a.'sar]	*soasar*	[so̯a.'sar]	[po.e.'si.a]	*poesía*	[po̯e.'si.a]

FORMACIÓN DE DIPTONGOS DECRECIENTES CON LA SEMIVOCAL [o̯]					
[a.o]		[ao̯]	[e.o̯]		[eo̯]
['ka.os]	*caos*	['kao̯s]	[pe.'le.o]	*peleo*	[pe.'le̞o̯]
[ma.o.'ri]	*maorí*	[mao̯.'ri]	[bo̞m.'be.o]	*bombeo*	[bo̞m.'be̞o̯]
['la.os]	*Laos*	['lao̯s]	[pa.'se.o]	*paseo*	[pa.'se̞o̯]
['ba.o]	*vaho*	['bao̯]	[go̞ɾ.'xe.o]	*gorjeo*	[go̞ɾ.'xe̞o̯]
[ka.'ka.o]	*cacao*	[ka.'kao̯]	[mẽ.'ne.o]	*meneo*	[mẽ.'ne̞o̯]

Adicionalmente, en los estilos más rápidos o informales, es posible que el fonema /o/ sufra cerrazón, lo cual lo convierte en la semivocal alta [u̯]. Esto ocurre cuando a /o/ se le asigna el papel de semivocal de un diptongo creciente: [o̯a] o [o̯e]. La palabra *poema*, por ejemplo, puede pronunciarse alternativamente como ['pu̯e.ma]. Practique la cerrazón del fonema /o/ con los siguientes ejemplos.

CERRAZÓN CON DIPTONGOS CRECIENTES					
SIN CERRAZÓN		**CON CERRAZÓN**	**SIN CERRAZÓN**		**CON CERRAZÓN**
[o̯a]		[u̯a]	[o̯e]		[u̯e]
['t̪o̯a.ja]	*toalla*	['t̪u̯a.ja]	['po̯e.t̪a]	*poeta*	['pu̯e.t̪a]
['lo̯a.βle]	*loable*	['lu̯a.βle]	['so̯es]	*soez*	['su̯es]
['bo̯a.t̪o]	*boato*	['bu̯a.t̪o]	['ko̯e.t̪e]	*cohete*	['ku̯e.t̪e]
[mo̯a.'re]	*moaré*	[mu̯a.'re]	[ro̯e.'ð̞o̞ɾ]	*roedor*	[ru̯e.'ð̞o̞ɾ]
[so̯a.'sar]	*soasar*	[su̯a.'sar]	[po̯e.'si.a]	*poesía*	[pu̯e.'si.a]

Para resumir, en este capítulo hemos visto que cuatro de los cinco fonemas vocálicos del español muestran gran variabilidad en su realización dependiendo de la silabicidad. Los fonemas /i/, /u/, /e/ y /o/ pueden tener alófonos no silábicos a causa de la influencia de una vocal adyacente. Las vocales altas, /i/ y /u/, se pueden realizar como las semivocales [i̯] y [u̯], respectivamente. La variabilidad de las vocales medias, /e/ y /o/, es aun mayor porque pueden convertirse en semivocales medias, [e̯] y [o̯], o en semivocales altas, [i̯] y [u̯], respectivamente. Esto contrasta con el comportamiento de la vocal baja, /a/, la cual goza de mayor estabilidad gracias a que su máximo nivel de sonancia la exenta de tener que subordinarse a otra vocal.

De acuerdo con lo expuesto en los últimos dos capítulos, la Tabla 12.1 recoge los principales alófonos de los cinco fonemas vocálicos del español. Aunque es verdad que existen casos excepcionales, cada alófono vocálico tiene una posición prototípica, donde es más común que los otros alófonos con los que compite. Las principales tendencias se resumen a continuación.

a. La posición de foco del núcleo alberga a los alófonos silábicos, [i, u, e, o, a], mientras que la posición de satélite del núcleo aloja a los alófonos no silábicos, [i̯, u̯, e̯, o̯].

b. Cuando la vocal aparece en medio de dos consonantes nasales o entre una pausa inicial y una consonante nasal, se favorecen los alófonos nasalizados [ĩ, ũ, ẽ, õ, ã].

c. Si la sílaba es abierta, las vocales medias tienden a conservar su abertura oral normal, [e, o], mientras que en sílaba cerrada tienden a sufrir un ligero incremento de abertura oral, [e̞, o̞].

d. En el habla fluida, las vocales medias en contacto con otra vocal de mayor o igual sonancia pueden volverse semivocales medias, [e̯, o̯], y si la velocidad/ informalidad es aun mayor, es posible que se conviertan en semivocales altas, [i̯, u̯].

e. La vocal baja nunca cede su silabicidad a otra vocal adyacente, pero no está exenta de nasalizarse cuando está en contacto con nasales.

La Tabla 12.1 provee ejemplos que muestran cómo estas tendencias multiplican el número de alófonos que los fonemas vocálicos pueden tener. A modo de práctica, pronuncie cada ejemplo en voz alta y asegúrese de que comprende los factores que favorecen el uso de cada tipo de alófono.

Tabla 12.1	Alófonos de los fonemas vocálicos del español		
FONEMA	**ALÓFONOS**		
	Posición prototípica	**Ejemplo**	
/i/	[i] foco del núcleo [ĩ] foco del núcleo entre nasales [i̯] satélite del foco del núcleo	piscina mínimo paciencia	[pi.ˈsi.na] [ˈmĩ.nĩ.mo] [pa.ˈsi̯en.si̯a]
/u/	[u] foco del núcleo [ũ] foco del núcleo entre nasales [u̯] satélite del foco del núcleo	cúpula número trueno	[ˈku.pu.la] [ˈnũ.me.ro] [ˈtru̯e.no]
/e/	[e] foco del núcleo en sílaba abierta [ẽ] foco del núcleo en sílaba abierta entre nasales [e̞] foco del núcleo en sílaba cerrada [ẽ̞] foco del núcleo en sílaba cerrada entre nasales [e̞] satélite del núcleo (habla fluida) [i̯] satélite del núcleo (habla rápida)	pereza meñique experto mentira teatral peatón	[pe.ˈre.sa] [mẽ.ˈɲi.ke] [e̞ks.ˈpe̞r.t̞o] [mẽ̞n.ˈt̞i.ra] [t̞e̞a.ˈt̞ral] [pi̯a.ˈt̞on]
/o/	[o] foco del núcleo en sílaba abierta [õ] foco del núcleo en sílaba abierta entre nasales [o̞] foco del núcleo en sílaba cerrada [õ̞] foco del núcleo en sílaba cerrada entre nasales [o̞] satélite del núcleo (habla fluida) [u̯] satélite del núcleo (habla rápida)	oloroso nómina consorte nombre loable coágulo	[o.lo.ˈro.so] [ˈnõ.mĩ.na] [ko̞n.ˈso̞r.t̞e] [ˈnõ̞m.bre] [ˈlo̞a.βle] [ˈku̯a.ɣu.lo]
/a/	[a] foco del núcleo [ã] foco del núcleo entre nasales	palabra mañana	[pa.ˈla.βra] [mã.ˈɲã.na]

PRÁCTICAS

Práctica 1

Escuche y repita el siguiente poema concentrándose en la pronunciación de las vocales altas. Señale las pausas mayores y menores por medio de los símbolos ‖ y |. Una vez que pueda leer todo el poema con fluidez, haga los ejercicios de transcripción que aparecen abajo.

Decir adiós
Carlos-Eduardo Piñeros

Cómo duele decir adiós
al pajarito que hemos cuidado.
Se ha vuelto fuerte y quiere volar,
nos volvemos la prisión de un amor atado.

5   *Ya sé que tiene que ser,*
     pero una angustia me está asfixiando.
     Duele tanto decir adiós,
     mirar los trenes irse alejando.

     No hay palabras justas para decir,
10   *'adiós' nunca dice lo que sentimos.*
     Recuerdos y amores quedan en mí,
     en un baúl cerrado al olvido.

1. Identifique en el poema dos palabras que contengan una vocal alta que sea silábica y transcríbalas.

_____

2. Identifique en el poema dos palabras que contengan una semivocal alta y transcríbalas.

_____

3. Transcriba las palabras *adiós* y *baúl*. Explique por qué, en una de ellas, las dos vocales adyacentes forman diptongo, mientras que en la otra, las dos vocales adyacentes forman hiato.

_____

_____

_____

4. Transcriba las palabras *recuerdos* y *quedan*. ¿Por qué solamente una de estas palabras se pronuncia con diptongo?

_____

_____

_____

Práctica 2

Escuche y repita las siguientes palabras que contienen secuencias de vocales en las que participa una vocal alta. Determine si las secuencias de vocales forman hiato (**H**) o diptongo (**D**) y trascríbalas.

siete	D	['sie̯.te̯]

1. *vehículo* _____ _____   4. *continuo* _____ _____

2. *furia* _____ _____   5. *continúo* _____ _____

3. *vacío* _____ _____   6. *continuó* _____ _____

7. *viento* ____ _____   14. *cauto* ____ _____

8. *bohío* ____ _____   15. *rehúso* ____ _____

9. *Grecia* ____ _____   16. *rehusó* ____ _____

10. *bahía* ____ _____   17. *cuida* ____ _____

11. *hacia* ____ _____   18. *viuda* ____ _____

12. *hacía* ____ _____   19. *premio* ____ _____

13. *ruego* ____ _____   20. *mío* ____ _____

Práctica 3

Para cada uno de los siguientes diptongos, diga si son crecientes (**C**) o decrecientes (**D**). Dé ejemplos originales de palabras que contengan esos diptongos, transcríbalos y pronúncielos en voz alta.

DIPTONGO	TIPO	EJEMPLO
[e̯i]	D	*treinta* ['tre̯in.ta]
1. [i̯u]	_____	
2. [ai̯]	_____	
3. [ui̯]	_____	
4. [u̯o]	_____	
5. [eu̯]	_____	
6. [i̯e]	_____	
7. [u̯a]	_____	
8. [oi̯]	_____	
9. [au̯]	_____	
10. [u̯e]	_____	

Práctica 4

Las siguientes formas verbales contienen triptongos. Después de escucharlas, transcríbalas fonéticamente como se pronuncian en el español peninsular norteño. Practique esta pronunciación en voz alta.

1. *adecu**ái**s* _____   7. *continu**ái**s* _____

2. *avalu**éi**s* _____   8. *habitu**éi**s* _____

3. *agobi**ái**s* _____   9. *apreci**éi**s* _____

4. *agraci**éi**s* _____   10. *ofici**ái**s* _____

5. *vaci**ái**s* _____   11. *financi**éi**s* _____

6. *codici**ái**s* _____   12. *distanci**ái**s* _____

Práctica 5

Las siguientes palabras contienen secuencias de vocales en las que una vocal media aparece adyacente a otra vocal de mayor o igual sonancia. Transcriba la pronunciación con hiato (habla lenta) y con diptongo (habla fluida). Luego, practique ambas pronunciaciones variando la velocidad del habla.

	HIATO	DIPTONGO
coetáneo	[ko.e.ˈta.ne.o]	[ko̯e.ˈta.ne̯o]
1. *empeorar*	_____	_____
2. *caótico*	_____	_____
3. *preocupado*	_____	_____
4. *cohabitar*	_____	_____
5. *bacalao*	_____	_____
6. *geografía*	_____	_____
7. *recreativo*	_____	_____
8. *neoclásico*	_____	_____
9. *bohemio*	_____	_____
10. *coeducación*	_____	_____

Práctica 6

Los siguientes infinitivos contienen una vocal media en contacto con una vocal baja. Pronúncielos rápidamente y transcríbalos según se les aplique o no el proceso de cerrazón a las vocales medias.

	DIPTONGO SIN CERRAZÓN	DIPTONGO CON CERRAZÓN
cabecear	[ka.βe.ˈse̞ar]	[ka.βe.ˈsi̯ar]
1. *balancear*	_____	_____
2. *loar*	_____	_____
3. *broncear*	_____	_____
4. *marear*	_____	_____
5. *atoar*	_____	_____
6. *balbucear*	_____	_____
7. *perecear*	_____	_____
8. *bucear*	_____	_____
9. *parrandear*	_____	_____
10. *parpadear*	_____	_____

Práctica 7

Los siguientes pares de palabras difieren en la presencia de un monoptongo versus un diptongo. Pronuncie cada par de palabras en voz alta y luego transcriba las dos palabras fonéticamente.

MONOPTONGO		DIPTONGO	
coma	[ˈko.ma]	*coima*	[ˈko̯i.ma]
1. *pena*	_____	*peina*	_____
2. *coro*	_____	*cuero*	_____
3. *menta*	_____	*mienta*	_____
4. *moro*	_____	*muero*	_____
5. *lela*	_____	*leila*	_____
6. *porta*	_____	*puerta*	_____
7. *celo*	_____	*cielo*	_____
8. *vente*	_____	*veinte*	_____
9. *ceba*	_____	*ceiba*	_____
10. *cota*	_____	*cuota*	_____

Prácticas adicionales

Visite http://www.prenhall.com/estructuradelossonidos/.

Convergencia de vocales

Al encadenar las palabras para formar frases y oraciones, es común que se creen secuencias de dos o más vocales que pertenecen a sílabas diferentes (p. ej. *Ve a orar* [ˈbe.a.o.ˈɾar]). Si bien es cierto que el español no prohíbe categóricamente los hiatos, la preferencia por las sílabas que comienzan con consonante hace que los hablantes busquen alternativas para evitar que surjan sílabas sin ataque: [ˈbe̯ao̯.ˈɾar]. Incluyendo la aceptación del hiato, las estrategias empleadas son las siguientes.

1. Tolerar el hiato (p. ej. *tomé algo* [t̪o.ˈme.ˈal.ɣo])

2. Insertar una oclusiva glotal entre las vocales adyacentes (p. ej. *no es* [ˈno.ˈʔes])

3. Formar un núcleo compuesto con las vocales adyacentes (p. ej. *su esposa* [su̯es.ˈpo.sa])

4. Cerrar una vocal media para obtener un mejor núcleo compuesto (p. ej. *lo ató* [lu̯a.ˈt̪o])

5. Elidir una de las vocales adyacentes (p. ej. *era urgente* [ˈe.ɾur.ˈxe̯n̪.te])

Aunque cualquiera de estas estrategias puede aparecer en el habla de una misma persona, está claro que, para la mayoría de hispanohablantes, la tendencia predominante es la **resolución del hiato** por medio de acomodar varias vocales dentro del núcleo de una misma sílaba (estrategia 3). Un efecto importante que tiene esto es que se crean sílabas más complejas puesto que el núcleo puede llegar a albergar hasta cinco vocales. La oración *vio a Eugenio*, pronunciada [ˈbi̯o̯ae̯u̯.ˈxe.ni̯o], ejemplifica este fenómeno. En este capítulo discutiremos cómo diversos factores contextuales contribuyen a determinar el tipo de estrategia que se emplee para tratar los hiatos.

13.1 ■ Factores contextuales que condicionan la resolución de hiatos

Es un hecho indisputable que el español ofrece no sólo una, sino varias maneras de pronunciar las vocales convergentes. La estrategia que se elija depende no solamente del geolecto y del sociolecto, sino también de factores contextuales. A pesar del alto grado de variabilidad que existe, si tomamos en consideración el acento, la velocidad del habla y la cualidad de las vocales, es posible identificar las tendencias predominantes.

La presencia de **acento** favorece la preservación de la silabicidad de las vocales. Esto se debe a que el acento realza la prominencia de la vocal que lo porta. Consecuentemente, cuando convergen dos vocales, cada una de las cuales está acentuada, lo más probable es que dichas vocales se pronuncien en hiato (p. ej. *será ella* [se.ˈra.ˈe.ja]). En cambio, si ninguna de las vocales tiene acento, lo más probable es que se haga algo para resolver el hiato, como sucede en la frase *para enero* [pa.re.ˈne.ro], donde vemos que se ha elidido una de las vocales adyacentes.

La **velocidad del habla** también puede afectar la pronunciación de las vocales convergentes. Como regla general, el habla lenta favorece la preservación de la silabicidad de cada vocal, mientras que el habla fluida y, especialmente el habla rápida, favorecen la resolución del hiato. La tendencia a evitar el hiato en los estilos más rápidos se debe a que la eliminación de la sílaba sin ataque permite pronunciar el mismo enunciado en menos tiempo. Compare, por ejemplo, la pronunciación de la frase *no me oyes*, cuando se mantiene el hiato: [ˈnõ.me.ˈo.jes], y su pronunciación cuando se resuelve el hiato: [ˈnõ.ˈmeo.jes]. Es evidente que la reducción de cuatro sílabas a tres permite acelerar el habla. Sucede, además, que la velocidad del habla puede contrarrestar el efecto del acento. Así, aunque el acento favorece la preservación del hiato, el habla rápida puede hacer que, al convergir dos vocales acentuadas, una de ellas pierda su silabicidad (p. ej. *será ella* puede pronunciarse [se.ˈrae̯.ja] en el habla rápida). Inversamente, aunque la ausencia de acento favorece la resolución del hiato, el habla lenta puede hacer que el hiato se mantenga (p. ej. *para enero* puede pronunciarse [pa.ra.e.ˈne.ro] en el habla lenta).

La **cualidad de las vocales** es otro factor que condiciona la probabilidad de que se resuelva el hiato. Si las vocales convergentes son idénticas es más probable que se evite el hiato (p. ej. *te espero* [t̯es.ˈpe.ro], donde vemos que dos vocales idénticas se reducen a una sola). Similarmente, si una de las vocales es alta, esto también facilita la resolución del hiato, dado que esa vocal es óptima para actuar como el satélite de un núcleo compuesto (p. ej. *su apetito* [su̯a.pe.ˈt̯i.t̯o] o *mi oferta* [mi̯o.ˈfer̯.t̯a]).

Finalmente, cabe mencionar que la **frecuencia** con que se combinen las palabras involucradas también es un factor condicionante. Así, por ejemplo, las palabras de frases como *mi hijo* y *tu hermano* tienen una alta probabilidad de que se pronuncien sin hiato porque ocurren juntas con mucha frecuencia: [ˈmi.xo] y [t̯u̯er̯.ˈmã.no]. Este efecto está relacionado con la automatización de los gestos articulatorios. La alta frecuencia con que se combinan ciertas palabras conduce a que los hablantes automaticen su articulación, de modo que las pronuncian más eficientemente.

13.2 ■ Tolerancia de hiatos

Los hiatos son estructuras indeseables porque, al pasar de una sílaba a la próxima, no hay una consonante que corte con su baja sonancia la prominencia de los dos núcleos. Así, la frontera entre las dos sílabas no queda muy bien marcada. Compruébelo pronunciando las palabras *beca* y *vea*, ilustradas en la Figura 13.1. Además, las sílabas sin ataque tienen la desventaja de que carecen de un contraste de sonancia en su interior.

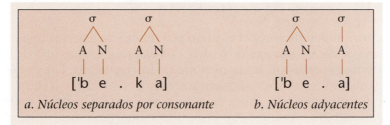

a. Núcleos separados por consonante   *b. Núcleos adyacentes*

Figura 13.1 Una C intervocálica acentúa la frontera entre dos núcleos silábicos.

A pesar de que el español desfavorece los hiatos, hay casos en los que dos vocales adyacentes se pronuncian en sílabas separadas, debido a que el acento tiene el efecto de incrementar la prominencia de las vocales. La presencia de acento en ambas vocales aumenta la probabilidad de que cada una de ellas se mantenga como el núcleo de su propia sílaba. La oración *tú sí usas eso* 'you do use that' ilustra esta situación: ['ṱu.'si.'u.sa.'se.so]. En contraste, si únicamente una de las dos vocales tiene acento, la probabilidad de que se haga algo para evitar el hiato es mayor. Así, es igualmente probable que la cláusula condicional *si usas eso* 'if you use that' se pronuncie [si.'u.sa.'se.so] o ['si̯u.sa.'se.so]. En caso de que ninguna de las vocales tenga acento, la probabilidad de que se tome acción para resolver el hiato es todavía más alta. La cláusula *si usaras eso* 'if you used that' tiene una altísima probabilidad de que se pronuncie [si̯u.'sa.ra.'se.so].

En términos articulatorios, lo que sucede cuando dos vocales adyacentes se pronuncian en hiato es que la configuración del tracto vocal cambia de una vocal a la otra sin que se produzca interrupción en la vibración de las cuerdas vocales. Para apreciarlo mejor, haga el siguiente ejercicio. Póngase la mano en el cuello mientras pronuncia la vocal [a] prolongadamente: [aaaaaa]. La vibración constante de las cuerdas vocales se sentirá en los dedos. Si en medio de esta articulación, usted desplaza la lengua a la posición de [e] sin hacer ningún cambio en la acción de las cuerdas vocales, el resultado será: [aaaeee]. Use el mismo procedimiento para obtener [aaaooo], [eeeiii] y [ooouuu]. Finalmente, si reduce la duración de cada vocal, el resultado serán los hiatos [a.e], [a.o], [e.i] y [o.u]. No importa qué vocales se combinen, lo importante es que usted no permita que las cuerdas vocales dejen de vibrar mientras los articuladores de lugar cambian de posición. Ésa es la misma estrategia que usa la mayoría de hispanohablantes para pronunciar las siguientes secuencias de vocales acentuadas.

Mayor probabilidad de hiato cuando las vocales adyacentes están acentuadas					
da uno	['ḏa.'u.no]	*habló hoy*	[a.'βlo.'oi̯]	*sí era*	['si.'e.ra]
té agrio	['ṱe.'a.ɣri̯o]	*canté ésa*	[kaṇ.'ṱe.'e.sa]	*no habla*	['no.'a.βla]
tú eres	['ṱu.'e.res]	*comí higos*	[ko.'mi.'i.ɣos]	*tapé uno*	[ṱa.'pe.'u.no]
vi esos	['bi.'e.sos]	*está harto*	[es.'ṱa.'ar.ṱo]	*aquí es*	[a.'ki.'es]
di algo	['ḏi.'al.go]	*tú usas*	['ṱu.'u.sas]	*va otro*	['ba.'o.ṱro]

13.3 ██ Inserción de consonante

Aunque la posibilidad de romper el hiato por medio de insertar una consonante entre las dos vocales es una opción lógica, esta estrategia no es una de las tendencias más fuertes en español. En la mayoría de los geolectos, la inserción de una oclusiva glotal sólo ocurre esporádicamente y se limita al habla enfática. Considere la pronunciación de la frase *no hay* ['no.'ʔai̯], dicha enfáticamente (vea la Figura 13.2). A pesar de su rareza, hay que reconocer que, en algunos geolectos, esta estrategia es bastante productiva, aun en el habla corriente (p. ej. Paraguay, norte de Argentina, Guatemala, península de Yucatán). Lo que tienen en común los territorios donde se usa la oclusiva glotal productivamente es que allí se habla una lengua indígena (guaraní o maya), cuyo contacto con el español ha influido la manera como se prefiere tratar los hiatos.

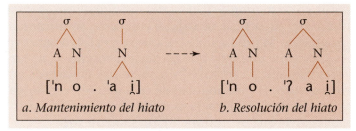

Figura 13.2 Inserción de una consonante para evitar el hiato.

En términos articulatorios, la inserción de una oclusiva glotal requiere que se haga un cese en la vibración de las cuerdas vocales durante la transición de una vocal a la próxima. Si en el momento en el que los articuladores de lugar cambian de posición se cierra herméticamente la glotis, la sonoridad se interrumpe, y esto genera la consonante intrusa [ʔ]. A usted, este mecanismo no le será difícil de imitar dado que los anglohablantes lo usan con frecuencia para separar las vocales que convergen como consecuencia de encadenar las palabras. Así, por ejemplo, la oración *I also envy Adam* puede pronunciarse con varias oclusivas glotales: ['ai̯.'ʔɔl.soʊ̯.'ʔɛ̃n.vii̯.'ʔæd.ə̃m].

El reto que a usted se le presenta no es, entonces, producir la oclusiva glotal, sino reducir la frecuencia con la que la use cuando hable español. Dado que la tendencia predominante entre los hispanohablantes es abstenerse de insertar la oclusiva glotal entre vocales, es recomendable que usted se acostumbre a hacer la transición de una vocal a otra sin interrumpir la vibración de las cuerdas vocales. A modo de práctica, pronuncie las siguientes frases contrastando la opción de pronunciar la secuencia de vocales con una oclusiva glotal intrusa y la opción en la que la sonoridad se mantiene constante al pasar de una vocal a la otra. La segunda posibilidad es la que usted debe esforzarse por usar.

FAVORECIMIENTO DEL HIATO SOBRE LA INSERCIÓN DE [ʔ]					
lo hizo	[lo.'ʔi.so] [lo.'i.so]	*comí uvas*	[ko.'mi.'ʔu.βas] [ko.'mi.'u.βas]	*da una*	['d̪a.'ʔu.na] ['d̪a.'u.na]
te amo	[t̪e.'ʔa.mo] [t̪e.'a.mo]	*bebí agua*	[be.'βi.'ʔa.ɣu̯a] [be.'βi.'a.ɣu̯a]	*vio algo*	['bi̯o.'ʔal.go] ['bi̯o.'al.go]
sí oye	['si.'ʔo.je̯] ['si.'o.je̯]	*haré ocho*	[a.'re.'ʔo.t͡ʃo] [a.'re.'o.t͡ʃo]	*seré ése*	[se.'re.'ʔe.se] [se.'re.'e.se]
no es	['no.'ʔes] ['no.'es]	*tiró hojas*	[t̪i.'ro.'ʔo̞.xas] [t̪i.'ro.'o̞.xas]	*tú ibas*	['t̪u.'ʔi.βas] ['t̪u.'i.βas]
la ola	[la.'ʔo.la] [la.'o.la]	*hará eso*	[a.'ra.'ʔe.so] [a.'ra.'e.so]	*se oye*	[se.'ʔo.je̯] [se.'o.je̯]

13.4 ■ Formación de núcleos complejos y cerrazón de vocales medias

A pesar de que los hispanohablantes alternan entre las opciones de mantener o resolver el hiato, está claro que, cuando optan por resolverlo, la estrategia que usan más comúnmente es formar un núcleo compuesto por medio de fusión de sílabas. Así, una frase como *su alma* puede pronunciarse con diptongo, ['su̯al.ma], como consecuencia de fundir las sílabas de las vocales convergentes (vea la Figura 13.3).

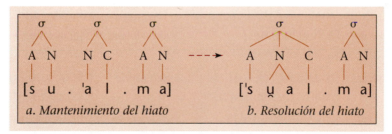

Figura 13.3 Fusión de sílabas para evitar el hiato.

La fusión de sílabas es muy común en el habla fluida cuando una de las vocales es alta e inacentuada, porque esas propiedades hacen que dicha vocal sea óptima para funcionar como satélite dentro de un diptongo. Esto no quiere decir, sin embargo, que el hablante no tenga la opción de preservar el hiato. Si la velocidad del habla disminuye, es posible que cada vocal se mantenga como el núcleo de su propia sílaba (p. ej. [su.'al.ma]). Practique las dos opciones pronunciando los siguientes ejemplos, primero en habla lenta y luego en habla fluida.

FORMACIÓN DE NÚCLEOS COMPLEJOS CON UNA SEMIVOCAL ALTA					
su ojo	[su.ˈo̯.xo] [ˈsu̯o̯.xo]	*si echas*	[si.ˈe.t͡ʃas] [ˈsi̯e.t͡ʃas]	*mi amor*	[mi.a.ˈmo̯r] [mi̯a.ˈmo̯r]
tu eco	[tu.ˈe.ko] [ˈtu̯e.ko]	*ni harto*	[ni.ˈar.t̪o] [ˈni̯ar.t̪o]	*su arte*	[su.ˈar.t̪e] [ˈsu̯ar.t̪e]
si hallo	[si.ˈa.ʝo] [ˈsi̯a.ʝo]	*tu honra*	[tu.ˈon.ra] [ˈtu̯on.ra]	*tu arco*	[tu.ˈar.ko] [ˈtu̯ar.ko]
si oras	[si.ˈo.ras] [ˈsi̯o.ras]	*su ánimo*	[su.ˈa.nĩ.mo] [ˈsu̯a.nĩ.mo]	*ni oye*	[ni.ˈo.ʝe] [ˈni̯o.ʝe]
ni ella	[ni.ˈe.ʝa] [ˈni̯e.ʝa]	*tu época*	[tu.ˈe.po.ka] [ˈtu̯e.po.ka]	*si amas*	[si.ˈa.mas] [ˈsi̯a.mas]

En los ejemplos anteriores, la vocal alta e inacentuada es la primera dentro de la secuencia de vocales: $[V_1V_2]$. En caso de que la vocal alta e inacentuada sea el segundo miembro de la secuencia, la formación del diptongo es igualmente posible. Pronuncie los siguientes ejemplos adicionales.

FORMACIÓN DE NÚCLEOS COMPLEJOS CON UNA SEMIVOCAL ALTA EN LA SEGUNDA POSICIÓN			
va ufano	[ˈba.u.ˈfa.no] [ˈba̯u̯.ˈfa.no]	*está ileso*	[es.ˈt̪a.i.ˈle.so] [es.ˈt̪a̯i̯.ˈle.so]
usó imanes	[u.ˈso.i.ˈmã.nes] [u.ˈso̯i̯.ˈmã.nes]	*seré huraño*	[se.ˈre.u.ˈra.ɲo] [se.ˈre̯u̯.ˈra.ɲo]
haré uniones	[a.ˈre.u.ˈnĩõ.nes] [a.ˈre̯u̯.ˈnĩõ.nes]	*verá imágenes*	[be.ˈra.i.ˈma.xe.nes] [be.ˈra̯i̯.ˈma.xe.nes]
mató insectos	[ma.ˈt̪o.in.ˈsek̪.t̪os] [ma.ˈt̪o̯i̯n.ˈsek̪.t̪os]	*será humilde*	[se.ˈra.u.ˈmil̪.d̪e] [se.ˈra̯u̯.ˈmil̪.d̪e]
gritó insultos	[gri.ˈt̪o.in.ˈsul̪.t̪os] [gri.ˈt̪o̯i̯n.ˈsul̪.t̪os]	*miré impresos*	[mi.ˈre.im.ˈpre.sos] [mi.ˈre̯i̯m.ˈpre.sos]

Como vimos en el capítulo 12, el habla fluida favorece la formación de un núcleo compuesto por medio de convertir una vocal media e inacentuada en semivocal (p. ej. *me hace* [ˈme̯a.se], *lo amo* [ˈlo̯a.mo]). Recuerde también que los estilos de habla más rápidos promueven la cerrazón de las vocales medias inacentuadas a fin de obtener fonos más compatibles con la posición de satélite. Esta tendencia conduce a que el fonema /e/ se convierta en la semivocal [i̯] (p. ej. *me hace* ['mi̯a.se]), y a que el fonema /o/ se transforme en la semivocal [u̯] (p. ej. *lo amo* ['lu̯a.mo]). El habla lenta, en cambio, favorece la preservación de la silabicidad de las vocales medias inacentuadas: [me.'a.se] y [lo.'a.mo]. Debido a que el mismo hablante puede usar cualquiera de estas opciones según el estilo de habla que elija, es importante que usted aprenda a manejarlas todas. Practique con los siguientes ejemplos incrementando progresivamente la velocidad.

FORMACIÓN DE NÚCLEOS COMPLEJOS CON UNA SEMIVOCAL MEDIA O ALTA					
se oye	[se.'o.je] ['se̯o.je] ['si̯o.je]	*como él*	[ko.mo.'el] [ko.'mo̯el] [ko.'mu̯el]	*pese otro*	['pe.se.'o.t̯ro] ['pe.'se̯o.t̯ro] ['pe.'si̯o.t̯ro]
lo ata	[lo.'a.t̯a] ['lo̯a.t̯a] ['lu̯a.t̯a]	*toco eso*	['t̯o.ko.'e.so] ['t̯o.'ko̯e.so] ['t̯o.'ku̯e.so]	*come alas*	['ko.me.'a.las] ['ko.'me̯a.las] ['ko.'mi̯a.las]
te honro	[t̯e.'on.ro] ['t̯e̯on.ro] ['t̯i̯on.ro]	*como ajo*	['ko.mo.'a.xo] ['ko.'mo̯a.xo] ['ko.'mu̯a.xo]	*doce años*	['d̯o.se.'a.ɲos] ['d̯o.'se̯a.ɲos] ['d̯o.'si̯a.ɲos]
lo era	[lo.'e.ra] ['lo̯e.ra] ['lu̯e.ra]	*déme ocho*	['d̯e.me.'o.t͡ʃo] ['d̯e.'me̯o.t͡ʃo] ['d̯e.'mi̯o.t͡ʃo]	*sumo eso*	['su.mo.'e.so] ['su.'mo̯e.so] ['su.'mu̯e.so]
le hace	[le.'a.se] ['le̯a.se] ['li̯a.se]	*poco alto*	['po.ko.'al̯.to] ['po.'ko̯al̯.to] ['po.'ku̯al̯.to]	*déle otra*	['d̯e.le.'o.t̯ra] ['d̯e.'le̯o.t̯ra] ['d̯e.'li̯o.t̯ra]
lo harta	[lo.'ar.t̯a] ['lo̯ar.t̯a] ['lu̯ar.t̯a]	*sólo anda*	['so.lo.'an̯.d̯a] ['so.'lo̯an̯.d̯a] ['so.'lu̯an̯.d̯a]	*puro amor*	['pu.ro.a.'mor̯] ['pu.ro̯a.'mor̯] ['pu.ru̯a.'mor̯]

Cuando la vocal media e inacentuada ocupa la segunda posición dentro de la secuencia vocálica, la formación de un diptongo con semivocal media también es común en el habla fluida. Esto se puede apreciar en la frase *comerá espagueti*, pronunciada [ko.me.'rae̯s.pa.'ɣe.t̯i]. Con respecto al proceso de cerrazón, hay que puntualizar, sin embargo, que no es muy común que ocurra cuando la vocal media es el segundo elemento de un diptongo decreciente (p. ej. *comerá espagueti* [ko.me.'rai̯s.pa.'ɣe.t̯i]). Es recomendable, entonces, que usted se abstenga de cerrar la semivocal media en ese contexto. A pesar de que una frase como *!Vaya oferta!* se puede pronunciar ['ba.ja̯o.'fer̯.t̯a] o ['ba.ja̯u̯.'fer̯.t̯a], la primera pronunciación es la más usada.

FORMACIÓN DE NÚCLEOS COMPLEJOS CON UNA SEMIVOCAL MEDIA EN LA SEGUNDA POSICIÓN			
está estático	[es.ˈta.es.ˈta.ti.ko] [es.ˈtaes̯.ˈta.ti.ko]	*pintó escamas*	[pin̯.ˈto.es.ˈka.mas] [pin̯.ˈtoes̯.ˈka.mas]
corté orejas	[kor̯.ˈte.o.ˈre.xas] [kor̯.ˈteo̯.ˈre.xas]	*será eterno*	[se.ˈra.e.ˈter.no] [se.ˈrae̯.ˈter.no]
tomó español	[to.ˈmo.es.pa.ˈɲol] [to.ˈmoes̯.pa.ˈɲol]	*tendré ojeras*	[ten̯.ˈdre.o̯.ˈxe.ras] [ten̯.ˈdreo̯.ˈxe.ras]
será oculto	[se.ˈra.o.ˈkul̯.to] [sa.ˈrao̯.ˈkul̯.to]	*querrá operar*	[ke.ˈra.o.pe.ˈrar] [ke.ˈrao̯.pe.ˈrar]
pasó entero	[pa.ˈso.en̯.ˈte.ro] [pa.ˈsoen̯.ˈte.ro]	*veré horarios*	[be.ˈre.o.ˈra.ri̯os] [be.ˈreo̯.ˈra.ri̯os]

Cuando el encadenamiento de palabras resulta en una secuencia de más de dos vocales, el habla fluida favorece su agrupación dentro de un solo núcleo compuesto siempre y cuando se respeten dos condiciones. La primera condición es que no haya más de una vocal acentuada dentro del grupo y la segunda es que el orden en que aparezcan las vocales obedezca el principio de la secuencia de sonancia. Así, por ejemplo, la oración *Él vino a espiar* tiene la opción de pronunciarse [ˈel̯.ˈbi.noaes̯.ˈpi̯ar], porque la secuencia de tres vocales que se crea en su interior respeta ambas condiciones.

El motivo de la primera condición es que si más de una de las vocales adyacentes estuviera acentuada, la prominencia de cada una de ellas se reforzaría por medio del apoyo que les da el acento, lo cual las habilitaría para mantenerse como núcleos silábicos independientes. La segunda condición requiere que el orden de las vocales conduzca a la obtención de un sólo pico de sonancia dentro de la sílaba, porque dentro de cada sílaba solamente puede existir un fono silábico.

Con respecto al principio de la secuencia de sonancia, cabe agregar que existen tres órdenes que contribuyen a que la secuencia de vocales forme un solo pico de sonancia. Un núcleo compuesto respeta el principio de la secuencia de sonancia cuando la vocal más sonante del grupo se ubica en el centro y las vocales menos sonantes se ubican a sus costados. La frase *sale a España* ejemplifica este caso: [ˈsa.leaes̯.ˈpa.ɲa]. Igualmente, si el orden lineal de las vocales adyacentes es de menos sonante a más sonante (p. ej. en la frase *genio admirable* [ˈxe.ni̯oað.mi.ˈra.βle]) o de más sonante a menos sonante (p. ej. en la frase *nueva Europa* [ˈnu̯e.βaeu̯.ˈro.pa], el efecto será que al ir de un extremo al otro de la sílaba sólo habrá un pico de sonancia. Usando el diacrítico ˯ para distinguir entre vocales silábicas y no silábicas, estos tres órdenes se pueden representar como [V̯VV̯], [V̯V̯V] y [VV̯V̯], respectivamente. De estos tres, el orden [V̯V̯V] es el que se puede expandir más fácilmente para acomodar cuatro o cinco vocales (p ej. *novio audaz* [ˈno.βi̯oau̯.ˈðas] y *limpie a Eunice* [ˈlim.pi̯eaeu̯.ˈni.se]).

Otro hecho importante con respecto a las secuencias de vocales es que, en el habla rápida, su agrupación dentro de un mismo núcleo complejo puede obligar a que ocurra una transferencia de acento. En la oración *Él fue a esperarme*, por ejemplo, la secuencia de cuatro vocales que se crea al encadenar las palabras se puede pronunciar dentro de una misma sílaba: ['el̯.'fu̯e̯a̯es.pe.'rar.me]. Lo interesante de este ejemplo es que aunque la vocal [e] es la que normalmente lleva el acento de la palabra ['fue], en la oración ['el̯.'fu̯e̯a̯es.pe.'rar.me], el acento de esa palabra reside en la vocal [a]. La transferencia del acento de [e] a [a] es una consecuencia directa de la pérdida de silabicidad de la vocal [e]. Al convertirse en la semivocal [e̯], esta vocal se subordina al foco del diptongo y esto la obliga a ceder el acento.

Por último, vale la pena mencionar que en los estilos de habla más rápidos, la cerrazón también puede afectar a las vocales medias que preceden al foco en núcleos compuestos por más de dos vocales. Así, la frase *deseo asistir* puede pronunciarse [de.'si̯o̯a.sis.'tir], donde vemos que la vocal media que normalmente porta el acento de la palabra [de.'se.o], no solamente cede su acento al foco del núcleo, sino que además se cierra para convertirse en la semivocal [i̯]. A menor velocidad, esta misma frase tiende a pronunciarse [de.'se̯o̯a.sis.'tir], es decir, sin que se aplique la cerrazón. El habla lenta, por su parte, favorece el uso de la pronunciación [de.'se.o.a.sis.'tir], donde cada vocal preserva su silabicidad. Use los siguientes ejemplos para practicar las diversas pronunciaciones que pueden tener las secuencias de más de dos vocales.

FORMACIÓN DE NÚCLEOS COMPLEJOS CON MÁS DE DOS VOCALES			
mutuo afecto	['mu.tu̯o.a.'fek.to] ['mu.tu̯o̯a.'fek.to]	*sitio extraño*	[si.'ti̯o.eks.'tra.ɲo] [si.'ti̯o̯eks.'tra.ɲo]
gloria eterna	['glo.ri̯a.e.'ter.na] ['glo.ri̯a̯e.'ter.na]	*tenue aroma*	['te.nu̯e.a.'ro.ma] ['te.nu̯e̯a.'ro.ma]
vio a Eulalia	['bi̯o.a.eu̯.'la.li̯a] ['bi̯o̯aeu̯.'la.li̯a]	*murió aullando*	[mu.'ri̯o.au̯.'jan.do] [mu.'ri̯o̯au̯.'jan.do]
odio a Eutimio	['o.ði̯o.a.eu̯.'ti.mi̯o] ['o.ði̯o̯aeu̯.'ti.mi̯o]	*serio autor*	['se.ri̯o.au̯.'tor] ['se.ri̯o̯au̯.'tor]
esté ausente	[es.'te.au̯.'sen.te] [es.'te̯au̯.'sen.te] [es.'ti̯au̯.'sen.te]	*grito eureka*	[gri.'to.eu̯.'re.ka] [gri.'to̯eu̯.'re.ka] [gri.'tu̯eu̯.'re.ka]
pasó a Emilio	[pa.'so.a.e.'mi.li̯o] [pa.'so̯a̯e.'mi.li̯o] [pa.'su̯a̯e.'mi.li̯o]	*veré a Hilario*	[be.'re.a.i.'la.ri̯o] [be.'re̯ai̯.'la.ri̯o] [be.'ri̯ai̯.'la.ri̯o]
viene a oírlo	['bi̯e.ne.a.o.'ir.lo] ['bi̯e.ne̯a̯o.'ir.lo] ['bi̯e.ni̯a̯o.'ir.lo]	*llamo a Elisa*	['ja.mo.a.e.'li.sa] ['ja.mo̯a̯e.'li.sa] ['ja.mu̯a̯e.'li.sa]

13.5 ■ Elisión de vocal

En algunos casos, la manera como se resuelve el hiato involucra la pérdida de una de las vocales adyacentes. Un contexto que favorece la elisión es cuando las vocales adyacentes son idénticas e inacentuadas. Bajo estas condiciones, es necesario que el habla sea bastante lenta o enfática para que se conserven ambas vocales (p. ej. *teme errar* ['t̯e.me.e̯.'raɾ]). En el habla fluida, lo normal es que dos vocales idénticas e inacentuadas se reduzcan a una sola: ['t̯e.me̯.'raɾ], como se ve en la Figura 13.4b.

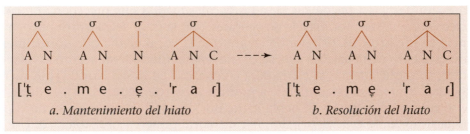

Figura 13.4 Elisión de vocal para evitar el hiato.

El motivo por el que es preferible sacrificar una de las dos vocales idénticas en vez de formar un núcleo compuesto es evidente. El español prohíbe los diptongos formados con vocales idénticas: *[aa̯], *[ee̯], *[oo̯], *[ii̯] y *[uu̯]. Esto hace que sea imposible acomodar las vocales de los hiatos [a.a], [e.e], [o.o], [i.i] y [u.u] dentro de un mismo núcleo compuesto.

PREFERENCIA POR EVITAR EL HIATO CON VOCALES IDÉNTICAS INACENTUADAS A TRAVÉS DE ELISIÓN			
buena artista	['bu̯e.na.ar.'t̯is.t̯a] ['bu̯e.nar.'t̯is.t̯a]	*para ayer*	[pa.ra.a.'je̯r] [pa.ra.'je̯r]
déme espera	['d̯e.me.es.'pe.ra] ['d̯e.mes.'pe.ra]	*ese enano*	['e.se.e.'nã.no] ['e.se.'nã.no]
quiero oler	['ki̯e.ro.o.'le̯r] ['ki̯e.ro.'le̯r]	*sólo olimos*	['so.lo.o.'li.mos] ['so.lo.'li.mos]
casi iluso	['ka.si.i.'lu.so] ['ka.si.'lu.so]	*si ilustras*	[si.i.'lus.'t̯ras] [si.'lus.'t̯ras]
su uniforme	[su.u.ni.'fo̯r.me] [su.ni.'fo̯r.me]	*tu utopía*	[t̯u.u.t̯o.'pi.a] [t̯u.t̯o.'pi.a]

Las secuencias de vocales idénticas corroboran que el acento juega un papel central en determinar la probabilidad de que se resuelva el hiato. Si una de las dos vocales idénticas tiene acento, es menos probable que se pierda una de ellas (p. ej. *está arriba* [es.'ta.a.'ri.βa]). Además, si ambas vocales tienen acento, la probabilidad de que se resuelva el hiato es aun menor (p. ej. *está alto* [es.'ta.'al̯.to]).

La elisión también se favorece cuando las vocales convergentes concuerdan en el lugar de articulación. Más específicamente, cuando al encadenar las palabras se forma una secuencia de una vocal media e inacentuada seguida por una vocal alta con el mismo lugar de articulación, la primera de estas vocales puede perderse. Así, los hiatos [e.i] y [o.u], en que ambas vocales son anteriores o posteriores, se pueden resolver por medio de elidir la vocal media. La pronunciación rápida de las frases *te imitó* y *lo utilizó* sirve para ilustrar esta opción: [ti.mi.'to] y [lu.ti.li.'so]. A menor velocidad, el hiato se tiende a resolver por medio de fusión de sílabas en vez de elisión: [tei̯.mi.'to] y [lou̯.ti.li.'so]. El habla lenta, por su parte, favorece el mantenimiento del hiato: [te.i.mi.'to] y [lo.u.ti.li.'so]. Practique las tres posibilidades aumentando progresivamente la velocidad del habla cuando pronuncie los siguientes ejemplos.

PREFERENCIA POR RESOLVER EL HIATO CUANDO LAS VOCALES CONCUERDAN EN EL LUGAR DE ARTICULACIÓN			
arte ilícito	['ar.te.i.'li.si.to] ['ar.tei̯.'li.si.to] ['ar.ti.'li.si.to]	*voto unánime*	['bo.to.u.'nã.nĩ.me] ['bo.tou̯.'nã.nĩ.me] ['bo.tu.'nã.nĩ.me]
gente ilusa	['xen.te.i.'lu.sa] ['xen.tei̯.'lu.sa] ['xen.ti.'lu.sa]	*caso utópico*	['ka.so.u.'to.pi.ko] ['ka.sou̯.'to.pi.ko] ['ka.su.'to.pi.ko]
quiere imitar	['kie.re.i.mi.'tar] ['kie.rei̯.mi.'tar] ['kie.ri.mi.'tar]	*niño huraño*	['nĩ.ɲo.u.'ra.ɲo] ['nĩ.ɲou̯.'ra.ɲo] ['nĩ.ɲu.'ra.ɲo]
hombre inepto	['õm.bre.i.'nep.to] ['õm.brei̯.'nep.to] ['õm.bri.'nep.to]	*otro huracán*	['o.tro.u.ra.'kan] ['o.trou̯.ra.'kan] ['o.tru.ra.'kan]
parte inicial	['par.te.i.ni.'si̯al] ['par.tei̯.ni.'si̯al] ['par.ti.ni.'si̯al]	*tipo ufano*	['ti.po.u.'fa.no] ['ti.pou̯.'fa.no] ['ti.pu.'fa.no]

La vocal [a], siendo el fono más sonante de todos, es la menos apta para convertirse en semivocal puesto que tiene demasiada prominencia para funcionar como satélite. Su incapacidad para actuar como semivocal explica por qué, en el habla rápida, la vocal baja inacentuada tiende a elidirse cuando está en fin de palabra y seguida por cualquier otra vocal (p. ej. *para Inés* [pa.ri.ˈnes]). A menor velocidad, es posible que la vocal baja se conserve como el foco de un diptongo decreciente: [pa.rai̯.ˈnes], mientras que, en el habla lenta, se permite que ambas vocales retengan su silabicidad: [pa.ra.i.ˈnes].

POSIBILIDAD DE ELIDIR LA VOCAL BAJA INACENTUADA ANTE CUALQUIER VOCAL DE UNA PALABRA SIGUIENTE			
cama enorme	[ˈka.ma.e.ˈnoɾ.me]	*una esposa*	[ˈũ.na.es.ˈpo.sa]
	[ˈka.mãẽ̯.ˈnoɾ.me]		[ˈũ.nae̯s.ˈpo.sa]
	[ˈka.mẽ.ˈnoɾ.me]		[ˈũ.nes.ˈpo.sa]
sala oscura	[ˈsa.la.os.ˈku.ra]	*mala oferta*	[ˈma.la.o.ˈfeɾ.ta]
	[ˈsa.lao̯s.ˈku.ra]		[ˈma.lao̯.ˈfeɾ.ta]
	[ˈsa.los.ˈku.ra]		[ˈma.lo.ˈfeɾ.ta]
cosa inútil	[ˈko.sa.i.ˈnu.til]	*para iniciar*	[pa.ra.i.ni.ˈsi̯aɾ]
	[ˈko.sai̯.ˈnu.til]		[pa.rai̯.ni.ˈsi̯aɾ]
	[ˈko.si.ˈnu.til]		[pa.ri.ni.ˈsi̯aɾ]
para unificar	[pa.ra.u.ni.fi.ˈkar]	*piensa hurtar*	[ˈpi̯en.sa.ur.ˈtaɾ]
	[pa.rau̯.ni.fi.ˈkar]		[ˈpi̯en.sau̯r.ˈtaɾ]
	[pa.ru.ni.fi.ˈkar]		[ˈpi̯en.sur.ˈtaɾ]

13.6 ▦ El costo de resolver los hiatos ───────

Si bien es cierto que la fusión de sílabas y la elisión son estrategias eficientes para resolver los hiatos, hay que destacar que una es más costosa que la otra. La fusión de sílabas tiene el mérito de que permite conservar todos los fonos al mismo tiempo que se eliminan las sílabas sin ataque. Analicemos el ejemplo *Ve a orar* [ˈbe.a.o.ˈrar], donde se presentan dos hiatos. La Figura 13.5 ilustra cómo la fusión de sílabas ajusta la estructura de esta frase. La observación que hay que hacer es que, aunque se produce una reducción en el número de sílabas, el número de

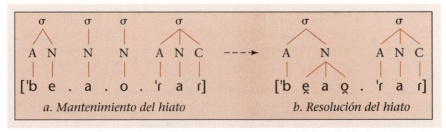

Figura 13.5 La fusión de sílabas reduce el número de sílabas sin sacrificar fonos.

fonos se mantiene constante. Pero note que acomodar los fonos de cuatro sílabas en sólo dos requiere complicar el núcleo de una de las sílabas. En este sentido, la fusión de sílabas no genera una estructura completamente satisfactoria, porque, aunque elimina el problema de tener sílabas sin ataque, crea una sílaba con estructura interna más compleja que la original.

La situación es diferente cuando la estrategia a la que se recurre para resolver los hiatos es la elisión. Tomemos como ejemplo la frase *Va a orar* [ˈba.a.o.ˈraɾ], cuyos hiatos podrían resolverse de dos maneras: [ˈbaọ.ˈraɾ] o [ˈbo.ˈraɾ]. La segunda de estas resoluciones es la que nos interesa. La Figura 13.6 muestra que la elisión permite evitar los hiatos sin añadir ningún peso adicional a la estructura de las sílabas. Sin embargo, esta estructura más simple implica tener que pagar un precio más alto porque es necesario sacrificar no sólo la silabicidad sino la estructura entera de una o más vocales. La conclusión es que la elisión conduce a la obtención de una mejor estructura silábica, pero también implica un mayor grado de infidelidad.

Figura 13.6 La elisión genera sílabas óptimas a expensas de la fidelidad.

A pesar del costo que se tiene que pagar para evitar el hiato, ya sea por fusión de sílabas o por elisión, el habla fluida y, especialmente, el habla rápida emplean estas estrategias con mucha frecuencia porque la eliminación de las sílabas sin ataque no sólo economiza sílabas, sino que también permite mejorar la transición de una sílaba a la próxima. Ambos efectos son positivos cuando se trata de acelerar la velocidad del habla.

PRÁCTICAS

Práctica 1

Escuche y repita las siguientes frases en las que dos vocales acentuadas están en contacto. Aunque es cierto que el habla rápida desfavorece los hiatos, el acento fortalece a las vocales que cuentan con esa propiedad y les permite retener su silabicidad. Transcriba la pronunciación de estas frases con hiato.

    salí antes   [sa.'li.'an̯.t̯es]

1. *café árabe* _____
2. *José iba* _____
3. *así éramos* _____
4. *pedí otra* _____
5. *pintó íconos* _____
6. *mató águilas* _____
7. *iglú alto* _____
8. *tabú íntimo* _____
9. *olí humo* _____
10. *vendí ollas* _____

11. *iré hoy* _____
12. *seré único* _____
13. *rompí ocho* _____
14. *comí uvas* _____
15. *usó útiles* _____
16. *duró horas* _____
17. *ragú óptimo* _____
18. *vudú ético* _____
19. *recibí uno* _____
20. *dirigí eso* _____

Práctica 2

Escuche y repita las siguientes frases en las que una vocal alta inacentuada está en contacto con una vocal siguiente. Aunque el habla lenta permite que tales frases se pronuncien con hiato, el habla fluida favorece la resolución del hiato por medio de fusión de sílabas. Transcriba la pronunciación fluida.

    ni opina   [ni̯o.'pi.na]   *tu esposa*   [t̯u̯es.'po.sa]

1. *mi alcoba* _____
   mi ataque _____
2. *si alumbra* _____
   si aclaro _____
3. *ni elige* _____
   ni excluye _____
4. *mi oficio* _____
   mi ocaso _____
5. *si admite* _____
   si acepta _____

6. *tu anillo* _____
   tu aliado _____
7. *su hipótesis* _____
   su inocencia _____
8. *tu estufa* _____
   tu especie _____
9. *su oficina* _____
   su obsequio _____
10. *tu alivio* _____
   tu abuelo _____

Práctica 3

Escuche y repita las siguientes frases en las que una vocal media inacentuada está en contacto con una vocal siguiente. Mientras el habla lenta permite que tales frases se pronuncien con hiato, el habla fluida favorece la resolución del hiato por medio de fusión de sílabas. El habla rápida, por su parte, promueve la cerrazón de la semivocal media. Transcriba la pronunciación fluida y la pronunciación rápida.

me ofende [me̞o.ˈfe̞n̪.d̪e]
[mi̞o.ˈfe̞n̪.d̪e]

lo elimino [lo̞e.li.ˈmĩ.no]
[lu̞e.li.ˈmĩ.no]

1. *le asigno* _____
_____

2. *me obliga* _____
_____

3. *me orienta* _____
_____

4. *se asusta* _____
_____

5. *te ofuscas* _____
_____

6. *de arena* _____
_____

7. *me operas* _____
_____

8. *lo acuso* _____
_____

9. *eso espero* _____
_____

10. *todo esto* _____
_____

11. *lo adapta* _____
_____

12. *poco espeso* _____
_____

13. *como ella* _____
_____

14. *palo alto* _____
_____

Práctica 4

Escuche y repita las siguientes frases en las que una vocal alta/media inacentuada está en contacto con una vocal precedente. Mientras el habla lenta permite que tales frases se pronuncien con hiato, el habla fluida favorece la resolución del hiato por medio de fusión de sílabas. Transcriba la pronunciación fluida.

va oculto [bão̞.ˈku̞l̪.t̪o]

da elogios [d̪ãe̞.ˈlo̞.xi̞os]

1. *pasó Elisa* _____

2. *está enojado* _____

3. *allá estaba* _____

4. *rezó Estela* _____

5. *dirá excusas* _____

6. *veré hoteles* _____

7. *será opcional* _____

8. *irá Orlando* _____

9. *haré ojales* _____

10. *saldrá Ofelia* _____

Práctica 5

Escuche y repita las siguientes frases en las que dos vocales idénticas inacentuadas están en contacto. Si bien es cierto que al hablar lentamente es posible que tales vocales se pronuncien en hiato, el habla fluida favorece la elisión de una de ellas. Transcriba la pronunciación fluida.

ese espejo   ['e.ses.'pe̞.xo]

1. *era Alicia* _____
   pera amarga _____

2. *teme herirme* _____
   doce hebillas _____

3. *sólo oliste* _____
   lo omitiste _____

4. *casi iguala* _____
   zombi iluso _____

5. *tribu ufana* _____
   su universo _____

6. *una argolla* _____
   para allá _____

7. *tiene estilo* _____
   trece esferas _____

8. *eso obstruye* _____
   todo ocurre _____

9. *taxi ilegal* _____
   ni intenta _____

10. *tu urgencia* _____
    su urólogo _____

Práctica 6

Escuche y repita las siguientes frases en las que hay tres o más vocales en contacto. Recuerde que la posibilidad de que un núcleo compuesto llegue a albergar un máximo de cinco vocales depende de que el grupo no contenga más que una vocal acentuada y de que se respete el principio de la secuencia de sonancia. Transcriba la pronunciación fluida de estas frases.

especie autóctona   [es.'pe.si̯e̯au̯.'tok.to.na]

1. *rubia insolente* _____
2. *continuó esperando* _____
3. *dominio europeo* _____
4. *fue a Holanda* _____
5. *Lo ha obligado* _____
6. *Vea a Aurora* _____
7. *Odié a Isabel* _____
8. *Odio a Eunice* _____

Prácticas adicionales

Visite http://www.prenhall.com/estructuradelossonidos/.

Unidad 6

Las consonantes

Las semiconsonantes

Ya hicimos la observación de que las semiconsonantes no son consonantes muy eficientes debido al poco grado de cierre con que se articulan. Esto empalma con el hecho de que el inventario de fonemas del español sólo incluye un fonema semiconsonántico, /j/, cuya frecuencia de uso es bastante baja (0,4%). A pesar de su baja frecuencia, el carácter fonémico de la semiconsonante /j/ es incuestionable, dado que existen pares mínimos como *yema* ['je.ma] 'yolk' versus *lema* ['le.ma] 'motto' u *hoyo* ['o.jo] 'hole' versus *oro* ['o.ɾo] 'gold', los cuales demuestran que /j/ contrasta con otras consonantes con las que está en distribución libre.

Un aspecto interesante de la semiconsonante /j/ es que su alta sonancia la hace propensa a sufrir diversos cambios, los cuales la convierten en una consonante más eficiente por medio de aumentar su grado de cierre. La pronunciación común de *yema* y *hoyo* como ['j̝e.ma] y ['o.j̝o] tiene su origen en esta tendencia. En este capítulo veremos que, además de su alófono fiel, el fonema /j/ tiene múltiples alófonos infieles, los cuales reflejan la amplia gama de variación fonológica que existe entre dialectos.

14.1 ■ La semiconsonante palatal sonora /j/

Entre los diecinueve fonemas consonánticos que tiene el español, la semiconsonante /j/ ocupa la decimoséptima posición por ocurrir con una frecuencia de 0,4%. La letra con la que tradicionalmente se ha representado este fonema en ortografía española es *y* (p. ej. *ayuno* [a.'ju.no] 'fasting', *mayor* [ma.'joɾ] 'older').

14.1.1 Articulación del alófono fiel [j]

La articulación de la consonante [j] tiene mucho en común con la de la vocal [i] porque en ambas el dorso actúa complementado por la corona. Mientras el dorso se eleva hacia el paladar, la corona avanza para apoyarse contra los dientes inferiores (refiérase a la Figura 14.1a). Los lados del dorso se adhieren a los molares y encías superiores, pero su superficie central no hace contacto con el paladar sino que forma un pasaje alargado relativamente amplio (Figura 14.1b). La amplitud de este pasaje permite que el aire salga por allí sin producir fricación (Figura 14.1c). La principal diferencia con la articulación de [i] tiene que ver con la forma y el tamaño del pasaje central. En lugar de ser redondeado, el pasaje que se crea en [j] es aplanado y menos amplio que el de [i]. El velo ascendido bloquea el paso del aire por la nariz. Las cuerdas vocales vibran.

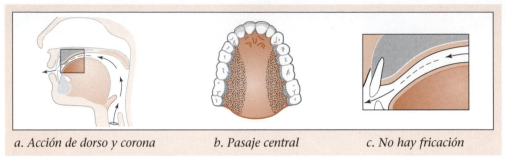

a. Acción de dorso y corona   *b. Pasaje central*   *c. No hay fricación*

Figura 14.1 Articulación del alófono [j].

Ejemplos:

yate	[ˈja.t̪e]	*piyama*	[pi.ˈja.ma]	*playa*	[ˈpla.ja]
yeso	[ˈje.so]	*cabuya*	[ka.ˈβu.ja]	*suyo*	[ˈsu.jo]
yudo	[ˈju.ð̞o]	*yeyuno*	[je.ˈju.no]	*joya*	[ˈxo.ja]
yoga	[ˈjo.ɣa]	*papaya*	[pa.ˈpa.ja]	*soya*	[ˈso.ja]
yermo	[ˈje̞r.mo]	*payaso*	[pa.ˈja.so]	*chuyo*	[ˈt͡ʃu.jo]

14.2 ■ Semiconsonante vs. semivocal

Un reto que plantea la identificación del fonema /j/ es que su alófono fiel, [j], suena muy similar a la semivocal [i̯], la cual es uno de los alófonos infieles del fonema /i/. La gran similitud que existe entre [j] e [i̯] hace que el criterio más confiable que podemos usar para distinguir estos fonos sea la posición silábica que ocupan. La semiconsonante [j] se ubica en el ataque, que es la posición prototípica para las consonantes (p. ej. *yate* [ˈja.t̪e] 'yacht'). En contraste, la semivocal [i̯] se comporta más como una vocal porque la posición silábica donde se ubica es el interior de un núcleo compuesto (p. ej. *hiato* [ˈi̯a.t̪o] 'hiatus'). Examine las representaciones de la Figura 14.2.

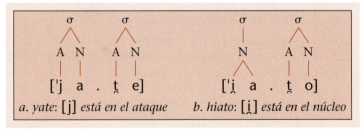

a. yate: [j] está en el ataque   *b. hiato: [i̯] está en el núcleo*

Figura 14.2 [j] y [i̯] ocupan posiciones silábicas diferentes.

Esta diferencia en posición silábica hace que la semiconsonante [j] y la semivocal [i̯] se comporten de manera diferente. Siendo parte del núcleo, la semivocal alta constituye un elemento óptimo para desempeñar el papel de satélite dentro de un diptongo, por lo que no es necesario que se le haga ningún ajuste articulatorio. En contraste, la semiconsonante es muy propensa a cambiar porque, al ocupar la posición de ataque, enfrenta el inconveniente de que es demasiado sonante para ser un buen margen silábico. No es sorprendente, entonces, que muchos dialectos recurran a diversos procesos fonológicos para convertir el fonema /j/ en un fono más apto para actuar como ataque (vea la Figura 14.3). En el español de Uruguay, por ejemplo, el alófono [j] del fonema /j/ es reemplazado regularmente por la consonante [ʃ] (p. ej. *yate* [ˈʃa.t̪e] 'yacht'). En virtud de ser fricativa, esta variante tiene un valor de sonancia más bajo que el de [j], lo cual la hace capaz de crear un mejor contraste de sonancia con el núcleo de la sílaba.

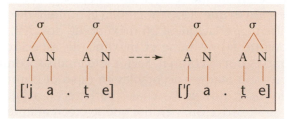

Figura 14.3 /j/ se realiza como [ʃ] para obtener un mejor ataque.

La semivocal [i̯] no tiene necesidad de experimentar este cambio porque, siendo parte del núcleo, es bueno que conserve su alta sonancia. Pares mínimos como *yerro* [ˈʃe̞.ro̞] 'error' versus *hierro* [ˈi̯e̞.ro̞] 'iron' o *yerba* [ˈʃe̞r.ba] 'yerba mate' versus *hierba* [ˈi̯e̞r.ba] 'weed' muestran que el contraste basado en posición silábica se realza cuando va complementado por una diferencia en la manera de articulación.

14.3 ▮ Distribución

El término **distribución** se refiere al conjunto de posiciones donde un fono o grupo de fonos puede ocurrir. A continuación, veremos que la distribución del único fonema semiconsonántico que tiene el español es bastante limitada. Por ser un sonido consonántico, el fonema /j/ es más compatible con los márgenes que con el núcleo de la sílaba (p. ej. *yoyo* [ˈjo.jo] 'yo-yo'). Esto contrasta con el comportamiento del fonema /i/, que a pesar de ser muy similar a /j/, es más compatible con la posición de núcleo porque es vocálico (p. ej. *mili* [ˈmi.li] 'army'). A raíz de esto, /j/ normalmente forma sílaba con una vocal, mientras que /i/ normalmente forma sílaba con una consonante.

Si bien es verdad que la semiconsonante /j/ es más compatible con los márgenes que con el núcleo de la sílaba, no ambos márgenes silábicos la permiten. Dado que el español prohíbe las consonantes palatales en fin de sílaba, /j/ no tiene la opción de ocupar la coda silábica. La observación que hay que hacer a este respecto es que ninguno de los tres fonemas palatales, /j, ʎ, ɲ/, tiene valor distintivo en posición final de sílaba. Así, aunque existen palabras como *vaya* [ˈba.ja] 'may s/he go', *valla* [ˈba.ʎa] 's/he fences' y *baña* [ˈba.ɲa] 's/he bathes', donde las consonantes palatales son iniciales de sílaba, no existen palabras como *[ˈbaj], *[ˈbaʎ] o *[ˈbaɲ], donde esas mismas consonantes serían finales de sílaba.

La causa de esto es que, además de desfavorecer las consonantes no coronales en la coda, el español prohíbe que dicha posición esté ocupada por consonantes que emplean más de un articulador de lugar.

El acatamiento de las condiciones anteriores limita la distribución de la semi-consonante /j/ al ataque, donde se le concede la opción de ser inicial o interna de palabra (p. ej. *yodo* ['jo.ð̞o] 'iodine', *tuyo* ['t̪u.jo] 'yours'). Hay que precisar, sin embargo, que aun en el ataque, la semiconsonante no tiene libertad total, dado que no participa en ataques compuestos. Esto es inesperado si tenemos en cuenta que, por ser una consonante de alta sonancia, /j/ debería poder actuar como el segundo elemento de un ataque compuesto (p. ej. oclusiva + semiconsonante). Una posible explicación es que el español limita el número de especificaciones de lugar que se permiten en el ataque a un máximo de dos. Así, un ataque simple con la semiconsonante [j] ya tiene el máximo de especificaciones de lugar, puesto que este fono es dorso-coronal. Según este análisis, combinaciones como *[pj], *[t̪j] y *[kj] no son ataques aceptables en español porque involucran tres especificaciones de lugar, dos de las cuales pertenecen a [j]. El inglés, por su parte, al no tener esta restricción, permite que se creen ataques compuestos que incluyen más de dos especificaciones de lugar (p. ej. los ataques de *pure* [pʰj], *cure* [kʰj], *spray* [spɹ], *stray* [stɹ], *scrape* [skɹ], etc.).

De las observaciones anteriores se desprende que palabras como *tiene* y *cliente* no contienen [j] en el ataque de su sílaba inicial. En vez de un ataque compuesto con la semiconsonante [j], las sílabas iniciales de estas palabras contienen un núcleo compuesto con la semivocal [i̯]: ['t̪i̯e.ne] y ['kli̯en̪.te]. La prueba es que, al comparar *tiene* ['t̪i̯e.ne] con una palabra relacionada como [te.'ner̞], vemos que el diptongo [i̯e] alterna con el monoptongo [e], lo cual significa que [i̯e] es una variante de [e]. Fíjese, además, que si asumiéramos que la *i* de la secuencia *ie* no representa la semivocal [i̯] de un diptongo, sino la semiconsonante [j] de un ataque compuesto, la sílaba inicial de *cliente* sería anómala porque tendría un total de 3 fonos en el ataque (p. ej. *[klj]). Esto es problemático porque sería un absoluto misterio por qué otros ataques compuestos por más de dos conso-nantes no son posibles en español. La conclusión más general que podemos sacar de lo discutido en esta sección es que el español limita la distribución del fonema /j/ a la posición de ataque simple (p. ej. *yeyuno* [je.'ju.no] 'jejunum').

14.4 ◼ El yeísmo

Un fenómeno sobresaliente en la evolución del español es la pérdida del fonema lateral palatal /ʎ/ y su sustitución con la semiconsonante palatal /j/. Resulta que, mientras que en el español antiguo estos dos fonemas distinguían pares mínimos como *rayo* ['ra.jo] 'ray' versus *rallo* ['ra.ʎo] 'grater', en el español moderno esa distinción se ha venido perdiendo a expensas de la lateral palatal. Así, en la ma-yoría de los dialectos del español moderno *rayo* y *rallo* son palabras homófonas. Las dos se pronuncian con [j] o una de sus variantes. A la neutralización de los fonemas /ʎ/ y /j/ en favor de /j/ se le llama **yeísmo** y los dialectos donde esto ocurre se conocen como **yeístas**.

Una consecuencia del yeísmo es que las palabras que antes contenían el fonema /ʎ/ se han reinterpretado, de modo que ahora contienen el fonema /j/ en su lugar. Es decir que, para los hablantes yeístas, la representación mental de palabras como *lleno* y *sello* no es /ʎeno/ y /seʎo/ sino /jeno/ y /sejo/. Este cambio ha incrementado el uso del fonema /j/, dado que, en los dialectos yeístas, todas las palabras que se escriben con *ll* ahora son parte del inventario de palabras que se pronuncian con la semiconsonante palatal: ['je.no] y ['se.jo]. Metafóricamente hablando, podemos decir que el fonema /j/ ha invadido el espacio funcional del fonema /ʎ/, lo cual ha acarreado la aniquilación de este último.

El yeísmo es un fenómeno de origen urbano que, gracias a los medios de comunicación modernos, se ha venido extendiendo con gran rapidez hacia las zonas rurales. El resultado es que la gran mayoría del mundo hispanohablante es ahora yeísta. Esto no significa, sin embargo, que los dialectos yeístas sean uniformes. En realidad, existen varias formas de yeísmo, debido a que el fonema /j/ tiende a sufrir diversos cambios que lo convierten en un fono más compatible con la posición de ataque silábico. La mayoría de los dialectos yeístas favorecen la realización del fonema /j/ como la fricativa palatal sonora [ʝ], de modo que una palabra como *talla* ['t̪a.ja] 'size' se pronuncia ['t̪a.ʝa]. Este cambio de sonido constituye un tipo de fortalecimiento consonántico porque tiene el efecto de aumentar el grado de constricción de la consonante. Recuerde que la calidad de una consonante es mejor cuando su constricción es severa porque así se crea un mayor impedimento a la salida del aire.

En otros dialectos yeístas, el fortalecimiento de /j/ crea la fricativa alveopalatal sonora [ʒ] o su contrapartida sorda [ʃ], las cuales suenan como el sonido final de las palabras inglesas *beige* y *bash*, respectivamente. Así, la palabra *talla* también se puede pronunciar ['t̪a.ʒa] o ['t̪a.ʃa]. Existe, además, la posibilidad de que el fonema /j/ se fortalezca hasta el punto de convertirse en la africada palatal sonora [ɟ͡ʝ] o la africada alveopalatal sonora [d͡ʒ] (p. ej. *talla* ['t̪a.ɟ͡ʝa] o ['t̪a.d͡ʒa]). Los dos últimos alófonos representan el máximo grado de fortalecimiento dado que las africadas (o semioclusivas) se articulan con el mayor grado de constricción posible. Aunque la africada [ɟ͡ʝ] es un sonido nuevo para usted, [d͡ʒ] le resultará bastante familiar porque se usa regularmente en inglés (p. ej. *judge* ['d͡ʒʌd͡ʒ]). A continuación pasamos a discutir la articulación de cada uno de los alófonos infieles del fonema /j/.

14.5 ■ El fortalecimiento de /j/

En la mayoría de los dialectos, la conversión del fonema /j/ en consonantes más cerradas (menos sonantes) está condicionada por los fonos con los que la semiconsonante esté en contacto. En posición postvocálica (después de vocal), es común que el fortalecimiento sea moderado, lo cual resulta en la consonante fricativa palatal sonora [ʝ]. A este cambio se le llama fricativización, porque genera una consonante de tal tipo.

14.5.1 Articulación del alófono [ʝ]

La principal diferencia articulatoria entre la fricativa palatal [ʝ] y la semiconsonante palatal [j] es el grado de cierre. Aunque en ambos casos la corona colabora con el dorso para formar un pasaje alargado contra el paladar, la amplitud del pasaje es menor en [ʝ] que en [j] (compare la Figura 14.4 con 14.1). La estrechez del pasaje de [ʝ] presenta un mayor obstáculo al paso del aire, lo cual hace que el aire haga fricción contra las superficies del pasaje. El efecto acústico que esto tiene es que, a diferencia de [j], la fricativa [ʝ] va acompañada de ruido turbulento (fricación). En todo lo demás, la articulación de [ʝ] es idéntica a la de [j], lo cual significa que [ʝ] es simplemente una forma más cerrada de [j]. Pronuncie los siguientes ejemplos alternando entre [j] y [ʝ].

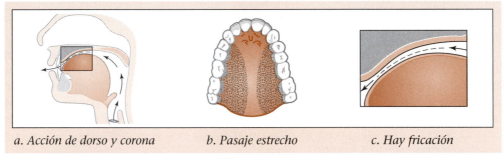

a. Acción de dorso y corona   b. Pasaje estrecho   c. Hay fricación

Figura 14.4 Articulación del alófono [ʝ].

Ejemplos:

mayo	['ma.jo] ~ ['ma.ʝo]		*boya*	['bo.ja] ~ ['bo.ʝa]
bello	['be.jo] ~ ['be.ʝo]		*pillo*	['pi.jo] ~ ['pi.ʝo]
falla	['fa.ja] ~ ['fa.ʝa]		*maya*	['ma.ja] ~ ['ma.ʝa]
suya	['su.ja] ~ ['su.ʝa]		*bulla*	['bu.ja] ~ ['bu.ʝa]
milla	['mi.ja] ~ ['mi.ʝa]		*raya*	['ra.ja] ~ ['ra.ʝa]

En **posición postpausal**, **postnasal** y **postlateral**, el fonema /j/ es susceptible a sufrir un intenso fortalecimiento, que resulta en la consonante africada palatal sonora [ɟ͡ʝ] (p. ej. *yugo* ['ɟ͡ʝu.ɣo] 'yoke', *un yugo* ['uɲ.'ɟ͡ʝu.ɣo], *el yugo* [eʎ.'ɟ͡ʝu.ɣo]).

14.5.2 Articulación del alófono [ɟ͡ʝ]

La constricción de la africada palatal [ɟ͡ʝ] también la crea el dorso complementado por la corona. La diferencia con [ʝ] es que la formación del pasaje alargado y estrecho va precedida por una fase inicial en la que el dorso y parte de la lámina se adhieren al paladar (vea la Figura 14.5). La presencia de ambas fases hace que [ɟ͡ʝ] cuente con una interrupción momentánea del flujo de aire seguida por un escape de ruido turbulento. A lo largo de ambas fases, el velo se mantiene ascendido y las cuerdas vocales vibran.

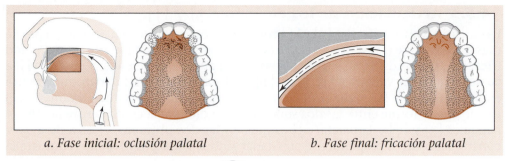

a. Fase inicial: oclusión palatal b. Fase final: fricación palatal

Figura 14.5 Articulación del alófono [ɟ͡ʝ].

Ejemplos:

yema	['ɟ͡ʝe.ma]	un lloro	['ũɲ.'ɟ͡ʝo.ro]	el llano	[ẹʎ.'ɟ͡ʝa.no]
yace	['ɟ͡ʝa.se]	un yeso	['ũɲ.'ɟ͡ʝe.so]	el yodo	[ẹʎ.'ɟ͡ʝo.ð̞o]
lleva	['ɟ͡ʝe.β̞a]	un yunke	['ũɲ.'ɟ͡ʝuɲ.ke]	el yeso	[ẹʎ.'ɟ͡ʝe.so]
llora	['ɟ͡ʝo.ra]	sin llave	[siɲ.'ɟ͡ʝa.β̞e]	el yate	[ẹʎ.'ɟ͡ʝa.t̪e]
yuca	['ɟ͡ʝu.ka]	con lluvia	[koɲ.'ɟ͡ʝu.β̞i̞a]	el lleno	[ẹʎ.'ɟ͡ʝe.no]

La realización del fonema /j/ como [ɟ͡ʝ] constituye un proceso de **africación**, o sea, la formación de una africada. El motivo por el que la africación se favorece en posición postnasal y postlateral es que las secuencias de nasal + C y lateral + C se producen coarticuladas. Esto quiere decir que los gestos articulatorios de las dos consonantes se combinan. Fíjese que la consonante nasal o lateral se convierte en palatal, [ɲ] o [ʎ], por influencia de la consonante palatal siguiente. Similarmente, el fonema palatal /j/ adopta la interrupción del flujo central que ocurre en la consonante nasal o lateral que la precede.

En posición postpausal, el fortalecimiento del fonema /j/ es más bien variable. La africación suele ocurrir en el habla lenta o enfática, especialmente cuando la sílaba inicial está acentuada (p. ej. *¡Llámame!* [‖'ɟ͡ʝa.mã.me‖]). En contraste, el habla rápida o informal favorecen el uso del alófono fricativo [ʝ], especialmente si la sílaba inicial está inacentuada (p. ej. *Yolanda vino* [‖ʝo.'laṇ.d̪a.'β̞i.no‖]). La razón por la que la africación puede ocurrir en posición postpausal es que la presencia de una pausa normalmente implica que el tracto vocal está cerrado. Esto, sumado al hecho de que las sílabas acentuadas se producen con mayor intensidad, contribuye a que la consonante inicial de un enunciado que empieza con sílaba acentuada se articule más cerrada.

Paralelamente a lo descrito arriba, existe una ruta alternativa que el fortalecimiento de la semiconsonante /j/ puede tomar. En la pronunciación de algunas regiones, tanto de España como de Hispanoamérica, el incremento en el cierre de la constricción va acompañado de un avance en el lugar de articulación. La reducción en el tamaño del pasaje de [ʝ] y su avance hacia la zona alveolar resultan en las consonantes fricativas alveopalatales [ʒ] o [ʃ] (p. ej. *cabello* [ka.'β̞e.ʒo] o [ka.'β̞e.ʃo] 'hair').

14.5.3 Articulación de los alófonos [ʒ] y [ʃ]

Las fricativas alveopalatales [ʒ] y [ʃ] comparten con [ʝ] la formación de un pasaje más estrecho que el de [j], a través del cual el aire sale forzadamente produciendo fricación. Esto indica que, en el eje vertical, el ajuste que se hace al pasar de [j] a cualquiera de las variantes [ʝ], [ʒ] o [ʃ] es el mismo. Se produce un incremento en la elevación de la lengua hacia el cielo de la boca, lo cual reduce el tamaño del pasaje que se forma entre las dos superficies. La diferencia crucial entre las alveopalatales [ʒ] y [ʃ] y la palatal [ʝ] es que, en las dos primeras, el área de mayor constricción no es propiamente el paladar sino la zona postalveolar (compare la Figura 14.6a con 14.4a). Este cambio en el eje horizontal es una consecuencia de que el articulador de lugar primario no es el dorso sino la corona. Más específicamente, lo que sucede en [ʒ] y [ʃ] es que el pasaje estrecho se forma acercando la lámina a la protuberancia alveolar, como confirma el palatograma en la Figura 14.6b. Hay que reconocer, sin embargo, que el predorso juega un papel auxiliar porque se eleva y adquiere forma convexa para ayudar a dirigir la corriente de aire por el pasaje lamino-postalveolar.

Luego de sobrepasar el pasaje estrecho, la corriente de aire encuentra un segundo obstáculo, que es la cara interior de los dientes (vea la Figura 14.6c). Al chocar violentamente contra esta superficie, se produce un aumento en el nivel de ruido. A ese ruido adicional se le da el nombre de estridencia y las consonantes que lo tienen se describen como **estridentes**. De esto se desprende que una diferencia adicional entre las alveopalatales [ʒ] y [ʃ] y la palatal [ʝ] es que las dos primeras son fricativas estridentes, mientras que la última es una fricativa **mate**, es decir, que no tiene mucho ruido. En cuanto a las dos variantes alveopalatales, la única diferencia entre ellas es que las cuerdas vocales vibran durante la producción de [ʒ], pero no durante [ʃ]. Verifique la diferencia en sonoridad poniéndose la mano en el cuello mientras pronuncia cada uno de estos fonos prolongadamente: [ʒʒʒʒʒʒ] contra [ʃʃʃʃʃʃ]. Usted notará que para pasar de [ʒ] a [ʃ] lo único que hay que hacer es eliminar la vibración de las cuerdas vocales: [ʒʒʒʃʃʃ].

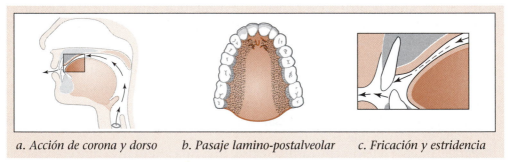

a. *Acción de corona y dorso*   b. *Pasaje lamino-postalveolar*   c. *Fricación y estridencia*

Figura 14.6 Articulación de los alófonos [ʒ] y [ʃ].

Ejemplos:

llanura	[ʒa.ˈnu.ɾa]	~ [ʃa.ˈnu.ɾa]	*sello*	[ˈse.ʒo]	~ [ˈse.ʃo]
ensayo	[ẽn.ˈsa.ʒo]	~ [ẽn.ˈsa.ʃo]	*puya*	[ˈpu.ʒa]	~ [ˈpu.ʃa]
botella	[bo.ˈte.ʒa]	~ [bo.ˈte.ʃa]	*mella*	[ˈme.ʒa]	~ [ˈme.ʃa]
yeyuno	[ʒe.ˈʒu.no]	~ [ʃe.ˈʃu.no]	*vaya*	[ˈba.ʒa]	~ [ˈba.ʃa]
medalla	[me.ˈð̞a.ʒa]	~ [me.ˈð̞a.ʃa]	*talla*	[ˈt̪a.ʒa]	~ [ˈt̪a.ʃa]

El estadio final de esta ruta de fortalecimiento corresponde a la posibilidad de aumentar la constricción hasta el punto de que la lámina se adhiera a la zona postalveolar antes de que se forme el pasaje estrecho. Cuando esto sucede se crea la consonante africada alveopalatal sonora [d͡ʒ].

14.5.4 Articulación del alófono [d͡ʒ]

La articulación de [d͡ʒ] tiene en común con la de [ʒ] y [ʃ] que la constricción se forma por la acción de la lámina en coordinación con el predorso. A raíz de esto, el lugar crítico de la constricción es la zona postalveolar y no propiamente el paladar. Lo que diferencia a [d͡ʒ] de [ʒ] y [ʃ] es que la formación del pasaje lamino-postalveolar va precedida por un instante en el que la lámina y el predorso hacen contacto con la zona postalveolar (vea la Figura 14.7). Así se crea una fase inicial, en la que el flujo se interrumpe momentáneamente, y una fase final, en la que se permite que el aire salga forzadamente por el pasaje estrecho. De camino hacia fuera, la corriente de aire choca a gran velocidad contra la superficie de los dientes, lo cual hace que [d͡ʒ] también sea un sonido estridente (Figura 14.7b).

Al comparar las tres variantes alveopalatales, notamos que aunque todas ellas se alejan del fonema /j/ con respecto al grado y el lugar de la constricción, [ʒ] y [d͡ʒ] se mantienen más fieles que [ʃ] en el sentido de que ésta pierde la sonoridad, mientras que aquéllas la preservan. Finalmente, cabe resaltar que en la articulación de todas estas consonantes, el ascenso del velo es un gesto crucial. Fíjese que, si se permitiera que el velo quedara descendido, se produciría un escape de aire por la cavidad nasal, lo cual haría que la acumulación de aire detrás de la constricción lamino-postalveolar fuera insuficiente para obtener la alta velocidad que se requiere para producir la fricación y estridencia típica de estos fonos.

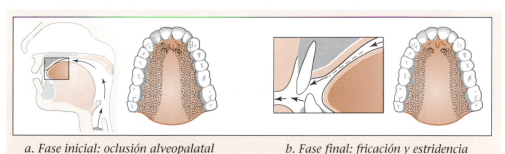

a. Fase inicial: oclusión alveopalatal   *b. Fase final: fricación y estridencia*

Figura 14.7 Articulación del alófono [d͡ʒ].

Ejemplos:

anillo	[ã.ˈni.d͡ʒo]	*cónyuge*	[ˈkon̪.d͡ʒu.xe]	*saya*	[ˈsa.d͡ʒa]
rayado	[ra.ˈd͡ʒa.ð̞o]	*cebolla*	[se.ˈβo.d͡ʒa]	*bella*	[ˈbe.d͡ʒa]
velludo	[be.ˈd͡ʒu.ð̞o]	*cepillo*	[se.ˈpi.d͡ʒo]	*poyo*	[ˈpo.d͡ʒo]
gallina	[ga.ˈd͡ʒi.na]	*inyectar*	[ĩn.d͡ʒe̞k.ˈt̪ar]	*milla*	[ˈmi.d͡ʒa]
payaso	[pa.ˈd͡ʒa.so]	*tocayo*	[t̪o.ˈka.d͡ʒo]	*tuyo*	[ˈtu.d͡ʒo]

En resumen, el fortalecimiento de la semiconsonante [j] puede seguir dos rutas. La mayoría de los dialectos siguen la ruta [j] ⇒ [ʝ] ⇒ [ɟ͡ʝ], prefiriéndose la variante africada en posición postpausal, postnasal y postlateral y la variante fricativa en las demás posiciones. En otros dialectos, la ruta que se prefiere tomar es [j] ⇒ [ʒ]/[ʃ] ⇒ [d͡ʒ], donde la constricción no sólo aumenta sino que se desplaza hacia adelante, promoviendo así el surgimiento de estridencia. Los dialectos que toman la segunda ruta pueden favorecer el uso de [ʒ], [ʃ] o [d͡ʒ] en todos los contextos. Así, por ejemplo, [d͡ʒ] puede usarse no solamente después de pausa o consonante, sino también después de vocal (p. ej. *yunque* ['d͡ʒuŋ.ke] 'anvil', *un yunque* ['ũn̪.'d͡ʒuŋ.ke], *ese yunque* ['e.se.'d͡ʒuŋ.ke]). Similarmente, [ʒ] o [ʃ] pueden usarse no solamente después de vocal, sino también después de pausa o consonante (p. ej. *ese yunque* ['e.se.'ʒuŋ.ke], *un yunque* ['ũn̪.'ʒuŋ.ke], *yunque* ['ʒuŋ.ke]).

14.6 ▦ Consonantización de las vocales altas

La **consonantización** es el proceso fonológico por el cual un fonema vocálico se transforma en un alófono consonántico: /V/ → [C]. En español, las vocales que sufren este proceso son los fonemas /i/ y /u/. La consonantización de las vocales altas se favorece cuando son el primer elemento de un diptongo que pertenece a una sílaba sin ataque (p. ej. *hielo* 'ice', *hueco* 'hole'). Así, en la mayoría de los dialectos, la pronunciación de *hielo* y *hueco* es ['ie̯.lo] y ['ue̯.ko] en el habla esmerada, pero ['ɟ͡ʝe.lo] y ['gʷe.ko] en el habla descuidada. La opción que ofrece el habla descuidada de sustituir [i̯] con [ɟ͡ʝ] y [u̯] con [gʷ] revela que los fonemas /i/ y /u/ sufren un tipo de fortalecimiento similar al que vimos para el fonema /j/. El fortalecimiento de /i/ y /u/ difiere, sin embargo, en que el fono afectado experimenta un cambio de posición silábica. Observe en la Figura 14.8 que, al convertirse en consonante, el fonema /i/ ya no puede ser parte del núcleo y tiene que ser transferido a la posición de ataque silábico.

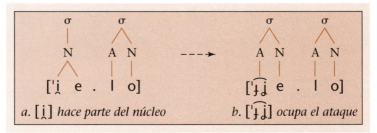

a. [i̯] *hace parte del núcleo*   b. ['ɟ͡ʝ] *ocupa el ataque*

Figura 14.8 La consonantización implica un cambio de posición silábica.

El cambio de posición silábica está directamente relacionado con la causa de la consonantización. La vocal alta se consonantiza para evitar que la sílaba carezca de ataque. Fíjese que, como la sílaba inicial de una palabra que comienza con un diptongo creciente tiene dos fonos vocálicos en el núcleo (p. ej. *hiel* ['i̯el] 'bile'), es ventajoso usar el primero de ellos para llenar la posición de ataque que está vacía: ['ɟ͡ʝel]. Es de esperar que cuando la vocal pasa a ocupar el ataque se le aplique la consonantización porque eso la hace acorde con su nueva posición silábica. En contraste, cuando la sílaba a la que pertenece el diptongo creciente ya tiene una consonante en el ataque (p. ej. *piel* ['pi̯el] 'skin'), no es necesario transferir un elemento del núcleo al ataque porque el ataque no está vacío. Esto explica por qué la consonantización nunca ocurre en sílabas que ya tienen una consonante inicial.

Además de [ɟ͡ʝ] y [gʷ], la consonantización de las vocales altas puede generar alófonos consonánticos que se articulan con un menor grado de cierre. Resulta que mientras que las posiciones postpausal, postnasal y postlateral favorecen los alófonos (semi)oclusivos [ɟ͡ʝ] y [gʷ], la posición postvocálica facilita el uso de los alófonos fricativos [ʝ] y [ɣʷ] o de los alófonos semiconsonánticos [j] y [w]. Antes de practicar estas alternancias, conviene que veamos en qué consiste la articulación de las consonantes dorso-labiales [w], [ɣʷ] y [gʷ].

14.6.1 Articulación de los alófonos [w], [ɣʷ] y [gʷ]

La participación del dorso en colaboración con los labios es una propiedad articulatoria que relaciona las consonantes [w], [ɣʷ] y [gʷ] con el fonema vocálico al que representan: la vocal /u/. Lo que caracteriza a los tres alófonos consonánticos es que, en vez de formar una abertura como la que caracteriza a la vocal [u], el movimiento de los articuladores activos hacia los pasivos es más extenso, de modo que la constricción que se crea es más cerrada. A pesar de que la naturaleza vocálica de [u] se opone a la naturaleza consonántica de [w], [ɣʷ] y [gʷ], todos estos fonos tienen en común el hecho de articularse usando doble articulador de lugar: el dorso y los labios. Esto significa que pertenecen a una familia de fonos dorso-labiales.

En la semiconsonante [w], los labios son el articulador de lugar primario, mientras que el dorso es el articulador de lugar secundario. Los labios se acercan para formar un pasaje relativamente amplio por donde el aire escapa sin producir fricación (refiérase a la Figura 14.9a) y, mientras esto sucede, el postdorso se eleva hacia el velo para formar una abertura amplia. Hay que resaltar que, aunque la articulación de [w] involucra una constricción bilabial y otra dorsovelar, la primera es la que domina por ser ligeramente más cerrada. De acuerdo con esto, el lugar de articulación de [w] es exactamente **bilabiovelar**.

En la articulación de la consonante [ɣʷ], el postdorso se eleva hacia el velo a fin de formar un pasaje estrecho por donde el aire pasa haciendo fricción (Figura 14.9b). Simultáneamente, los labios se acercan para formar un pasaje labial más amplio que el de [w]. La articulación de [gʷ] tiene mucho en común con la de [ɣʷ], pero difiere en que el ascenso del postdorso hacia el velo culmina con su adhesión a esa superficie, con lo cual se interrumpe momentáneamente el flujo de aire (Figura 14.9c). Usted puede comprobar en la Figura 14.9 que [ɣʷ] y [gʷ] se oponen a [w] en que la constricción que domina no es la bilabial, sino la dorso-velar. Esto indica que el lugar de articulación de [ɣʷ] y [gʷ] es exactamente **velobilabial**. Note también que las tres consonantes dorso-labiales, [w], [ɣʷ] y [gʷ], tienen en común la ausencia de flujo nasal y la presencia de vibración de las cuerdas vocales. Esto quiere decir que son fonos orales y sonoros.

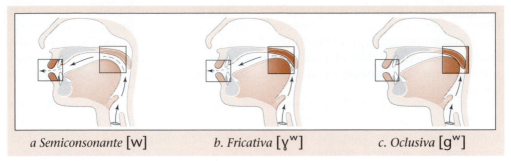

a Semiconsonante [w]   *b. Fricativa* [ɣʷ]   *c. Oclusiva* [gʷ]

Figura 14.9 Articulación de los alófonos [w], [ɣʷ] y [gʷ].

Ejemplos:

ese hueso	['e.se.'we.so]	*un hueso*	['ũŋ.'gʷe.so]
	['e.se.'ɣʷe.so]	*el hueso*	[e̦l.'gʷe.so]
ese huevo	['e.se.'we.βo]	*un huevo*	['ũŋ.'gʷe.βo]
	['e.se.'ɣʷe.βo]	*el huevo*	[e̦l.'gʷe.βo]
ese huerto	['e.se.'we̦r.t̪o]	*un huerto*	['ũŋ.'gʷe̦r.t̪o]
	['e.se.'ɣʷe̦r.t̪o]	*el huerto*	[e̦l.'gʷe̦r.t̪o]
ese huérfano	['e.se.'we̦r.fa.no]	*un huérfano*	['ũŋ.'gʷe̦r.fa.no]
	['e.se.'ɣʷe̦r.fa.no]	*el huérfano*	[e̦l.'gʷe̦r.fa.no]
ese huésped	['e.se.'wes.pe̦ð̦]	*un huésped*	['ũŋ.'gʷes.pe̦ð̦]
	['e.se.'ɣʷes.pe̦ð̦]	*el huésped*	[e̦l.'gʷes.pe̦ð̦]

Es importante añadir que el proceso de consonantización es más productivo con el fonema /i/ que con el fonema /u/. Esta diferencia se manifiesta en que la consonantización del fonema /u/ es infrecuente en interior de palabra, mientras que la consonantización del fonema /i/ es muy común en esa posición. Los pocos ejemplos en los que la consonantización del fonema /u/ ocurre en interior de palabra (p. ej. *ahuecar* [a.ɣʷe.'kar] 'to hollow' y *deshuesar* [dez.gʷe.'sar] 'to debone') sugieren que el proceso aplica realmente en inicio de palabra. Esta conclusión se desprende de que tales formas son palabras complejas que contienen una palabra más básica en su interior (p. ej. *hueco* está dentro de *ahuecar* y *hueso* dentro de *deshuesar*). Una vez que reconocemos la existencia de una palabra básica dentro de la palabra compleja, resulta evidente que el fonema /u/ también está en inicio de palabra en estos ejemplos.

14.6.2 Ciertas combinaciones de morfemas promueven la consonantización

Una operación que favorece la consonantización del fonema /i/ en interior de palabra es la pluralización de palabras terminadas en un diptongo decreciente: [VV̯]. La aplicación de la consonantización en este contexto resulta en alternancias del tipo *rey* versus *reyes*. Observe que mientras que *rey* ['re̦i̯] 'king' se pronuncia con un alófono vocálico del fonema /i/ en fin de palabra, *reyes* ['re̦.jes] 'kings' se pronuncia con un alófono consonántico de ese fonema en interior de palabra.

De hecho, las formas ['rẹ.jes], ['rẹ.ĵes], ['rẹ.ʒes], ['rẹ.ʃes] y ['rẹ.d͡ʒes] también son pronunciaciones posibles para la palabra *reyes*. La selección de una de estas formas depende del geolecto, el sociolecto y el estilo de habla. Practique la alternancia entre los alófonos [i̯] y [j] con los siguientes ejemplos adicionales. Luego de consonantizar [i̯] en [j], aplíquele el proceso de fortalecimiento para practicar los alófonos [ɟ], [ɟ͡ʝ], [ʒ], [ʃ] y [d͡ʒ].

Ejemplos:	SINGULAR: Alófono vocálico de /i/		PLURAL: Alófono consonántico de /i/
ley	['lẹi̯]	*leyes*	['le.jes]
buey	['bu̯ẹi̯]	*bueyes*	['bu̯e.jes]
batey	[ba.'tẹi̯]	*bateyes*	[ba.'te.jes]
maguey	[ma.'ɣẹi̯]	*magueyes*	[ma.'ɣe.jes]
carey	[ka.'rẹi̯]	*careyes*	[ka.'re.jes]
virrey	[bi.'rẹi̯]	*virreyes*	[bi.'rẹ.jes]
guay	['gu̯ai̯]	*guayes*	['gu̯a.jes]
caraguay	[ka.ra.'ɣu̯ai̯]	*caraguayes*	[ka.ra.'ɣu̯a.jes]
convoy	[kọm.'bọi̯]	*convoyes*	[kọm.'bo.jes]
morrocoy	[mọ.rọ.'kọi̯]	*morrocoyes*	[mọ.rọ.'ko.jes]
espumuy	[es.pu.'mui̯]	*espumuyes*	[es.pu.'mu.jes]
cuy	['kui̯]	*cuyes*	['ku.jes]

Una inspección cuidadosa de estos ejemplos revela cuál es el motivo de la consonantización. Tomemos la palabra *ley* como ilustración. Note que en la forma singular, el fonema /i/ se realiza como la semivocal [i̯], porque, al no tener el apoyo del acento, tiene que subordinarse a la vocal adyacente: ['lẹi̯]. Esta situación se trastorna al pluralizar la palabra porque la adición del morfema de plural introduce una vocal siguiente, la cual pasa a funcionar como el núcleo una nueva sílaba (vea la Figura 14.10a). El problema que esto presenta es que la nueva sílaba carece de ataque. Así, la transferencia de [i̯] del núcleo de la primera sílaba al ataque de la segunda sílaba se presenta como una estrategia óptima para llenar la posición de ataque que está vacía. Al hacer esto, sin embargo, el fonema /i/ ya no puede realizarse como un alófono vocálico sino que se convierte en una consonante relacionada, [j], para hacerse más compatible con la nueva posición silábica que se le ha asignado (Figura 14.10b).

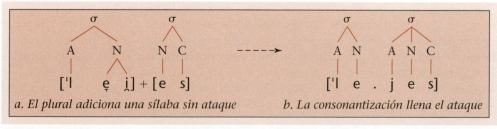
a. El plural adiciona una sílaba sin ataque   *b. La consonantización llena el ataque*

Figura 14.10 La consonantización repara una sílaba sin ataque.

A pesar de que el uso de [j] para llenar el ataque mejora la estructura de la sílaba, este ajuste no es del todo satisfactorio debido a que las semiconsonantes son el tipo de ataque más ineficiente que existe. Por ese motivo, muchos dialectos no paran allí, sino que le aplican el proceso de fortalecimiento al resultado de la consonantización (vea la Figura 14.11). Entonces, el alófono [j] del fonema /i/ también puede ser reemplazado por las variantes más cerradas [ʝ], [ɟʝ], [ʒ], [ʃ] o [d͡ʒ], con lo cual se crean las pronunciaciones alternativas ['le.ʝes], ['le.ɟʝes], ['le.ʒes], ['le.ʃes] o ['le.d͡ʒes]. De esto se deduce que la consonantización es un proceso fonológico que **nutre** (crea las condiciones propicias para que se pueda aplicar) el proceso de fortalecimiento.

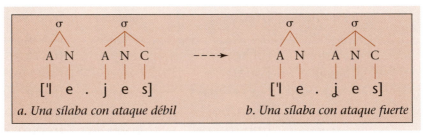

Figura 14.11 El fortalecimiento mejora la calidad del ataque.

Las formas verbales en las que el fonema /i/ aparece flanqueado por dos vocales (p. ej. *leyó* /leio/ 's/he read'), también favorecen su realización como una consonante: [le.'jo], [le.'ʝo], [le.'ɟʝo], [le.'ʒo], [le.'ʃo] o [le.'d͡ʒo]. Para apreciar que éste es efectivamente un caso de consonantización, es necesario darse cuenta de que la representación mental de la palabra *leyó* no contiene el fonema /j/ sino el fonema /i/. El problema es que la ortografía española usa la letra *y* indistintamente para representar tanto /i/ como /j/. Esta inconsistencia se resuelve con el AFI si usamos el símbolo /j/ para el fonema consonántico y el símbolo /i/ para el fonema vocálico.

La prueba de que la representación mental de *leyó* es /leio/ es que en la forma relacionada *leí* 'I read' el fonema /i/ no se consonantiza porque, al tener el apoyo del acento, es capaz de actuar como el foco del núcleo de su propia sílaba: [le.'i]. En la forma *leyó*, en cambio, la falta de acento obliga a la vocal /i/ a subordinarse a una de las dos vocales adyacentes. El punto crucial es que, si el fonema /i/ formara diptongo con una de las vocales adyacentes, *[lei̯.'o] o *[le.'i̯o], habría el inconveniente de que la segunda sílaba quedaría sin ataque. Para prevenir esa deficiencia en la estructura silábica se opta por agrupar la vocal alta con la vocal de la segunda sílaba pero, por supuesto que *no* en la función de satélite del núcleo, sino en la de ataque: [le.'jo]. Ésta es una solución eficiente, pero implica que la vocal alta se tiene que consonantizar para no chocar con la posición de margen silábico que ahora ocupa. Una vez convertida en la semiconsonante [j], el fortalecimiento se encarga de aumentar el grado de constricción para crear los alófonos [ɟ], [ɟ͡ʝ], [ʒ], [ʃ] o [d͡ʒ]. Practique contrastando las siguientes formas verbales de primera y tercera persona del tiempo pretérito. Luego de practicar el alófono [j], aplíquele el proceso de fortalecimiento para obtener la pronunciación con los alófonos fricativos o africados.

Ejemplos:	1ª PERSONA: Alófono vocalico de /i/		3ª PERSONA: Alófono consonántico de /i/	
leí	[le.ˈi]	*leyó*	[le.ˈjo]
leímos	[le.ˈi.mos]	*leyeron*	[le.ˈje.ron]
creí	[kɾe.ˈi]	*creyó*	[kɾe.ˈjo]
creímos	[kɾe.ˈi.mos]	*creyeron*	[kɾe.ˈje.ron]
caí	[ka.ˈi]	*cayó*	[ka.ˈjo]
caímos	[ka.ˈi.mos]	*cayeron*	[ka.ˈje.ron]
instruí	[ĩns.t̪ɾu.ˈi]	*instruyó*	[ĩns.t̪ɾu.ˈjo]
instruimos	[ĩns.t̪ɾu.ˈi.mos]	*instruyeron*	[ĩns.t̪ɾu.ˈje.ron]
argüí	[aɾ.ɣu.ˈi]	*arguyó*	[aɾ.ɣu.ˈjo]
argüimos	[aɾ.ɣu.ˈi.mos]	*arguyeron*	[aɾ.ɣu.ˈje.ron]
poseí	[po.se.ˈi]	*poseyó*	[po.se.ˈjo]
poseímos	[po.se.ˈi.mos]	*poseyeron*	[po.se.ˈje.ron]
construí	[kõns.t̪ɾu.ˈi]	*construyó*	[kõns.t̪ɾu.ˈjo]
construimos	[kõns.t̪ɾu.ˈi.mos]	*construyeron*	[kõns.t̪ɾu.ˈje.ron]
intuí	[ĩn̪.t̪u.ˈi]	*intuyó*	[ĩn̪.t̪u.ˈjo]
intuimos	[ĩn̪.t̪u.ˈi.mos]	*intuyeron*	[ĩn̪.t̪u.ˈje.ron]

La formación de gentilicios de países cuyos nombres terminan en un triptongo (p. ej. *Uruguay* [u.ɾu.ˈɣu̯ai̯] y *Paraguay* [pa.ɾa.ˈɣu̯ai̯]) también promueve la consonantización. Note que mientras que el nombre de estos países se pronuncia con la semivocal [i̯], los gentilicios correspondientes contienen un alófono consonántico en su lugar: *uruguayo* [u.ɾu.ˈɣu̯a.jo] y *paraguayo* [pa.ɾa.ˈɣu̯a.jo]. Como ya explicamos antes, una vez que la vocal alta se transforma en semiconsonante, se abren las puertas para que ocurra el fortalecimiento: [u.ɾu.ˈɣu̯a.ɟo], [u.ɾu.ˈɣu̯a.ɟ͡ʝo], [u.ɾu.ˈɣu̯a.ʒo], [u.ɾu.ˈɣu̯a.ʃo] o [u.ɾu.ˈɣu̯a.d͡ʒo].

Finalmente, es importante agregar que hay dialectos en los que la semiconsonante [j] no sufre fortalecimiento. Por ejemplo, en el norte de México (Chihuahua) y partes de Centroamérica (Nicaragua), la pronunciación regular de palabras como *mayo* y *llamar* es [ˈma.jo] y [ja.ˈmaɾ]. Entonces, no sólo es verdad que los dialectos que emplean el fortalecimiento del fonema /j/ lo hacen opcional y variablemente (['ma.jo], ['ma.ʝo], ['ma.ɟ͡ʝo], ['ma.ʒo], ['ma.ʃo], ['ma.d͡ʒo]), sino que además existen dialectos que no lo hacen. Un fenómeno relacionado es que, en ciertos dialectos, el fonema /i/ no se consonantiza a pesar de aparecer en el contexto apropiado. En Uruguay, por ejemplo, palabras como *hielo* ['i̯e.lo] 'ice' y *hiena* ['i̯e.na] 'hyena' no sufren consonantización con fortalecimiento, pero palabras como *leyó* [le.'ʃo] y *leyes* ['le.ʃe̥h] sí. El origen de esta asimetría parece ser la influencia de la ortografía. Sucede que cuando el fonema /i/ se representa ortográficamente con la letra *y* se le aplica la consonantización con fortalecimiento, pero si es la letra *i* la que lo representa, los uruguayos se inhiben de hacer el cambio. Lo que esto sugiere es que la conciencia que los hablantes tienen de la lengua escrita puede condicionar los procesos de la lengua oral.

Para resumir, la discusión de este capítulo ha demostrado que existe una relación muy estrecha entre las semiconsonantes y ciertas vocales y consonantes. La razón de que las semiconsonantes se comporten somo hemos visto es que representan una categoría limítrofe entre las consonantes y las vocales. A pesar de que su articulación involucra un cierre, las semiconsonantes guardan gran similitud con las vocales debido a que su cierre es muy ligero. Hemos visto que el único fonema semiconsonántico que tiene el español se usa consistentemente como un ataque silábico simple. Al ubicarse en esa posición, el fonema /j/ es susceptible de sufrir diversas formas de fortalecimiento que lo convierten en alófonos consonánticos más cerrados (p. ej. [j] ⇒ [ʝ] ⇒ [ɟ͡ʝ] o [j] ⇒ [ʒ]/[ʃ] ⇒ [d͡ʒ]).

Las vocales altas son relevantes a este respecto porque, cuando están inacentuadas y van seguidas por otra vocal cuya sílaba carece de ataque, surge la opción de utilizarlas para llenar la posición de ataque que está vacía. La transferencia del núcleo al ataque obliga a las vocales altas a convertirse en consonantes y, una vez transferidas a esa posición, se les puede aplicar el proceso de fortalecimiento. La consecuencia de esto es que la vocal /i/ puede tomar las mismas rutas de fortalecimiento que sigue el fonema /j/. Aunque la consonantización del fonema /u/ se limita a la posición inicial de palabra, opera de modo similar y crea una ruta paralela de fortalecimiento que incluye alófonos dorsolabiales: [w] ⇒ [ɣʷ] ⇒ [gʷ].

PRÁCTICAS

Práctica 1

Las siguientes palabras aparecen transcritas fonéticamente de la manera como se pronuncian en diferentes dialectos de español. Para cada una de ellas, escriba su representación mental, es decir, la secuencia de fonemas que la forman. Luego, escriba cada palabra ortográficamente y pronúnciela en voz alta.

Transcripción fonética	Representación mental	Representación ortográfica
[e.ˈβi.ʎa]	/ebiʎa/	*hebilla*
1. [ka.ˈβe.ʒo]	_____	_____
2. [ˈse.ʃo]	_____	_____
3. [ˈgʷe̞r.t̪o]	_____	_____
4. [ɟ͡ʝa.ˈnu.ra]	_____	_____
5. [kon̪.ˈd͡ʒe.βa]	_____	_____
6. [d̪ez.ˈj̑e.lo]	_____	_____
7. [jo.ˈβiz.na]	_____	_____
8. [θe.ˈpi.ʎo]	_____	_____
9. [ɣʷe.ˈsu.ɡ̞o]	_____	_____
10. [a.ɣʷe.ˈβaɾ]	_____	_____
11. [ba.ˈxi.ja]	_____	_____
12. [se.ˈmi.j̑a]	_____	_____

Práctica 2

Dé cinco ejemplos de pares mínimos basados en la oposición de /ʎ/ versus /j/ en los dialectos que usan ambos fonemas. Transcriba cada palabra y dé su significado en inglés. <u>Nota</u>: para hacer este ejercicio necesitará usar un diccionario.

cayado [ka.ˈja.ɡ̞o] 'staff (cane)'   *callado* [ka.ˈʎa.ɡ̞o] 'silent'

1. a. _____   b. _____
2. a. _____   b. _____
3. a. _____   b. _____
4. a. _____   b. _____
5. a. _____   b. _____

Transcriba la pronunciación de las palabras anteriores como se pronunciarían en un dialecto yeísta que emplea alguna forma del proceso de fortalecimiento.

cayado / callado [ka.ˈja.ðo]

1. _____

2. _____

3. _____

4. _____

5. _____

Práctica 3

Escuche y repita la pronunciación de los siguientes enunciados. Marque las pausas mayores y menores con los símbolos ‖ y |, respectivamente. Luego, transcriba las palabras seleccionadas de cada línea.

1. *Yo no llamé a Mireya porque ella no es tan bella.*

   llamé _____   *bella* _____

2. *El camello de Yolanda no para de llorar.*

   camello _____   *llorar* _____

3. *La lluvia se llevó la llave de la doncella.*

   lluvia _____   *llave* _____

4. *Yo ya llegué pero Yeyo aún no llega.*

   llegué _____   *Yeyo* _____

5. *La orilla de esta playa es amarilla y muy brillante.*

   orilla _____   *amarilla* _____

Práctica 4

En las siguientes transcripciones fonéticas hay diferentes tipos de errores relacionados con los fonemas /j/, /i/ y /u/. Haga los cambios que sean necesarios para que la transcripción refleje la pronunciación correcta de cada palabra. Luego, practique la pronunciación correcta en voz alta.

	INCORRECTO	CORRECTO
papagayo	*[pa.pa.ˈɣai̯.o]	[pa.pa.ˈɣa.jo]
1. *millonario*	*[miʎ.o.ˈna.rjo]	_____
2. *huella*	*[ˈgʷei̯.a]	_____
3. *enyesar*	*[ẽɲ.i̯e.ˈsar]	_____
4. *inmiscuyó*	*[ĩn.mis.ku.ˈi.o]	_____
5. *amurallado*	*[ã.mu.ra.ˈt͡ʃa.ðo]	_____
6. *hierbabuena*	*[ˈhi̯er.βaβ.ˈwe.na]	_____
7. *huarache*	*[hwa.ˈra.t͡ʃe]	_____
8. *yuyero*	*[ʃui̯.ˈe.ro]	_____

Práctica 5

En los siguientes pares de palabras, el fonema /i/ se realiza como un alófono vocálico en la palabra de la izquierda, pero como un alófono consonántico en la palabra de la derecha. Transcriba la pronunciación de ambas palabras. Use el alófono consonántico de /i/ que usted prefiera adoptar en su pronunciación.

1. *oímos* _____   *oyeron* _____

2. *instituí* _____   *instituyó* _____

3. *distribuí* _____   *distribuyó* _____

4. *atribuimos* _____   *atribuyeron* _____

5. *desproveí* _____   *desproveyó* _____

6. *imbuí* _____   *imbuyó* _____

7. *decaímos* _____   *decayeron* _____

8. *descreí* _____   *descreyó* _____

9. *releímos* _____   *releyeron* _____

10. *mamey* _____   *mameyes* _____

11. *pejerrey* _____   *pejerreyes* _____

12. *matabuey* _____   *matabueyes* _____

13. *Uruguay* _____   *uruguayos* _____

14. *Paraguay* _____   *paraguayos* _____

Prácticas adicionales

Visite http://www.prenhall.com/estructuradelossonidos/.

Las consonantes vibrantes

Mientras que el inglés tiene un solo fonema vibrante, /ɹ/, el español cuenta con dos fonemas de este tipo: /ɾ/ y /r/. Dado que el fonema vibrante del inglés no se corresponde con ninguno de los dos fonemas vibrantes del español, no es extraño que para la mayoría de los anglohablantes sea un reto dominar la pronunciación tanto de la vibrante simple como de la vibrante múltiple.

Para empezar, es necesario que usted excluya la vibrante [ɹ] del repertorio de sonidos que usa para hablar español. Tenga en mente que la manera como se pronuncian las vibrantes en inglés nunca coincide con la manera en que se pronuncian en español. Usted necesita aprender a pronunciar un sonido que no se parece a ningún sonido del inglés. La descripción del fono [r] que aparece abajo le será útil para ese fin. Adicionalmente, aunque la vibrante simple sí se parece a un sonido del inglés, es esencial que usted haga un ajuste en la representación mental de ese sonido, porque mientras que en español [ɾ] es el alófono fiel de un fonema vibrante (p. ej. *pera* ['pe.ɾa] 'pear'), en inglés es un alófono infiel de dos fonemas oclusivos (p. ej. *petal* ['pʰɛɾ.ɫ] 'pétalo' y *pedal* ['pʰɛɾ.ɫ] 'pedal'). Las explicaciones y prácticas que vienen a continuación le ayudarán a implementar estos cambios en sus hábitos de pronunciación del español.

15.1 ▨ La vibrante múltiple alveolar sonora /r/ ━━

Con una frecuencia de 0,9%, el fonema /r/ ocupa la decimotercera posición entre los diecinueve fonemas consonánticos del español. La ortografía española lo representa de dos maneras diferentes. En inicio de palabra y después de una sílaba terminada en consonante, se usa la letra *r* (p. ej. *ruta* ['ru.ta] 'route', *enredo* [ẽn.'re̞.ðo] 'entanglement'). Pero en posición intervocálica, donde /r/ se opone a /ɾ/, se emplea *rr* (p. ej. *ferrocarrilero* [fe̞.ɾo̞.ka.ri.'le̞.ɾo] 'related to railroads').

15.1.1 Articulación del alófono fiel [r]

En preparación para la articulación del fono [r], la corona asciende y se ubica justo enfrente de la protuberancia alveolar (vea la Figura 15.1a). Los lados de la lengua se adhieren a los molares y encías superiores y el velo se adhiere a la pared faríngea para impedir que el aire escape por los lados de la boca o por la nariz. Para facilitar el movimiento vibratorio de la corona, el predorso y el mediodorso descienden, mientras que el postdorso se retrae hacia el fondo de la boca. A consecuencia de esta acomodación, la superficie de la lengua adquiere forma cóncava y la punta de la lengua se relaja. Sobreviene entonces una fuerte corriente espiratoria proveniente de la glotis que empuja el ápice enérgicamente hacia fuera y lo hace chocar contra la protuberancia alveolar (Figura 15.1b). La elasticidad de la lengua, unida al descenso de presión que causa el escape de aire, hace que la corona rebote hacia dentro de modo que el ápice vuelve a chocar contra la protuberancia alveolar a su regreso. La corriente de aire puede entonces empujar la corona hacia fuera otra vez y la repetición de este ciclo produce una serie de golpeteos. La gran velocidad de los golpeteos previene que haya acumulación masiva de aire en el tracto vocal, por lo que las cuerdas vocales vibran espontáneamente.

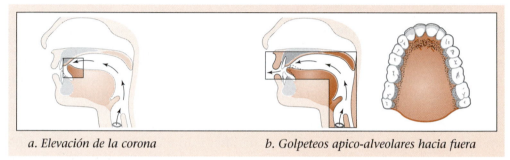

a. Elevación de la corona   b. Golpeteos apico-alveolares hacia fuera

Figura 15.1 Articulación del alófono [r].

Ejemplos:	remo	['re̞.mo]	cerrado	[se̞.'ra.ð̞o]	marrano	[ma.'ra.no]
	ruso	['ru.so]	correo	[ko̞.'re̞.o]	barriga	[ba.'ri.ɣa]
	rata	['ra.t̪a]	carrito	[ka.'ri.t̪o]	terreno	[te̞.'re̞.no]
	ruina	['rui̯.na]	verruga	[be̞.'ru.ɣa]	ranura	[ra.'nu.ra]
	roto	['ro̞.t̪o]	barroso	[ba.'ro̞.so]	rosado	[ro̞.'sa.ð̞o]

Si usted tiene dificultad para hacer que la corona vibre múltiples veces, siga los siguientes consejos. Asegúrese de relajar la corona porque, si la pone rígida, es muy difícil que vibre. Para hacer que la corona se relaje, es conveniente que usted descienda el predorso y el mediodorso y que retraiga un poco el postdorso (vea la configuración de la lengua en la Figura 15.1a). De ese modo, la corona quedará laxa y libre para posicionarse justo enfrente de la protuberancia alveolar. En segundo lugar, cerciórese de que espira un flujo abundante de aire ya que ésa es la fuente de energía que impulsará la corona para que vibre. El problema es que si usted no espira suficiente aire, la corona no será empujada repetidamente. En cambio, si usted espira abundantemente, cada vez que la corona rebote hacia dentro será empujada nuevamente hacia fuera. En suma, el secreto para dominar la pronunciación de [r] es relajar la corona de la lengua y espirar mucho aire. Pronuncie los siguientes ejemplos adicionales, aplicando estos consejos.

Ejemplos:

rico	['ri.ko]	*corrido*	[ko̯.'ri.ð̞o]	*forrado*	[fo̯.'ra.ð̞o]
Roma	['ro̯.ma]	*terraza*	[te̯.'ra.sa]	*parrilla*	[pa.'ri.ja]
rama	['ra.ma]	*burrito*	[bu.'ri.t̪o]	*carroña*	[ka.'ro̯.ɲa]
rollo	['ro̯.jo]	*arrollo*	[a.'ro̯.jo]	*perrera*	[pe̯.'re̯.ra]
reno	['re̯.no]	*serrano*	[se̯.'ra.no]	*guijarro*	[gi.'xa.ro̯]
ruge	['ru.xe]	*berrido*	[be̯.'ri.ð̞o]	*amarra*	[ã.'ma.ra]
rima	['ri.ma]	*burrada*	[bu.'ra.ð̞a]	*becerro*	[be.'se̯.ro̯]
rulo	['ru.lo]	*terruño*	[te̯.'ru.ɲo]	*chaparro*	[t͡ʃa.'pa.ro̯]

Una vez que usted haya mecanizado los gestos articulatorios de [r], es importante que no se sobrepase usándola en todas las palabras que contienen consonantes vibrantes. Recuerde que [r] no es la única consonante vibrante que existe en español. Limite el uso de [r] a las siguientes posiciones. En inicio de palabra y después de una sílaba terminada en consonante, la vibrante que se utiliza siempre es la múltiple (p. ej. *roca* ['ro̯.ka] 'rock', *honra* [õn.ra] 'honor'). Adicionalmente, en todas las palabras que se escriben con la letra **rr**, la consonante vibrante siempre es múltiple (p. ej. *barro* ['ba.ro̯] 'mud', *ferrocarril* [fe̯.ro̯.ka.'ril] 'railroad'). Usar la vibrante múltiple en contextos diferentes de éstos resultará en problemas de comprensión o pronunciación afectada.

15.2 ▮▮ La vibrante simple alveolar sonora /ɾ/ ━━━

El fonema /ɾ/ ocupa la tercera posición entre los diecinueve fonemas consonánticos del español por tener una frecuencia de 5,4%. En la ortografía española, se representa siempre con la letra **r** (p. ej. *caricatura* [ka.ri.ka.'t̪u.ra] 'caricature').

15.2.1 Articulación del alófono fiel [ɾ]

Contrario a lo que se cree, el fono [ɾ] no se obtiene simplemente reduciendo la duración de [r]. Resulta que los gestos articulatorios de las dos vibrantes son similares, pero no idénticos. En la vibrante simple, como en la múltiple, los lados de la lengua se adhieren a las encías y molares superiores para impedir que haya fuga de aire por los lados de la boca y el velo ascendido evita que haya escape nasal. La corona se eleva velozmente hacia la cresta alveolar, pero, a diferencia de [r], el desplazamiento que hace es desde fuera hacia dentro (vea la Figura 15.2). En el curso de este recorrido, el ápice golpea de paso la protuberancia alveolar, pero una vez que el impulso que mueve a la corona se extingue, ésta no es empujada hacia fuera ni inicia un nuevo ciclo, sino que regresa a su posición de reposo o se desplaza a la posición del fono siguiente.

Aunque el choque del articulador activo contra el pasivo produce una oclusión similar a la de una oclusiva, la vibrante simple difiere en que su oclusión es mucho más breve. La brevedad del contacto apico-alveolar evita que haya acumulación masiva de aire en el tracto vocal y permite que las cuerdas vocales vibren espontáneamente. Al comparar una palabra inglesa como *medal* ['mɛɾ.ɫ̩] 'medalla' con una palabra española como *mero* ['me.ɾo] 'grouper', usted podrá comprobar la gran similitud que existe en cuanto a la consonante interna de palabra. La diferencia es, evidentemente, la posición silábica donde aparecen.

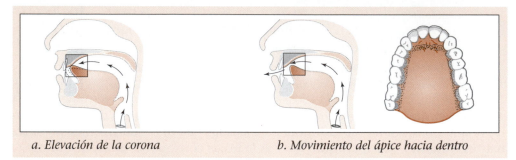

a. Elevación de la corona   *b. Movimiento del ápice hacia dentro*

Figura 15.2 Articulación del alófono [ɾ].

Ejemplos:

foro	['fo.ɾo]	*cabrito*	[ka.'βɾi.t̪o]	*beber*	[be.'βe̞ɾ]
pera	['pe.ɾa]	*sagrado*	[sa.'ɣɾa.ð̞o]	*amor*	[a.'mo̞ɾ]
muro	['mu.ɾo]	*soprano*	[so.'pɾa.no]	*vivir*	[bi.'βiɾ]
tira	['t̪i.ɾa]	*afrenta*	[a.'fɾe̞n.t̪a]	*cráter*	['kɾa.t̪e̞ɾ]
Lara	['la.ɾa]	*vitrina*	[bi.'t̪ɾi.na]	*furor*	[fu.'ɾo̞ɾ]

   Un error de pronunciación muy común entre los anglohablantes que aprenden español es la tendencia a usar el fono [ɻ] del inglés en lugar del fono [ɾ] del español. La palabra *dirigir*, por ejemplo, debe pronunciarse [d̪i.ɾi.'xiɾ], nunca *[d̪i.ɻi.'xiɻ]. El fono [ɻ] es una consonante **vibrante retrofleja**, lo cual significa que se articula curvando la corona de la lengua hacia atrás (vea la Figura 15.3a). Un hecho notable de esta articulación es que, a pesar de elevarse, la corona no toca ningún punto del cielo de la boca. A esto se debe que, en el palatograma en la Figura 15.3b, no hay ningún punto en la zona central que aparezca sombreado. Las dos zonas laterales, en cambio, aparecen sombreadas porque los lados de la lengua se apoyan contra los molares y encías superiores para evitar que haya flujo lateral. Adicionalmente, la vibrante retrofleja tiene otras dos peculiaridades que la diferencian de la vibrante simple. Los labios se redondean y la raíz de la lengua se retrae ligeramente para facilitar la retroflexión de la corona.

a. Retroflexión   *b. Contacto lingual*

Figura 15.3 Articulación de la vibrante [ɻ] del inglés.

Hay que hacer hincapié en que, a pesar de ser vibrante, el fono [ɻ] no es la consonante del inglés que más se parece a la vibrante [ɾ] del español. La impresión acústica de la vibrante retrofleja es muy diferente de la de la vibrante simple, por lo que su transferencia al español causa un enorme acento extranjero. El sonido del inglés que más se asemeja a la vibrante simple del español es, como se sugirió antes, el fono con que se pronuncian las letras *d* y *t* en palabras como *modal*, *middle*, *photo*, *kettle*, etc. Fíjese que, al pronunciar la consonante interna de estas palabras, el ápice golpea rápidamente la protuberancia de la cresta alveolar, tal como sucede al pronunciar la consonante interna de las palabras españolas *mora* ['mo.ɾa], *miro* ['mi.ɾo], *foro* ['fo.ɾo] y *quiero* ['ki̯e.ɾo]. Dada esta similitud, existe la posibilidad de usar ciertas palabras del inglés como punto de referencia para pronunciar algunas palabras del español.

Ejemplos:

poodle	vs.	*puro*	['pu.ɾo]	*settle*	vs.	*cero*	['se.ɾo]
cattle		*caro*	['ka.ɾo]	*battle*		*vara*	['ba.ɾa]
puddle		*poro*	['po.ɾo]	*paddle*		*paro*	['pa.ɾo]
little		*lira*	['li.ɾa]	*lotto*		*loro*	['lo.ɾo]
beetle		*viro*	['bi.ɾo]	*total*		*toro*	['t̪o.ɾo]

Las palabras que aparecen a continuación ilustran la divergencia entre la vibrante retrofleja del inglés y la vibrante simple del español. Al pronunciar las palabras españolas, asegúrese de que la corona no esquiva la cresta alveolar, como sucede con la vibrante del inglés, sino que se dirige a ella y la golpea a gran velocidad.

Ejemplos:

porous	vs.	*poros*	['po.ɾos]	*tour*	vs.	*tur*	['t̪ur]
chorus		*coros*	['ko.ɾos]	*martyr*		*mártir*	['mar.t̪ir]
aura		*hora*	['o.ɾa]	*quarter*		*cuarto*	['ku̯ar.t̪o]
arena		*harina*	[a.'ri.na]	*shooter*		*chutar*	[t͡ʃu.'t̪ar]
serious		*cirios*	['si.ɾi̯os]	*nodder*		*nadar*	[na.'ð̞ar]

15.3 ■ Distribución

Al igual que sucede con las demás clases consonánticas, el español prefiere ubicar las vibrantes en los márgenes de la sílaba. Empecemos por examinar el comportamiento de las vibrantes en el margen izquierdo. Tanto la vibrante múltiple como la simple pueden funcionar como ataques simples (p. ej. *carrera* [ka.'re̞.ɾa] 'race', *carretera* [ka.re̞.'t̪e̞.ɾa] 'road'). En la posición de ataque simple, es de suma importancia hacer la distinción entre una y más de una vibración porque, si la consonante vibrante aparece entre dos vocales, la sustitución de [ɾ] por [r] puede cambiar el significado de la palabra (p. ej. *para* ['pa.ɾa] 's/he stops' versus *parra* ['pa.ra] 'grapevine'). Practique la pronunciación de los siguientes pares mínimos.

VIBRANTES: LOS FONEMAS /ɾ/ Y /r/ CONTRASTAN EN POSICIÓN INTERVOCÁLICA					
[ɾ]			**[r]**		
pero	[ˈpe.ɾo]	'but'	*perro*	[ˈpe̞.ro]	'dog'
mira	[ˈmi.ɾa]	'sight'	*mirra*	[ˈmi.ra]	'myrrh'
cero	[ˈse.ɾo]	'zero'	*cerro*	[ˈse̞.ro]	'hill'
caro	[ˈka.ɾo]	'expensive'	*carro*	[ˈka.ro̞]	'car'
foro	[ˈfo.ɾo]	'forum'	*forro*	[ˈfo̞.ro]	'lining'
coro	[ˈko.ɾo]	'choir'	*corro*	[ˈko̞.ro]	'I run'
moro	[ˈmo.ɾo]	'Moorish'	*morro*	[ˈmo̞.ro̞]	'snout'
ahora	[a.ˈo.ɾa]	'now'	*ahorra*	[a.ˈo̞.ra]	's/he saves'
careta	[ka.ˈɾe.t̪a]	'mask'	*carreta*	[ka.ˈre̞.t̪a]	'cart'
torero	[t̪o.ˈɾe.ɾo]	'bullfighter'	*torrero*	[t̪o.ˈre̞.ɾo]	'tower keeper'

Una condición que limita la oposición entre los fonemas vibrantes es que /ɾ/ nunca puede ser el ataque simple de una sílaba inicial de palabra. A raíz de esto, no existen pares mínimos del tipo *[ˈɾa.mo] versus [ˈra.mo]. Siempre que una palabra comience con una consonante vibrante, ese fono será [r], nunca [ɾ]. Adicionalmente, después de una sílaba que termine en consonante, la vibrante múltiple también es la única consonante de esta clase que puede ocurrir (p. ej. *alrededor* [al.re̞.ð̞e.ˈð̞o̞r] 'around', *Enrique* [ẽn.ˈri.ke] 'Henry', *Israel* [iz.ra.ˈel] 'Israel'). Estas dos restricciones sugieren que, aunque ambas vibrantes son aceptables en el ataque, la vibrante múltiple constituye un mejor ataque que la vibrante simple. La superioridad de la vibrante simple para funcionar como ataque se debe a que es una consonante más fuerte. Si tenemos en cuenta que la recurrencia de vibraciones presenta un mayor impedimento al flujo de aire, es razonable asumir que la vibrante múltiple es menos sonante que la simple. Desde esta perspectiva, la vibrante múltiple constituye un mejor ataque que la simple porque su menor sonancia le permite crear un contraste más nítido con la vocal que ocupa el núcleo de la sílaba. En cambio, la mayor sonancia de la vibrante simple hace que sea un ataque débil y esta debilidad le impide aparecer en posiciones fuertes como la inicial de palabra o la inicial de sílaba después de consonante.

VIBRANTE MÚLTIPLE: SÓLO /r/ PUEDE SER INICIAL DE PALABRA O DE SÍLABA POSTCONSONÁNTICA			
recibo	[re̞.ˈsi.βo]	*honrado*	[õn.ˈra.ð̞o]
riqueza	[ri.ˈke.sa]	*enrasar*	[ẽn.ra.ˈsar]
rodillo	[ro̞.ˈð̞i. ʝo]	*subrayar*	[suβ.ra.ˈʝar]
racimo	[ra.ˈsi.mo]	*enrolar*	[ẽn.ro̞.ˈlar]
rugido	[ru.ˈxi.ð̞o]	*inri*	[ˈĩn.ri]

Cuando se trata de formar ataques compuestos, la competición entre las dos vibrantes arroja un resultado diferente. El español no permite que la vibrante múltiple se combine con ninguna consonante para formar un ataque compuesto (p. ej. [*pr], *[dr], *[fr]). La vibrante simple, por su parte, puede formar ataques compuestos con las oclusivas sordas [p], [t̪], [k], con la fricativa [f], con las oclusivas sonoras [b], [g], [d̪], o con las variantes relajadas de estas últimas: [β], [ð̞], [ɣ] (p. ej. *prisa* ['pri.sa] 'hurry', *cofre* ['ko.fre] 'chest', *droga* ['dro.ɣa] 'drug', *negro* ['ne.ɣro] 'black'). Para comprender por qué la vibrante simple es más apta para formar ataques compuestos sólo necesitamos recordar que su sonancia es mayor que la de la vibrante múltiple. Una consecuencia de esto es que la magnitud del contraste que se obtiene al combinar una vibrante con una consonante precedente siempre es mayor en una secuencia C + [ɾ] que en una secuencia C + [r]. Esto indica que su habilidad para crear un mejor contraste con otra consonante es lo que favorece a la vibrante simple en la segunda posición de un ataque compuesto. Es interesante que, aunque la alta sonancia de la vibrante simple le impide ocupar ciertas posiciones en calidad de ataque simple, esa misma propiedad se convierte en una ventaja cuando la vibrante es parte de un ataque compuesto.

VIBRANTE SIMPLE: SÓLO /ɾ/ PUEDE PARTICIPAR EN ATAQUES COMPUESTOS			
broma	['bro.ma]	*cobro*	['ko.βro]
dragón	[d̪ra.'ɣon]	*padre*	['pa.ð̞re]
gruta	['gru.t̪a]	*logro*	['lo.ɣro]
primo	['pri.mo]	*lepra*	['le.pra]
trigo	['t̪ri.ɣo]	*tigre*	['t̪i.ɣre]
crudo	['kru.ð̞o]	*lucro*	['lu.kro]
fresco	['fres.ko]	*cifra*	['si.fra]

Pasando ahora al margen derecho de la sílaba, la observación que hay que hacer es que la vibrante simple también prima sobre la vibrante múltiple (p. ej. *partir* [par.'t̪iɾ] 'to leave', *surtir* [suɾ.'t̪iɾ] 'to supply'). Esto no ha de causar sorpresa, puesto que ya sabemos que la coda tolera mejor a las consonantes de mayor sonancia. Pero la vibrante múltiple no está excluida categóricamente de la coda. Un fenómeno estilístico de interés es la posibilidad de que la vibrante múltiple sustituya a la vibrante simple en posición implosiva. Por ejemplo, las palabras *corto* ['koɾ.t̪o] 'short' y *largo* ['laɾ.go] 'long' también pueden pronunciarse ['kor.t̪o] y ['lar.go] al hablar enfáticamente. Es bien sabido que los comentaristas deportivos emplean este recurso estilístico para añadir énfasis y emoción a sus narraciones de los partidos de fútbol.

La posibilidad de que una vibrante simple en la coda sea reemplazada por una vibrante múltiple indica que los fonemas vibrantes sufren neutralización. A raíz de esto, no existen pares mínimos del tipo ['maɾ] versus ['mar]. Ambas pronunciaciones se usan para expresar el mismo concepto: *mar* 'sea'. La única limitación es la siguiente. Cuando la coda que ocupa la vibrante simple es final de palabra, la vibrante múltiple sólo puede sustituirla si *no* va seguida por una palabra que comience con vocal. Por ejemplo, en la frase *mar negro*, la consonante final de *mar* puede pronunciarse como simple, [ˈmaɾˈne.ɣro], o como múltiple, [ˈmarˈne.ɣro], según el estilo de habla. Pero en la frase *mar azul*, la misma consonante sólo puede pronunciarse como vibrante simple: [ˈma.ɾaˈsul]. La imposibilidad de que la vibrante múltiple sustituya a la simple en este contexto se debe a que la transferencia de coda mueve a la consonante fuera de la posición donde aplica la neutralización. En otras palabras, la transferencia de coda **priva** (destruye el contexto necesario para que se pueda aplicar) la neutralización de vibrantes.

Neutralización de vibrantes: /ɾ/ puede convertirse en [r] en la coda		
	Habla corriente	**Habla enfática**
ser terco	[ˈseɾ.ˈter̞.ko]	[ˈseɾ.ˈter̞.ko]
amor amargo	[a.ˈmo.ɾaˈmar.go]	[a.ˈmo.ɾaˈmar.go]
llegar tarde	[ʝe.ɣar.ˈtar.de̞]	[ʝe.ɣar.ˈtar.de̞]
por hablar	[po.ɾaˈβlar]	[po.ɾaˈβlar]
parar a ver	[pa.ˈra.ɾaˈβe̞r]	[pa.ˈra.ɾaˈβe̞r]

La vibrante simple también es la que normalmente se combina con /s/ para formar una coda compuesta (p. ej. *perspicaz* [pe̞rs.piˈkas] 'keen', *perspectiva* [pe̞rs.pe̞kˈti.βa] 'perspective'). Aunque son muy pocas las palabras que contienen este tipo de coda, en ellas también se permite que la vibrante múltiple reemplace a la simple cuando se habla con énfasis: [pe̞rs.piˈkas], [pe̞rs.pe̞kˈti.βa]. Adicionalmente, existe la opción de simplificar la coda compuesta por medio de eliminar la consonante menos sonante: [pe̞r.piˈkas], [pe̞r.pe̞kˈti.βa].

La anterior discusión deja en claro que la distribución de los dos fonemas vibrantes del español no es completamente libre. La única posición en la que /ɾ/ y /r/ pueden ocurrir libremente es entre dos vocales: [VɾV] o [VrV]. En todas las demás posiciones, la distribución es complementaria porque hay una vibrante que resulta favorecida sobre la otra. La falta de distintividad entre vibrantes fuera de la posición intervocálica hace que el contraste /ɾ/ versus /r/ sea uno de los menos productivos dentro del sistema de sonidos del español. De todos modos, la existencia de pares mínimos es evidencia sólida de que los hispanohablantes reconocen en los fonos [ɾ] y [r] dos entidades sicológicamente distintas (p. ej. *coral* [koˈɾal] 'coral' versus *corral* [ko̞ˈral] 'poultry yard').

15.4 ■ Cambios dialectales

Son tan numerosas las variantes que los fonemas vibrantes pueden tener en los dialectos de español que es imposible incluirlas todas aquí. A continuación describimos las más comunes, empezando con las variantes dialectales de la vibrante simple.

Las alteraciones más severas que sufre el fonema /ɾ/ ocurren en los geolectos terrabajenses cuando la posición silábica que se le asigna es la coda. Un cambio común en el Caribe y el sur de España es la **lateralización**, o sea, la conversión de la vibrante simple en una consonante lateral. Cuando esto sucede, el contraste entre los fonemas /ɾ/ y /l/ se neutraliza. Pares mínimos como *arma* ['ar.ma] 'weapon' versus *alma* ['al.ma] 'soul' y *mar* ['maɾ] 'sea' versus *mal* ['mal] 'evil' se convierten en palabras homófonas: ['al.ma] 'weapon' o 'soul', ['mal] 'sea' o 'evil'. Los hablantes dependen, en ese caso, del contexto lingüístico y/o situacional para resolver la ambigüedad potencial que esto genera (p. ej. *sacó un* ['al.ma] 's/he took out a weapon', *voy al* ['mal] 'I go to the sea').

Ejemplos:	*ver*	['be̞l]		*vivir*	[bi.'βil]
	comer	[ko.'me̞l]		*perder*	[pe̞l.'de̞l]
	mirar	[mi.'ral]		*morder*	[mo̞l.'de̞l]

En ciertos geolectos terrabajenses (p. ej. partes de Cuba, República Dominicana, Colombia, etc.), la vibrante simple final de sílaba sufre asimilación de todos los gestos articulatorios excepto la acción de las cuerdas vocales. La falta de participación de las cuerdas vocales sólo se puede observar cuando la vibrante aparece antes de una consonante sorda, en cuyo caso vemos que la consonante asimilada difiere de la consonante asimiladora en cuanto a la sonoridad (p. ej. *cuerpo* ['ku̯eb.po] 'body'). Por otro lado, cuando la consonante que sigue a la vibrante es sonora, se crea la impresión de que ha habido **asimilación total** (copia de todos los gestos articulatorios), porque la vibrante termina siendo una copia idéntica de la consonante siguiente (p. ej. *cuervo* ['ku̯eb.bo] 'crow'). El término técnico que se usa para describir una secuencia de dos consonantes idénticas es **geminada**, es decir, una consonante duplicada.

Ejemplos:	*carpa*	['kab.pa]		*árbol*	['ab.bo̞l]
	puerta	['pu̯ed̯.ta]		*cerdo*	['se̞d̯.d̯o]
	arco	['ag.ko]		*carga*	['kag.ga]

La vibrante simple final de sílaba también es susceptible de sufrir vocalización. La **vocalización** es el proceso por el cual un fonema consonántico se convierte en un alófono vocálico: /C/ → [V]. Es decir que la vocalización tiene el efecto exactamente opuesto a la consonantización. En algunas variedades terrabajenses (partes de la República Dominicana, Colombia, sur de España, etc.), el fonema /ɾ/ se vocaliza resultando en la semivocal alta anterior [i̯], la cual se incorpora al núcleo como el segundo elemento de un diptongo decreciente.

Ejemplos: *tener* [t̪e.ˈne̯i̯]   *cortar* [ko̯i̯.ˈta̯i̯]
             alarma [a.ˈla̯i̯.ma]   *perder* [pe̯i̯.ˈðe̯i̯]
             puerta [ˈpu̯e̯i̯.t̪a]   *señor* [se.ˈɲo̯i̯]

El cambio más drástico que sufre la vibrante simple en los geolectos terrabajenses es la elisión. Aunque la vocalización y la elisión tienen el efecto de convertir una sílaba cerrada en abierta, la elisión es una manera más radical de simplificar la estructura silábica puesto que no deja ningún rastro de la consonante indeseada. Compare, por ejemplo, las pronunciaciones [a.ˈmo̯i̯] y [a.ˈmo] para la palabra *amor*.

Ejemplos: *soñar* [so.ˈɲa]   *curso* [ˈku.so]
             flor [ˈflo]   *hacer* [a.ˈse]
             tuerto [ˈt̪u̯e.t̪o]   *doctor* [d̪o.ˈt̪o]

Pero no es solamente en el español terrabajense que la vibrante simple puede apartarse de su pronunciación canónica. Otra tendencia dialectal es la conversión de la consonante vibrante en una fricativa ruidosa. En zonas de Costa Rica, Guatemala, México, Colombia, Ecuador, Argentina, entre otras, tanto la vibrante simple como la múltiple pueden ser afectadas por un proceso de **fricativización con retroflexión**. Así, los fonemas /ɾ/ y /r/ se transforman en la consonante fricativa retrofleja sonora [ʐ]. Aunque este fono suena algo similar a la fricativa alveopalatal sonora, [ʒ], su articulación es bastante diferente.

Para producir la consonante [ʐ], la corona se eleva curvándose hacia atrás a fin de formar un pasaje estrecho entre la superficie sublingual (el revés de la corona) y la zona postalveolar (vea la Figura 15.4). Al pasar forzadamente por allí, el aire produce fricación. Otra característica importante de esta articulación es que va acompañada de estridencia porque, tras sobrepasar el pasaje estrecho, la corriente de aire choca a gran velocidad contra la superficie dento-alveolar. Existe también la posibilidad de que se omita la vibración de las cuerdas vocales, con lo cual se obtiene la consonante fricativa retrofleja sorda [ʂ]. Este fono es idéntico a [ʐ], excepto que carece de sonoridad.

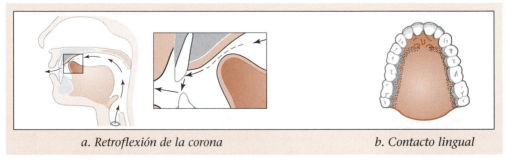

a. Retroflexión de la corona   *b. Contacto lingual*

Figura 15.4 Articulación del alófono [ʐ].

Un contexto favorable para la retroflexión de vibrantes es la posición final de sílaba, especialmente antes de pausa (p. ej. *Quiero ir* [ˈki̯e.ɾo.ˈiz̺]. Sucede, además, que cuando la vibrante simple va precedida por una oclusiva coronal con la que forma un ataque compuesto, las dos consonantes se producen tan estrechamente coarticuladas que se funden en una sola consonante africada retrofleja. La secuencia fonemática /dɾ/ se convierte así en la africada retrofleja sonora [d͡ʐ], mientras que la secuencia /tɾ/ se realiza como la africada retrofleja sorda [t͡ʂ]. Estos fonos no le parecerán a usted muy extraños porque son bastante similares a los ataques compuestos de las palabras *dry* 'seco' y *tree* 'árbol' del inglés.

Ejemplos:

hablar	[a.ˈβlaz̺]	o [a.ˈβlas̺]		
calor	[ka.ˈlo̞z̺]	o [ka.ˈlo̞s̺]		
drama	[ˈd͡ʐa.ma]		*madrugada*	[ma.d͡ʐu.ˈɣa.ð̞a]
padrino	[pa.ˈd͡ʐi.no]		*ladrido*	[la.ˈd͡ʐi.ð̞o]
otro	[ˈo.t͡ʂo]		*teatro*	[te̞.ˈa.t͡ʂo]
tres	[ˈt͡ʂes]		*tratado*	[t͡ʂa.ˈta.ð̞o]

La vibrante múltiple también puede convertirse en fricativa retrofleja cuando aparece en el ataque de una sílaba inicial o interna de palabra (p. ej. *rama* [ˈʐa.ma] 'branch', *correa* [ko.ˈʐe.a] 'belt'). Por otro lado, cuando la vibrante simple es la única consonante dentro del ataque, el cambio no la afecta porque, si así fuera, se perdería el contraste entre los dos fonemas vibrantes. Observe, por ejemplo, que la distinción entre los miembros del par mínimo *Corea* [ko.ˈɾe.a] 'Korea' versus *correa* [ko.ˈʐe.a] 'belt' se conserva gracias a que la vibrante simple de la primera palabra no cambia.

Ejemplos:

ropero	[ʐo.ˈpe.ɾo]	o [s̺o.ˈpe.ɾo]
desarrollo	[d̞e.sa.ˈʐo.j̞o]	o [d̞e.sa.ˈs̺o.j̞o]
rápido	[ˈʐa.pi.ð̞o]	o [ˈs̺a.pi.ð̞o]

Finalmente, ya habíamos mencionado en el capítulo 6 que existen áreas del Caribe (p. ej. partes de Puerto Rico) donde es común que el fonema /r/ sufra **uvularización**. Esto significa que el lugar de la constricción cambia de la cresta alveolar a la úvula en virtud de que el articulador de lugar ya no es la corona sino el dorso. Cuando esto sucede, la vibrante múltiple uvular sonora [ʀ] o la fricativa uvular sorda [χ] compiten como realizaciones del fonema /r/.

Ejemplos:

Puerto Rico	[ˈpu̯e̞l.to.ˈʀi.ko]	o [ˈpu̯e̞l.to.ˈχi.ko]
perra	[ˈpe̞.ʀa]	o [ˈpe̞.χa]
arroz	[a.ˈʀo̞h]	o [a.ˈχo̞h]

PRÁCTICAS

Práctica 1

Su instructor/a leerá una de las dos palabras que forman cada uno de los siguientes pares mínimos. Subraye la palabra de cada par mínimo que él/ella pronuncie. Luego, léale las palabras a un/a compañero/a de clase y pídale que encierre con un círculo la palabra de cada par mínimo que usted pronuncie.

1. poro / porro   _____
2. cero / cerro   _____
3. careta / carreta _____
4. caro / carro   _____
5. ere / erre   _____
6. mira / mirra   _____
7. para / parra   _____

8. torero / torrero _____
9. pera / perra   _____
10. moro / morro   _____
11. ahora / ahorra _____
12. coral / corral   _____
13. vara / barra   _____
14. foro / forro   _____

Práctica 2

Escuche y repita la pronunciación de las siguientes palabras poniendo atención a si las consonantes vibrantes que contienen son simples o múltiples. Luego, transcriba fonéticamente cada palabra.

1. rugido   _____
2. casero   _____
3. parranda _____
4. mercado _____
5. feriado   _____
6. acero   _____
7. rosado   _____
8. rítmico   _____
9. pareja   _____
10. colibrí   _____

11. afeitar   _____
12. crónico   _____
13. apuro   _____
14. querido   _____
15. irrumpe   _____
16. israelí   _____
17. crédito   _____
18. aguar   _____
19. enrumbar _____
20. tejedor   _____

Práctica 3

Escuche y repita la pronunciación de los siguientes trabalenguas y transcriba las palabras subrayadas.

1. *El amor es una* <u>locura</u>*, que ni el cura la cura, y si el cura la* <u>curara</u>*, sería una locura de cura.*

   locura: _____   *curara:* _____

2. *El perro de San* <u>Roque</u> *no tiene rabo porque Ramón* <u>Ramírez</u> *se lo ha robado.*

   Roque: _____   *Ramírez:* _____

3. *¡Qué* <u>triste</u> *estás, Tristán, tras tan tétrica trama* <u>teatral</u>*!*

   triste: _____   *teatral:* _____

Práctica 4

Recuerde que [ɾ] es la vibrante que se favorece para formar ataques compuestos. Transcriba las siguientes palabras y pronúncielas en voz alta.

1. *retraer*	_____	9. *cuadro*	_____
2. *acrílico*	_____	10. *fritura*	_____
3. *comadre*	_____	11. *trimestre*	_____
4. *frescura*	_____	12. *metrópolis*	_____
5. *triángulo*	_____	13. *lágrima*	_____
6. *primario*	_____	14. *cremoso*	_____
7. *cráneo*	_____	15. *libreto*	_____
8. *descifra*	_____	16. *madrugar*	_____

Práctica 5

Recuerde que [r] es la vibrante que se favorece en inicio de palabra y después de una sílaba terminada en consonante. Pronuncie y transcriba los siguientes ejemplos.

1. *romper*	_____	9. *remitir*	_____
2. *sonreír*	_____	10. *enriquece*	_____
3. *retiro*	_____	11. *rosario*	_____
4. *honrar*	_____	12. *rumores*	_____
5. *ranura*	_____	13. *rurales*	_____
6. *romero*	_____	14. *enrollar*	_____
7. *israelita*	_____	15. *enramar*	_____
8. *enrolar*	_____	16. *retiro*	_____

Práctica 6

Vimos que el habla enfática ofrece la posibilidad de sustituir [ɾ] por [r] en la coda siempre y cuando no siga una palabra que comience por vocal. Pronuncie las siguientes frases, primero en habla corriente y luego en habla enfática.

	HABLA CORRIENTE	HABLA ENFÁTICA
1. *ver parques*		
2. *ser hermanos*		
3. *tener harto*		
4. *dar amor*		
5. *por partes*		
6. *amor amargo*		
7. *durar largo*		
8. *usar armas*		

Práctica 7

Las siguientes palabras del inglés tienen equivalentes muy similares en español. Pronuncie y transcriba las palabras españolas usando [ɾ] o [r] según corresponda. Asegúrese de *no* usar la vibrante retrofleja con las palabras españolas.

INGLÉS	ESPAÑOL	TRANSCRIPCIÓN FONÉTICA
1. *crater*	*cráter*	
2. *honorary*	*honorario*	
3. *restore*	*restaurar*	
4. *triangular*	*triangular*	
5. *radiator*	*radiador*	
6. *inferior*	*inferior*	
7. *refrigerator*	*refrigerador*	

Prácticas adicionales

Visite http://www.prenhall.com/estructuradelossonidos/.

Las consonantes laterales

Los fonetistas han encontrado que, entre las lenguas humanas, la corona es el articulador de lugar más usado para producir consonantes laterales. No sorprende, por tanto, que en una lengua como el inglés, donde existe un solo fonema lateral, ese sonido es coronal: /l/. Aunque el español difiere del inglés en que su inventario de sonidos incluye dos fonemas laterales, /l/ y /ʎ/, la preferencia por las laterales coronales también es patente en esta lengua. La tendencia del español a perder la lateral palatal se puede analizar como la eliminación del miembro más costoso de la oposición /l/ versus /ʎ/. El mayor costo de /ʎ/ consiste en que no solamente tiene doble articulador de lugar, sino que su articulador de lugar primario no es la corona sino el dorso.

Conviene aclarar que la supresión del fonema /ʎ/ no significa que el fono [ʎ] no se use en la mayoría de dialectos. Aun en los dialectos que carecen del fonema /ʎ/, el alófono [ʎ] emerge como una realización infiel del fonema /l/. Para ilustrar este punto, considere la pronunciación de la palabra *albañil* [al.ba.ˈɲil], 'construction worker', en la frase *albañil ñoco* [al.ba.ˈɲiʎ.ˈɲo.ko], 'construction worker with a missing finger'. Aquí vemos que el fonema /l/ de la palabra *albañil* se convierte en [ʎ] por influencia de la consonante palatal que le sigue. Éste y otros alófonos laterales son generados por un proceso de asimilación de lugar que afecta al fonema /l/ en la coda. En este capítulo veremos cómo se articulan y bajo qué condiciones surgen los principales alófonos que los dos fonemas laterales del español pueden tener.

16.1 ▮▮ La lateral palatal sonora /ʎ/ ━━━━━

De acuerdo con su frecuencia (0,7%), el fonema /ʎ/ ocupa la decimoquinta posición entre los diecinueve fonemas consonánticos del español. La ortografía española lo representa consistentemente por medio de la letra *ll* (p. ej. *llano* [ˈʎa.no] 'flat', *millones* [mi.ˈʎo.nes] 'millions').

16.1.1 Articulación del alófono fiel [ʎ]

El dorso y la corona cooperan para formar la constricción de la consonante [ʎ]. El dorso avanza y se eleva de modo que el mediodorso, el predorso y parte de la lámina se adhieren a una amplia zona del cielo de la boca dejando al ápice suspendido contra los dientes inferiores (vea la Figura 16.1a). El palatograma adjunto muestra que el contacto empieza en la cresta alveolar y continúa hacia arriba para cubrir casi todo el paladar. El dorso bloquea el paso de aire por el centro de la boca y el velo ascendido impide el acceso a la cavidad nasal; pero aun así, el aire no se estanca en el tracto vocal porque los lados de la lengua se separan de los últimos molares superiores para formar un pasaje a cada lado o un solo pasaje a un lado—el palatograma de la Figura 16.1 revela la presencia de dos pasajes laterales hacia los últimos molares. A través de estas brechas, una corriente abundante de aire fluye continuamente (Figura 16.1b), lo cual facilita la vibración espontánea de las cuerdas vocales.

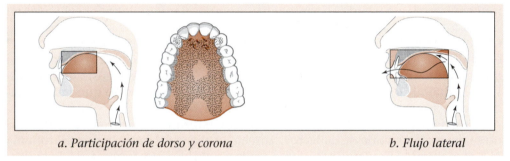

a. *Participación de dorso y corona*   b. *Flujo lateral*

Figura 16.1 Articulación del alófono [ʎ].

Ejemplos:

llegar	[ʎe.'ɣaɾ]	*caballo*	[ka.'βa.ʎo]	*callar*	[ka.'ʎaɾ]
llorar	[ʎo.'raɾ]	*estrella*	[es.'t̪re.ʎa]	*pillo*	['pi.ʎo]
llamar	[ʎa.'maɾ]	*orgullo*	[oɾ.'ɣu.ʎo]	*silla*	['si.ʎa]
llover	[ʎo.'βe̞ɾ]	*cepillo*	[se.'pi.ʎo]	*sello*	['se.ʎo]
lluvia	['ʎu.βi̯a]	*hebilla*	[e.'βi.ʎa]	*milla*	['mi.ʎa]

En los pocos dialectos que conservan el fonema /ʎ/ (p. ej. norte de Argentina, zonas rurales de los países andinos y zonas rurales de España), existen pares mínimos en los que se oponen dos consonantes palatales orales. Así, palabras como *callo* ['ka.ʎo] 'callus' y *cayo* ['ka.jo] 'key, low island' difieren en su pronunciación. Note que la letra *ll* se asocia con el fonema /ʎ/, mientras que la letra *y* se asocia con el fonema /j/. Teniendo en cuenta que la constricción de estas dos consonantes se forma en la zona palatal, diremos que los dialectos que observan este contraste hacen **distinción palatal**. Pronuncie los ejemplos adicionales que aparecen en la siguiente tabla asegurándose de que, en [ʎ], la lengua hace un bloqueo central para que el aire salga por los lados, mientras que, en [j], el bloqueo debe ser lateral para que el aire salga por el centro.

En contraste con este patrón, la mayoría de dialectos carecen del fonema lateral palatal, por lo que no pueden distinguir la pronunciación de tales palabras.

DISTINCIÓN PALATAL: OPOSICIÓN ENTRE LOS FONEMAS /ʎ/ Y /j/					
[ʎ]			**[j] (O UNA DE SUS VARIANTES)**		
pollo	[ˈpo.ʎo]	'chicken'	*poyo*	[ˈpo.jo]	'stone bench'
valla	[ˈba.ʎa]	'fence'	*vaya*	[ˈba.ja]	'may s/he go'
hulla	[ˈu.ʎa]	'coal'	*huya*	[ˈu.ja]	'may s/he flee'
falla	[ˈfa.ʎa]	'fault'	*faya*	[ˈfa.ja]	'faille (fabric)'
rollo	[ˈro̦.ʎo]	'roll'	*royo*	[ˈro̦.jo]	'reddish'
halla	[ˈa.ʎa]	's/he finds'	*haya*	[ˈa.ja]	'may there be'
callado	[ka.ˈʎa.ð̥o]	'silent'	*cayado*	[ka.ˈja.ð̥o]	'staff (cane)'

A raíz de esto, tanto *callo* como *cayo* se pronuncian [ˈka.jo] o usando cualquier otra de las variantes de /j/ (p. ej. [ˈka.jo], [ˈka.ʒo], [ˈka.ʃo], etc.). Recuerde que ya dijimos que la tendencia a sustituir el fonema /ʎ/ por el fonema /j/ se llama **yeísmo** y que este fenómeno se ha venido extendiendo desde las ciudades hacia el campo. Un efecto del yeísmo es que los pares mínimos que existen en los dialectos que hacen distinción palatal se realizan como palabras homófonas en los dialectos yeístas.

YEÍSMO: LA SUSTITUCIÓN DEL FONEMA /ʎ/ POR /j/ RESULTA EN PALABRAS HOMÓFONAS					
[j] (O UNA DE SUS VARIANTES)			**[j] (O UNA DE SUS VARIANTES)**		
pollo	[ˈpo.jo]	'chicken'	*poyo*	[ˈpo.jo]	'stone bench'
valla	[ˈba.ja]	'fence'	*vaya*	[ˈba.ja]	'may s/he go'
hulla	[ˈu.ja]	'coal'	*huya*	[ˈu.ja]	'may s/he flee'
falla	[ˈfa.ja]	'fault'	*faya*	[ˈfa.ja]	'faille (fabric)'
rollo	[ˈro̦.jo]	'roll'	*royo*	[ˈro̦.jo]	'reddish'
halla	[ˈa.ja]	's/he finds'	*haya*	[ˈa.ja]	'may there be'
callado	[ka.ˈja.ð̥o]	'silent'	*cayado*	[ka.ˈja.ð̥o]	'staff (cane)'

16.2 ■ La lateral alveolar sonora /l/ ▬▬▬▬

La quinta posición entre los diecinueve fonemas consonánticos del español la ocupa el fonema /l/ por ocurrir con una frecuencia de 4,2%. La letra con que la ortografía española lo representa siempre es *l* (p. ej. *libélula* [li.ˈβe.lu.la] 'dragonfly').

16.2.1 Articulación del alófono fiel [l]

La corona, con el ápice dirigido hacia arriba, se eleva hasta tocar la cresta alveolar (vea la Figura 16.2a). Este contacto bloquea el paso de aire por el centro de la boca, mientras el velo ascendido se encarga de impedir el escape de aire por la cavidad nasal. Los lados de la lengua se separan de los molares superiores para formar un pasaje a cada lado o un solo pasaje a un lado, según sea el hábito del hablante. El palatograma de la Figura 16.2a corresponde a una articulación en la que el hablante usó un solo pasaje lateral, lo cual se infiere del hecho de que al lado izquierdo no hay una zona sombreada continua como la que vemos al lado derecho. La presencia de pasajes laterales garantiza un flujo abundante y continuo de aire por los lados de la boca (Figura 16.2b), lo cual contribuye a que las cuerdas vocales vibren espontáneamente.

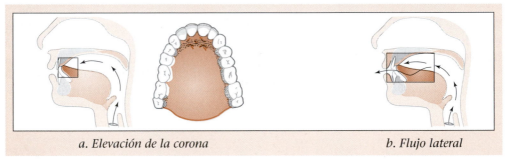

a. Elevación de la corona   *b. Flujo lateral*

Figura 16.2 Articulación del alófono [l].

Ejemplos:

Lola	['lo.la]	hablar	[a.'βlar]	fatal	[fa.'t̪al]
lila	['li.la]	súplica	['su.pli.ka]	útil	['u.t̪il]
lulo	['lu.lo]	glotal	[glo.'t̪al]	azul	[a.'sul]
Lalo	['la.lo]	aclarar	[a.kla.'rar]	fiel	['f̞i̯el]
lelo	['le.lo]	reflejo	[r̞e̞.'fl̞e̞.xo]	farol	[fa.'r̞o̞l]

16.3 Distribución

Por tratarse de consonantes, el español no permite que los fonemas laterales ocupen el núcleo de la sílaba, sino que los ubica en los márgenes (p. ej. *ladrillo* [la.'ð̞ri.ʎo] 'brick', *lluvial* [ʎu.'β̞i̯al] 'related to rain'). Resulta, además, que el fonema /ʎ/ está sujeto a varias condiciones adicionales que hacen que su distribución sea mucho más limitada que la de /l/.

En los pocos dialectos que emplean tanto /ʎ/ como /l/, éste puede aparecer en el ataque o en la coda, mientras que aquél está limitado al ataque. La aversión contra el fonema /ʎ/ en fin de sílaba se hace evidente si comparamos algunas palabras relacionadas. Considere los nombres *millón* [mi.'ʎon] 'million', *millar* [mi.'ʎar] 'one thousand units', y *mil* ['mil] 'thousand'. Las tres palabras contienen el morfema /miʎ/ dado que todas se refieren al concepto 'thousand'. En *millón* [mi.ˈʎon] como en *millar* [mi.ˈʎar], el fonema /ʎ/ se realiza como [ʎ] porque la posición prevocálica donde aparece lo habilita para ocupar el ataque, donde es inmune a la prohibición contra las codas palatales. En *mil* [ˈmil], en cambio, el fonema /ʎ/ se realiza a través de un alófono infiel porque, al no ir seguido por una vocal, la única posición silábica que puede ocupar es la coda. Allí, la prohibición contra las codas palatales lo obliga a cambiar su articulador de lugar primario a fin de convertirse en una coda aceptable. Esto causa la neutralización del contraste entre /ʎ/ y /l/ en favor de la lateral alveolar.

La incapacidad del fonema /ʎ/ de sobrevivir en la coda es la razón de que no participe en contrastes que, de otra forma, supondríamos que existieran. Los pares mínimos del tipo *mala* [ˈma.la] 'bad' versus *malla* [ˈma.ʎa] 'mesh', donde las consonantes laterales contrastan en posición inicial de sílaba, son perfectamente posibles. En cambio, es imposible encontrar pares mínimos del tipo *mal* [ˈmal] versus *mall* *[ˈmaʎ], porque para que el segundo miembro de tales pares mínimos existiera sería necesario que el fonema /ʎ/ pudiera realizarse fielmente en la coda.

Aun dentro del ataque la distribución de los dos fonemas laterales es asimétrica, porque, mientras que /l/ tiene la opción de ser un ataque simple (p. ej. *tela* [ˈte̪.la] 'fabric') o parte de un ataque compuesto (p. ej. *tecla* [ˈte̪.kla] 'key (of an instrument)'), /ʎ/ solamente puede ser un ataque simple (p. ej. *talla* [ˈta.ʎa] 'size'). Como usted ya habrá inferido, los ataques compuestos del tipo C + [ʎ] son rechazados por el motivo de que, siendo un fono palatal, la consonante [ʎ] implica doble especificación de lugar (dorso-coronal). Estas dos especificaciones sumadas a la especificación de la consonante precedente excederían el máximo de dos especificaciones de lugar que se permiten dentro del ataque de una sílaba española (p. ej. *[kʎ], *[pʎ], etc.)

Los ataques compuestos del tipo C + [l], en cambio, son lícitos, porque cada consonante contribuye una sola especificación de lugar (p. ej. *pluma* [ˈplu.ma] 'feather', *bloque* [ˈblo.ke] 'block', *clero* [ˈkle.ro] 'clergy', *gloria* [ˈglo.ɾi̯a] 'glory', *flujo* [ˈflu.xo] 'flow'). El caso especial son las combinaciones *[t̪l] y *[d̪l], a causa de la similitud que existe entre los dos miembros: ambos son fonos coronales con bloqueo del flujo de aire por el centro de la boca. Recuerde que *[d̪l] se rechaza en todos los dialectos; pero [t̪l] se acepta marginalmente gracias a la discrepancia en sonoridad. Así, la palabra *atleta* 'athlete' puede tener la pronunciación [a.ˈt̪le.t̪a] o [að̪.ˈle.t̪a].[1] Como mencionamos antes, el dialecto que mejor tolera el ataque compuesto [t̪l] es el español mexicano, donde abundan los **topónimos** (nombres de lugares) con [t̪l] en inicio de sílaba (p. ej. *Tlanepantla* [t̪la.ne.ˈpan̪.t̪la], *Tepoztlán* [t̪e.pos.ˈt̪lan]). Este es un aspecto en el que se ve claramente la influencia del náhuatl sobre el español.

Una última opción disponible para el fonema /l/, pero absolutamente imposible para el fonema /ʎ/, es combinarse con /s/ para formar una coda compuesta.

---

[1]Observe que en la pronunciación [að̪.ˈle.t̪a], el fonema /t̪/ es asignado a la posición de coda para evitar que se forme el ataque compuesto [t̪l]. Esto desata cambios adicionales porque el español desfavorece las consonantes oclusivas sordas en la coda. Así, el fonema /t̪/ se fricativiza y sonoriza para convertirse en el alófono infiel [ð̪].

No son muchas las palabras que contienen el grupo [ls] en la coda, pero existen por lo menos dos: *vals* ['bals] 'waltz' y *solsticio* [sols.'ti.si̯o] 'solstice'. Por otra parte, la ausencia total de palabras que contengan la coda compuesta *[ʎs] es de esperar, dado que, si las consonantes palatales son indeseadas en las codas simples, lo serán mucho más en las codas compuestas.

16.4 ■ Cambios en el lugar de articulación

Además de [l] y [ʎ], existen otros alófonos laterales que surgen como consecuencia de aplicar un proceso de asimilación de lugar, típico del español terraltense y peninsular norteño. El contexto donde ocurre la **asimilación de lugar en laterales** es bastante específico: la consonante lateral debe estar en la coda silábica e ir seguida por otra consonante cuya articulación también involucre la participación de la corona. Por ejemplo, en la palabra *falda* ['fal̪.d̪a] 'skirt', el fonema /l/ adquiere una constricción dental que lo lleva a tener el mismo lugar de articulación que la consonante siguiente. Este fenómeno no se limita al interior de palabra sino que también puede ocurrir entre palabras (p. ej. *mal día* ['mal̪.'d̪i.a] 'bad day'). En ese caso, una condición adicional que se debe cumplir es que no haya una pausa intermedia, ya que la pausa actúa como una barrera que tiene el efecto de bloquear la influencia de un fono sobre el otro (p. ej. *Daniel, dame eso* [d̪a.'ni̯el | 'd̪a.'me.so] 'Daniel, give me that').

La aplicación del proceso de asimilación de lugar genera los cinco alófonos laterales que aparecen en la Tabla 16.1. Los diacríticos ˖ y ˗ se usan para indicar avance y retracción en el lugar de articulación, respectivamente. Entonces, como ya tenemos el diacrítico ̪ para indicar dentalidad, el diacrítico ˖ combinado con [l] representará una consonante lateral interdental, [l̪˖]. Por otro lado, el diacrítico ˗ en combinación con [l] representará una consonante lateral alveopalatal, [l̠].

Tabla 16.1		Alófonos laterales	
Lugar	**Alófono**	**Ejemplo**	**Pronunciación**
1. Interdental	[l̪˖]*	*cónsul celoso* 'jealous consul'	['kon̪.su̪l˖.θe.'lo.so]†
2. Dental	[l̪]	*cónsul terco* 'stubborn consul'	['kon̪.sul̪.'ter̪.ko]
3. Alveolar	[l]	*cónsul normal* 'normal consul'	['kon.sul.nor.'mal]
4. Alveopalatal	[l̠]	*cónsul charro* 'uncouth consul'	['kon.sul̠.'t͡ʃa.ro]
5. Palatal	[ʎ]	*cónsul ñato* 'flat-nosed consul'	['kon.suʎ.'ɲa.t̪o]

*Ocurre sólo en algunos dialectos.
†Recuerde que, además de usar el fonema /θ/, el español peninsular norteño se caracteriza porque la realización normal del fonema /s/ es el alófono [s̪].

Los ejemplos en la Tabla 16.1 muestran que la consonante final de la palabra *cónsul* alterna entre los cinco alófonos laterales según sea el punto exacto donde se forma la constricción coronal de la consonante siguiente. La importancia de que la consonante siguiente sea coronal se hace patente si comparamos las frases anteriores con las tres frases siguientes: *cónsul viejo* ['kon̪.sul.'bi̯e̞.xo] 'old consul', *cónsul feo* ['kon̪.sul.'fe.o] 'ugly consul' y *cónsul joven* ['kon̪.sul.'xo.βe̞n] 'young consul'. Aquí vemos que, a pesar de que el fonema /l/ es asignado a la coda, su lugar de articulación no cambia para concordar con el lugar de articulación de una consonante bilabial, labiodental o velar siguiente.

Para describir el proceso con mayor precisión, veamos cómo opera la asimilación de lugar en cada caso específico. Empecemos con el alófono [l̪], cuya articulación se ilustra en la Figura 16.3a. La consonante lateral interdental sonora surge cuando un fonema lateral aparece antes de [θ] (p. ej. *dulzura* [d̪ul̪.'θu.ra] 'sweetness'). De esto se infiere que solamente en el español peninsular norteño es posible que surja dicho alófono. Lo que causa la creación del fono [l̪] es que la constricción de [θ] se extiende a la consonante lateral precedente, reemplazando así la constricción que ésta tenía originalmente. La Figura 16.3b representa el cambio esquemáticamente. Las letras **C** y **L** significan 'consonante' y 'consonante lateral', respectivamente. Las líneas continuas representan la asociación de cada consonante con su lugar de articulación original. La línea discontinua indica la extensión del lugar de articulación del fono asimilador al fono asimilado. Finalmente, la línea doble indica la desasociación del lugar de articulación original del fono asimilado.

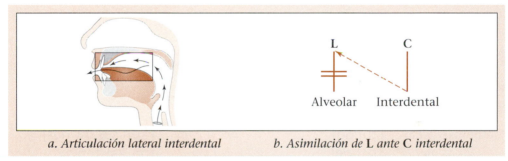

a. *Articulación lateral interdental*   b. *Asimilación de **L** ante **C** interdental*

Figura 16.3 Creación del fono [l̪] por asimilación.

Ejemplos:

dulce	[ˈd̪ul̪.θe]	*mal cifrado*	[ˈmal̪.θi.ˈfra.ðo]
alzar	[al̪.ˈθar]	*tal ciudad*	[t̪al̪.θi̯u.ˈðað]
úlcera	[ˈul̪.θe.ra]	*abril cinco*	[a.ˈβril̪.ˈθiŋ.ko]
calza	[ˈkal̪.θa]	*cárcel civil*	[ˈkar.θel̪.θi.ˈβil]
Emilce	[e.ˈmil̪.θe]	*cal ceniza*	[ˈkal̪.θe.ˈni.θa]

Un hecho que hay que destacar es que la asimilación de lugar hace que las dos consonantes terminen compartiendo una sola constricción. Fíjese que mientras que la secuencia [l.θ] involucra una constricción alveolar seguida de una constricción interdental, la secuencia [l̪.θ] involucra solamente una constricción interdental para ambos fonos. Esto indica que el proceso de asimilación economiza estructura, puesto que ahorra gestos articulatorios. El beneficio que tiene esto es que los hablantes gastan menos esfuerzo porque logran dotar de lugar de articulación a dos fonos por el precio de uno. Gráficamente, la asimilación se representa como el ligamiento de ambas consonantes a un mismo lugar de articulación (Figura 16.3b).

La consonante lateral dental sonora, [l̪], debe su origen a la influencia de las oclusivas dentales (p. ej. *salto* ['sal̪.t̪o] 'jump' y *molde* ['mol̪.d̪e] 'mold'). Estos ejemplos revelan que la constricción de [t̪] o [d̪] se extiende y 'contamina' a la consonante lateral precedente. La clave para obtener las secuencias [l̪.t̪] y [l̪.d̪] es asegurarse de formar una sola constricción dental (Figura 16.4). Una forma de visualizar esta estrategia articulatoria es pensar que el fono lateral *se cuelga* de la constricción de la consonante siguiente. Desde esta perspectiva, el comportamiento de la consonante lateral se puede catalogar como parasítico en el sentido de que se alimenta de la estructura de la consonante que está en el ataque.

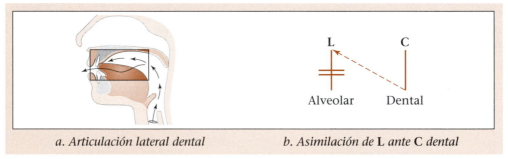

a. *Articulación lateral dental*   b. *Asimilación de* **L** *ante* **C** *dental*

Figura 16.4 Creación del fono [l̪] por asimilación.

Ejemplos:	*toldo*	['t̪ol̪.d̪o]	*cónsul danés*	['kon.sul̪.d̪a.'nes]
	balde	['bal̪.d̪e]	*vocal tensa*	[bo.'kal̪.'t̪en.sa]
	altura	[al̪.'t̪u.ra]	*fiel testigo*	['fjel̪.t̪es.'t̪i.ɣo]
	malta	['mal̪.t̪a]	*sol divino*	['sol̪.d̪i.'βi.no]
	filtro	['fil̪.tro]	*árbol denso*	['ar.bol̪.'d̪en.so]

El efecto de la asimilación de lugar es menos conspicuo cuando la consonante lateral va seguida por una consonante cuyo lugar de articulación también es alveolar (p. ej. [r], [l], [n] o [s]). La peculiaridad de este contexto es que, como el lugar del fono asimilado es idéntico al lugar del fono asimilador, el cambio es acústicamente imperceptible. En la palabra *balneario* [bal.ne.'a.ri̯o] 'spa', por ejemplo, la realización del fonema /l/ no revela un cambio de lugar. Pero, aunque el ajuste articulatorio no produzca un cambio evidente, su aplicación se puede confirmar, porque la secuencia [l.n] no se produce con dos constricciones alveolares, sino con una sola (vea la Figura 16.5b).

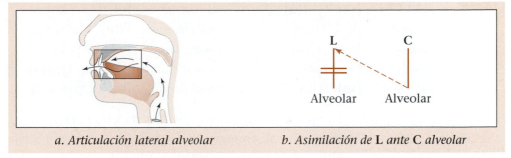

a. Articulación lateral alveolar   *b. Asimilación de L ante C alveolar*

Figura 16.5 Creación del fono [l] por asimilación.

Ejemplos:

falso	['fal.so]	*hábil ladrón*	['a.βil.la.'ð̞ɾo̞n]
alrededor	[al.rẹ.ð̞e.'ð̞o̞r]	*frijol negro*	[fri.'xo̞l.'ne.ɣro]
salsa	['sal.sa]	*tul suave*	['t̪ul.'su̯a.βe]
alno	['al.no]	*timbal rojo*	[t̪im.'bal.'ro̞.xo]
balsa	['bal.sa]	*pincel largo*	[pin.'se̞l.'lar.go]

Antes de un fono alveopalatal (p. ej. [t͡ʃ] o [d͡ʒ]), la consonante lateral se convierte en [l̠] (p. ej. *cónsul chino* ['ko̞n.sul̠.'t͡ʃi.no] 'Chinese consul'; vea la Figura 16.6). La creación del fono [l̠] a partir del fonema /l/ plantea un enigma. Si el español prohíbe las codas que no son exclusivamente coronales, ¿por qué convertir una consonante alveolar en alveopalatal cuando está en la coda? Esto parece contraproducente en vista de que una consonante alveolar es exclusivamente coronal, mientras que una consonante alveopalatal es corono-dorsal. En realidad, la contradicción es sólo aparente. El fono resultante de la asimilación de lugar no desacata la condición de la coda porque está desprovisto de su propio lugar de articulación. Tenga presente que, al asimilarse, la consonante lateral se vuelve parasítica porque, en vez de invertir esfuerzo en formar su propia constricción, opta por alimentarse de la constricción de la consonante siguiente. Puesto que la constricción que comparten los miembros de la secuencia [l̠.t͡ʃ] pertenece a la consonante que ocupa el ataque, la consonante lateral es una coda perfectamente lícita. La propiedad de ser alveopalatal la obtuvo sin ningún costo adicional para la coda.

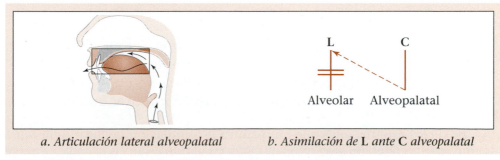

a. Articulación lateral alveopalatal   *b. Asimilación de L ante C alveopalatal*

Figura 16.6 Creación del fono [l̠] por asimilación.

Ejemplos: *salchicha*   [saḻ.ˈtʃi.tʃa]   *el yunque*   [eḻ.ˈd͡ʒuŋ.ke]

           colchón   [koḻ.ˈtʃon]   *mil chismes*   [ˈmiḻ.ˈtʃiz.mes]

           Melchor   [meḻ.ˈtʃor]   *chal chusco*   [ˈtʃaḻ.ˈtʃus.ko]

           colcha   [ˈkoḻ.tʃa]   *cristal chino*   [kris.ˈtaḻ.ˈtʃi.no]

           salchucho   [saḻ.ˈtʃu.tʃo]   *baúl lleno*   [ba.ˈuḻ.ˈd͡ʒe.no]

Cuando va seguido por un fono palatal (p. ej. [ɲ], [ʎ], o [ɟ͡ʝ] refiérase a la Figura 16.7), el fonema lateral emerge como [ʎ] (p. ej. *cónsul ñoño* [ˈkon.suʎ.ˈɲõ.ɲo] 'dull consul'). Este caso es especialmente interesante por dos razones. Primero, demuestra que [ʎ] no es un alófono exclusivo del fonema /ʎ/ sino que también puede ser una realización infiel del fonema /l/. Segundo, la posibilidad de que [ʎ] ocupe la coda causa perplejidad. Si hay dialectos que no toleran el fono [ʎ] en el ataque, ¿cómo es posible que esos mismos dialectos lo permitan en la coda? Eso pondría en tela de juicio la conclusión de que el español prohíbe categóricamente las codas palatales. Un examen cuidadoso revela que la incongruencia es sólo aparente. Como en el caso de [l̠], el alófono [ʎ] que resulta de la asimilación de lugar no viola la condición de la coda porque la constricción de la que obtiene su palatalidad no es propia, sino que pertenece a la consonante que está en el ataque de la sílaba siguiente (vea la Figura 16.7b). Esta observación es importantísima porque sólo así podemos continuar manteniendo que la coda es una posición más restrictiva que el ataque.

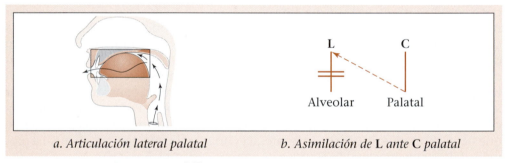

          a. Articulación lateral palatal   *b. Asimilación de* **L** *ante* **C** *palatal*

Figura 16.7 Creación del fono [ʎ] por asimilación.

Ejemplos: *baúl lleno*   [ba.ˈuʎ.ˈʎe.no]   *local yermo*   [lo.ˈkaʎ.ˈɟ͡ʝeɾ.mo]

           sal yodada   [ˈsaʎ.ɟ͡ʝo.ˈða.ða]   *sol llanero*   [ˈsoʎ.ʎa.ˈne.ro]

           tal ñapa   [ṯaʎ.ˈɲa.pa]   *hotel lleno*   [o.ˈt̪eʎ.ˈʎe.no]

           fácil llega   [ˈfa.siʎ.ˈʎe.ɣa]   *útil lluvia*   [ˈu.t̪iʎ.ˈʎu.βi̯a]

           mal ñudo   [ˈmaʎ.ˈɲu.ðo]   *árbol ñengo*   [ˈar.boʎ.ˈɲẽ̞ŋ.go]

Uno de los interrogantes que nos plantea la asimilación de lugar es por qué las consonantes laterales sólo sufren el cambio cuando están en la coda. Observe que, pese a que haya una consonante adyacente, la consonante lateral no se asimila cuando está ubicada en el ataque (p. ej. *adlátere* [að̞.ˈla.t̪e.re] 'inseparable companion'). Para explicar esta asimetría hay que tener en cuenta que la ubicación de una consonante en el ataque es positiva porque garantiza que ese fono tendrá no solamente **tensión** (cerramiento) sino también **distensión** (abrimiento). La coda, en cambio, sólo puede garantizar que la consonante tendrá tensión. La ventaja que tiene una consonante por el hecho de estar en el ataque se hace palpable en una secuencia de consonantes heterosilábicas. Sucede que la distensión de la consonante que ocupa el ataque tiende a cubrir la distensión de la consonante que está en la coda. Esto hace que la consonante en la coda sea más vulnerable que la consonante en el ataque. Entonces, la razón de que las consonantes laterales no se asimilen en el ataque es que, cuando están allí, no corren el peligro de que una consonante siguiente eclipse su distensión.

Otro asunto que requiere explicación es por qué la asimilación de lugar sólo ocurre cuando la consonante lateral va seguida por una consonante que se articule usando la corona. En vista de que la consonante lateral también se articula con la participación de la corona, esto significa que la asimilación de lugar en laterales requiere que las dos consonantes tengan un articulador de lugar en común. Cuando dos fonos se producen con el mismo articulador de lugar, se dice que son **homorgánicos**, o sea que usan el mismo órgano. En contraste, si un par de fonos usa distinto articulador de lugar, se dice que son **heterorgánicos**. Esta terminología nos permite precisar que la asimilación de lugar no afecta a las consonantes laterales en grupos heterorgánicos (p. ej. coronal + labial o coronal + dorsal), sino que se limita a los grupos que son al menos parcialmente homorgánicos: coronal + coronal, coronal + corono-dorsal y coronal + dorso-coronal.

La razón por la que las consonantes laterales no adoptan una constricción labial es simple. La manera de articulación lateral requiere pasajes laterales que sólo se pueden formar con los lados de la lengua. De ahí precisamente que en ningún idioma existan laterales labiales. El dorso, por su parte, es capaz de articular la consonante lateral velar sonora [ʟ]. Este fono se usa en lenguas como el melpa, una lengua de Nueva Guinea, pero es tan raro que los lingüistas no sabían de su existencia hasta hace poco tiempo. La rareza del fono [ʟ] se debe a que su articulación exige gran destreza por parte del postdorso, el cual tiene que ascender para formar la constricción velar al mismo tiempo que sus lados descienden y se contraen para formar pasajes laterales. Aunque es verdad que en la articulación de [ʎ] el dorso también está involucrado en ambos gestos, [ʎ] es una lateral menos costosa que [ʟ] porque el predorso y el mediodorso son los que forman la constricción central. Esto deja al postdorso libre para formar los pasajes laterales.

16.5 ■ Interferencia del inglés ──────────

Los hábitos articulatorios que usted ha internalizado en su pronunciación del inglés pueden interferir con la pronunciación de las consonantes laterales en español. Es común que, al hablar español, los anglohablantes pronuncien el fonema /l/ como [ɫ], dado que el inglés permite que las consonantes laterales se velaricen en fin de sílaba. Una comparación entre la palabra inglesa *call* [ˈkʰɔɫ] 'llamar' y la palabra española *col* [ˈko̞l] 'cabbage' demuestra este punto. A pesar

de su similitud, los sonidos de estas dos palabras no son idénticos. Si nos enfocamos en el fono final, la palabra inglesa difiere de la española en que la consonante lateral tiene un timbre 'oscuro', en vez del timbre 'claro' que caracteriza a
la consonante lateral del español. La diferente impresión acústica que causan los
fonos [ɫ] y [l] se debe a que, mientras que [l] es simplemente alveolar, [ɫ] es una
consonante alveolar **velarizada**. Esto quiere decir que, además de la constricción
coronal, [ɫ] incluye una constricción velar secundaria. Examine las imágenes de
la Figura 16.8 poniendo atención a la forma que adopta la lengua en estos dos
fonos.

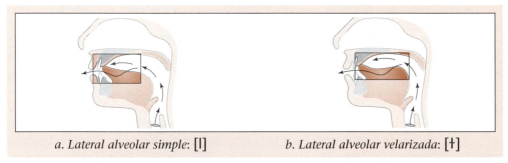

a. Lateral alveolar simple: [l]   *b. Lateral alveolar velarizada*: [ɫ]

Figura 16.8 Contraste entre el alófono [l] del español y el alófono [ɫ] del inglés.

Fíjese que la única parte de la lengua que se eleva en la articulación de [l]
es la corona (16.8a). En la articulación de [ɫ], en cambio, la elevación de la corona hacia la cresta alveolar va acompañada de un ligero ascenso del postdorso
hacia el velo (16.8b). La elevación simultánea de la corona y el postdorso hace
que la lengua adquiera forma cóncava durante la producción de [ɫ], en oposición a la forma casi plana que mantiene durante la articulación de [l]. Esta
diferencia en el aspecto de la lengua es significativa porque la concavidad que
forma el dorso cambia la resonancia de la voz dentro de la cavidad oral. De allí
proviene el timbre 'oscuro' que caracteriza a [ɫ] y que le ha merecido la califi-
cación de l espesa.

Si bien es cierto que la transferencia del alófono [ɫ] del inglés al español
no causa problemas de comprensión, sí tiene el inconveniente de causar un
enorme acento extranjero. Afortunadamente, existe un remedio fácil. Note
que, en inglés, una palabra como *local* se pronuncia con el alófono velarizado
en posición final, pero con el alófono fiel en posición inicial: [ˈloṷ.kəɫ]. Para
mejorar la pronunciación de la palabra *local* del español, usted necesita articular la consonante final igual que la consonante inicial: [lo.ˈkal]. Será más fácil
hacerlo si no reduce la fuerza con que la corona presiona la cresta alveolar
durante la consonante final. Esto ayudará a contrarrestar la tendencia a hacer
que el dorso se eleve hacia el velo. Después de escuchar las siguientes palabras
de las dos lenguas, aplique este consejo al pronunciar la lateral final de la palabra española.

Ejemplos: INGLÉS   ESPAÑOL   INGLÉS   ESPAÑOL

mill	~	mil	['mil]	final	~	final	[fi.'nal]
goal	~	gol	['gol̪]	oral	~	oral	[o.'ral]
Bill	~	vil	['bil]	virtual	~	virtual	[bir.'t̪u̯al]
loyal	~	leal	[le.'al]	social	~	social	[so.'si̯al]
full	~	ful	['ful]	total	~	total	[t̪o.'t̪al]
subtle	~	sutil	[su.'t̪il]	moral	~	moral	[mo.'ral]

Una lección importante que se deriva de estos ejemplos es que hay que tener mucho cuidado con los cognados. Ya hemos dicho que la similitud de las palabras cognadas es engañosa porque sugiere que sus significantes son idénticos. En realidad, ése nunca es el caso. Lo mejor es que usted desconfíe de todos los cognados. Aun pares tan similares como la palabra inglesa *banal* [bə.'nɑt] y la palabra española *banal* [ba.'nal] tienen distinta pronunciación.

16.6 ▥ Cambios dialectales

El español terrabajense difiere del terraltense y del peninsular norteño en que la asimilación de lugar no es el único proceso que determina la realización de los fonemas laterales en la coda. En muchos de los geolectos terrabajenses, la tendencia a debilitar las consonantes en posición final de sílaba hace que las consonantes laterales se conviertan en fonos con diferente manera de articulación.

Uno de los procesos que tiene este efecto es la **vibrantización**, es decir, la conversión de una consonante en vibrante. En los geolectos donde esto sucede (p. ej. partes de República Dominicana, Puerto Rico, Cuba, Panamá, sur de España, entre otros), el fono que resulta es una aproximante vibrante alveolar sonora: [ɹ] (p. ej. *colmado* [ko̞ɹ.'ma.ð̞o̞] 'grocery store'). Esta consonante es bastante similar a [r]. La diferencia radica en que, en vez de elevarse hasta golpear la cresta alveolar, el ápice se eleva sin llegar a tocar esa superficie. Esto permite que quede una brecha por donde el aire fluye continuamente. También es posible que la vibrantización resulte en un fono intermedio entre vibrante y lateral: [ɺ]. Este fono es acústicamente ambiguo porque algunas veces suena más cercano a una vibrante y otras veces se parece más a una lateral (p. ej. *alcohol* [aɺ.'ko̞ɹ] 'alcohol'). Comparados con el fonema al que representan, [ɹ] y [ɺ] son infieles en cuanto a la manera, pero se mantienen fieles en cuanto a la sonoridad y el lugar de articulación.

Ejemplos:

mal	['maɹ]	o	['maɺ]	*falta*	['faɹ.t̪a]	o	['faɺ.t̪a]
sol	['so̞ɹ]	o	['so̞ɺ]	*palma*	['paɹ.ma]	o	['paɺ.ma]
azul	[a.'suɹ]	o	[a.'suɺ]	*hotel*	[o̞.'t̪e̞ɹ]	o	[o̞.'t̪e̞ɺ]

Un cambio más drástico ocurre cuando la consonante lateral en posición implosiva se asimila a una consonante siguiente en todos sus gestos articulatorios

excepto la acción de las cuerdas vocales. La falta de participación de las cuerdas vocales sólo se puede observar cuando la consonante lateral precede a una
consonante sorda (p. ej. *pulpo* ['pub.po] 'octopus'). Al igual que vimos en el
capítulo anterior para la vibrante simple, cuando la consonante siguiente es
sonora se produce la impresión de que la lateral ha sufrido asimilación total
porque termina siendo una copia idéntica a la consonante vecina (p. ej. *calvo*
['kab.bo] 'bald'). Las geminadas parciales y totales que crea este proceso se
pueden oír en partes de Colombia, Cuba y República Dominicana, entre otras
regiones.

Ejemplos:

golpe	['g̥ob.pe]		*alba*	['ab.ba]
alto	['ad̥.t̥o]		*toldo*	['t̥od̥.d̥o]
talco	['t̥ag.ko]		*algo*	['ag.go]

También existen variedades terrabajenses donde las consonantes laterales en
posición implosiva sufren **vocalización**. Tal como vimos con /ɾ/, la vocalización
del fonema /l/ resulta en la semivocal [i̯], la cual se combina con la vocal precedente para formar un diptongo decreciente.

Ejemplos:

final	[fi.'nai̯]		*último*	['ui̯.t̥i.mo]
almuerzo	[ai̯.'mu̯ei̯.so]		*sueldo*	['su̯ei̯.ð̥o]
culpable	[kui̯.'pa.βle]		*caracol*	[ka.ɾa.'koi̯]

La simplificación de la estructura silábica es contundente cuando en vez de
vocalizarse, la consonante lateral se elide. La elisión es la solución estructural
óptima dado que no sólo evita la presencia de una coda sino también la creación
de un núcleo compuesto.

Ejemplos:

colmillo	[ko.'mi.jo]		*asalto*	[a.'sa.t̥o]
abril	[a.'βɾi]		*polvo*	['po.βo]
silbido	[si.'βi.ð̥o]		*difícil*	[d̥i.'fi.si]

No está de más añadir que es común que varios de estos cambios coexistan
dentro de un mismo geolecto. Una palabra como *palma* 'palm tree' puede realizarse como ['pal.ma], ['paɹ.ma], ['paɭ.ma], ['pam.ma], ['pai̯.ma] o ['pa.ma] en
el habla de una misma comunidad. El motivo es, evidentemente, que los factores sociales y contextuales hacen que la tendencia terrabajense a debilitar las consonantes en la coda no progrese de manera uniforme sino que se implementa
gradualmente.

Por último, usted probablemente habrá notado que varios de los cambios
dialectales que sufren las consonantes laterales son los mismos que vimos en el
capítulo anterior para las consonantes vibrantes. La similitud en su comportamiento fonológico y el hecho de que las laterales pueden vibrantizarse mientras
que las vibrantes pueden lateralizarse confirman su pertenencia a un grupo uni-
ficado: la clase natural de las consonantes líquidas.

PRÁCTICAS

Práctica 1

Después de pronunciar las siguientes palabras, transcríbalas fonéticamente poniendo especial atención al lugar de articulación de la consonante lateral.

1. cultura _____
2. pilcha _____
3. alfiler _____
4. endulzar _____
5. el llano _____
6. mal hecho _____
7. alquimia _____
8. culpar _____

9. el chorizo _____
10. alquiler _____
11. melcocha _____
12. soldado _____
13. descalzo _____
14. salvar _____
15. el hocico _____
16. alfombra _____

Práctica 2

Las siguientes palabras ilustran el contraste entre los fonemas /l/, /ʎ/ y /j/. Pronuncie y transcriba cada triplete haciendo distinción palatal. Luego, pronuncie cada triplete haciendo yeísmo.

1. ola _____ olla _____ hoya _____
2. bala _____ valla _____ baya _____
3. sola _____ solla _____ soya _____
4. lana _____ llana _____ yana _____
5. polo _____ pollo _____ poyo _____
6. mola _____ molla _____ moya _____

Práctica 3

Complete el siguiente cuadro con el lugar de articulación de cada alófono lateral y dé un ejemplo original de una palabra donde ocurra. Transcriba la pronunciación de cada ejemplo.

	Alófono	Lugar	Ejemplo	Transcripción
1.	[l̪]			
2.	[ʎ]			
3.	[l̺]			
4.	[l̪]			
5.	[l]			

Práctica 4

Escuche y repita la pronunciación de las siguientes palabras asegurándose de *no* velarizar las consonantes laterales. Luego, transcriba fonéticamente cada palabra.

1. *fácil* _____   16. *coronel* _____

2. *arancel* _____   17. *global* _____

3. *gandul* _____   18. *difícil* _____

4. *caníbal* _____   19. *azul* _____

5. *imbécil* _____   20. *cordel* _____

6. *tribal* _____   21. *apical* _____

7. *caracol* _____   22. *barril* _____

8. *piel* _____   23. *hiel* _____

9. *radical* _____   24. *voleibol* _____

10. *español* _____   25. *dócil* _____

11. *mármol* _____   26. *tropical* _____

12. *musical* _____   27. *bucal* _____

13. *viril* _____   28. *girasol* _____

14. *papel* _____   29. *tonel* _____

15. *juvenil* _____   30. *vital* _____

Práctica 5

Las siguientes palabras ilustran la participación del fonema /l/ en ataques compuestos. Pronuncie los ejemplos que ilustran cada combinación y transcríbalos fonéticamente.

1. [pl]   *plomo* _____   *soplo* _____

2. [bl]   *bledo* _____   *ensamble* _____

3. [t̪l]   *Tlaxcala* _____   *atlas* _____

4. [kl]   *clínica* _____   *reciclar* _____

5. [gl]   *glúteo* _____   *mangle* _____

6. [fl]   *flamenco* _____   *pantufla* _____

Práctica 6

Complete los siguientes enunciados con el concepto correspondiente. Luego, léalos en voz alta.

1. *Los dialectos que contrastan los fonemas* [ʎ] *y* [j] *hacen* _____ _____.

2. *Los nombres de lugares se llaman* _____.

3. *Dos fonos que usan el mismo articulador de lugar son* _____.

4. *El alófono* [ɫ] *difiere de* [l] *porque es* _____.

Práctica 7

Después de resolver los siguientes puntos, discuta sus respuestas con un/a compañero/a de clase.

1. Dé una pronunciación alternativa de la palabra *atlas* [ˈa.t̪las] que se use para evitar que la secuencia [t̪l] forme un ataque compuesto.

   _____
   _____

2. Explique con sus propias palabras en qué consiste el yeísmo.

   _____
   _____
   _____
   _____

3. Dé dos ejemplos originales que demuestren que el fono [ʎ] es una realización posible del fonema /l/.

   _____
   _____
   _____

Prácticas adicionales

Visite http://www.prenhall.com/estructuradelossonidos/.

Las consonantes nasales

El español y el inglés coinciden en dos de los tres fonemas nasales que utilizan. La nasal bilabial /m/ y la nasal alveolar /n/ están presentes en ambas lenguas. La divergencia está en que el inglés completa el trío de nasales con la nasal velar /ŋ/, mientras que el español lo hace con la nasal palatal /ɲ/. El valor contrastivo de las tres nasales españolas se evidencia en tripletes como *lama* ['la.ma] 'slime', *lana* ['la.na] 'wool' y *laña* ['la.ɲa] 'clamp'.

A pesar de no ser un fonema del español, el fono [ŋ] puede aparecer en el habla de cualquier hispanohablante. Éste es sólo uno de múltiples alófonos infieles que resultan de aplicar un proceso de asimilación de lugar (p. ej. *un gato* ['ũŋ.ga.t̪o] 'a cat'). Otra fuente común del fono [ŋ] es un proceso de velarización nasal que se ha arraigado en los geolectos terrabajenses. Resulta que, en esta familia de dialectos, [ŋ] puede ser la realización de un fonema nasal aun cuando no esté en contacto con una consonante velar (p. ej. *un pan* ['ũŋ.'pãŋ] 'a loaf of bread'). Además de los fonos [m], [n], [ɲ] y [ŋ], en este capítulo usted aprenderá a manejar otras cinco consonantes nasales, que, sumadas, integran el repertorio de nueve alófonos nasales disponibles en español.

17.1 ▥ La nasal bilabial sonora /m/ ▬▬▬

El fonema /m/ ocupa el octavo lugar entre los diecinueve fonemas consonánticos del español por ocurrir con una frecuencia de 3,0%. En la ortografía española, /m/ se representa a través de la letra *m* (p. ej. *máximo* ['mak.si.mo] 'maximum', *mínimo* ['mĩ.nĩ.mo] 'minimum').

17.1.1 Articulación del alófono fiel [m]

El fono [m] tiene cierta semejanza con las oclusivas [p] y [b]. El labio inferior forma una oclusión contra el labio superior, lo cual interrumpe el flujo oral (refiérase a la Figura 17.1a). Lo que tiene [m] de particular es que el aire no se estanca en el tracto vocal porque el velo permanece descendido mientras los labios sostienen la oclusión bilabial (Figura 17.1b). Con el puerto nasal abierto, el aire sale continuamente a través de la cavidad nasal, lo cual compensa la baja resonancia que se obtiene en la cavidad oral. El escape continuo de aire por la nariz permite que el flujo de aire a través de la glotis se mantenga constante y esto facilita la vibración espontánea de las cuerdas vocales.

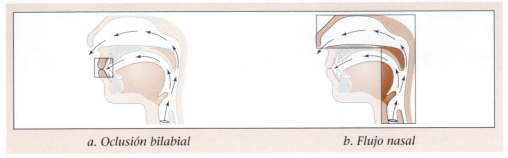

a. Oclusión bilabial   *b. Flujo nasal*

Figura 17.1 Articulación del alófono [m].

Ejemplos:

mula	['mu.la]	*camino*	[ka.'mĩ.no]	*fama*	['fa.ma]
moro	['mo.ɾo]	*ameba*	[a.'me.βa]	*amor*	[a.'mo̞ɾ]
mico	['mi.ko]	*hormiga*	[o̞ɾ.'mi.ɣa]	*dormir*	[do̞ɾ.'miɾ]
masa	['ma.sa]	*colmena*	[ko̞l.'mẽ.na]	*temer*	[t̪e.'me̞ɾ]
mapa	['ma.pa]	*trémulo*	['t̪ɾe.mu.lo]	*rumor*	[ru.'mo̞ɾ]

17.2 ▚ La nasal alveolar sonora /n/ ━━━━━━━

Con una frecuencia de 7,2%, el fonema /n/ ocupa la segunda posición entre los diecinueve fonemas consonánticos del español. La ortografía española lo representa consistentemente a través de la letra **n** (p. ej. *enano* [ẽ.'nã.no] 'dwarf', *fenomenal* [fe.nõ.mẽ.'nal] 'phenomenal').

17.2.1 Articulación del alófono fiel [n]

La corona, con el ápice dirigido hacia arriba, se eleva para formar una oclusión contra la zona anterior de la cresta alveolar (Figura 17.2a). Los lados de la lengua se adhieren a los molares y encías superiores para impedir que el aire escape lateralmente. Al no tener salida por el centro o por los lados de la boca, el aire toma como vía alternativa la cavidad nasal gracias a que el velo permanece descendido durante la oclusión oral (Figura 17.2b). Las cuerdas vocales vibran espontáneamente.

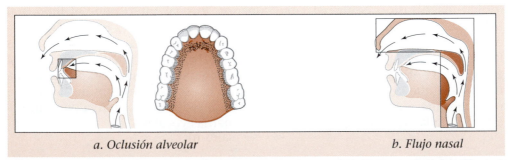

a. Oclusión alveolar   *b. Flujo nasal*

Figura 17.2 Articulación del alófono [n].

Ejemplos: *nulo*   ['nu.lo]   *ganado*   [ga.'na.ð̞o]   *pino*   ['pi.no]

            Nilo   ['ni.lo]   *canoso*   [ka.'no.so]   *tener* [t̪e.'neɾ]

            nada   ['na.ð̞a]   *manera*   [mã.'ne.ra]   *lunar* [lu.'naɾ]

            negro ['ne.ɣro]   *ceniza*   [se.'ni.sa]   *tuna*   ['t̪u.na]

            nota   ['no.t̪a]   *ranura*   [ra.'nu.ra]   *poner* [po.'neɾ]

17.3 ▮▮ La nasal palatal sonora /ɲ/ ━━━━━━━━━

El fonema /ɲ/ ocupa la última posición entre los diecinueve fonemas consonánticos del español porque su frecuencia es de sólo 0,2%. Ortográficamente, /ɲ/ se representa por medio de la letra *ñ* (p. ej. *piraña* [pi.'ra.ɲa] 'piranha', *añorar* [ã.ɲo.'rar] 'to yearn for').

17.3.1 Articulación del alófono fiel [ɲ]

La corona coordina su desplazamiento con el dorso cuando éste avanza y se eleva para tocar el paladar. El ápice se apoya contra los incisivos inferiores, mientras que el mediodorso, el predorso y parte de la lámina se adhieren a una amplia zona del cielo de la boca (vea la Figura 17.3a). El bloqueo central es complementado por los lados de la lengua, que se adhieren a los molares y encías superiores. El flujo oral se interrumpe pero, aprovechando que el velo permanece descendido, el aire se desborda por la cavidad nasal (Figura 17.3b). Las cuerdas vocales vibran espontáneamente.

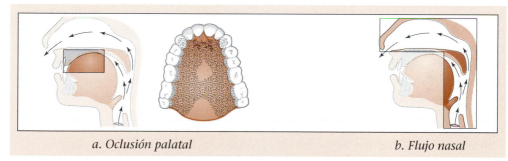

a. Oclusión palatal   b. Flujo nasal

Figura 17.3 Articulación del alófono [ɲ].

Ejemplos: *ñame*   ['ɲã.me]   *cáñamo*   ['ka.ɲã.mo]   *peña*   ['pe.ɲa]

            ñato   ['ɲa.t̪o]   *meñique* [mẽ.'ɲi.ke]   *Toño*   ['t̪o.ɲo]

            ñoco   ['ɲo.ko]   *mañana*   [mã.'ɲã.na]   *seña*   ['se.ɲa]

            ñuto   ['ɲu.t̪o]   *niñera*   [nĩ.'ɲe.ra]   *baño*   ['ba.ɲo]

            ñique ['ɲi.ke]   *señora*   [se.'ɲo.ra]   *riña*   ['ri.ɲa]

17.4 ▮▮ Distribución ━━━━━━━━━━━

Al igual que las demás consonantes, las nasales muestran más afinidad con los márgenes que con el núcleo de la sílaba (p. ej. *manso* ['mãn.so] 'calm', *cañón* [ka.'ɲõn] 'cannon'). El margen izquierdo es la posición que mejor acepta a los tres fonemas nasales (p. ej. *limo* [ˈli.mo] 'mud', *lino* [ˈli.no] 'flax', *liño* [ˈli.ɲo] 'tree line'), pero se debe resaltar que la frecuencia de /ɲ/ es especialmente baja en inicio de palabra. Si consulta un diccionario, verá que no son muchas las palabras que comienzan con /ɲ/ y podrá comprobar que la mayoría de ellas son poco comunes (p. ej. *ñoco* [ˈɲo.ko] 'lacking a finger').

Una condición que limita la distribución de las nasales es que no pueden participar en ataques compuestos. Esto se debe a que su valor de sonancia no dista suficientemente del de las líquidas para que combinaciones como *[ml] o *[nr] creen un ascenso significativo de sonancia. Similarmente, la diferencia de sonancia entre las nasales y las demás consonantes cerrantes no es suficiente para que combinaciones como *[km] o *[fn] produzcan un contraste nítido de sonancia. Note que combinaciones como *[ɲr] y *[fɲ] son aun menos plausibles porque tienen el inconveniente adicional de incluir tres especificaciones de lugar, dos de las cuales pertenecen a [ɲ]. La posibilidad de que las nasales formen ataques compuestos es, entonces, otro aspecto en el que el español difiere notablemente del inglés. Mientras que el inglés permite que [n] y [m] se combinen con una [s] precedente dentro de un ataque compuesto (p. ej. *snail* [ˈsn̩ei̯ɫ] 'caracol', *small* [ˈsm̩ɔɫ] 'pequeño'), el español niega categóricamente esa posibilidad.

En el margen derecho de la sílaba, el funcionamiento de los fonemas nasales es aun más restringido porque están sujetos a una intensa discriminación. La condición de que las palabras patrimoniales no contengan codas labiales o dorsales, sino exclusivamente coronales, afecta severamente la distintividad de los fonemas /m/ y /ɲ/. Esto se hace evidente si consideramos la existencia de tripletes como *cama* [ˈka.ma] 'bed', *cana* [ˈka.na] 'grey hair', *caña* [ˈka.ɲa] 'cane' frente a la ausencia de tripletes como *cam* [ˈkam], *can* [ˈkan], *cañ* [ˈkaɲ]. En el primer tipo de triplete, la distintividad de las nasales muestra completa productividad gracias a que su ubicación en el ataque les permite conservarse intactas. En contraste, en el segundo tipo de triplete, el poder contrastivo de /m/ y /ɲ/ se desvanece porque la coda compromete la preservación de su lugar de articulación. De hecho, *can* [ˈkan] 'dog' es la única palabra de este triplete que existe en el vocabulario patrimonial del español. De esto se infiere que, puesto que /n/ es el único fonema nasal que puede realizarse fielmente en la coda, la supervivencia de contrastes con los otros fonemas nasales es imposible en esa posición.

Cuando los fonemas /m/ o /ɲ/ son asignados a la coda, su realización es idéntica a la realización fiel del fonema /n/. La **neutralización de nasales** en favor del alófono [n] se puede apreciar si comparamos palabras relacionadas. Comencemos por examinar el caso de /m/. Compare las palabras *adamita* [a.ða.ˈmi.t̪a] 'adamite', *adámico* [a.ˈða.mi.ko] 'adamic' y *Adán* [a.ˈðan] 'Adam'. Las tres palabras contienen el morfema /adam/ 'Adam', puesto que su significado tiene que ver con ese personaje bíblico. Note que una propiedad importante que las dos primeras palabras tienen en común es que el fonema /m/ aparece en posición prevocálica. Esto es ventajoso porque permite que la nasal se ubique en el ataque, donde puede retener su lugar de articulación. En la tercera palabra, en cambio, el fonema /m/ no va seguido por una vocal. La consecuencia de esto es que la nasal queda confinada a la coda, donde no le queda otro remedio que renunciar a su constricción labial para convertirse en una coda lícita.

Las palabras *doña* [ˈd̪o.ɲa] 'mistress', *doñear* [d̪o.ɲe.ˈar] 'to woo a mistress' y *don* [ˈd̪oɲ] 'mister' demuestran que el fonema /ɲ/ está bajo la misma presión. El morfema común a estas tres palabras es /d̪oɲ/ 'person who has dominion over a house'. En las dos primeras palabras, el fonema /ɲ/ se asigna al ataque, lo cual le garantiza fidelidad total por parte de su alófono. En la tercera palabra, en cambio, la asignación de este fonema a la coda acarrea la pérdida del elemento dorsal de su articulación. Dado que ésa es la propiedad que distingue críticamente entre /ɲ/ y /n/, el contraste entre los dos fonemas queda neutralizado.

Otro argumento a favor de la neutralización de los fonemas nasales es que las palabras no patrimoniales en las que una nasal no coronal es asignada a la coda también tienden a pronunciarse con el alófono [n]. Los ejemplos con /m/ en fin de palabra son los más abundantes (p. ej. *harem*, *islam*, *álbum*, *referéndum*, *memorándum*, *ultimátum*, *tándem*, *médium*, *solárium*, etc.). Estas palabras son préstamos provenientes del árabe o del latín. Aunque en la pronunciación afectada los hablantes cultos se esfuerzan por pronunciar la consonante final fielmente, la tendencia predominante es convertirla en [n] (p. ej. *harem* [a.ˈrẹn], *islam* [iz.ˈlan], *álbum* [ˈal.bun], *referéndum* [rẹ.fe.ˈrẹn.d̪un], etc.). Apoyo adicional proviene de las palabras del inglés que terminan en el fonema /ŋ/ (p. ej. *smoking*, *marketing*, *parking*, *ring*, etc.). Su adaptación al español también resulta en el alófono [n] (p. ej. *smoking* [ez.ˈmo.kin], *marketing* [ˈmar.ke.t̪in], *parking* [ˈpar.kin], *ring* [ˈrin]).

Es obvio que si /n/ es el único fonema nasal que puede subsistir en una coda simple, también será el único que tenga oportunidad de emerger en una coda compuesta. El grupo homosilábico [ns] aparece en la coda de palabras cultas provenientes del latín (p. ej. *transfusor* [t̪rans.fu.ˈsọr] 'transfuser', *instaurar* [ĩns.t̪au̯.ˈrar] 'to establish', *conspicuo* [kọns.ˈpi.ku̯o] 'conspicuous', etc.). Pero la preferencia del español por los tipos silábicos menos costosos hace que, a medida que la nativización de tales palabras progresa, sea más común simplificar las codas compuestas por medio de eliminar una de las dos consonantes. En la ejecución de este cambio se presentan diferencias dialectales dado que, mientras que algunos dialectos obtienen la simplificación de la coda por medio de suprimir la consonante nasal (p. ej. *transporte* [t̪ras.ˈpọr.t̪e] 'transportation', *transcurso* [t̪ras.ˈkur.so] 'course of time'), otros optan por eliminar la consonante fricativa (p. ej. *transporte* [t̪ram.ˈpọr.t̪e], *transcurso* [t̪raŋ.ˈkur.so]). En el segundo caso, lo más común es que la nasal que prevalece adopte el lugar de articulación de la consonante siguiente.

17.5 ■ Cambios en el lugar de articulación

Si /n/ es el único fonema nasal que se acepta en la coda, una pregunta que surge es ¿por qué palabras como *campo* [ˈkam.po] 'field', *cancha* [ˈkan.t͡ʃa] 'court' y *tango* [ˈtaŋ.go] 'tango' se pronuncian con una nasal bilabial, alveopalatal y velar, respectivamente? La respuesta es que tales nasales no tienen su propio lugar de articulación sino que se comportan parasíticamente porque se alimentan de la constricción de la consonante siguiente. Esta situación surge como consecuencia de un proceso de **asimilación de lugar en nasales**, el cual se puede aplicar dentro de una palabra o entre dos palabras, siempre y cuando no haya una pausa interpuesta entre la nasal y una consonante siguiente.

Tomemos como ejemplo la palabra *fin* ['fin] 'ending'. Para empezar, hay que observar que el fonema nasal que está presente en esta palabra no es /m/ ni /ɲ/, sino /n/. Esto se infiere de que en palabras relacionadas (p. ej. *final* [fi.'nal] 'final', *finar* [fi.'nar] 'to die', *finado* [fi.'na.ðo] 'dead person', etc.), la consonante nasal también se realiza como [n]. Teniendo en cuenta que el ataque favorece la retención del lugar original de la consonante, el fonema nasal en todas estas palabras debe ser /n/. El hecho interesante es que, antes de una palabra que comience con consonante, la nasal de la palabra *fin* se realiza a través de un alófono diferente según sea el lugar de articulación de esa consonante. La Tabla 17.1 ilustra las alternancias en las que participa la consonante nasal de esta palabra.

Una indicación adicional de que la variación en el lugar de articulación es un efecto causado por la presencia de la consonante siguiente es que, antes de una palabra que comience con vocal, la nasal se mantiene invariable (p. ej. *fin amargo* ['fi.nã.'mar.go] 'bitter ending', *fin horrible* ['fi.no.'ri.βle] 'horrible ending', *fin extraño* ['fi.neks.'tra.ɲo] 'strange ending').

Tabla 17.1 Alófonos nasales creados por asimilación

Lugar	Alófono	Ejemplo	Pronunciación
1. Bilabial	[m]	*fin brusco* 'abrupt ending'	['fim.'brus.ko]
2. Labiodental	[ɱ]	*fin fatal* 'fatal ending'	['fiɱ.fa.'tal]
3. Interdental	[n̪]*	*fin celestial* 'celestial ending'	['fin̪.θe.les.'ti̯al]
4. Dental	[n̪]	*fin triste* 'sad ending'	['fin̪.'tris.te]
5. Alveolar	[n]	*fin lógico* 'logical ending'	['fin.'lo.xi.ko]
6. Alveopalatal	[n̠]	*fin chévere* 'cool ending'	['fin̠.'t͡ʃe.βe.re]
7. Palatal	[ɲ]	*fin llamativo* 'appealing ending'	['fiɲ.ɟ͡ʝa.ma.'ti.βo]†
8. Velar	[ŋ]	*fin cómico* 'comical ending'	['fiŋ.'ko.mi.ko]
9. Uvular	[ɴ]*	*fin jocoso* 'funny ending'	['fiɴ.χo.'ko.so]

*Ocurre sólo en algunos dialectos. El alófono [χ] es una fricativa uvular que representa al fonema /x/ en el español peninsular norteño o al fonema /r/ en algunas zonas del Caribe (p. ej. Puerto Rico).
†Recuerde que [ɟ͡ʝ] es una africada palatal que se crea por fortalecimiento del fonema /j/.

De los tres fonemas nasales del español, /ɲ/ es el que con mayor frecuencia sufre asimilación de lugar. Esto es de esperar dado que una condición esencial para que se aplique la asimilación de lugar es que la nasal esté en la coda. La aversión contra /m/ y /ɲ/ en la coda hace que estos fonemas estén menos disponibles para la asimilación de lugar. De cualquier modo, el alófono que resulta de la neutralización nasal también puede ser el blanco de la asimilación de lugar. Esto se puede apreciar si comparamos la pronunciación de un préstamo como *tótem* 'totem' con la pronunciación de una palabra relacionada como *totémico* 'totemic'. En *totémico*, el fonema /m/ no tiene problema en preservar su lugar de articulación porque logra ubicarse en el ataque: [to.'te.mi.ko]. En *tótem*, en cambio, es imposible que /m/ se realice fielmente porque está en posición de coda. Cuando *tótem* se pronuncia aisladamente, el fonema /m/ se realiza como [n] por efecto de la neutralización nasal: ['to.ten]. Pero si se pronuncia seguido por una palabra que comienza con consonante, la misma nasal puede tener una gran variedad de realizaciones porque está sujeta a la asimilación de lugar (p. ej. *tótem grande* ['to.teŋ.'gran.de] 'big totem', *tótem dorado* ['to.ten.do.'ra.ðo] 'golden totem', *tótem feo* ['to.tem.'fe.o] 'ugly totem', etc.).

Es pertinente observar que el proceso de transferencia de coda no evita que la nasal caiga presa de la neutralización. Fíjese que *tótem alto* no se pronuncia *['to.te.'mal.to] sino ['to.te.'nal.to]. Esto significa que la neutralización de los fonemas nasales debe ocurrir antes de que se haga la transferencia de coda. Si el orden fuera inverso, *['to.te.'mal.to] sería la pronunciación utilizada porque, luego de ser transferida al ataque, la nasal podría conservar su lugar de articulación original. El hecho de que ['to.te.'nal.to] es la pronunciación que realmente se usa es evidencia de que la transferencia de coda aplica después de haber aplicado la neutralización nasal.

Pasemos ahora a ver cómo se crea la gama de nueve alófonos nasales. Cuando una consonante nasal precede a otra consonante se forma una secuencia **NC**, es decir, nasal + consonante. La asimilación de lugar consiste en extender el lugar de articulación de **C** a **N** y desasociar el lugar de articulación original de **N**. El resultado es que las dos consonantes terminan compartiendo una sola constricción. Así, el lugar de articulación de **N** es gratuito porque esa consonante se alimenta de la constricción de **C**. La Figura 17.4 ilustra el cambio esquemáticamente.

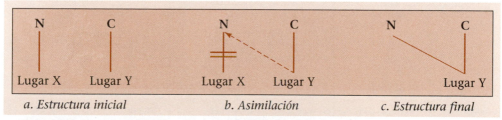

Figura 17.4 Asimilación de lugar en una secuencia NC.

La clave para pronunciar una secuencia **NC** es, por tanto, usar una sola constricción para ambas consonantes. Al hacer esto, automáticamente resultarán dos fonos ligados por el hecho de usar el mismo gesto articulatorio. Las posibilidades combinatorias que permite el español dan origen a los grupos homorgánicos ilustrados en la Figura 17.5. Pronúncielos, primero aisladamente, y luego dentro de los ejemplos que aparecen a continuación.

a. Bilabial: [m̩.p], [m̩.b]   **f.** Alveopalatal: [n̠.t͡ʃ], [n̠.d͡ʒ]

b. Labiodental: [ɱ.f]   **g.** Palatal: [ɲ.ʎ], [ɲ.ɲ], [ɲ.ɟ͡ʝ]

c. Interdental: [n̪.θ]   **h.** Velar: [ŋ.k], [ŋ.g], [ŋ.x]

d. Dental: [n̪.t̪], [n̪.d̪]   **i.** Uvular: [ɴ.χ]

e. Alveolar: [n.r], [n.l], [n.n], [n.s]

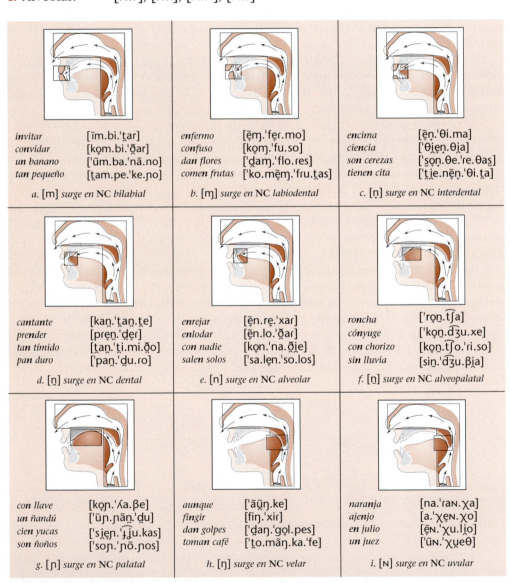

invitar	[ˈĩm.bi.ˈt̪ar]	enfermo	[ˈẽɱ.ˈfe̞r.mo]	encima	[ˈẽn̪.ˈθi.ma]
convidar	[kom̩.bi.ˈðar]	confuso	[kõɱ.ˈfu.so]	ciencia	[ˈθi̯e̞n̪.θi̯a]
un banano	[ˈũm.ba.ˈnã.no]	dan flores	[ˈd̪aɱ.ˈflo.res]	son cerezas	[ˈso̞n̪.θe̞.ˈre.θas̪]
tan pequeño	[t̪am.pe.ˈke.ɲo]	comen frutas	[ˈko.mẽɱ.ˈfru.t̪as]	tienen cita	[ˈt̪i̯e.nẽn̪.ˈθi.t̪a]
a. [m] surge en NC *bilabial*		*b.* [ɱ] surge en NC *labiodental*		*c.* [n̪] surge en NC *interdental*	

cantante	[kan̪.ˈt̪an̪.t̪e]	enrejar	[ẽn.re̞.ˈxar]	roncha	[ˈron̠.t͡ʃa]
prender	[pre̞n̪.ˈd̪e̞r]	enlodar	[ẽn.lo.ˈðar]	cónyuge	[ˈkon̠.d͡ʒu.xe]
tan tímido	[t̪an̪.ˈt̪i.mi.ðo]	con nadie	[kon.ˈna.ðie̞]	con chorizo	[kon̠.t͡ʃo.ˈri.so]
pan duro	[ˈpan̪.ˈd̪u.ro]	salen solos	[ˈsa.le̞n.ˈso.los]	sin lluvia	[sin̠.ˈd͡ʒu.βi̯a]
d. [n̪] surge en NC *dental*		*e.* [n] surge en NC *alveolar*		*f.* [n̠] surge en NC *alveopalatal*	

con llave	[kon.ˈʎa.βe]	aunque	[ˈãũŋ.ke]	naranja	[na.ˈran.χa]
un ñandú	[ˈũɲ.ɲãn̪.ˈd̪u]	fingir	[fiŋ.ˈxir]	ajenjo	[a.ˈχe̞n.χo]
cien yucas	[ˈsi̯e̞ɲ.ˈɟ͡ʝu.kas]	dan golpes	[ˈd̪aŋ.ˈgo̞l.pes]	en julio	[ẽɴ.ˈχu.li̯o]
son ñoños	[ˈso̞ɲ.ˈɲõ.ɲos]	toman café	[ˈt̪o.mãŋ.ka.ˈfe]	un juez	[ˈũɴ.ˈχu̯eθ]
g. [ɲ] surge en NC *palatal*		*h.* [ŋ] surge en NC *velar*		*i.* [ɴ] surge en NC *uvular*	

Figura 17.5 Alófonos nasales creados por asimilación de lugar.

Tenga en cuenta que la nasal interdental [n̪] y la nasal uvular [ɴ] sólo pueden surgir en los geolectos que usan las consonantes [θ] y [χ]. Consecuentemente, mientras que el español peninsular norteño emplea los nueve alófonos nasales, el español terraltense sólo usa siete de ellos. Este número se reduce aun más en el español terrabajense a causa de que los geolectos de esta familia tienden a favorecer la nasal velar en la coda sin importar cuál sea el elemento siguiente. En la próxima sección, discutimos esta tendencia en detalle.

17.6 ■ Proliferación del alófono [ŋ]

En muchos geolectos terrabajenses, el proceso de asimilación de lugar en nasales está en competición con un proceso de **velarización nasal**, el cual convierte a las nasales que ocupan la coda en el alófono [ŋ]. Considere el siguiente ejemplo. La frase *duran poco* 'they last little', que en el español terraltense y peninsular norteño se pronuncia [ˈd̪u.ram.ˈpo.ko], tiene la realización [ˈd̪u.rã̃ŋ.ˈpo.ko] en muchos geolectos terrabajenses. Note que un efecto secundario que acompaña a la velarización nasal es que hay **nasalización** de la vocal precedente. La divergencia entre las dos pronunciaciones se debe a que la velarización nasal priva la asimilación de lugar. En otras palabras, a pesar de que la consonante nasal es un blanco óptimo para la asimilación de lugar porque está en posición preconsonántica, ése no es el proceso que se favorece. Lo que vemos es que la velarización nasal predomina e impide la asimilación de lugar.

Una diferencia significativa entre la velarización nasal y la asimilación de lugar es el tipo de estructura que producen. Mientras que la asimilación de lugar crea secuencias en las que N y C forman un grupo homorgánico, la velarización nasal crea secuencias en las que N siempre tiene una constricción velar y, por consiguiente, muchas veces no coincide con la constricción de C. Para ser más específicos, siempre que C sea labial o coronal, la secuencia NC discrepará en el lugar de articulación. Utilice los siguientes ejemplos para contrastar las secuencias NC que resultan de la asimilación de lugar en el español terraltense con las que produce la velarización nasal en el español terrabajense.

	TERRALTENSE	TERRABAJENSE
comen pasta	[ˈko.mẽm.ˈpas.t̪a]	[ˈko.mẽŋ.ˈpah.t̪a]*
paran buses	[ˈpa.ram.ˈbu.ses]	[ˈpa.rãŋ.ˈbu.seh]
toman fotos	[ˈt̪o.maɱ.ˈfo.t̪os]	[ˈt̪o.mãŋ.ˈfo.t̪oh]
vayan todos	[ˈba.ɟan̪.ˈt̪o.ð̪os]	[ˈba.ɟãŋ.ˈt̪o.ð̪oh]
tienen dolor	[ˈt̪i̯e.nẽn̪.d̪o.ˈlor]	[ˈt̪i̯e.nẽŋ.d̪o.ˈlol]
van rápido	[ˈban.ˈra.pi.ð̪o]	[ˈbãŋ.ˈra.pi.ð̪o]
están locos	[es.ˈt̪an.ˈlo.kos]	[eh.ˈt̪ãŋ.ˈlo.koh]
son chéveres	[ˈson.ˈt͡ʃe.βe.res]	[ˈsõŋ.ˈt͡ʃe.βe.reh]
con yeso	[kon.ˈɟ͡ʝe.so]	[kõŋ.ˈɟ͡ʝe.so]

*Recuerde que el español terrabajense también tiene la tendencia a sustituir [s] por [h] en la coda.

Como usted ya habrá inferido, cuando la consonante siguiente es velar, la diferencia entre los dos procesos es muy sutil, dado que el alófono resultante es el mismo: [ŋ]. Considere, por ejemplo, la pronunciación terraltense de las frases *con queso* [koŋ.'ke.so] 'with cheese' y *usan goma* ['u.saŋ.'go.ma] 'they use glue' frente a la pronunciación terrabajense [kõŋ.'ke.so] y ['u.sãŋ.'go.ma]. La única diferencia aparente es que la pronunciación terrabajense es ligeramente más nasal que la terraltense a causa de la nasalización vocálica que conlleva la velarización nasal.

Otra peculiaridad que tiene la velarización nasal es que puede aplicarse a una nasal final de palabra aun cuando la palabra siguiente comience con vocal. Por ejemplo, la pronunciación terrabajense de la expresión *¡Paren eso!* 'stop that' puede ser ['pa.rẽ.'ŋe.so]. Este comportamiento es inesperado porque parece contradecir la observación de que el contexto donde aplica la velarización nasal es la coda. Asumir que el contexto para la velarización nasal es el ataque no sería, sin embargo, una alternativa viable, porque en palabras como *noveno* [no.'βe.no] 'ninth' o *banano* [ba.'nã.no] 'banana' las consonantes nasales nunca se velarizan. Una mejor interpretación de los hechos es mantener que la velarización nasal se aplica en la coda y reconocer que la nasal de la palabra *paren* ['pa.rẹn] ocupó originalmente la coda de la sílaba final de esa palabra. Allí es donde cae presa de la velarización nasal, a pesar de que luego, cuando se encadenan las palabras, la transferencia de coda la reubica en el ataque de la sílaba inicial de la palabra siguiente: ['pa.rẽ.'ŋe.so]. De esto se infiere que la velarización nasal es un proceso que se aplica antes de que ocurra la transferencia de coda.

La velarización nasal es un fenómeno enigmático, porque parece contradecir la observación de que la corona es el articulador más eficiente para producir consonantes. Dicho de otra forma, si es cierto que el español rechaza las consonantes no coronales en la coda debido a que su costo articulatorio es mayor, ¿por qué motivo le dan los geolectos terrabajenses prioridad a [ŋ] sobre [n] en esa posición? La clave para hallar una explicación está en reconocer que, mientras que en la asimilación de lugar la nasal se coarticula con la consonante siguiente, en la velarización nasal es con la vocal precedente que la nasal tiene una estrecha relación. La evidencia es que, siempre que la nasal se velariza, su nasalidad se transmite a la vocal precedente. Esto indica que la velarización nasal causa que los miembros de una secuencia **VN** compartan estructura.

Resulta que la estructura que estos dos elementos comparten no es solamente la nasalidad. Al tiempo que la consonante le transmite su manera de articulación a la vocal, la vocal le transmite su lugar de articulación a la consonante. Una consecuencia de esto es que, como el articulador de lugar primario de las vocales es el dorso, la extensión del gesto de este articulador a la nasal causa que ésta se convierta en velar. En otras palabras, la velarización nasal también es un tipo de asimilación, sólo que, en vez de asimilarse a la consonante siguiente, la nasal se asimila a la vocal precedente. El cambio se representa esquemáticamente en la Figura 17.6.

Como se puede ver, la estructura que resulta de aplicar la velarización nasal no viola la prohibición contra las codas no coronales, porque la nasal velar que ocupa la coda no tiene una constricción dorsal propia, sino que usa la constricción

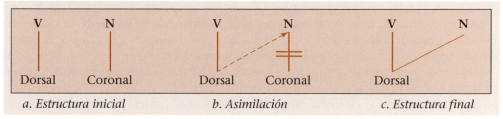

Figura 17.6 La velarización nasal se produce por asimilación a una vocal.

dorsal de la vocal precedente (p. ej. *con Pablo* [kõŋ.'pa.βlo] 'with Paul'). Desde esta perspectiva, la diferencia básica entre las pronunciaciones [ko̜m.'pa.βlo] y [kõŋ.'pa.βlo] es la dirección en que opera la asimilación (compare la Figura 17.4 con 17.6). En [ko̜m.'pa.βlo] vemos **asimilación de lugar regresiva** (de derecha a izquierda) porque una consonante extiende su lugar de articulación a una nasal que la precede. En [kõŋ.'pa.βlo], en cambio, vemos **asimilación de lugar progresiva** (de izquierda a derecha) porque una vocal extiende su lugar de articulación a una nasal que le sigue.

Pero esto nos plantea inmediatamente otra pregunta. ¿Cuál es la causa de que la asimilación de lugar opere en diferentes direcciones? Para poder apreciar por qué el español terrabajense invierte la dirección de la asimilación de lugar es conveniente saber que la velarización nasal está estrechamente ligada a otro proceso fonológico. En las variedades terrabajenses que usan velarización nasal es común que este proceso coexista con la posibilidad de que la consonante nasal sea completamente absorbida por la vocal precedente. Así, la palabra *balón* 'ball' puede pronunciarse [ba.'lõŋ] o [ba.'lõ]. Lo interesante de la segunda pronunciación es que la secuencia **VN** se reduce a un solo fono, el cual es una vocal intensamente nasalizada: [Ṽ]. Este proceso, que se conoce como **absorción nasal**, es un tipo de **coalescencia** (fusión) puesto que combina dos fonos en uno solo. Considere los siguientes ejemplos adicionales.

Ejemplos:	VELARIZACIÓN NASAL	ABSORCIÓN NASAL
común	[ko.'mũŋ]	[ko.'mũ]
están	[e̜h.'t̪ãŋ]	[e̜h.'t̪ã]
tambien	[t̪ãŋ.'bĩẽ̜ŋ]	[t̪ã.'bĩẽ̜]
un pistón	['ũŋ.pih.'t̪õ̜ŋ]	['ũ.pi.'t̪õ̜]
con turrón	[kõŋ.t̪u.'rõ̜ŋ]	[kõ̜.t̪u.'rõ̜]
sin volumen	[sĩŋ.bo.'lu.mẽ̜ŋ]	[sĩ.bo.'lu.mẽ̜]

Observe que cuando la vocal absorbe a la nasal completamente, una sílaba que antes era cerrada se convierte en abierta. Esto empalma con la observación de que los geolectos terrabajenses desfavorecen las consonantes en la coda y tienden a debilitarlas progresivamente hasta lograr removerlas de esa posición

(p. ej. *pan* ['paŋ] → ['pãŋ] → ['pã] 'bread'). Es evidente, entonces, que lo que está sucediendo es que, para remover a una consonante nasal de la coda, los geolectos terrabajenses optan por fusionarla gradualmente con la vocal precedente. La absorción nasal representa el estado final, en el que la fusión de los dos fonos se ha completado, pero existe también un estado menos avanzado, representado por la velarización nasal, donde los miembros de la secuencia **VN** comparten la manera y el lugar de articulación, sin haber perdido todavía su identidad como vocal y consonante, respectivamente.

Como una anotación final, conviene aclarar que la coalescencia no es lo mismo que la elisión. Cuando la palabra *afán* 'haste' se pronuncia [a.'fã], no es porque se haya elidido la consonante nasal. Si así fuera, no hubiera quedado ningún rastro de la nasal (p. ej. *[a.'fa]). La realidad es que en [a.'fã] todavía podemos rastrear la presencia de la consonante nasal que ocupaba la coda. Esto significa que, comparada con la elisión, la coalescencia es un modo más económico de convertir una sílaba cerrada en abierta, porque remueve la consonante indeseada, pero sin sacrificar toda su estructura.

PRÁCTICAS

Práctica 1

Escuche y repita la pronunciación de los siguientes proverbios poniendo especial atención a las consonantes nasales. Luego, transcriba fonéticamente la frase subrayada.

1. *Quien quiere amigos sin defectos <u>no tendrá ninguno</u>.*

_____

2. *Un fanfarrón mata a un león ausente, pero se asusta de <u>un ratón presente</u>.*

_____

3. *El sabio convive con la gente sin criticar, el necio critica <u>sin convivir</u>.*

_____

4. *La ambición y <u>la venganza</u> siempre tienen hambre.*

_____

5. *Nunca permitas que tus pies <u>vayan por delante</u> de tus zapatos.*

_____

6. *Si te sientas en el camino, <u>ponte de frente</u> a lo que queda por andar y de espaldas a lo ya andado.*

_____

Práctica 2

Las siguientes transcripciones fonéticas contienen errores relacionados con las consonantes nasales. Haga los cambios que sean necesarios para que la transcripción refleje la pronunciación correcta de cada palabra. Luego, practique la pronunciación correcta en voz alta.

	INCORRECTO	CORRECTO
informar	*[ĩn.fo̞r.ˈm̩ar]	[ĩm.fo̞r.ˈmar]
1. *manchado*	*[man̪.ˈt͡ʃã.ðo̞]	_____
2. *sentimiento*	*[se̞m̩.t̪i.ˈmĩe̞m̩.t̪o]	_____
3. *infundado*	*[ĩm.fũŋ.ˈd̪a.ðo̞]	_____
4. *inquisición*	*[iŋ.ki.sĩ.ˈsi̯õ̞n̩]	_____
5. *aniñado*	*[a.ɲi.ˈŋa.ðo̞]	_____
6. *confesiones*	*[kõ̞ɲ.fe.ˈsi̯o.ɴes]	_____
7. *invierno*	*[iɴ.ˈbi̯e̞r̩.ŋo]	_____
8. *convencional*	*[ko̞m.be̞n̩.si̯o.ˈmal]	_____

Práctica 3

Pronuncie y transcriba las siguientes frases asegurándose de coarticular la consonante nasal al final de la primera palabra con la consonante inicial de la palabra siguiente.

1. *salgan pronto*   _____
2. *galán tímido*   _____
3. *en Venezuela*   _____
4. *lucen cansados*   _____
5. *juegan yoyo*   _____
6. *un florero*   _____
7. *están cenando*   _____
8. *son demonios*   _____
9. *con tranquilidad*   _____
10. *beban zumo*   _____

Práctica 4

Pídale a un hablante monolingüe de español terraltense o peninsular norteño que pronuncie las siguientes oraciones y transcriba las palabras subrayadas. Luego, pronuncie cada oración en voz alta.

1. *Para tomar esa foto necesitas hacer <u>zum</u>.*

   _____

2. *Cuando llegaron, encontraron la casa hecha un <u>mare</u> <u>mágnum</u>.*

   _____

3. *El padre de Juliana se llama <u>Abraham</u>.*

_____

4. *Ese equipo está en la segunda posición del <u>ranking</u>.*

_____

5. *¿Te gusta jugar <u>ping-pong</u>?*

_____

6. *José fumaba cigarrillos <u>Mustang</u>.*

_____

Explique cómo la nativización de estos préstamos apoya la conclusión de que el español neutraliza los contrastes nasales en la coda.

_____
_____
_____
_____

Práctica 5

La transcripción de las siguientes frases corresponde a la pronunciación de los dialectos donde las nasales en la coda sufren asimilación de lugar regresiva. Pronúncielas y luego transcríbalas de acuerdo a como se pronuncian en un dialecto que usa la asimilación de lugar progresiva.

	TERRALTENSE	**TERRABAJENSE**
1. *en Paris*	[ẽm.pa.ˈris]	_____
2. *sin tiempo*	[sin̪.ˈti̯em.po]	_____
3. *con champaña*	[ko̯n.t͡ʃam.ˈpa.ɲa]	_____
4. *fin injusto*	[ˈfi.nĩŋ.ˈxus.t̪o]	_____
5. *viven bien*	[ˈbi.βẽm.ˈbi̯en]	_____
6. *oyen el son*	[ˈo.i̯e.nel̪.ˈson̪]	_____
7. *comen atún*	[ˈko.mẽ.na.ˈt̪un]	_____
8. *esperan el fin*	[es.ˈpe.ɾa.nel̪.ˈfin]	_____
9. *vieron a Adán*	[ˈbi̯e.ɾo.na.ˈðan]	_____
10. *con un balón*	[ko.ˈnũm.ba.ˈlon̪]	_____

Prácticas adicionales

Visite http://www.prenhall.com/estructuradelossonidos/.

Las consonantes fricativas

El número de fonemas fricativos del español es la mitad del número que utiliza el inglés. La desigualdad se debe a que el español no usa contrastes laríngeos para distinguir fricativas que tienen el mismo lugar de articulación. Entonces, mientras que los contrastes laríngeos dotan al inglés de una serie de fricativas sonoras, /v, ð, z, ʒ/, paralela a una serie de fricativas sordas, /f, θ, s, ʃ/, la ausencia del elemento sonoro en cada lugar de articulación deja al español únicamente con una serie sorda: /f, θ, s, x/.

Todos los miembros de esta serie aparecen en el español peninsular norteño, pero para la mayoría de dialectos, el inventario de fonemas fricativos es simplemente /f, s, x/, ya que carecen de /θ/. Fonéticamente, el número de consonantes fricativas se multiplica, porque el español emplea un proceso de asimilación de sonoridad que produce alófonos fricativos sonoros (p. ej. *desmán* [dez.ˈmãn] 'excess', *diezmo* [ˈdi̯eð.mo] 'tithe'). Además de la sonorización, en este capítulo investigamos cómo y por qué los procesos de desbucalización y elisión socavan la identidad de los fonemas fricativos.

18.1 ▮▮ Dos fonemas fricativos coronales

Es bien sabido que el español peninsular norteño cuenta con dos fonemas fricativos coronales, mientras que el español terraltense y terrabajense tienen solamente uno. La oposición /θ/ versus /s/ habilita al español peninsular norteño para distinguir palabras como *cazo* [ˈka.θo] 'ladle' versus *caso* [ˈka.s̺o] 'case', mientras que en los demás geolectos tales palabras son homófonas: [ˈka.so]. Otro aspecto de divergencia en cuanto a las fricativas coronales es que, en el español peninsular norteño, el fonema /s/ se realiza como [s̺], mientras que en los demás geolectos predomina el alófono [s].

La relación entre las consonantes [θ], [s̺] y [s] es bastante cercana. No solamente son todas fricativas coronales sordas, sino que también tienen en común el hecho de que la corona forma la constricción delante de la protuberancia alveolar. Esto quiere decir que todas son coronales anteriores. La constricción más anterior entre estos fonos corresponde a [θ]. Observe en la Figura 18.1a que la corona avanza para ubicarse entre los dientes de modo que la lámina toca el borde de los dientes superiores. De acuerdo con esta propiedad, [θ] es lamino-interdental. El contraste con [s̺] radica en que, en vez de avanzar, la corona se eleva manteniendo el ápice hacia arriba para que éste forme la constricción contra la cresta alveolar (vea la Figura 18.1b). Esto equivale a decir que [s̺] es apico-alveolar. Aunque para articular el fono [s̺] la corona también se eleva hacia la cresta alveolar, la diferencia es que lo hace dirigiendo el ápice hacia abajo, así que la parte de la lengua que queda expuesta para formar la constricción contra la cresta alveolar es la lámina (Figura 18.1c). A consecuencia de este gesto, la constricción de [s] es lamino-alveolar.

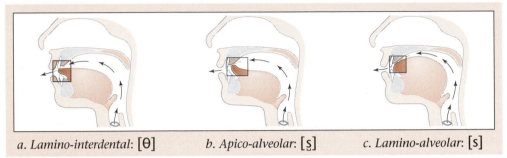

a. Lamino-interdental: [θ]   *b. Apico-alveolar*: [s̺]   *c. Lamino-alveolar*: [s]

Figura 18.1 Articulación de los alófonos fricativos coronales [θ], [s̺] y [s].

LAMINO-INTERDENTAL: [θ]		APICO-ALVEOLAR: [s̺]		LAMINO-ALVEOLAR: [s]	
cima	[ˈθi.ma]	*solo*	[ˈs̺o.lo]	*solo*	[ˈso.lo]
celo	[ˈθe.lo]	*suma*	[ˈs̺u.ma]	*suma*	[ˈsu.ma]
mozo	[ˈmo.θo]	*misa*	[ˈmi.s̺a]	*misa*	[ˈmi.sa]
loza	[ˈlo.θa]	*fosa*	[ˈfo.s̺a]	*fosa*	[ˈfo.sa]
pez	[ˈpeθ]	*mes*	[ˈmes̺]	*mes*	[ˈmes]

Si la pronunciación que usted se propone adoptar es la peninsular norteña, es necesario que se acostumbre a hacer las siguientes asociaciones entre letras y fonos. En el español peninsular norteño, la letra *z* representa al fonema /θ/, mientras que la letra *s* representa al fonema /s/ (p. ej. *pozo* [ˈpo.θo] 'well' versus *poso* [ˈpo.s̺o] 'I pose'). Adicionalmente, en las combinaciones *ce* y *ci*, la letra *c* también se asocia con el fonema /θ/ (p. ej. *hace* [ˈa.θe] 's/he does', *cine* [ˈθi.ne] 'movies'). Teniendo en cuenta que el contraste entre /θ/ y /s/ depende crucialmente del lugar exacto en donde la corona forma la constricción (dientes versus cresta alveolar), diremos que el español peninsular norteño hace **distinción coronal**. Pronuncie los siguientes pares mínimos usando el alófono [θ] para /θ/ y el alófono [s̺] para /s/.

DISTINCIÓN CORONAL: CONTRASTE ENTRE LOS FONEMAS FRICATIVOS CORONALES /θ/ Y /s/					
[θ]			**[s̺]**		
caza	[ˈka.θa]	'hunt'	*casa*	[ˈka.s̺a]	'house'
zumo	[ˈθu.mo]	'juice'	*sumo*	[ˈs̺u.mo]	'greatest'
cima	[ˈθi.ma]	'summit'	*sima*	[ˈs̺i.ma]	'abyss'
cocer	[ko.ˈθeɾ]	'to cook'	*coser*	[ko.ˈs̺eɾ]	'to sew'
azar	[a.ˈθaɾ]	'chance'	*asar*	[a.ˈs̺aɾ]	'to roast'

La existencia de dos fonemas fricativos coronales en oposición a uno solo labial y uno solo dorsal corrobora la mayor aptitud de la corona para producir consonantes. Sin embargo, la homorganicidad de /s/ y /θ/ requiere que la corona busque una manera de mantener estable el contraste. La selección de [s̪], en vez de [s], es la manera como el español peninsular norteño estabiliza la oposición. Para desarollar este punto, vuelva a examinar la colocación de la corona en la Figura 18.1. Como usted puede ver, tanto en [θ] como en [s], el ápice queda ubicado por debajo del borde de los dientes superiores (Figuras 18.1a y c). Esta posición del ápice es necesaria porque la parte de la corona que necesita estar expuesta para formar la constricción es la lámina. Muy distinto es lo que vemos en la Figura 18.1b. Durante la articulación de [s̪], la altura del ápice supera ampliamente el borde de los dientes superiores, lo cual es necesario para que el ápice quede expuesto y pueda ser el que forma la constricción. Si tomamos en consideración que incluir dos fricativas coronales aumenta la carga que se le pone al espacio coronal, es natural que los dos fonemas que comparten ese espacio tiendan a maximizar la distancia entre ellos. La polaridad que existe entre [θ] y [s̪] respecto a la ubicación del ápice sirve precisamente para maximizar la distancia entre los fonemas /θ/ y /s/. Esto le da estabilidad al contraste porque, cuanto más distintos sean dos fonos, menos peligro hay de que se confundan. De lo anterior se concluye que la razón por la que el español peninsular norteño evita el alófono [s] es por la mayor proximidad de éste a [θ].

Si usted se interesa más por la pronunciación que se usa en Hispanoamérica o en el sur de España, no será necesario que utilice los fonos [θ] y [s̪]. De hecho, la gran mayoría de hispanohablantes no los usan porque son seseístas. El término **seseo** [se.'se.o] se refiere a la tendencia a usar el alófono [s] como la principal realización de un único fonema fricativo coronal sordo: /s/. A consecuencia de esto, los pares mínimos de arriba son palabras homófonas en los dialectos seseístas.

SESEO: EL ÚNICO FONEMA FRICATIVO CORONAL ES /s/						
[s]				**[s]**		
caza	['ka.sa]	'hunt'		*casa*	['ka.sa]	'house'
zumo	['su.mo]	'juice'		*sumo*	['su.mo]	'greatest'
cima	['si.ma]	'summit'		*sima*	['si.ma]	'abyss'
cocer	[ko.'se̞ɾ]	'to cook'		*coser*	[ko.'se̞ɾ]	'to sew'
azar	[a.'saɾ]	'chance'		*asar*	[a.'saɾ]	'to roast'

Un tercer patrón que existe es el **ceceo** [θe.'θe.o], es decir, el uso de un único fonema fricativo coronal, pero que no es alveolar sino interdental: /θ/. En los dialectos ceceístas, las palabras *casa* y *caza* también son homófonas. Ambas se pronuncian ['ka.θa]. Éste es el menos común de los tres patrones dado que sólo se ha registrado en partes del sur de España. Además, mientras que el ceceo tiende a asociarse con un defecto físico que impide que la lengua adopte la forma que se requiere para producir [s], la distinción coronal y el seseo gozan de prestigio como las normas cultas de España e Hispanoamérica, respectivamente.

Bien sea que usted escoja la distinción coronal o el seseo, algo que debe evitar es pronunciar la letra *z* de la ortografía española como el fono [z]. A diferencia del inglés, la letra *z* no se asocia con un fonema /z/ en español porque ese fonema no existe. Recuerde que el español carece completamente de fonemas fricativos sonoros. El fonema que representa la letra *z* en español es /θ/, en los dialectos que hacen distinción coronal, o /s/, en los dialectos que hacen seseo. Lo que esto significa es que palabras como *zapato* 'shoe' y *corazón* 'heart' se pueden pronunciar [θa.'pa.to] o [sa.'pa.to] y [ko.ra.'θon̪] o [ko.ra.'son̪], pero no *[za.'pa.to] o *[ko.ra.'zon̪]. Practique las dos pronunciaciones aceptables con los siguientes ejemplos adicionales.

La letra *z*: Representa los fonemas /θ/ o /s/, según el dialecto					
zona	['θo.na]	o ['so.na]	*maíz*	[ma.'iθ]	o [ma.'is]
zoo	['θo.o]	o ['so.o]	*luz*	['luθ]	o ['lus]
ozono	[o.'θo.no]	o [o.'so.no]	*zorro*	['θo̞.ro̞]	o ['so̞.ro̞]
zebra	['θe.βra]	o ['se.βra]	*nariz*	[na.'riθ]	o [na.'ris]
azul	[a.'θul]	o [a.'sul]	*niñez*	[nĩ.'ɲeθ]	o [nĩ.'ɲes]

18.2 ▦ La fricativa labiodental sorda /f/ ━━━━

De acuerdo con su frecuencia (0,8%), el fonema /f/ ocupa la decimocuarta posición entre los diecinueve fonemas consonánticos del español. Su representación ortográfica no plantea ningún problema porque la letra que se le asigna siempre es *f* (p. ej. *finca* ['fiŋ.ka] 'farm', *afilar* [a.fi.'lar] 'to sharpen'). Tenga presente que, a diferencia del inglés, la combinación *ph* nunca se usa en ortografía española (p. ej. inglés *photo* ['fou̯.rou̯] versus español *foto* ['fo.to]).

18.2.1 Articulación del alófono fiel [f]

El labio inferior se retrae para tocar el borde de los dientes superiores mientras el velo bloquea el acceso a la cavidad nasal (vea la Figura 18.2a). Con la cavidad nasal sellada, y la cavidad oral severamente obstruida, el aire se acumula en el tracto vocal. El aumento de presión que esto produce obliga al aire a buscar salida por los intersticios (pequeños espacios) que quedan entre el labio inferior y el borde de los dientes superiores. Al salir a gran velocidad por allí, el aire genera el ruido característico de las fricativas (fricación). Este ruido va acompañado de estridencia porque, inmediatamente después de sobrepasar la constricción labiodental, la corriente de aire choca contra una barrera adicional, que es la superficie del labio superior (Figura 18.2b).

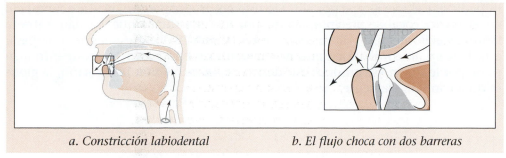

a. Constricción labiodental   *b. El flujo choca con dos barreras*

Figura 18.2 Articulación del alófono [f].

Ejemplos: *fama* ['fa.ma]   *jirafa*   [xi.'ra.fa]   *falso*   ['fal.so]
              feo   ['fe.o]   *perfume* [pe̞r.'fu.me]   *fecha*   ['fe.t͡ʃa]
              fino ['fi.no]   *figura*   [fi.'ɣu.ra]   *fiel*   ['fi̯e̞l]
              foto ['fo.t̪o]   *fonema*   [fo.'nẽ.ma]   *foro*   ['fo.ro]
              fuego ['fu̯e.ɣo]   *fulano*   [fu.'la.no]   *fuerte* ['fu̯e̞r.t̪e]

Es importante agregar que la dilatación de la glotis, o sea la aspiración, facilita la producción de las fricativas, especialmente si son estridentes. Un mayor flujo de aire a través de la glotis contribuye a que la presión en la cavidad oral aumente más rápidamente. Así es más fácil que el aire desarrolle la alta velocidad que necesita para producir ruido turbulento. Pero a diferencia de las oclusivas aspiradas, la aspiración de las fricativas ocurre antes, no después, de formar la constricción oral. La anticipación se debe a que, en el caso de las fricativas, la dilatación de la glotis es un gesto preparatorio para facilitar la fricación. Si la aspiración no ocurriera antes de formar el pasaje estrecho, no aportaría ningún beneficio, porque el aumento de presión oral no estaría disponible en el momento que se necesita para forzar el aire a que escape a gran velocidad. Es decir que la aspiración que acompaña a las fricativas es más exactamente **pre-aspiración**.

18.3 ■ La fricativa interdental sorda /θ/

La posición número once entre los diecinueve fonemas consonánticos del español la ocupa el fonema /θ/, cuya frecuencia es de 1,5%. Como ya dijimos, la ortografía española tiene dos formas de representar este fonema. La opción más común es usar la letra *z* (p. ej. *tiza* ['ti̪.θa] 'chalk', *gozque* ['goθ.ke] 'small dog'), pero ante *i* y *e* se usa la letra *c* (p. ej. *cielo* ['θi̯e.lo] 'sky', *cebolla* [θe.'βo.ʝa] 'onion'), con sólo unas pocas excepciones (p. ej. *zebra* ['θe.βɾa] 'zebra', *Zeus* ['θe.us] 'Zeus').

18.3.1 Articulación del alófono fiel [θ]

La corona avanza y se adelgaza para ubicarse entre los bordes de los dientes superiores e inferiores mientras el velo sella la cavidad nasal (vea la Figura 18.3a). El contacto de la lámina con el borde de los dientes superiores se extiende lateralmente porque los lados de la lengua se adhieren a los molares superiores para impedir que el aire escape por allí. Movido por la alta presión, el aire acumulado en el tracto vocal se precipita a salir por los intersticios que quedan entre la lámina y el borde de los dientes superiores (Figura 18.3b). Después de sobrepasar esta barrera, la corriente de aire no encuentra ningún otro impedimento a su paso, por lo que no se produce estridencia. A fin de facilitar la fricación, la glotis se dilata anticipadamente.

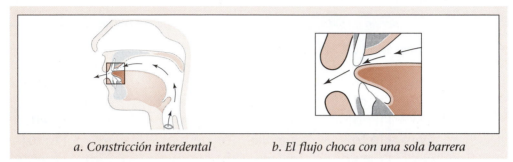

| a. Constricción interdental | b. El flujo choca con una sola barrera |

Figura 18.3 Articulación del alófono [θ].

Ejemplos:

zaga	[ˈθa.ɣa]	*coraza*	[ko.ˈra.θa]	*veraz*	[be.ˈraθ]
cena	[ˈθe.na]	*carece*	[ka.ˈre.θe]	*fugaz*	[fu.ˈɣaθ]
cita	[ˈθi.t̪a]	*caricia*	[ka.ˈri.θi̯a]	*matiz*	[ma.ˈt̪iθ]
zona	[ˈθo.na]	*zodiaco*	[θo.ˈð̞i̯a.ko]	*veloz*	[be.ˈloθ]
zueco	[ˈθu̯e.ko]	*zumbido*	[θum.ˈbi.ð̞o]	*cruz*	[ˈkruθ]

18.4 ▊▊ La fricativa alveolar sorda /s/ ─────────

El fonema /s/ ocupa el primer lugar entre los diecinueve fonemas consonánticos del español por ser el más usado. Ocurre con una frecuencia de 8,3% en los dialectos que hacen distinción coronal, y de 9,8% en los dialectos que hacen seseo. En los dialectos que hacen distinción, el fonema /s/ se representa consistentemente a través de la letra *s* (p. ej. *rosa* [ˈro̞.s̺a] 'rose'), pero en los dialectos que hacen seseo, este fonema se corresponde con las letras *s* y *z*, en cualquier posición, y con la letra *c*, antes de *i* o *e* (p. ej. *rosa* [ˈro̞.sa] 'rose', *roza* [ˈro̞.sa] 's/he grazes', *roce* [ˈro̞.se] 'rubbing').

18.4.1 Articulación del alófono lamino-alveolar [s]

La corona se eleva hacia la cresta alveolar mientras el velo sella la cavidad nasal (vea la Figura 18.4a). El ápice, apuntando hacia abajo, queda suspendido frente a los dientes inferiores, lo cual deja a la lámina expuesta frente a la cresta alveolar. El pasaje plano y estrecho que forman estas dos superficies se puede ver en el palatograma que aparece a continuación. Observe que el contacto con la lengua comienza en los alvéolos y se extiende lateralmente a lo largo de los molares y encías superiores. Sin tener otra salida, el aire acumulado se desborda a gran velocidad por el pasaje lamino-alveolar (Figura 18.4b). La corriente de aire choca a continuación contra la cara interior de los dientes superiores, produciendo así estridencia. Con anticipación a los gestos bucales, la glotis se dilata para facilitar la producción de fricación.

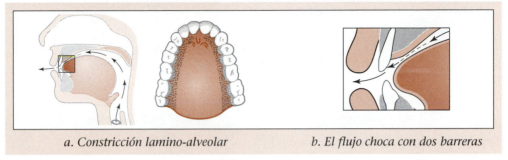

a. Constricción lamino-alveolar   b. El flujo choca con dos barreras

Figura 18.4 Articulación del alófono [s].

Ejemplos:

sala	['sa.la]	*sumiso*	[su.'mi.so]	*audaz*	[au̯.'ð̞as]
seña	['se.ɲa]	*cereza*	[se.'re.sa]	*mes*	['mes]
sitio	['si.t̪i̯o]	*silicio*	[si.'li.si̯o]	*raíz*	[ra.'is]
solo	['so.lo]	*sedoso*	[se.'ð̞o.so]	*tos*	['t̪os]
suma	['su.ma]	*supuso*	[su.'pu.so]	*luz*	['lus]

En contraste con la articulación **lamino-alveolar**, el español peninsular norteño usa la articulación **ápico-alveolar**. Veamos en mayor detalle cuáles son los aspectos en que difieren estas dos formas de articular la fricativa alveolar.

18.4.2 Articulación del alófono ápico-alveolar [s̺]

Cuando la corona se eleva con el ápice apuntando hacia arriba, el pasaje estrecho que se forma contra la cresta alveolar no es aplanado como en [s], sino más bien redondeado (vea la Figura 18.5a). Esto se debe a que la parte de la corona que forma la constricción no es la lámina sino la curva del ápice. Observe también que, durante la articulación de [s], la lámina tiene forma plana, tendiendo a convexa (Figura 18.4a), pero su forma es claramente cóncava en la articulación de [s̺] (Figura 18.5a). Si compara los palatogramas de [s] y [s̺] podrá ver, además, que la constricción de [s̺] es ligeramente más posterior que la de [s], aunque es evidente que en ninguno de los dos casos llega a sobrepasar la protuberancia alveolar. La mayor cercanía de la constricción de [s̺] a la protuberancia alveolar es la causa de que, cuando oyen esta fricativa, los anglohablantes tienden a creer que se trata de [ʃ]. Pero esto no es más que una impresión. El fono [ʃ] se diferencia de [s̺] en que su constricción es bastante más posterior porque se forma usando no solamente la corona sino también el predorso. Además, el ápice se orienta hacia abajo en [ʃ], pero hacia arriba en [s̺]. El caso es que por usar exclusivamente la corona, [ʂ] está más relacionada con [s] que con [ʃ]. Aparte de las diferencias mencionadas en cuanto a la disposición de la corona, los fonos [s] y [ʂ] son idénticos en todos los demás gestos articulatorios.

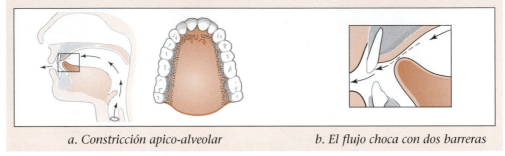

a. Constricción apico-alveolar *b. El flujo choca con dos barreras*

Figura 18.5 Articulación del alófono [ʂ].

Ejemplos:

saco	[ˈʂa.ko]	*pasado*	[pa.ˈʂa.ð̬o]	*pues*	[ˈpu̯eʂ]
seno	[ˈʂe.no]	*casero*	[ka.ˈʂe.ro]	*tres*	[ˈt̪reʂ]
sigo	[ˈʂi.ɣo]	*tesina*	[t̪e.ˈʂi.na]	*país*	[pa.ˈiʂ]
sopa	[ˈʂo.pa]	*asomo*	[a.ˈʂo.mo]	*adiós*	[a.ˈð̬i̯oʂ]
supo	[ˈʂu.po]	*consumo*	[kon̪.ˈʂu.mo]	*Tomás*	[t̪o.ˈmaʂ]

18.5 ▓ La fricativa velar sorda /x/ ━━━━━━

Entre los diecinueve fonemas consonánticos del español, el fonema /x/ aparece en la decimosexta posición por ocurrir con una frecuencia de 0,6%. La ortografía española lo representa a través de tres letras. Antes o después de cualquier vocal, se usa la letra *j* (p. ej. *jarra* [ˈxa.ra] 'pitcher', *reloj* [re̞.ˈlox] 'watch'). Pero antes de *i* o *e*, también puede usarse la letra *g* (p. ej. *gitano* [xi.ˈt̪a.no] 'gypsy', *gente* [ˈxe̞n̪.t̪e] 'people'). Además, existen unas pocas palabras donde se representa con la letra *x* (p. ej. *box* [ˈbo̞x] 'box tree', *México* [ˈme̞.xi.ko] 'Mexico').

18.5.1 Articulación del alófono fiel [x]

El postdorso se eleva para formar un pasaje estrecho contra el velo al mismo tiempo que éste se adhiere a la pared faríngea (vea la Figura 18.6a). Junto con el ascenso del dorso, hay un descenso de la corona, pero este movimiento no es intencionado sino un reflejo automático que ocurre en todas las consonantes que se articulan elevando el postdorso. Mientras los lados del postdorso se adhieren a los últimos molares superiores, la parte central forma un pasaje estrecho contra el velo. El aire que se acumula en la faringe se precipita a salir por el pasaje estrecho sin que encuentre luego otro obstáculo a su paso (Figura 18.6b). La dilatación previa de la glotis facilita la producción de fricación.

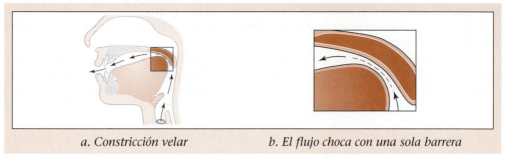

a. Constricción velar   *b. El flujo choca con una sola barrera*

Figura 18.6 Articulación del alófono [x].

Ejemplos:

faja	['fa.xa]	*pareja*	[pa.'r̪e.xa]	*raja*	['ra.xa]
paje	['pa.xe]	*hereje*	[e.'r̪e.xe]	*reja*	['r̪e.xa]
gira	['xi.ɾa]	*régimen*	['r̪e.xi.mẽn]	*rija*	['ri.xa]
majo	['ma.xo]	*cajones*	[ka.'xo.nes]	*roja*	['ro̞.xa]
jura	['xu.ɾa]	*cejudo*	[se̞.'xu.ð̞o]	*ruja*	['ru.xa]

18.6 ▪ Distribución

Como es de esperar, la posición de ataque es la que mejor acoge a los fonemas fricativos. Todos los cuatro fonemas de esta clase pueden funcionar como un ataque simple en inicio o en interior de palabra (p. ej. *feto* ['fe.t̪o] 'fetus', *ciclo* ['θi.klo] 'cycle', *piso* ['pi.so] 'floor', *bajo* ['ba.xo] 'low'). En cuanto a la posibilidad de formar ataques compuestos, hay que destacar que sólo a uno de los cuatro fonemas fricativos se le permite combinarse con una líquida siguiente dentro de la misma sílaba. Ese privilegio lo tiene /f/ (p. ej. *flotar* [flo.'t̪aɾ] 'to float', *sufrir* [su.'friɾ] 'to suffer').

El hecho de que la mayoría de los fonemas fricativos no puede participar en ataques compuestos sugiere que el español no estima que el ascenso de sonancia que surge en la transición de una fricativa a una líquida sea suficientemente extenso. Aunque es indudable que en combinaciones como *[θɾ], *[sl] y *[xɾ] hay un ascenso de sonancia, éste no es tan extenso como el que ocurre en [t̪ɾ], [bl] o [kɾ]. Desde esta perspectiva, parece razonable asumir que la adopción de los ataques compuestos [fl] y [fɾ] es una medida excepcional que se adopta para compensar la exclusión de *[d̪l] y *[t̪l]. Esta interpretación tiene el mérito de proveer una explicación para el hecho de que /f/ es el único fonema fricativo que se usa en ataques compuestos. El razonamiento es el siguiente. Los fonemas /s/ y /θ/ no serían buenos sustitutos para las oclusivas coronales porque, por ser también coronales, no mejoran el problema de tener el mismo articulador de lugar que la consonante líquida. Esto nos deja solamente con /f/ y /x/, de los cuales /f/ es preferible porque, después de la corona, los labios son el articulador de lugar más eficiente para formar la constricción de una consonante. Es decir que, entre las dos fricativas que podrían usarse para compensar la exclusión de *[d̪l] y *[t̪l], el español escoge la menos costosa. El punto es que, como la adopción de [fl] y [fɾ] equilibra el inventario de ataques compuestos porque llena los dos huecos que habían quedado, la inclusión de otros ataques compuestos con consonantes fricativas es innecesaria.

Con respecto a la coda, los fonemas fricativos corroboran que el español desfavorece las consonantes no coronales en esa posición. Resulta que, mientras que las fricativas coronales /s/ y /θ/ ocurren con frecuencia en la coda de las sílabas de las palabras patrimoniales (p. ej. *asco* ['as.ko] 'disgust', *pizca* ['piθ.ka] 'tiny piece'), la fricativa labial /f/ y fricativa velar /x/ son extremadamente raras en fin de sílaba. Las excepciones a esta norma son palabras que el español ha tomado prestadas de lenguas como el latín, el árabe, el inglés o el francés (p. ej. *afta* [af.t̪a] 'mouth ulcer', *cambuj* [kam.'bux] 'type of veil', *rosbif* [ro̞z.'bif] 'roast beef', *chef* ['t͡ʃe̞f] 'chef').

La palabra *reloj* [re̞.'lo̞x] 'watch' merece comentario especial por ser la única dentro del vocabulario patrimonial que contiene una fricativa no coronal en la coda. A pesar de su irregularidad, la pronunciación corriente de esta palabra también confirma la aversión contra las codas no coronales ya que su consonante final tiende a elidirse: [re̞.'lo]. La prueba de que la elisión de esta consonante es causada por la prohibición contra las codas no coronales es que, en una palabra relacionada como *relojero* [re̞.lo̞.'xe̞.ro] 'watch maker/seller', la consonante velar no se pierde porque la presencia de una vocal siguiente la habilita para ocupar el ataque. Similarmente, la introducción de una vocal siguiente por parte del proceso de pluralización contribuye a que, en *relojes*, la consonante velar no se pierda: [re̞.'lo̞.xes]. A raíz de esto, se producen alternancias del tipo *un reloj* ['ũn.re̞.'lo] 'a watch' versus *dos relojes* ['d̪o̞z.re̞.'lo̞.xes] 'two watches'.

Como ya sabemos, el fonema fricativo alveolar /s/ tiene el privilegio de poderse combinar con una consonante precedente dentro de una coda compuesta. Lo encontramos en combinación con una vibrante en *perspicaz* [pe̞rs.pi.'kas] 'perspicacious', con una lateral en *solsticio* [so̞ls.'t̪i.sj̞o] 'solstice', con una nasal en *conspirar* [ko̞ns.pi.'rar] 'to conspire' y con una oclusiva en *extraer* [e̞ks.t̪ra.'e̞r] 'to extract'. Cabe señalar que las codas del tipo oclusiva + [s] son anómalas, puesto que la sonancia no disminuye al pasar de un fono al otro, sino que aumenta. Éste es el único caso en que el principio de la secuencia de sonancia se viola en español. Es raro, sin embargo, que la violación se verifique porque la tendencia predominante es elidir una de las dos consonantes: [es.t̪ra.'e̞r]. Otra irregularidad es la secuencia [lf], que aparece en préstamos como *golf* ['go̞lf] 'golf' y *Alf* ['alf] 'Alf'. Éste es el único caso común en que una consonante fricativa diferente de /s/ hace parte de una coda compuesta.

18.7 ▮▮ Sonorización de fricativas

Aunque el español carece de fonemas fricativos sonoros, sucede que los alófonos [v], [ð], [z]/[z̞] y [ɣ] pueden surgir como realizaciones infieles de /f/, /θ/, /s/ y /x/, respectivamente. Éste es el efecto de un proceso de **sonorización** que afecta a los fonemas fricativos cuando ocupan la coda y van seguidos por una consonante sonora. Por ejemplo, la consonante final de la palabra *más* ['mas] 'more' se convierte en [z] en la frase *más barato* ['maz.ba.'ra.t̪o] 'cheaper'. En vista de que el cambio no se aplica cuando la consonante siguiente es sorda (p. ej. *más caro* ['mas.'ka.ro]), es indudable que la sonorización es causada por **asimilación de sonoridad**. Cuando no hay una consonante sonora siguiente, el proceso no puede ocurrir porque ésa es la fuente de donde la consonante fricativa obtiene la sonoridad. La Figura 18.7 esquematiza el cambio. Las letras **C** y **F** significan consonante y consonante fricativa, respectivamente.

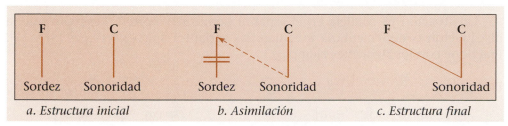

Figura 18.7 Asimilación de sonoridad en una secuencia **FC**.

Observe que el proceso implica dos pasos. Uno es la extensión de la sonoridad de **C** a **F** (Figura 18.7b) y el otro es la desasociación de la sordez de **F** (18.7c). En otras palabras, la consonante que ocupa la coda adopta una propiedad de la consonante que está en el ataque y esto anula su propiedad original. El resultado es que, ahora, la sonoridad de **C** también aparece en **F**, aunque no es una propiedad original de esa consonante. Así se crea una variante sonorizada para cada fonema fricativo. Fíjese, por ejemplo, que, si le añade sonoridad a [f], el resultado es [v]. Esto se puede comprobar poniéndose la mano en el cuello mientras pronuncia el fono [f] prolongadamente: [fffff]. Si en medio de esta articulación, usted hace vibrar las cuerdas vocales, obtendrá [fffvvv]. Usando esta misma prueba, usted podrá verificar que la variante sonorizada de [θ] es [ð], la de [s] es [z], la de [s̠] es [z̠] y la [x] es [ɣ].

Aunque los cuatro fonemas fricativos participan en el proceso, la productividad es mucho mayor con /s/ y /θ/ que con /f/ y /x/. La causa es evidente. La tendencia del español a evitar las consonantes no coronales en la coda reduce severamente el número de palabras disponibles en las que /f/ y /x/ aparecen en el contexto requerido. En contraste, existen bastantes palabras que contienen los fonemas /s/ y /θ/ en la coda. Además, como /s/ es la consonante más frecuente del español, es obvio que también será la fricativa que más comúnmente se sonorice. El segundo participante más frecuente es la otra fricativa coronal, /θ/, mientras que la participación de /f/ y /x/ es muy marginal. Veamos ejemplos de cada caso en ese orden.

En el español terraltense, donde [s̠] es la realización normal del fonema /s/, la asimilación de sonoridad genera el alófono [z̠]. Esto hace que los alófonos [s̠] o [z̠] estén en distribución complementaria en fin de sílaba. Cuando /s/ está en la coda antes de una consonante sorda, su realización es [s̠] porque nada lo obliga a cambiar su sonoridad. En cambio, cuando ocupa la coda antes de una consonante sonora, su realización es [z̠] porque esa consonante le transmite su sonoridad.

Ejemplos: [s]   [z]

asfalto	[as.ˈfal̪.t̪o]	*esbelto*	[ez.ˈbel̪.t̪o]
obispo	[o.ˈβis.po]	*abismo*	[a.ˈβiz.mo]
peste	[ˈpes.t̪e]	*desde*	[ˈd̪ez.d̪e]
lista	[ˈlis.t̪a]	*isla*	[ˈiz.la]
asco	[ˈas.ko]	*rasgo*	[ˈraz.go]

La situación es paralela en el español peninsular norteño, excepto que la distribución complementaria involucra las variantes apico-alveolares [s̺] y [z̺]. Practique con los siguientes ejemplos.

Ejemplos: [s̺]   [z̺]

esfera	[es̺.ˈfe.ra]	*esmero*	[ez̺.ˈme.ro]
chispa	[ˈt͡ʃis̺.pa]	*chisme*	[ˈt͡ʃiz̺.me]
destreza	[ˈd̪es̺.t̪re.θa]	*desliz*	[d̪ez̺.ˈliθ]
destino	[d̪es̺.ˈt̪i.no]	*desnudo*	[d̪ez̺.ˈnu.ð̪o]
suspiro	[s̺us̺.ˈpi.ro]	*soslayo*	[s̺oz̺.ˈla.j̪o]

El español peninsular norteño cuenta, además, con una alternancia entre los fonos [θ] y [ð]. Estas dos fricativas también existen en inglés, pero su función no es igual que en español. Dado que la sustitución de [θ] por [ð] produce un cambio de significado (p. ej. *loath* [ˈloʊθ] 'reacio' versus *loathe* [ˈloʊð] 'aborrecer'), cada uno de estos fonos representa un fonema distinto en inglés: /θ/ versus /ð/. En español, en cambio, la misma sustitución no tiene ningún efecto sobre el significado de una palabra. Tomemos el ejemplo *luz* 'light'. Ya sea que esta palabra se pronuncie [ˈluθ], como en *luz tenue* [ˈluθ.ˈt̪e.nu̯e] 'tenuous light', o [ˈluð], como en *luz mágica* [ˈluð.ˈma.xi.ka] 'magical light', el significado 'light' permanece constante. Esto demuestra que, para los hablantes de peninsular norteño, [θ] y [ð] son variantes de una misma entidad sicológica: /θ/. Cuando se asigna a la coda silábica, la realización de este fonema alterna entre [θ] y [ð], dependiendo de la sonoridad de la consonante siguiente.

Ejemplos: [θ]   [ð]

bizco	[ˈbiθ.ko]	*diezmo*	[ˈd̪i̯eð.mo]
negruzco	[ne.ˈɣruθ.ko]	*rebuzno*	[re̞.ˈβuð.no]
dizque	[ˈd̪iθ.ke]	*tizne*	[ˈt̪ið.ne]
lápiz corto	[ˈla.piθ.ˈko̞r.t̪o]	*lápiz largo*	[ˈla.pið.ˈlar.ɣo]
feliz pascua	[fe.ˈliθ.ˈpas̺.ku̯a]	*feliz noche*	[fe.ˈlið.ˈno.t͡ʃe]

Dentro del pequeño número de palabras en las que /f/ o /x/ aparecen en la coda, es posible encontrar alternancias entre [f] y [v], por un lado, y [x] y [ɣ], por el otro. Aunque los ejemplos que aparecen a continuación son poco frecuentes, su existencia es significativa porque confirma que la asimilación de sonoridad no se limita a /s/ y /θ/, sino que afecta a toda la familia de las consonantes fricativas. Esta es una observación importante, porque demuestra que los procesos fonológicos no atacan a uno o dos fonos arbitrariamente, sino que toman como blanco un grupo de fonos que podemos definir como una familia o clase natural.

Ejemplos:

	[f]		**[v]**
difteria	[d̪if.ˈt̪e.ɾi̯a]	*afgano*	[av.ˈga.no]
chef chino	[ˈt͡ʃe̞f.ˈt͡ʃi.no]	*chef latino*	[ˈt͡ʃe̞v.la.ˈt̪i.no]
rosbif caro	[ro̞z.ˈbif.ˈka.ro]	*rosbif rico*	[ro̞z.ˈbiv.ˈri.ko]

	[x]		**[ɣ]**
reloj feo	[re̞.ˈlox.ˈfe.o]	*reloj bueno*	[re̞.ˈloɣ.ˈbu̯e.no]
boj suave	[ˈbox.ˈsu̯a.βe]	*boj duro*	[ˈboɣ.ˈd̪u.ro]
troj sucio	[ˈt̪rox.ˈsu.si̯o]	*troj limpio*	[ˈt̪roɣ.ˈlim.pi̯o]

En cuanto al par [f] ~ [v], hay que recalcar que, en español, estos fonos no están en distribución libre ni tienen valor contrastivo como sucede en inglés (p. ej. *fan* [ˈfæn] 'abanico' versus *van* [ˈvæn] 'furgoneta'). No se deje engañar por la inconsistencia de la ortografía española. Pares mínimos como *fino* [ˈfi.no] 'fine' versus *vino* [ˈbi.no] 'wine' no son evidencia de que el español tiene un fonema /v/ porque el sonido que está contrastando con [f] no es [v] sino [b]. Otra observación pertinente es que el alófono [ɣ] puede tener dos orígenes distintos. Por ejemplo, en la frase *erraj bueno* [e̞.ˈraɣ.ˈbu̯e.no] 'good olive-stone fuel', la consonante final de la palabra *erraj* tiene la misma realización que la consonante final de las dos sílabas de la palabra *zigzag* [siɣ.ˈsaɣ]. La diferencia es que el origen de [ɣ] en *erraj bueno* es la sonorización de /x/, mientras que el origen de [ɣ] en *zigzag* es el relajamiento de la constricción de /g/. Esto indica que los fonemas /x/ y /g/ se neutralizan en fin de sílaba a causa de que los procesos fonológicos que los afectan producen el mismo alófono.

18.8 ▓ Desbucalización y elisión de fricativas

Los cambios que afectan a los fonemas fricativos en el español terrabajense son mucho más drásticos que el que acabamos de ver para el español terraltense y peninsular norteño. Compare, por ejemplo, la pronunciación terraltense de la palabra *turismo* [t̪u.ˈriz.mo] 'tourism' con su pronunciación terrabajense: [t̪u.ˈrih.mo] o [t̪u.ˈri.mo]. Aquí vemos que, además de sufrir asimilación de sonoridad, la consonante fricativa se debilita hasta llegar al punto de desaparecer.

Recuerde que el español terrabajense se caracteriza por una fuerte tendencia a debilitar y suprimir las consonantes en el margen derecho de la sílaba. Ante el imperativo de evitar las consonantes en la coda, tener una constricción coronal no sirve de nada. Es por eso que ni siquiera el fonema /s/ está a salvo. La única acción que remedia el problema de tener una consonante en la coda es removerla de esa posición. Sin embargo, la remoción de las consonantes de la coda no ocurre abruptamente, sino que es un proceso paulatino. En el caso de las fricativas, el avance gradual de este cambio resulta en la siguiente ruta de debilitamiento: [s]/[z] → [h]/[ɦ] → [ø]. De esto se infiere que una solución parcial es suprimir la constricción bucal de la consonante (desbucalización), pero la solución definitiva no se obtiene hasta que se eliminan no solamente los gestos bucales sino también los gestos laríngeos (elisión).

Ya sabemos que el resultado de desbucalizar una consonante fricativa es una aspiración, que se representa como [h] o [ɦ], según sea sorda o sonora. Pero un hecho importante que los símbolos [h] y [ɦ] no revelan es que, durante el transcurso de la aspiración, los órganos articuladores mantienen exactamente la misma configuración que adoptan para articular la vocal adyacente. La consecuencia de esto es que ni [h] ni [ɦ] tienen una articulación uniforme, sino que varían según sea la vocal precedente. Usted podrá verificarlo si examina cuidadosamente la pronunciación de las siguientes palabras.

Ejemplos: **[h]**   **[ɦ]**

hispano	[ih.'pa.no]	*cisne*	['siɦ.ne]
fiesta	['fi̯eh.t̪a]	*cuaresma*	[ku̯a.'reɦ.ma]
máscara	['mah.ka.ra]	*rasguño*	[raɦ.'gu.ɲo]
costilla	[ko̞h.'t̪i.ja]	*cósmico*	['ko̞ɦ.mi.ko]
susto	['suh.t̪o]	*muslo*	['muɦ.lo]

En vista de que los fonos [h] y [ɦ] se pronuncian como una aspiración superpuesta sobre la vocal precedente, es razonable asumir que su estructura está ligada a la de dicha vocal. Desde esta perspectiva, lo que sucede cuando una consonante fricativa se desbucaliza es que ésta pierde su lugar de articulación y adopta el de la vocal adyacente. La Figura 18.8 ilustra el cambio esquemáticamente.

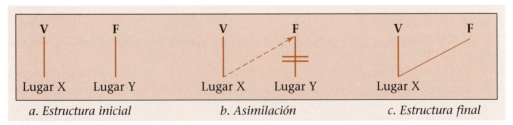

Figura 18.8 Desbucalización de una consonante fricativa en la coda.

De acuerdo con este análisis, la desbucalización es un caso de asimilación de lugar progresiva, paralelo al que vimos en el capítulo anterior para la velarización nasal. Luego de que **V** extiende su lugar de articulación a **F**, ésta queda convertida en un fono que se alimenta de los gestos bucales de la vocal precedente, pero mantiene sus propios gestos laríngeos. La motivación del cambio es bastante natural. Dado que la presencia de una constricción es la propiedad más característica de una consonante, la supresión de su lugar de articulación es una manera directa de responder a la prohibición contra las consonantes en posición implosiva. Reemplazar el lugar de articulación de una consonante con el de una vocal alivia considerablemente la carga de tener una consonante en la coda, porque ese fono queda privado de constricción oral.

Es obvio que, por ser la consonante fricativa más frecuente, el fonema /s/ es el que más comúnmente se desbucaliza. Sin embargo, /f/, /θ/ y /x/ también participan. En las pocas palabras que contienen los fonemas /f/ o /x/ en la coda, la desbucalización también los convierte en una aspiración (p. ej. *aftosa* [ah.ˈto̯.sa] 'foot-and-mouth disease', *reloj* [re̯.ˈlo̯h] 'watch'). Además, existen algunas variedades del español peninsular norteño que tienen tendencias terrabajenses y hacen lo mismo con el fonema /θ/. Por ejemplo, en Tudanca, una población de Cantabria en el norte de España, es común que tanto /s/ como /θ/ tengan alófonos desbucalizados en fin de sílaba.

	[s̺]/[z̺]	[h]/[ɦ]		[θ]/[ð]	[h]/[ɦ]
fiesta	[ˈfje̯s̺.ta]	o [ˈfje̯h.ta]	*gozque*	[ˈgo̯θ.ke]	o [ˈgo̯h.ke]
caspa	[ˈkas̺.pa]	o [ˈkah.pa]	*dizke*	[ˈd̯i̯θ.ke]	o [ˈd̯i̯h.ke]
asno	[ˈaz̺.no]	o [ˈaɦ.no]	*tizne*	[ˈt̯i̯ð.ne]	o [ˈt̯i̯ɦ.ne]
isla	[ˈiz̺.la]	o [ˈiɦ.la]	*diezmo*	[ˈd̯je̯ð.mo]	o [ˈd̯je̯ɦ.mo]
Dios	[ˈd̯jo̯s̺]	o [ˈd̯jo̯h]	*feliz*	[fe.ˈli̯θ]	o [fe.ˈlih]

Pasando ahora a la elisión, hay que señalar que la pérdida total de la consonante es un cambio que opera a un nivel estructural más alto. En vez de suprimir una propiedad interna de la consonante, la elisión suprime el conjunto total de sus propiedades. La Figura 18.9 ilustra esta operación con la única sílaba de la palabra *sus* 'his/her/their'. De las dos fricativas que aparecen en esa sílaba, la primera se acepta sin problema porque está en el ataque, pero la segunda constituye un desafío a la aversión de los geolectos terrabajenses contra las consonantes en la coda. Anular la asociación que conecta esa consonante con la sílaba es una solución contundente porque desocupa la coda (Figura 18.9b). Así, la sílaba que era cerrada termina convertida en una sílaba abierta (Figura 18.9c).

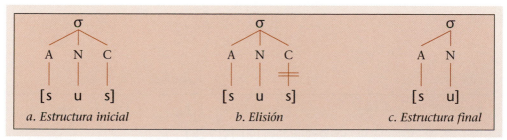

Figura 18.9 La elisión desaloja la consonante de la coda.

Como en el caso de la desbucalización, la elisión afecta no solamente a /s/, sino a todos los miembros de la clase formada por las consonantes fricativas (p. ej. *afgano* [a.ˈɣa.no] 'Afghan', *casco* [ˈka.ko] 'helmet', *dizque* [ˈḍi.ke] 'allegedly', *reloj* [re.ˈlo] 'watch'). Lo que sucede, nuevamente, es que los ejemplos con /f/ y /x/ son muy escasos a causa de la prohibición contra las codas no coronales.

Es importante enfatizar que la desbucalización y la elisión de fricativas son procesos facultativos. Los hablantes terrabajenses pueden pronunciar una palabra como *castillo* 'castle' de varias maneras, según decidan o no aplicar uno de estos procesos. Por lo general, los hablantes minimizan el uso de aspiración y evitan elidir cuando el habla es lenta o formal: [kas.ˈti̯.jo]. Pero al hablar rápida o informalmente, la tendencia a desbucalizar y a elidir cobra fuerza: [kah.ˈti̯.jo] o [ka.ˈti̯.jo]. Recuerde, además, que los factores sociales (p. ej. educación, sexo, edad) condicionan la frecuencia con que se usan los procesos fonológicos y su peso tiende a variar de un sociolecto a otro.

Ejemplos:	[s]/[z]	[h]/[ɦ]	[ø]
áspero	[ˈas.pe.ro]	[ˈah.pe.ro]	[ˈa.pe.ro]
misterio	[mis.ˈte.ri̯o]	[mih.ˈte.ri̯o]	[mi.ˈte.ri̯o]
racismo	[ra.ˈsiz.mo]	[ra.ˈsiɦ.mo]	[ra.ˈsi.mo]
fantasma	[fan̪.ˈtaz.ma]	[fan̪.ˈtaɦ.ma]	[fan̪.ˈta.ma]
análisis	[ã.ˈna.li.sis]	[ã.ˈna.li.sih]	[ã.ˈna.li.si]

18.9 ▦ Otros cambios dialectales ▬▬▬▬▬

La variación en la pronunciación de los fonemas fricativos no se limita a los procesos explicados arriba. Existen muchos otros fenómenos dialectales que son menos comunes. Aquí nos enfocamos en un grupo de cambios que están relacionados por el hecho de que ajustan el lugar de articulación de los fonemas /f/ y /x/. Tres de los alófonos fricativos creados por estos cambios son [ɸ], [ç] y [χ].

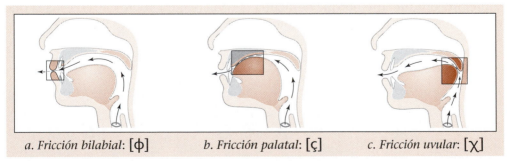

a. Fricción bilabial: [ɸ]   *b. Fricción palatal:* [ç]   *c. Fricción uvular:* [χ]

Figura 18.10 Articulación de los alófonos [ɸ], [ç] y [χ].

Los fonos [ɸ], [ç] y [χ] son fricativas sordas que difieren en el lugar de articulación (refiérase a la Figura 18.10). La constricción de [ɸ] es bilabial, la de [ç] es palatal y la de [χ] es uvular. Al pronunciar [ɸ] y [ç], usted podrá notar que se parecen mucho a dos fonos que ya conocemos: [β] y [ʝ]. La diferencia entre [ɸ] y [β], por un lado, y [ç] y [ʝ], por el otro, es que el primer miembro de cada par carece de la sonoridad que posee el segundo miembro.

Existen zonas de España e Hispanoamérica donde el fonema /f/ se realiza como [ɸ]. Esto implica que en vez de formar el pasaje estrecho contra el borde de los dientes superiores, el labio inferior forma la estrechez contra el labio superior (compare la Figura 18.10a con 18.2). La conversión de /f/ en [ɸ] se llama **bilabialización** y suele ocurrir antes de [u] u [o]. El hecho de que solamente las vocales posteriores causan el cambio resulta en alternancias, según sea la vocal siguiente. La palabra *feo* ['fe.o], por ejemplo, se pronuncia con el alófono fiel, mientras que la palabra *fue* ['ɸu̯e] se pronuncia con el alófono infiel. El motivo del cambio es transparente. Dado que [u] y [o] son bilabiales, es natural que una fricativa labiodental precedente adquiera esa propiedad. El beneficio que se obtiene es que los dos fonos labiales pueden explotar un solo gesto labial. Queda claro, entonces, que la bilabialización de /f/ es un caso de asimilación de lugar.

Ejemplos: *difunto* [d̪i.'ɸun̪.t̪o]   *fórmula* ['ɸo̞r.mu.la]
  fuego ['ɸu̯e.ɣo]   *reforma* [re̞.'ɸo̞r.ma]
  fuerza ['ɸu̯er̞.sa]   *fósforo* ['ɸo̞h.ɸo.ro]

Un fenómeno relacionado es que, en otros dialectos, el contacto con las vocales [u] u [o] causa la **velarización** del fonema /f/. Por ejemplo, la palabra *fuera* puede pronunciarse ['xu̯e.ra]. La participación del dorso en los fonos [u], [o] y [x] sugiere que el fonema /f/ también sufre asimilación en este caso, pero la diferencia es que la propiedad que adquiere de la vocal dorso-labial no es la bilabialidad, sino la dorsalidad. Tal asimilación de lugar permite que la consonante y la vocal concuerden en el articulador de lugar primario, pero neutraliza el contraste entre los fonemas /f/ y /x/. Por ejemplo, las palabras *fuego* 'fire' y *juego* 'game' se convierten en homófonas: ['xu̯e.ɣo].

Ejemplos: *fumar* [xu.'mar]   *difunto* [d̪i.'xun̪.t̪o]
  fuerte ['xu̯er̞.t̪e]   *afuera* [a.'xu̯e.ra]
  forma ['xo̞r.ma]   *sofoco* [so̞.'xo.ko]

Pasando ahora al fonema /x/, una tendencia típica del español terrabajense es convertirlo en [h], aun cuando esté en el ataque. Esto es común en el Caribe, pero también ocurre en regiones continentales de España e Hispanoamérica. Es posible que usted se encuentre con alguien que pronuncia *caja, Juan, viejo, ají, gente,* etc. con [h]: ['ka.ha], ['hu̯an], ['bi̯e.ho], [a.'hi], ['hen̪.t̪e]. Una situación interesante que esto crea es que, en palabras como *justo* ['huh.t̪o], la primera aparición de [h] representa al fonema /x/, mientras que la segunda representa al fonema /s/.

Otra variante dialectal de /x/ es [ç]. Comparada con [x], la fricativa palatal se caracteriza por un avance en el lugar de la constricción. Si compara la Figura 18.10b con 18.6, verá que la constricción de [ç] no la forma el postdorso, sino el predorso y el mediodorso en colaboración con la corona. En el español chileno, los fonos [x] y [ç] pueden alternar como realizaciones del fonema /x/, según sea la vocal siguiente. Ante las vocales [a], [o] y [u] se usa el alófono [x], pero ante [i] y [e] se usa [ç]. Así, por ejemplo, *jura* 's/he swears' se pronuncia ['xu.ɾa], pero *gira* 's/he turns' se pronuncia ['çi.ɾa]. Esta alternancia tiene una explicación natural si tenemos en cuenta que las vocales [i] y [e] son dorso-coronales. Un proceso de asimilación de lugar extiende la coronalidad de esas vocales al fonema /x/, lo cual lo convierte en dorso-coronal: [ç].

Ejemplos:

gema	['çe.ma]	*hereje*	[e.'ɾe.çe]
gitana	[çi.'t̪a.na]	*mejilla*	[me.'çi.ʝa]
jefe	['çe.fe]	*viaje*	['bi̯a.çe]

Otra variante dialectal del fonema /x/ es la fricativa uvular sorda [χ], típica del español peninsular norteño. Comparada con [x], la variante [χ] es más posterior y tiene estridencia (compare la Figura 18.10c con 18.6). La estridencia es el resultado de que, luego de hacer fricción contra la úvula, la corriente de aire choca contra la superficie oral del velo.

Ejemplos:

juicio	['χu̯i.θi̯o]	*juguete*	[χu.'ɣe.t̪e]
gemelo	[χe.'me.lo]	*vejez*	[be̞.'χeθ]
jazmín	[χað.'mĩn]	*sobreceja*	[s̪o.βɾe.'θe̞.χa]

La preferencia que muestra el español peninsular norteño por el alófono [χ] se puede explicar si tomamos en consideración la carga que representa para el sistema de sonidos el uso de cuatro, en vez de tres fonemas fricativos. Ya explicamos que la inclusión de /θ/ afecta la realización de /s/ porque la maximización del contraste entre las dos fricativas coronales se obtiene por medio de articular una de ellas con la lámina, [θ], y la otra con el ápice, [s̪]. También vimos que una consecuencia de elevar el ápice durante la articulación de [s̪] es que la constricción se forma en un punto más cercano a la protuberancia alveolar. Pues bien, este ajuste en el espacio coronal también tiene repercusiones para el próximo fonema fricativo. El acercamiento de la constricción de [s̪] a la protuberancia alveolar disminuye la distancia con respecto a [x]. Presionado por la necesidad de mantener estable el contraste con /s/, el fonema /x/ se inclina por el alófono [χ] para mitigar la proximidad de [s̪] (vea la Figura 18.11). La conclusión que sacamos de esto es que la necesidad de mantener estable el contraste entre los miembros de la misma clase natural desata un efecto en cadena. El fonema /θ/ obliga a /s/ a realizarse como [s̪] y éste, a su vez, obliga a /x/ a realizarse como [χ].

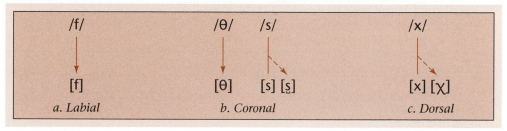

Figura 18.11 La inclusión de /θ/ obliga a /s/ y /x/ a utilizar alófonos más posteriores.

En síntesis, en este capítulo hemos visto cómo los procesos que afectan a los fonemas fricativos producen una gran variedad de alófonos infieles. La ausencia de contrastes de sonoridad entre fonemas fricativos permite que esa propiedad quede libre para que sea el contexto el que la determine por medio de un proceso de asimilación de sonoridad. Adicionalmente, las restricciones que impone la coda silábica obligan a los fonemas fricativos a simplificar su estructura (desbucalización) o a perderse (elisión). Por último, vimos que tanto el contacto con vocales como la necesidad de maximizar el contraste entre fonemas de la misma clase pueden causar ajustes en el lugar de articulación de las consonantes fricativas.

PRÁCTICAS

Práctica 1

Escuche y repita el siguiente poema concentrándose en la pronunciación de las consonantes fricativas. Identifique las pausas mayores y menores por medio de los símbolos ‖ y |. Una vez que pueda leer todo el poema con fluidez, haga los ejercicios de transcripción que aparecen abajo.

Abrazo

Carlos-Eduardo Piñeros

Hoy hay siete cuervos volando sobre mi cabeza.
Tres nubes grises no me dejan ver el azul del cielo.
Dos líneas largas cuelgan de las esquinas de mi boca.
Tú eres lo único que me recuerda el perfume de las rosas.

5 *Hoy me hace falta, tanta falta, un abrazo.*
Tus brazos fuertes que me envuelvan en roca.
Sentirme apretado, escudado por tu pecho,
Tibio en la cueva que me construye tu cuerpo.

Si ahora mismo me protegieran tus brazos,
10 *Finalmente yo dejaría que mis lágrimas rodasen,*
Porque con la sinceridad que reflejan tus gestos,
Mi fragilidad se despeña en secreto.

1. Transcriba la pronunciación de la frase *el azul del cielo* en español peninsular norteño y terraltense.

   _____

   _____

2. Transcriba la pronunciación de la frase *dos líneas largas* en español terrabajense.

   _____

   _____

3. Transcriba la pronunciación de las frases *me hace falta* y *tus brazos fuertes* en español terraltense. ¿Por qué la consonante inicial de *fuertes* podría tener pronunciaciones alternativas en algunos dialectos, pero la consonante inicial de *falta* no?

   _____

   _____

4. Transcriba la pronunciación de la frase *tres nubes grises* en español terrabajense. ¿Por qué una de las cuatro fricativas que aparecen en esta frase está exenta de sufrir los procesos de desbucalización y elisión, pero las otras tres no?

   _____

   _____

Práctica 2

Después de escuchar y repetir las siguientes frases, transcríbalas fonéticamente. Aplique el proceso de asimilación de sonoridad a los fonemas fricativos cuando aparezcan en el contexto apropiado.

1. *más trabajos útiles* _____

2. *menos días largos* _____

3. *piensas cosas tontas* _____

4. *es un chef modesto* _____

5. *sus labios dulces* _____

6. *los oímos llamarlos* _____

7. *usas un reloj lujoso* _____

8. *muchos libros caros* _____

9. *tienes voz dulce* _____

10. *comes rosbif blando* _____

Práctica 3

Las siguientes palabras se escriben en ortografía española usando las letras *s*, *z* y *c*. Pronúncielas y transcríbalas primero en el geolecto peninsular norteño y luego en el geolecto terraltense.

	PENINSULAR NORTEÑO	TERRALTENSE
1. *especialización*		
2. *certeza*		
3. *civilizaciones*		
4. *racionalización*		
5. *acentuación*		
6. *inconsistencia*		
7. *simpleza*		
8. *escenificación*		
9. *traslucidez*		
10. *especificaciones*		

Práctica 4

Las siguientes palabras se escriben en ortografía española usando las letras *s*, *z* y *c*. Pronúncielas y transcríbalas primero en el geolecto terraltense y luego en el geolecto terrabajense.

	TERRALTENSE	TERRABAJENSE
1. *descorazonados*		
2. *sistematización*		
3. *testarudez*		
4. *aspereza*		
5. *clasificaciones*		
6. *suspensivos*		
7. *justificaciones*		
8. *sutileza*		
9. *infelices*		
10. *intensificación*		

Práctica 5

Repita los siguientes enunciados hasta que pueda pronunciarlos con fluidez. Use el símbolo | para marcar las pausas internas. Tenga en cuenta estas pausas porque su presencia puede bloquear el proceso de asimilación de sonoridad. Escriba debajo de cada consonante fricativa el alófono con el que se pronuncia.

1. *Aun en las noches más oscuras veo la luz de tus ojos claros.*

   _____

2. *Dices que vienes con respuestas pero me dejas con las mismas preguntas.*

   _____

3. *Los árboles de unos parajes lejanos se mecen con los vientos de agosto.*

   _____

4. *Más me duelen las palabras que callaste que las que a gritos me dijiste.*

   _____

5. *Muchos ven en la tristeza de sus penas motivos para no volver a cometer los mismos errores.*

   _____

6. *De los colores, los olores y sabores solo recuerdo los que se pegaron a mis labios con tus besos.*

   _____

Práctica 6

Escuche y repita los siguientes ejemplos poniendo atención a la pronunciación del fonema /s/. Recuerde que este fonema no se sonoriza en posición intervocálica porque la posición silábica que ocupa en ese caso no es la coda sino el ataque.

1. *revisión* _____
2. *reserva* _____
3. *residuo* _____
4. *visita* _____
5. *visión* _____
6. *usado* _____
7. *resultado* _____
8. *básico* _____

9. *rosado* _____
10. *musical* _____
11. *pésimo* _____
12. *es hoy* _____
13. *más allá* _____
14. *sus alas* _____
15. *dos horas* _____
16. *es ella* _____

17. *mis hijos* _____   20. *es así* _____

18. *das uno* _____   21. *tus ojos* _____

19. *tres osos* _____   22. *les hablas* _____

Práctica 7

Las siguientes palabras contienen el fonema /x/. Recuerde que, en el español terraltense, la realización más común de este fonema es el alófono velar [x]. En contraste, el español peninsular norteño favorece el alófono uvular [χ] y el terrabajense se inclina por el alófono glotal [h]. Según el nivel de ruido, estos alófonos forman la escala: [h] < [x] < [χ]. Es decir que [h] es el menos ruidoso por no tener constricción oral y [χ] es el más ruidoso porque, además de tener constricción oral tiene estridencia. Pronuncie y transcriba cada palabra usando los alófonos correspondientes a cada geolecto.

Ejemplo:

	TERRABAJENSE: [h]	TERRALTENSE: [x]	PENINSULAR NORTEÑO: [χ]
juicio	[ˈhu̯i.si̯o]	[ˈxu̯i.si̯o]	[ˈχu̯i.θi̯o]
1. *paisaje*	_____	_____	_____
2. *vasija*	_____	_____	_____
3. *bajeza*	_____	_____	_____
4. *cejudo*	_____	_____	_____
5. *enojos*	_____	_____	_____
6. *Jiménez*	_____	_____	_____
7. *México*	_____	_____	_____
8. *jocosos*	_____	_____	_____

Prácticas adicionales

Visite http://www.prenhall.com/estructuradelossonidos/.

Las consonantes oclusivas sordas

El español tiene tres fonemas oclusivos sordos: uno labial, /p/, otro coronal, /t̪/, y otro dorsal, /k/. Tripletes como *pan* ['pan] 'bread', *tan* ['t̪an] 'drum sound', *can* ['kan] 'dog' evidencian la realidad sicológica que tienen estos sonidos para los hispanohablantes. A primera vista, pareciera que el inglés coincide con el español en el inventario de fonemas oclusivos sordos puesto que también emplea uno labial, uno coronal y uno dorsal (p. ej. *pan* ['pʰæ̃n] 'sartén', *tan* ['tʰæ̃n] 'bronceado', *can* ['kʰæ̃n] 'lata'). Sin embargo, la serie de oclusivas sordas del español no es idéntica a la del inglés porque mientras que el español emplea sordas simples, /p, t̪, k/, el inglés usa sordas aspiradas, /pʰ, tʰ, kʰ/. Las dos series discrepan, además, en cuanto al lugar exacto del elemento coronal. En la oclusiva coronal del inglés, la corona forma la oclusión contra la cresta alveolar, mientras que en la oclusiva coronal del español, la oclusión se forma contra los dientes superiores.

Los fonemas oclusivos sordos del español participan en varios procesos fonológicos que ajustan su realización a las condiciones del contexto donde aparecen. Es posible que las oclusivas sordas se sonoricen en contacto con una consonante sonora siguiente. Por ejemplo, *técnica* ['t̪ek.ni.ka] 'technique' también puede pronunciarse ['t̪eg.ni.ka]. Pero lo más común es que la oclusiva sorda relaje su oclusión al tiempo que se sonoriza, lo cual la convierte en una fricativa sonora (p. ej. ['t̪eɣ.ni.ka]). En algunos dialectos también existe la posibilidad de someter a los fonemas oclusivos sordos a cambios más severos, como la vocalización o la elisión (p. ej. ['t̪ei̯.ni.ka] o ['t̪e.ni.ka]). Veremos que el factor que más afecta la realización de los fonemas oclusivos sordos es la posición que se les asigne dentro de la sílaba. Mientras que en el ataque se mantienen estables, en la coda tienden a debilitarse o perderse.

19.1 ■ Sordas simples vs. sordas aspiradas

El principal problema que presentan las oclusivas [p], [t̪], [k] para los anglohablantes que aprenden español es que se producen sin aspiración, o sea, sin dilatar la glotis. Ya vimos en el capítulo 6 que la separación ligera de las cuerdas vocales impide la sonoridad, mientras que la separación amplia causa, adicionalmente, un aumento considerable del flujo de aire (compare las Figuras 19.1a y 19.1b). Puesto que la aspiración es un tipo de sordez más intenso que la sordez simple, la solución al problema está en reducir la magnitud de la abertura glotal.

Con la válvula glotal menos abierta, el soplo de aire que se produce al deshacer la oclusión será menos fuerte que en [pʰ], [tʰ], [kʰ].

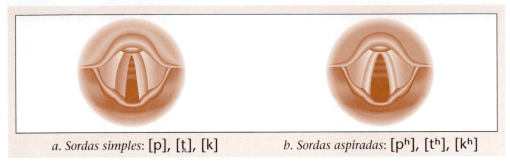

a. Sordas simples: [p], [t̺], [k]   *b. Sordas aspiradas*: [pʰ], [tʰ], [kʰ]

Figura 19.1 Contraste en el grado de la abertura glotal.

Esta divergencia en el grado de abertura de la glotis se revela acústicamente como un contraste en la duración de la sordez. La sordez es más larga cuando va acompañada de aspiración porque la dilatación de la glotis retarda el tiempo de iniciación de sonoridad. En una oclusiva sorda aspirada, la abertura glotal máxima coincide con el fin de la oclusión. Esto hace que la sordez continúe durante parte del fono siguiente porque las cuerdas vocales necesitan tiempo para volver a ubicarse a la distancia apropiada para poder vibrar. En la Figura 19.2 se esquematiza la separación de las cuerdas vocales con respecto al inicio y al fin de la oclusión de una consonante sorda aspirada.

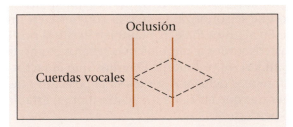

Figura 19.2 En la aspiración la abertura glotal máxima coincide con el fin de la oclusión.

Esto contrasta con lo que sucede en una consonante sorda simple, donde la abertura glotal máxima ocurre en el medio de la oclusión (refiérase a la Figura 19.3). Al comparar la Figura 19.3 con 19.2, usted notará que, en ambos casos, la separación de las cuerdas vocales comienza simultáneamente con el inicio de la oclusión. Sin embargo, el movimiento por el que las cuerdas vocales se vuelven a acercar se completa mucho más antes en una oclusiva sorda simple porque, al quedar menos separadas, las cuerdas vocales pueden volver con mayor prontitud a la posición que les permite vibrar. La consecuencia es que, en una oclusiva sorda simple, el tiempo de iniciación de sonoridad tiende a estar sincronizado con el fin de la oclusión.

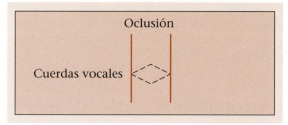

Figura 19.3 En la sordez simple la abertura glotal máxima ocurre en el medio
de la oclusión.

Saber que la sordez de las sordas aspiradas es más larga que la de las sordas
simples nos ayuda a comprender por qué la presencia de aspiración suena cho-
cante al oído de un hispanohablante. El problema radica en que la aspiración
hace que el fono que viene inmediatamente después termine ensordecido. Tomemos como ejemplo las palabras *prese*, *trece* y *crece*. Si al pronunciar estas palabras
usted aspira las oclusivas sordas, la vibrante que sigue perderá su sonoridad
(p. ej. *['pʰr̥e.se], *['tʰr̥e.se] y *['kʰr̥e.se] en lugar de la pronunciación correcta
['pre.se], ['t̪re.se] y ['kre.se]). Recuerde que el símbolo ̥ es el diacrítico que se usa
para indicar sordez en un fono que normalmente es sonoro.

El ensordecimiento que produce la aspiración de las consonantes oclusivas
sordas puede distorsionar la articulación de las consonantes [r] y [l] y de las
vocales [a], [e], [o], [i], [u]. Éstos son precisamente los fonos que pueden aparecer después de una oclusiva sorda en español. Dado que todos ellos conservan su
sonoridad, es necesario que usted se acostumbre a pronunciar las oclusivas sordas
sin aspiración para que no causen ensordecimiento del fono vecino. Compare la
pronunciación de las siguientes palabras del inglés y del español poniendo atención a la duración de la sordez del fono inicial.

Ejemplos:

pawn	vs.	*pone*	['po.ne]	*prim*	vs.	*primo*	['pri.mo]
pear		*pera*	['pe.ra]	*plate*		*pleito*	['ple̯i.to]
pal		*pala*	['pa.la]	*plume*		*pluma*	['plu.ma]
tick		*tico*	['t̪i.ko]	*troll*		*trole*	['t̪ro.le]
tell		*tela*	['t̪e.la]	*trip*		*tripa*	['t̪ri.pa]
tank		*tanque*	['t̪aŋ.ke]	*trap*		*trapo*	['t̪ra.po]
car		*cara*	['ka.ra]	*cruise*		*cruce*	['kru.se]
core		*coro*	['ko.ro]	*club*		*clavo*	['kla.βo]
cure		*cura*	['ku.ra]	*clam*		*clama*	['kla.ma]

Un consejo adicional es que usted se esfuerce por pronunciar las oclusivas del
español con menos tensión muscular que las oclusivas del inglés. Es decir que,
aunque el articular activo hace contacto total con el articulador pasivo, la presión que una superficie ejerce sobre la otra es moderada en español, pero fuerte

en inglés. Consecuentemente, las consonantes oclusivas del español son mucho
más suaves. Vuelva a pronunciar los ejemplos anteriores asegurándose de que la
tensión de los articuladores que forman la oclusión es moderada. Esto le ayudará
a obtener oclusivas menos explosivas.

19.2 ▓ La oclusiva bilabial sorda /p/

El fonema /p/ ocupa el noveno lugar entre los diecinueve fonemas consonánticos del español por ocurrir con una frecuencia de 2,7%. La ortografía española lo
representa consistentemente por medio de la letra *p*. Cabe señalar que la oclusiva
bilabial sorda nunca se pronuncia en las palabras que contienen una *p* inicial
seguida por una consonante que no sea líquida (p. ej. *psicólogo* [si.'ko.lo.ɣo]
'psychologist', *pterodáctilo* [t̪e.ro.'ð̪ak.t̪i.lo] 'pterodactyl').

19.2.1 Articulación del alófono fiel [p]

Los labios se unen para cerrar la cavidad oral, mientras el velo bloquea el acceso a
la cavidad nasal (vea la Figura 19.4a). La presión del labio inferior sobre el labio
superior es moderada, pero suficiente para interrumpir completamente el flujo de
aire por la boca. El aire que se acumula en el tracto vocal crea una pequeña explosión en el momento en que los labios se separan (Figura 19.4b). Las cuerdas vocales, que se alejaron cuando los labios se unieron, se vuelven a acercar cuando los
labios se separan.

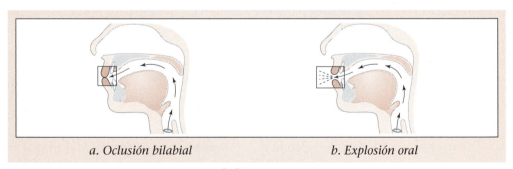

a. Oclusión bilabial   *b. Explosión oral*

Figura 19.4 Articulación del alófono [p].

Ejemplos:	*para*	['pa.ɾa]	*campana*	[kam.'pa.na]	*copa*	['ko.pa]
	pera	['pe.ɾa]	*apela*	[a.'pe.la]	*supe*	['su.pe]
	pila	['pi.la]	*respira*	[r̥es.'pi.ɾa]	*quepis*	['ke.pis]
	polo	['po.lo]	*compone*	[ko̦m.'po.ne]	*mapa*	['ma.pa]
	puro	['pu.ɾo]	*apuro*	[a.'pu.ɾo]	*champú*	[t͡ʃam.'pu]

19.3 ▦ La oclusiva dental sorda /t̪/ ══════════

La cuarta posición entre los diecinueve fonemas consonánticos del español la ocupa el fonema /t̪/ por ocurrir con una frecuencia de 4,4%. En ortografía española, /t̪/ se representa consistentemente con la letra *t* (p. ej. *título* ['t̪i.t̪u.lo] 'title').

19.3.1 Articulación del alófono fiel [t̪]

La corona avanza hasta tocar la cara interior de los dientes superiores mientras el velo cierra el puerto nasal (vea la Figura 19.5a). El palatograma confirma que el contacto corono-dental se concentra contra la superficie de los dientes superiores empezando desde los bordes hacia arriba. La fuerza del contacto es moderada, pero corta efectivamente el flujo oral. El contacto de la lengua con el cielo de la boca se extiende a lo largo de las encías y molares superiores para evitar que el aire escape por los lados de la boca. El aire acumulado detrás de la oclusión produce una pequeña explosión cuando la corona se desprende de los dientes (Figura 19.5b). Las cuerdas vocales se separan ligeramente al inicio de la oclusión corono-dental, pero se vuelven a acercar en el instante en que la corona se despega de los dientes.

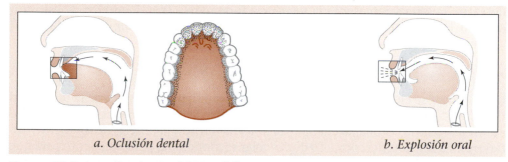

a. Oclusión dental   *b. Explosión oral*

Figura 19.5 Articulación del alófono [t̪].

Ejemplos:	*tapa*	['t̪a.pa]	*gitano*	[xi.'t̪a.no]	*gota*	['go.t̪a]
	teja	['t̪e̞.xa]	*Atenas*	[a.'t̪e̞.nas]	*mate*	['ma.t̪e̞]
	tina	['t̪i.na]	*patilla*	[pa.'t̪i.ʝa]	*Tito*	['t̪i.t̪o]
	toro	['t̪o.ro]	*retoma*	[r̞e̞.'t̪o.ma]	*pato*	['pa.t̪o]
	tuna	['t̪u.na]	*Saturno*	[sa.'t̪ur.no]	*tutú*	[t̪u.'t̪u]

Una dificultad que comúnmente enfrentan los anglohablantes que aprenden español es la tendencia a pronunciar el fonema /t̪/ como un alófono corono-alveolar aspirado, [tʰ], en lugar del alófono corono-dental sordo típico del español, [t̪]. Para corregir este hábito, hay que proponerse mover la corona hacia delante (no hacia arriba), y controlar la magnitud de la abertura glotal. Tenga presente que el blanco que la corona necesita alcanzar son los dientes superiores (no la cresta alveolar) y que las cuerdas vocales deben comenzar a vibrar justo en el momento en que se deshace la oclusión. Practique contrastando la pronunciación de las siguientes palabras.

Ejemplos: *talk*   *vs.*   *toca*   ['t̪o.ka]   *train*   *vs.*   *tren*   ['t̪ɾ̞e̞n]
           tell   *tela*   ['t̪e.la]   *Troy*   *Troya* ['t̪ɾo.ja]
           tea   *tía*   ['t̪i.a]   *tribe*   *trae*   ['t̪ɾa.e]
           tore   *toro*   ['t̪o.ɾo]   *truck*   *troca* ['t̪ɾo.ka]
           teen   *tino*   ['t̪i.no]   *attract*   *atrae* [a.'t̪ɾa.e]

19.4 ■ La oclusiva velar sorda /k/ ━━━━━━

Con una frecuencia de 3,8%, el fonema /k/ ocupa la séptima posición entre los diecinueve fonemas consonánticos del español. Su representación ortográfica es variable. En fin de sílaba y antes de *a*, *o* y *u*, se favorece la letra *c* (p. ej. *pacto* ['pak.t̪o] 'pact', *capa* ['ka.pa] 'cape', *copo* ['ko.po] 'flake', *cupo* ['ku.po] 'quota'). Antes de *i* o *e*, se prefiere el dígrafo *qu* (p. ej. *quiso* ['ki.so] 's/he wanted', *queso* ['ke.so] 'cheese'). Además, existen otras dos letras que representan al fonema /k/ en palabras no patrimoniales. Algunos préstamos incluyen la letra *k* (p. ej. *káiser* ['kai̯.se̞ɾ] 'Kaiser', *kilovatio* [ki.lo.'βa.t̪i̯o] 'kilowatt'). En palabras cultas tomadas del latín, la letra *x* representa la secuencia fonemática /ks/. Ejemplos de esto son *extremo* [e̞ks.'t̪ɾe.mo] 'extreme, *éxito* ['e̞k.si.t̪o] 'success', *examen* [e̞k.'sa.me̞n] 'exam'.

19.4.1 Articulación del alófono fiel [k]

El postdorso se eleva hasta tocar el velo, al mismo tiempo que éste sella la cavidad nasal (vea la Figura 19.6). Con el ascenso del dorso se produce un descenso automático de la corona, la cual queda ubicada frente a las encías de los dientes inferiores. La tensión del contacto dorso-velar es moderada, pero suficiente para que no haya escape de aire. Los lados del dorso se adhieren a los últimos molares superiores para impedir que el aire escape por los lados. El aire acumulado en la faringe crea una pequeña explosión en el instante en que el postdorso se desprende del velo (Figura 19.6b). Las cuerdas vocales, que se distanciaron ligeramente al inicio de la oclusión dorso-velar, se vuelven a acercar cuando ese contacto se deshace.

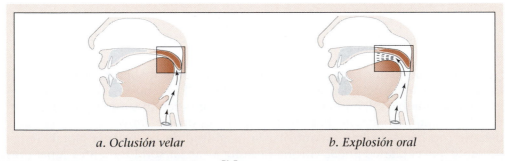

a. *Oclusión velar*   b. *Explosión oral*

Figura 19.6 Articulación del alófono [k].

Ejemplos:

cama	['ka.ma]	*acaso*	[a.'ka.so]	*roca*	['ro̞.ka]
queda	['ke.ð̞a]	*aquella*	[a.'ke.ja]	*queja*	['ke̞.xa]
kilo	['ki.lo]	*equipo*	[e.'ki.po]	*kilo*	['ki.lo]
come	['ko.me]	*pecoso*	[pe.'ko.so]	*Paco*	['pa.ko]
cuna	['ku.na]	*acusa*	[a.'ku.sa]	*curso*	['kur.so]

Conviene aclarar que el punto exacto contra el que el postdorso forma la oclusión de [k] varía según sea el lugar de la vocal siguiente. Esto es una consecuencia directa de que el dorso también está involucrado en la articulación de las vocales. La oclusión de [k] es más posterior ante la vocal [u] porque ésta es la más posterior de las vocales. Inversamente, la oclusión de [k] es más anterior ante la vocal [i] porque ésta es la vocal más anterior. Si usted compara la articulación de [k] en *cuna* ['ku.na] 'cradle' versus *quina* ['ki.na] 'quinine', notará cómo el dorso ajusta su posición automáticamente de acuerdo con la posterioridad/anterioridad de la vocal siguiente. Ante [u], la constricción de [k] se aproxima a la úvula, mientras que ante [i] se acerca a la parte posterior del paladar. Ante las vocales [o], [a] y [e], el lugar exacto de la oclusión de [k] oscila entre esos dos extremos. Si usted pronuncia las sílabas [ku], [ko], [ka], [ke], [ki], podrá verificar que la constricción de [k] se desplaza gradualmente desde atrás hacia delante. Ahora, si pronuncia las mismas sílabas en el orden inverso, [ki], [ke], [ka], [ko], [ku], notará que la constricción de [k] retrocede gradualmente.

19.5 ▋ Distribución

Por pertenecer a la clase natural menos sonante de todas, las oclusivas sordas son pésimas en el papel de núcleo, pero óptimas en el papel de margen silábico. Los fonemas /p/, /t̪/ y /k/ son excelentes ataques simples porque su baja sonancia contrasta nítidamente con la alta sonancia de una vocal siguiente (p. ej. *tapa* ['t̪a.pa] 'lid', *poco* ['po.ko] 'little', *peca* ['pe.ka] 'freckle'). De hecho, la distancia de sonancia entre una consonante oclusiva y una vocal es suficientemente amplia para que sea posible acomodar entre ellas una consonante líquida y formar así un ataque compuesto (p. ej. *pluma* ['plu.ma] 'feather', *litro* ['li.t̪ro] 'litter', *crema* ['kre.ma] 'cream'). Como vimos antes, la única oclusiva sorda que está restringida es [t̪] en el grupo *[t̪l], a causa de la gran similitud que existe entre estos dos fonos. Hay dialectos en los que una palabra como *atlas* se pronuncia ['a.t̪las] y dialectos que optan por evitar el ataque compuesto: ['að̞.las]. Aquí vemos que, a consecuencia de ser asignada a la coda, la consonante oclusiva no se realiza fielmente, sino que cambia para adaptarse a esa posición silábica.

Aunque el margen derecho de la sílaba tolera las consonantes mejor que el núcleo, las oclusivas tienen el inconveniente de que, cuando aparecen en la coda, parte de su identidad se oscurece por la ausencia de explosión audible. Tomemos como ejemplo las palabras *pésimo* 'very bad' y *óptimo* 'very good'. Fíjese que la realización del fonema /p/ en estas dos palabras no es idéntica. La diferencia es que, en la primera palabra, la explosión de la oclusiva bilabial se puede oír, pero no sucede lo mismo en la segunda palabra. Para incorporar este detalle en la transcripción fonética, a partir de ahora usaremos el diacrítico ⌐, el cual indica falta de explosión audible. Así, la pronunciación de *pésimo* es ['pe.si.mo], mientras que la de *óptimo* es ['o̯p˺.t̪i.mo].

La razón por la que la explosión de la oclusiva bilabial que está presente en ['o̯p˺.t̪i.mo] no se puede oír es porque la explosión de la consonante siguiente la cubre. Aunque es verdad que los labios se separan al final de la articulación de [p˺], la explosión que esto produce resulta inaudible porque la explosión de la consonante siguiente es mucho más fuerte gracias a que está ubicada en el ataque. Recuerde que una consonante en el ataque tiene la ventaja de que siempre va seguida por un fono que se articula con el tracto vocal más abierto, por lo cual la distensión de su constricción es más prominente. Otra razón de que la explosión de una oclusiva en la coda resulte inaudible es que, a veces, el articulador activo no se desprende del articulador pasivo. Esto es común en posición prepausal, como en la oración *Pásame un clip*. En este caso, la palabra *clip* se pronuncia ['klip˺] porque, como no hay ningún fono a continuación, no es necesario que los labios se separen luego de formar la oclusión bilabial.

Teniendo en cuenta que el fono [p] tiene explosión, diremos que es un alófono **explosivo**, mientras que [p˺] es simplemente **implosivo** porque carece de explosión audible. Resulta que, así como el fonema /p/ tiene un alófono explosivo y otro implosivo, los fonemas /t̪/ y /k/ también tienen una variante de cada tipo. Por ejemplo, en la palabra *tarot* [t̪a.'ro̯t˺], el fonema /t̪/ se realiza como un alófono explosivo en la primera sílaba porque está en el ataque. En cambio, en la segunda sílaba, toma la forma de un alófono implosivo porque está ubicado en la coda. La misma situación se presenta con el fonema /k/ en la palabra *coñac* [ko.'ɲak˺].

En vista de que la falta de explosión en combinación con la falta de sonoridad disminuye críticamente la perceptibilidad de las oclusivas sordas, el español prefiere evitar ese tipo de consonante en la coda. Una consecuencia de esto es que, en el vocabulario patrimonial, no existen palabras que contengan oclusivas sordas en la coda. Tal posibilidad sólo se permite en préstamos recientes o en palabras cultas adoptadas del latín (p. ej. *chip* ['t͡ʃip˺], *hábitat* ['a.βi.t̪at̪˺], *frac* ['frak˺], *apto* ['ap˺.t̪o], *secta* ['se̯k˺.t̪a], etc.). Además, el español no acepta pasivamente la irregularidad de esas palabras sino que se vale de diversos tipos de ajuste para evitar el surgimiento de codas ilícitas. La solución más drástica es la elisión de la consonante oclusiva sorda, lo cual se favorece en el habla corriente (p. ej. *séptimo* ['se.t̪i.mo] 'seventh', *bistec* [bis.'t̪e] 'beefsteak'). Esto se opone al habla esmerada, donde se tiende a hacer un esfuerzo para preservar los alófonos implosivos en la coda: ['se̯p˺.t̪i.mo], [bis.'t̪ek˺]. Practique estas dos tendencias con los siguientes ejemplos.

Ejemplos:	Habla esmerada	Habla corriente
septiembre	[se̯p˺.'t̪i̯em.bre]	[se.'t̪i̯em.bre]
corrupto	[ko̯.'rup˺.t̪o]	[ko̯.'ru.t̪o]
boicot	[bo̯i̯.'kot̪]	[bo̯i̯.'ko]
vermut	[be̯r.'mut̪˺]	[be̯r.'mu]
examen	[e̯k˺.'sa.mẽn]	[e.'sa.mẽn]
octubre	[o̯k˺.'t̪u.βre]	[o.'t̪u.βre]

Es de esperar que las codas compuestas por oclusiva sorda + /s/ también se eviten. El español no acepta la combinación [t̪s] como una coda compuesta, pero las combinaciones [ks] y [ps] aparecen como codas compuestas en algunas palabras no patrimoniales y es posible que se conserven en el habla esmerada (p. ej. *éxtasis* [ˈe̯k̚s.t̪a.sis], *tríceps* [ˈtri.se̯p̚s]). No se puede ignorar, sin embargo, que la simplificación de tales codas es la tendencia que predomina en el habla corriente: [ˈes.ta.sis], [ˈtri.ses]. El hecho de que la simplificación de la coda compuesta se obtiene a expensas de la consonante oclusiva tiene una explicación plausible. Aunque ambas consonantes están en una posición que mengua su prominencia, la conservación de la fricativa es preferible, porque por ser una consonante menos cerrada, la falta de distensión audible es menos perjudicial para ella que para una oclusiva.

19.6 ■ Sonorización

En el habla enfática, es posible que los fonemas /p/, /t̪/ y /k/ se sonoricen cuando están en la coda y van seguidos por una consonante sonora (p. ej. *hipnótico* [ib̚.ˈno.t̪i.ko], *étnico* [ˈe̯d̪̚.ni.ko], *técnico* [ˈt̪e̯g̚.ni.ko]). Los alófonos resultantes son las oclusivas sonoras implosivas [b̚], [d̪̚] y [g̚]. Se trata de un proceso de asimilación de sonoridad paralelo al que vimos antes con los fonemas fricativos sordos (p. ej. *turismo* [t̪u.ˈriz.mo]). Sin embargo, en el caso de las oclusivas sordas, la sonorización es mucho menos productiva, porque el cambio sólo ocurre en el habla enfática y porque son muy escasas las palabras que contienen oclusivas sordas en la coda.

Ejemplos:	*hipnosis* [ib̚.ˈno.sis]	*tecnología* [t̪e̯g̚.no.lo̯.ˈxi.a]
	apnea [ab̚.ˈne.a]	*acné* [ag̚.ˈne]
	rítmico [ˈrid̪̚.mi.ko]	
	etnia [ˈe̯d̪̚.ni̯a]	

La sonorización de oclusivas sordas en el habla enfática tiene la particularidad de que neutraliza el contraste con los fonemas /b/, /d̪/ y /g/, los cuales también pueden realizarse como los alófonos [b̚], [d̪̚] y [g̚] en fin de sílaba en el habla enfática (p. ej. *abdicar* [ab̚.d̪i.ˈkar], *admitir* [ad̪̚.mi.ˈt̪ir] 'to give up', admitir [ad̪̚.mi.ˈt̪ir] 'to admit', *ignorar* [ig̚.no.ˈrar] 'to be unaware').

19.7 ■ Espirantización con sonorización simultánea

En contraste con el habla enfática, el habla corriente tiende a evitar los alófonos oclusivos en la coda. Una de las estrategias utilizadas para este fin es convertir los fonemas oclusivos en **espirantes**, es decir fonos en los que el flujo oral no se interrumpe sino que el aire se espira continuamente a través de la boca. La palabra *directo*, por ejemplo, tiene la pronunciación enfática [d̪i.ˈrek̚.t̪o], pero su pronunciación corriente es [d̪i.ˈre̯ɣ.t̪o]. Comparado con el fonema /k/, el alófono [ɣ] es infiel en dos aspectos: la manera de articulación y la sonoridad. Cuando un fonema interrupto se convierte en un alófono espirante se dice que ha operado un proceso de **espirantización**. La conversión del fonema /k/ en el alófono [ɣ] implica, entonces, espirantización con sonorización simultánea. Esta sonorización es peculiar porque no es causada por asimilación a la consonante siguiente. Fíjese que, como la consonante siguiente es sorda, la sonorización no puede ser una consecuencia de hacer que las dos consonantes adyacentes concuerden en sonoridad.

Por pertenecer a la misma clase natural, los fonemas /p/ y /t̪/ exhiben un comportamiento paralelo al del fonema /k/. Tomemos como ejemplos las palabras *inepto* y *clóset*, cuya pronunciación es [i.ˈnep̚.to] y [ˈklo.set̚] en el habla enfática, pero [i.ˈneβ.t̪o] y [ˈklo.seð̪] en el habla corriente. Aquí vemos nuevamente que junto con la espirantización del fonema oclusivo sordo se presenta un cambio en sonoridad, de modo que /p/ se convierte en [β] y /t̪/ se convierte en [ð̪]. Pronuncie los siguientes ejemplos adicionales.

Ejemplos:	Habla enfática	Habla corriente
reptil	[rep̚.ˈt̪il]	[reβ.ˈt̪il]
acepto	[a.ˈsep̚.to]	[a.ˈseβ.t̪o]
básquet	[ˈbas.ket̚]	[ˈbas.keð̪]
robot	[ro̞.ˈβo̞t̚]	[ro̞.ˈβo̞ð̪]
pacto	[ˈpak̚.to]	[ˈpaɣ.t̪o]
máximo	[ˈmak̚.si.mo]	[ˈmaɣ.si.mo]

La sonorización que acompaña la espirantización de los fonemas oclusivos sordos se puede explicar si tenemos en cuenta las repercusiones que tiene el relajamiento de la oclusión para la vibración de las cuerdas vocales. Primero que todo, hay que recordar que en la articulación de una consonante oclusiva, el aire se acumula rápidamente detrás de la constricción, porque tanto el puerto nasal como el puerto oral quedan sellados. Cuando el tracto vocal se llena, el flujo de aire a través de la glotis se detiene y las cuerdas vocales dejan de vibrar (a no ser que se haga un esfuerzo especial para que vibren). La situación es muy diferente cuando el cierre del tracto vocal es incompleto porque eso permite que haya escape de aire. Esto es positivo para la sonoridad porque, como parte del aire que se acumula en el tracto vocal se escapa, el flujo de aire a través de la glotis no se detiene, de modo que las cuerdas vocales no dejan de vibrar. Resulta, además, que, como las fricativas que se obtienen de relajar la oclusión de /p/, /t̪/ y /k/ no son estridentes sino mates, no hay necesidad de dilatar la glotis para facilitar su producción. El punto es que, si el flujo de aire no se detiene y la glotis no se dilata, lo más natural es que la constricción de la consonante vaya acompañada de vibración espontánea de las cuerdas vocales. Ésa es la razón de que, cuando se espirantizan, los fonemas oclusivos sordos quedan propensos a sonorizarse simultáneamente.

19.8 ■ Cambios dialectales

En algunos geolectos terrabajenses, la preferencia por las sílabas abiertas hace que las consonantes oclusivas relajen su constricción oral hasta el punto de quedar convertidas en fonos vocálicos (p. ej. *cápsula* [ˈkau̯.su.la] o [ˈkai̯.su.la] 'capsule', *etnólogo* [e̯i̯.'no.lo.ɣo] 'ethnologist', *correcto* [ko̯.'re̯u̯.to] o [ko̯.'re̯i̯.to] 'correct'). Se trata de un proceso de vocalización, como el que vimos antes con las consonantes líquidas (p. ej. *corto* ['ko̯i̯.to], *palma* ['pa̯i̯.ma]), pero está claro que existe una diferencia importante. Observe que el resultado de la vocalización de oclusivas no se limita a [i̯], sino que también puede ser [u̯]. En este sentido, la vocalización de oclusivas involucra una asimetría porque mientras que /p/ y /k/ pueden convertirse en [i̯] o [u̯], el resultado de vocalizar /t̯/ es regularmente [i̯].

Ejemplos:

concepto	[ko̯n.'se̯u̯.to]	o	[ko̯n.'se̯i̯.to]
captura	[ka̯u̯.'t̯u.ra]	o	[ka̯i̯.'t̯u.ra]
étnico	['ẽ̯ĩ̯.ni.ko]		
etcétera	[e̯i̯.'se.t̯e.ra]		
impacto	[ĩm.'pa̯u̯.to]	o	[ĩm.'pa̯i̯.to]
defecto	[de̯.'fe̯u̯.to]	o	[de̯.'fe̯i̯.to]

La elección de los alófonos [i̯] o [u̯] como el resultado de la vocalización de oclusivas responde a dos presiones diferentes. Cuando /p/ o /k/ se vocalizan en [u̯], la infidelidad es menor porque esta semivocal conserva la especificación de lugar de la consonante que está representando. Fíjese que [u̯] es fiel a /p/ en cuanto a la labialidad y también es fiel a /k/ en cuanto a la dorsalidad. Pero cuando /p/ o /k/ se vocalizan en [i̯], la infidelidad aumenta porque se introduce una especificación coronal que no estaba presente. A pesar de aumentar la infidelidad, el alófono [i̯] tiene el mérito de ser un fono menos costoso que [u̯] porque la corona es un articulador de lugar más eficiente que los labios. En otras palabras, cuando lo que importa es la fidelidad, se elige la semivocal dorso-labial, pero cuando lo que prima es la eficiencia articulatoria, la semivocal dorso-coronal es preferible. El hecho de que la vocalización del fonema /t̯/ produce regularmente el alófono [i̯] se debe a que, como /t̯/ es coronal, tanto la fidelidad como la eficiencia articulatoria favorecen la semivocal dorso-coronal en ese caso.

En otras variedades terrabajenses, los fonemas oclusivos sordos sufren un cambio menos drástico. La oclusiva bilabial sorda y la oclusiva dental sorda se velarizan en la coda. Esto transforma los fonemas /p/ y /t̯/ en el alófono implosivo velar [k̚] o en su variante espirantizada [ɣ], según sea el énfasis con que se hable.

Ejemplos:

pizza	['pik̚.sa]	o	['piɣ.sa]
Pepsi	['pe̯k̚.si]	o	['pe̯ɣ.si]
ritmo	['rik̚.mo]	o	['riɣ.mo]
aritmética	[a.rik̚.'me.t̯i.ka]	o	[a.riɣ.'me.t̯i.ka]

Este fenómeno es el resultado de aplicar el mismo proceso asimilatorio que describimos antes para dar cuenta de la velarización nasal (p. ej. *razón* [ra.'sõŋ]).

La operación consiste en que la vocal precedente le transmite su especificación dorsal a la consonante que está en la coda. Al perder su especificación de lugar original y adoptar la dorsalidad de la vocal precedente, dicha consonante se convierte en velar.

Otra tendencia dialectal que vale la pena mencionar ocurre en algunas partes del norte de España. En ciertas variedades del español peninsular norteño, la oclusiva velar sorda sufre dos cambios simultáneamente. Se espirantiza y se interdentaliza cuando se asigna a la coda. A raíz de esto, el fonema /k/ se realiza como el alófono fricativo interdental sordo [θ].

Ejemplos:

afecto	[a.ˈfeθ.t̪o]		*activo*	[aθ.ˈt̪i.βo]
contacto	[ko̪n̪.ˈt̪aθ.t̪o]		*adicto*	[a.ˈð̪iθ.t̪o]
actor	[aθ.ˈt̪o̞r]		*recto*	[ˈr̞e̞θ.t̪o]

PRÁCTICAS

Práctica 1

Escuche y repita los siguientes tripletes de palabras poniendo atención a la pronunciación de las oclusivas sordas. Asegúrese de hacer vibrar las cuerdas vocales en el instante en que se deshace la oclusión y de que la presión entre los articuladores es moderada. Transcriba las palabras fonéticamente.

hipo	_____	*hito*	_____	*hico*	_____
sepa	_____	*zeta*	_____	*seca*	_____
ropa	_____	*rota*	_____	*roca*	_____
Zipa	_____	*cita*	_____	*cica*	_____
lapa	_____	*lata*	_____	*laca*	_____
mapa	_____	*mata*	_____	*maca*	_____
sopa	_____	*sota*	_____	*soca*	_____
papa	_____	*tata*	_____	*caca*	_____

Práctica 2

Contraste las siguientes palabras del inglés y del español poniendo especial atención a la pronunciación de la consonante inicial. Recuerde que la oclusiva coronal del español no tiene aspiración y su constricción se forma contra los dientes superiores. Practique y transcriba la pronunciación de las palabras españolas.

Inglés		Español	Inglés		Español
1. top	tapa	_____	trap	trapo	_____
2. toss	tose	_____	troll	trole	_____
3. tune	tuna	_____	truce	trusa	_____
4. tip	tipo	_____	trip	tripa	_____
5. tear	Tere	_____	trace	trece	_____
6. team	timo	_____	trick	trique	_____
7. tier	tira	_____	trill	trilla	_____
8. tool	tula	_____	true	truco	_____
9. tame	teme	_____	train	tren	_____
10. tall	tole	_____	trombone	trombón	_____

Práctica 3

Escuche y repita la pronunciación de los siguientes trabalenguas. Use los símbolos ‖ y | para identificar las pausas mayores y menores. No olvide pronunciar las oclusivas sordas sin aspiración y, en el caso de [t̪], formando una oclusión corono-dental.

1. *Para comprar papas y peras no pidas popotes ni papelotes; pide con pocas palabras las papas y peras que por poco tiempo pelar pudieras.*

2. *El tomatero Matute mató al matutero Mota porque Mota, el matutero, tomó de su tomatera un tomate. Por eso, por un tomate, mató el tomatero Matute al matutero Mota.*

3. *Si el caracol tuviera cara como tiene el caracol, fuera cara, fuera col, fuera caracol con cara.*

4. *Si yo como como como, y tú comes como comes, ¿cómo comes como como?*

Práctica 4

Las siguientes palabras contienen fonemas oclusivos sordos en la coda. En la **pronunciación enfática**, dichas consonantes se realizan como oclusivas implosivas, pero su sonoridad varía según sea la sonoridad de la consonante siguiente. Haga la transcripción fonética aplicando el proceso de asimilación de sonoridad donde corresponda. Luego, pronuncie cada palabra en voz alta hablando enfáticamente.

1. *inepto* _____   11. *anécdota* _____

2. *acmé* _____   12. *exótico* _____

3. *ritmar* _____   13. *opción* _____

4. *actuar* _____   14. *etneo* _____

5. *eclipse* _____   15. *doctor* _____

6. *atmósfera* _____   16. *suscriptor* _____

7. *octavo* _____   17. *inscripción* _____

8. *selecto* _____   18. *hipnótico* _____

9. *eximio* _____   19. *adoptar* _____

10. *biopsia* _____   20. *erecto* _____

Práctica 5

Las siguientes palabras inglesas tienen equivalentes en español cuya pronunciación es similar, pero no idéntica. Pronuncie las palabras en las dos lenguas poniendo atención a la diferencia entre las oclusivas aspiradas y las oclusivas sordas. Luego, transcriba la pronunciación de las palabras españolas y repítalas.

    apart   *aparte*   [a.ˈpar.t̪e]

1. *histerical*   *histérica* _____

2. *intolerant*   *intolerante* _____

3. *chemical*   *químico* _____

4. *botanical*   *botánico* _____

5. *empirical*   *empírico* _____

6. *historical*   *histórico* _____

7. *arquitecture*   *arquitectura* _____

8. *captivity*   *captividad* _____

9. *disparity*   *disparidad* _____

10. *republic*   *república* _____

11. *satirical*   *satírico* _____

12. *mechanical*   *mecánico* _____

Práctica 6

Las siguientes palabras contienen fonemas oclusivos sordos en la coda. En la **pronunciación corriente**, dichas consonantes se realizan como espirantes sonoras. Transcriba las palabras de acuerdo con esta tendencia y pronúncielas en voz alta.

1. *precepto* _____
2. *selección* _____
3. *exhortar* _____
4. *óptico* _____
5. *arrítmico* _____
6. *intacto* _____
7. *etmoides* _____
8. *inscripción* _____
9. *autóctono* _____
10. *adepto* _____

11. *Egipto* _____
12. *etnografía* _____
13. *arritmia* _____
14. *exhumar* _____
15. *existencia* _____
16. *abrupto* _____
17. *tecnificar* _____
18. *atmosférico* _____
19. *optimista* _____
20. *táctica* _____

Prácticas adicionales

Visite http://www.prenhall.com/estructuradelossonidos/.

Las consonantes oclusivas sonoras

Paralelamente a los fonemas oclusivos sordos, el español tiene una serie de fonemas oclusivos sonoros: /b/, /d/ y /g/. Tripletes como *vas* ['bas] 'you go', *das* ['d̪as] 'you give', *gas* ['gas] 'gas' evidencian su poder contrastivo. El cambio que los fonemas oclusivos sonoros experimentan con mayor frecuencia es la **espirantización**. Este proceso afecta la manera de articulación porque los articuladores no forman un cierre completo, sino que dejan una brecha. Dependiendo del tamaño de la brecha, los fonos resultantes pueden ser fricativos, [β̞], [ð̞], [ɣ̞], o aproximantes, [β], [ð̞], [ɣ]. En este capítulo aprenderemos cuáles son los factores que promueven la espirantización y cómo este ajuste articulatorio facilita la obtención de sonoridad. También discutiremos algunos cambios menos frecuentes, como el ensordecimiento y la elisión de oclusivas sonoras (p. ej. *bondad* [bon̪.'dat̪⌐] o [bon̪.'d̪a] 'goodness').

20.1 ■ Oclusión, sordez y sonoridad

Uno de los efectos que tiene ocluir el tracto vocal es que dificulta la obtención de sonoridad. Cuando los articuladores forman una oclusión, el aire se estanca en la cavidad oral y, si adicionalmente la cavidad nasal está sellada por el velo, llega un punto en que el tracto vocal se llena y el flujo de aire a través de la glotis se detiene. La consecuencia es que la vibración de las cuerdas vocales se extingue, resultando en sordez. Es de esperar, entonces, que las consonantes oclusivas tiendan a ser sordas. Así lo confirma un estudio comparativo donde se investigaron 317 lenguas, de las cuales el 92% cuenta con una serie de oclusivas sordas, pero solamente el 67% incluye una serie de oclusivas sonoras.[1]

Producir sonoridad durante la articulación de una oclusiva no es imposible, pero sí requiere que se haga un esfuerzo especial. La extinción de la sonoridad se puede prevenir por medio de incrementar el volumen del tracto vocal, para lo cual es necesario hacer una expansión. Algunas de las estrategias que se emplean para este fin son: (i) descender la mandíbula inferior, (ii) adelantar el lugar de la constricción, (iii) descender la laringe y (iv) adelantar la raíz. Hay lenguas que no están dispuestas a hacer estas maniobras y optan por usar solamente oclusivas sordas (p. ej. el hawaiano). De otro lado, existen lenguas como el español, que pagan el costo adicional a fin de obtener contrastes de significado del tipo *bata*

---

[1]Ian Maddieson, *Patterns of Sounds* (New York: Cambridge University Press, 1984).

['ba.t̪a] 'robe' versus *pata* ['pa.t̪a] 'leg', *data* ['d̪a.t̪a] 'date' versus *tata* ['t̪a.t̪a] 'nanny', *gata* ['ga.t̪a] 'cat' versus *cata* ['ka.t̪a] 'sample'. La Figura 20.1 esquematiza el contraste laríngeo en que se basan estas oposiciones.

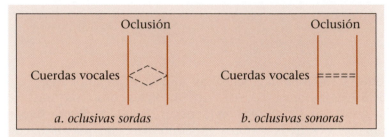

Figura 20.1 Estado de las cuerdas vocales durante oclusivas sordas vs. sonoras.

A diferencia de las oclusivas sordas, en las que las cuerdas vocales se separan en el inicio y se vuelven a acercar en el fin de la oclusión (Figura 20.1a), las oclusivas sonoras mantienen las cuerdas vocales cerca mientras se sostiene la oclusión (Figura 20.1b). Esta disposición permite que, con los ajustes que se hacen para expandir el volumen del tracto vocal, la vibración no se extinga antes de la distensión. Para lograr que las cuerdas vocales vibren durante la oclusión es recomendable que usted se acostumbre a formar la oclusión con menos tensión muscular que en inglés. Asegúrese que la presión que el articulador activo ejerce sobre el articulador pasivo es moderada. Esto propicia la expansión del tracto vocal porque no compromete la flexibilidad de los articuladores. Aplique este consejo al pronunciar los siguientes tripletes.

Ejemplos:	*b*ala	['ba.la]	*d*ala	['d̪a.la]	*g*ala	['ga.la]
	*v*ía	['bi.a]	*d*ía	['d̪i.a]	*gu*ía	['gi.a]
	*b*uro	['bu.ro]	*d*uro	['d̪u.ro]	*g*uro	['gu.ro]
	*v*iña	['bi.ɲa]	*d*iña	['d̪i.ɲa]	*gu*iña	['gi.ɲa]
	*b*ato	['ba.t̪o]	*d*ato	['d̪a.t̪o]	*g*ato	['ga.t̪o]

20.2 ▨ La oclusiva bilabial sonora /b/

La décima posición entre los diecinueve fonemas consonánticos del español la ocupa el fonema /b/ porque su frecuencia es de 2,7%. En la ortografía española, /b/ se representa a través de las letras *b* o *v* (p. ej. *b*ienvenido [bi̯em.be.'ni.ð̞o] 'welcome'). El uso de la letra *v* es una causa común de confusión porque sugiere, erróneamente, que el español tiene un fonema /v/. Las palabras *v*aca 'cow' y *b*aca 'luggage rack' parecieran formar un par mínimo. La realidad es que tales palabras son homófonas: ['ba.ka]. Recuerde que, el fono [v] puede surgir por asimilación de sonoridad (p. ej. *Afganistan* [av.ga.nis.'t̪an]), pero no es un fonema, sino un alófono infiel del fonema /f/.

20.2.1 Articulación del alófono fiel [b]

La articulación de [b] es como la de [p] excepto que hay vibración de las cuerdas vocales durante la oclusión bilabial (refiérase a la Figura 20.2). Para expandir el volumen de la cavidad oral, la mandíbula inferior desciende y se separa de la mandíbula inferior, pero sin que los labios dejen de hacer contacto. Esto permite sostener por más tiempo el flujo de aire a través de la glotis. Así, cuando los labios se separan, la vibración de las cuerdas vocales ya está en efecto.

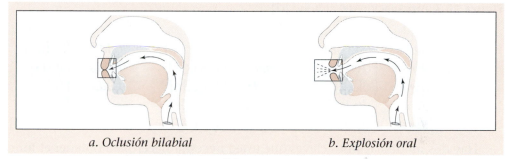

a. Oclusión bilabial   *b. Explosión oral*

Figura 20.2 Articulación del alófono [b].

Ejemplos:					
vaso	['ba.so]	*ambos*	['ãm.bos]	*vano*	['ba.no]
beso	['be.so]	*tumba*	['t̪um.ba]	*vino*	['bi.no]
virus	['bi.rus]	*siembra*	['si̯em.bra]	*visa*	['bi.sa]
boca	['bo.ka]	*hombro*	['õm.bro]	*bata*	['ba.t̪a]
burro	['bu.ro̞]	*lumbre*	['lum.bre]	*buso*	['bu.so]

20.3 ▋▋ La oclusiva dental sonora /d̪/ ──────

Con una frecuencia de 4,0%, el fonema /d̪/ ocupa el sexto lugar entre los diecinueve fonemas consonánticos del español. La ortografía española lo representa consistentemente por medio de la letra *d* (p. ej. *duende* ['d̪u̯en̪.d̪e] 'goblin').

20.3.1 Articulación del alófono fiel [d̪]

El fono [d̪] discrepa de [t̪] en que hay sonoridad durante el contacto coronodental. El uso de una oclusión dental en vez de una alveolar es positivo para la obtención de sonoridad porque el espacio que se gana por medio de este avance en el lugar de articulación hace posible sostener por más tiempo el flujo de aire a través de la glotis (vea la Figura 20.3). Así, en el instante en que la corona se desprende de los dientes, las cuerdas vocales ya están vibrando.

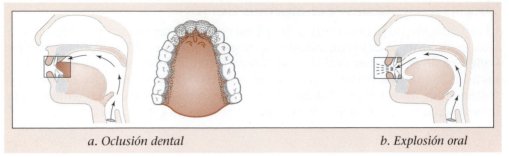

a. Oclusión dental   *b. Explosión oral*

Figura 20.3 Articulación del alófono [d̪].

Ejemplos: *dama*   ['d̪a.ma]   *manda*   ['mãn̪.d̪a]   *celda*   ['sel̪.d̪a]
           denso ['d̪en̪.so]   *vende*   ['ben̪.d̪e]   *Hilda*   ['il̪.d̪a]
           dique ['d̪i.ke]   *conde*   ['kon̪.d̪e]   *falda*   ['fal̪.d̪a]
           doña   ['d̪o.ɲa]   *panda*   ['pan̪.d̪a]   *caldo*   ['kal̪.d̪o]
           duque ['d̪u.ke]   *onda*   ['õn̪.d̪a]   *sueldo*   ['suel̪.d̪o]

Hay dos modificaciones claves que usted necesita hacer para obtener el fono [d̪] del español a partir del fono [t] del inglés. Como punto de referencia, compare el sonido inicial de la palabra inglesa *dill* ['tɪɫ] 'eneldo' con el de la palabra española *dile* ['d̪i.le] 'tell him/her'. Primero que todo, asegúrese que la corona presiona suavemente la cara interior de los dientes superiores, empezando desde los bordes hacia arriba. Segundo, cerciórese que las cuerdas vocales empiezan a vibrar antes de que la corona se despegue de los dientes. Aplique estos ajustes al pronunciar el sonido inicial de las siguientes palabras.

Ejemplos: *disk*   vs. *disco*   ['d̪is.ko]   *drum*   vs. *drama*   ['d̪ra.ma]
           duke   *duque*   ['d̪u.ke]   *drain*   *drena*   ['d̪re.na]
           dawn   *dona*   ['d̪o.na]   *drug*   *droga*   ['d̪ro.ɣa]
           dean   *Dino*   ['d̪i.no]   *droop*   *drupa*   ['d̪ru.pa]
           dam   *dama*   ['d̪a.ma]   *undies*   *Andes*   ['ãn̪.d̪es]
           daily   *dele*   ['d̪e.le]   *tundra*   *tundra* ['t̪un̪.d̪ra]
           dozen   *doce*   ['d̪o.se]   *undress*   *Andrés* [ãn̪.'d̪res]

20.4 ◼ La oclusiva velar sonora /g/

La decimosegunda posición entre los diecinueve fonemas consonánticos del español se le adjudica al fonema /g/ por ocurrir con una frecuencia de 1,1%. La representación ortográfica de /g/ es variable. En fin de sílaba, se usa la letra *g* (p. ej. *magnífico* [maɡ˧.'ni.fi.ko] 'magnificent'). Esta misma letra se usa en inicio de sílaba antes de *a*, *o* y *u* (p. ej. *gama* ['ga.ma] 'gammut', *gozo* ['go.so] 'joy', *gusto* ['gus.t̪o] 'taste'), pero antes de *i* y *e*, se emplea la combinación *gu* (p. ej. *guiso* ['gi.so] 'stew', *guerrero* [ɡe.'re.ro] 'warrior').

20.4.1 Articulación del alófono fiel [g]

El fono [g] es como [k] excepto que incluye vibración de las cuerdas vocales durante la oclusión dorso-velar. La ubicación de la oclusión de [g] en el extremo posterior de la cavidad oral representa el reto más grande para la obtención de sonoridad (vea la Figura 20.4). La dificultad es que, al quedar un espacio más reducido detrás de la oclusión, el aire satura el tracto vocal mucho más rápido y el flujo a través de la glotis corre el riesgo de extinguirse más pronto. En el caso de una oclusión posterior, descender la laringe y avanzar la raíz son dos modos efectivos de expandir el volumen de la faringe y mantener por más tiempo el flujo de aire por la glotis. Gracias a esta expansión, las cuerdas vocales pueden vibrar aunque el postdorso y el velo tengan el tracto vocal completamente sellado.

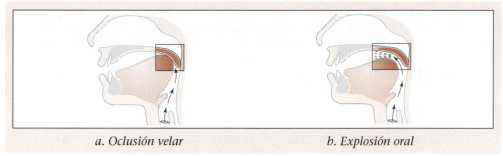

a. Oclusión velar   b. Explosión oral

Figura 20.4 Articulación del alófono [g].

Ejemplos:

gama	['ga.ma]	*hongo*	['õŋ.go]	*garra*	['ga.ra]
gueto	['ge.t̪o]	*dengue*	['d̪eŋ.ge]	*guerra*	['ge̞.ra]
guita	['gi.t̪a]	*sangre*	['saŋ.gre]	*guiso*	['gi.so]
goma	['go.ma]	*tanga*	['t̪aŋ.ga]	*gorra*	['go̞.ra]
gula	['gu.la]	*bingo*	['biŋ.go]	*guapo*	['gu̯a.po]

20.5 Distribución

Las restricciones distributivas que se aplican a las consonantes oclusivas sonoras son similares a las que vimos en el capítulo anterior para las oclusivas sordas. El ataque silábico es la posición que mejor admite a los fonemas /b/, /d̪/ y /g/. Cada uno de estos tiene la posibilidad de funcionar independientemente como un ataque simple (p. ej. *mambo* ['mãm.bo] 'Cuban dance', *mando* ['mãn̪.d̪o] 'command', *mango* ['mãŋ.go] 'handle') o en combinación con una líquida siguiente para formar un ataque compuesto (p. ej. *brama* ['bra.ma] 'rut', *drama* ['d̪ra.ma] 'drama', *grama* ['gra.ma] 'grass'). Recuerde que los ataques formados por oclusiva sonora + líquida lateral son posibles (p. ej. *blanco* ['blaŋ.ko] 'target', *gloria* ['glo.ɾi̯a] 'glory'), excepto por *[d̪l], que se rechaza categóricamente.

La coda silábica, por otro lado, desfavorece las oclusivas sonoras cuando no son coronales. Los fonemas problemáticos son /b/ y /g/ porque contrarían la condición de que sólo fonos exclusivamente coronales pueden ocupar la coda. A consecuencia de esto, no existen palabras patrimoniales que contengan dichas consonantes en fin de sílaba. Únicamente en la pronunciación esmerada de palabras no patrimoniales, préstamos de otras lenguas, aparecen excepciones (p. ej. *club* [ˈklubˈ], *zigzag* [sigˈ.ˈsagˈ]). Además, en el habla corriente, la irregularidad de tales palabras no se acepta sino que se prefiere recurrir a estrategias para regularizarlas. La espirantización de tales consonantes es común (p. ej. [ˈkluβ], [siɣ.ˈsaɣ]), pero la estrategia que verdaderamente soluciona el problema es la elisión (p. ej. [ˈklu], [si.ˈsa]).

En fin de palabra, la oclusiva coronal sonora goza del privilegio de ser una coda bastante frecuente en el vocabulario patrimonial (p. ej. *sed* [ˈsed̪ˈ] 'thirst', *pared* [pa.ˈred̪ˈ] 'wall', *usted* [us.ˈt̪ed̪] 'you'). Una fuente muy productiva de palabras terminadas en /d̪/ es la nominalización de adjetivos por medio del sufijo -*dad* (p. ej. *soledad* 'loneliness', *vanidad* 'vanity', *comunidad* 'community', etc.). Pero la ventaja que tiene /d̪/ sobre /b/ y /g/ por el hecho de ser coronal no impide que también caiga presa de los procesos de espirantización y elisión que afectan a la familia de las oclusivas sonoras (p. ej. [pa.ˈreð̪] ~ [pa.ˈre], [so.le.ˈð̪að̪] ~ [so.le.ˈð̪a]).

Existen, entonces, dos tendencias antagónicas en cuanto a la pronunciación de los fonemas /b/, /d̪/ y /g/ en la coda. El habla esmerada se inclina por la preservación de la oclusión, con lo cual se generan los alófonos implosivos [bˈ], [d̪ˈ] y [gˈ]. El habla corriente, por otro lado, suprime la oclusión por medio de espirantización o elisión. Practique ambas tendencias con los siguientes ejemplos adicionales.

Ejemplos:

	Habla esmerada	**Habla corriente**	
subrayar	[subˈ.ra.ˈjar]	[suβ.ra.ˈjar]	[su.ra.ˈjar]
submarino	[subˈ.ma.ˈri.no]	[suβ.ma.ˈri.no]	[su.ma.ˈri.no]
admisión	[ad̪ˈ.mi.ˈsi̯on]	[að̪.mi.ˈsi̯on]	[a.mi.ˈsi̯on]
longitud	[loŋ.xi.ˈt̪ud̪ˈ]	[loŋ.xi.ˈt̪uð̪]	[loŋ.xi.ˈt̪u]
amistad	[ã.mis.ˈt̪ad̪ˈ]	[ã.mis.ˈt̪að̪]	[ã.mis.ˈt̪a]
indignar	[ĩn̪.d̪igˈ.ˈnar]	[ĩn̪.d̪iɣ.ˈnar]	[ĩn̪.d̪i.ˈnar]
magnífico	[magˈ.ˈni.fi.ko]	[maɣ.ˈni.fi.ko]	[mã.ˈni.fi.ko]

Evidentemente, la participación de los fonemas oclusivos sonoros en codas compuestas es aun más limitada. El fonema /g/ nunca se combina con /s/ en la coda y, aunque /b/ y /d̪/ pueden hacerlo, las pocas palabras que contienen tales codas exhiben diversos grados de simplificación (p. ej. *abstracto* [aβs.ˈt̪rakˈ.t̪o] ~ [as.ˈt̪rakˈ.t̪o] 'abstract', *adscrito* [að̪s.ˈkri.t̪o] ~ [as.ˈkri.t̪o] 'ascribed').

20.6 ■ Espirantización

Desde el capítulo 2, hemos visto que los fonemas /b/, /d̪/ y /g/ no mantienen su oclusión cuando van precedidos por una vocal, sino que se convierten en fonos continuos o espirantes. Puesto que la espirantización disminuye el grado de constricción y, por ende, la efectividad de la consonante, es evidente que se trata de un proceso de debilitamiento. A causa de que los hablantes pueden aplicar diversos grados de debilitamiento, la espirantización no produce una sola variante para cada oclusiva sonora, sino más bien un espectro de alófonos con diversos grados de cierre. Dentro de la multiplicidad de alófonos que se crean, es posible distinguir claramente dos tipos básicos: espirantes fricativas versus espirantes aproximantes. Para describir estas categorías en mayor detalle, tomemos el caso específico del fonema /b/. La Figura 20.5 contrasta la articulación de los alófonos bilabiales [b], [β] y [β̞].

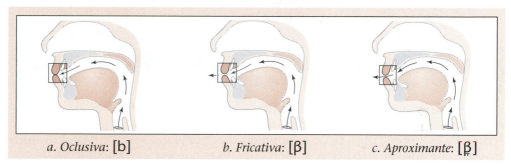

a. Oclusiva: [b]   *b. Fricativa*: [β]   *c. Aproximante*: [β̞]

Figura 20.5 Tres grados de cierre bilabial.

Los fonos [b], [β] y [β̞] están estrechamente relacionados por el hecho de ser consonantes bilabiales sonoras. Lo que los diferencia es el grado de cierre. De un lado se encuentra el alófono interrupto [b], cuyo cierre es total (Figura 20.5a). Del otro lado están los alófonos espirantes, cuyo cierre es incompleto. Las dos categorías espirantes se distinguen entre sí por el tamaño de la brecha que deja el cierre incompleto. En la espirante fricativa (Figura 20.5b), la brecha es tan pequeña que, al pasar forzadamente por allí, el aire produce ruido turbulento (fricación). En contraste, la espirante aproximante carece de tal ruido porque el aire sale sin dificultad gracias a que la brecha es suficientemente amplia (Figura 20.5c). Las múltiples variaciones que surgen en la pronunciación del fonema /b/ se pueden adscribir a una de estas tres categorías. Tomemos como ejemplo la palabra *bote* 'boat'. Por sí sola, esta palabra se pronuncia ['bo.t̪e], pero en la frase *ese bote*, la consonante oclusiva sonora cambia a una espirante, la cual puede ser fricativa o aproximante: ['e.se.'βo.t̪e] o ['e.se.'β̞o.t̪e].

Uno de los factores que afecta la elección del tipo de espirante que se use es el grado de abertura del fono precedente. Cuanto más abierto sea el fono precedente, más fuerte tiende a ser el debilitamiento de la oclusión. Así, las espirantes aproximantes tienden a aparecer con mayor frecuencia después de una vocal baja o media (p. ej. *baba* ['ba.β̞a], *beba* ['be.β̞a]), mientras que las aproximantes fricativas tienden a ocurrir con mayor frecuencia después de una vocal alta (p. ej. *viva* ['bi.βa]). Pero es importante saber que éstas no son las únicas tendencias. Existen otros factores, como la velocidad y el estilo de habla, que también condicionan el resultado de la espirantización. Resulta que, cuanto más rápida o informal sea el habla, más intenso tiende a ser el debilitamiento. La consecuencia es que las espirantes aproximantes también pueden surgir después de una vocal alta cuando se habla muy rápida o informalmente. Inversamente, las espirantes fricativas pueden surgir después de una vocal media o baja cuando se habla más lenta o formalmente. Dado que cualquier hispanohablante puede emplear el alófono fricativo o el aproximante según sean las condiciones en que se desarrolle el acto de habla, es importante que usted aprenda a dominarlos ambos. Practique con los siguientes ejemplos variando la velocidad del habla.

Ejemplos:

lavo	['la.βo]	o	['la.β̞o]	*nave*	['na.βe]	o	['na.β̞e]
cebo	['se.βo]	o	['se.β̞o]	*nieve*	['ni̯e.βe]	o	['ni̯e.β̞e]
lobo	['lo.βo]	o	['lo.β̞o]	*sobe*	['so.βe]	o	['so.β̞e]
vivo	['bi.βo]	o	['bi.β̞o]	*diva*	['d̪i.βa]	o	['d̪i.β̞a]
subo	['su.βo]	o	['su.β̞o]	*nube*	['nu.βe]	o	['nu.β̞e]

El comportamiento de los fonemas /d̪/ y /g/ es paralelo al del fonema /b/. Las Figuras 20.6 y 20.7 muestran que los alófonos [d̪], [ð̪] y [ð̞̪], por un lado, y [g], [ɣ] y [ɣ̞], por el otro, se distinguen entre sí por el grado del cierre. Los alófonos interruptos [d̪] y [g] se obtienen cuando la corona y el dorso se desplazan hasta tocar los dientes superiores y el velo, respectivamente (Figuras 20.6a y 20.7a). En contraste, cuando su desplazamiento se reduce ligeramente (Figuras 20.6b y 20.7b), se crea un pasaje estrecho que deriva las espirantes fricativas [ð̪] y [ɣ]. Las espirantes aproximantes [ð̞̪] y [ɣ̞] son el resultado de disminuir aun más el desplazamiento de la corona y el dorso, lo cual deja una brecha más amplia (Figuras 20.6c y 20.7c). Las palabras *duque* 'duke' y *gato* 'cat' nos sirven como ilustración. Por sí solas, estas palabras se pronuncian ['d̪u.ke] y ['ga.t̪o], pero en las frases *ese duque* y *ese gato*, cada oclusiva sonora se convierte en uno de los dos tipos de alófono espirante: ['e.se.'ð̪u.ke] o ['e.se.'ð̞̪u.ke], ['e.se.'ɣa.t̪o] o ['e.se.'ɣ̞a.t̪o]. Practique la espirantización de [d̪] y [g] variando la velocidad del habla cuando pronuncie los ejemplos que vienen a continuación.

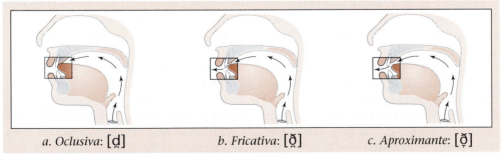

a. Oclusiva: [d̪]   *b. Fricativa:* [ð̪]   *c. Aproximante:* [ð̞̪]

Figura 20.6 Tres grados de cierre corono-dental.

Ejemplos: *nado* ['na.ð̪̬o] o ['na.ð̪̬o]   *cada* ['ka.ð̬a] o ['ka.ð̬a]

            cedo ['se.ð̪̬o] o ['se.ð̪̬o]   *queda* ['ke.ð̬a] o ['ke.ð̬a]

            nodo ['no.ð̪̬o] o ['no.ð̪̬o]   *coda* ['ko.ð̬a] o ['ko.ð̬a]

            nudo ['nu.ð̪̬o] o ['nu.ð̪̬o]   *seda* ['se.ð̬a] o ['se.ð̬a]

            nido ['ni.ð̪̬o] o ['ni.ð̪̬o]   *sida* ['si.ð̬a] o ['si.ð̬a]

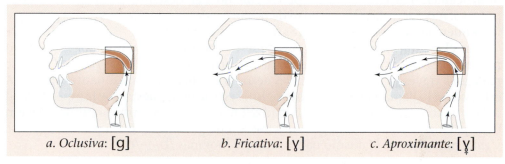

    a. Oclusiva: [g]   *b. Fricativa:* [ɣ]   *c. Aproximante:* [ɣ̞]

Figura 20.7 Tres grados de cierre dorso-velar.

Ejemplos: *lago* ['la.ɣo] o ['la.ɣ̞o]   *vaga* ['ba.ɣa] o ['ba.ɣ̞a]

            pego ['pe.ɣo] o ['pe.ɣ̞o]   *toga* ['t̪o.ɣa] o ['t̪o.ɣ̞a]

            bogo ['bo.ɣo] o ['bo.ɣ̞o]   *lega* ['le.ɣa] o ['le.ɣ̞a]

            Lugo ['lu.ɣo] o ['lu.ɣ̞o]   *Buga* ['bu.ɣa] o ['bu.ɣ̞a]

            sigo ['si.ɣo] o ['si.ɣ̞o]   *miga* ['mi.ɣa] o ['mi.ɣ̞a]

    Es pertinente aclarar que las consonantes [ð̪̬] y [ð̬] no son idénticas, tal como el uso del diacrítico ˳ sugiere. Las dos concuerdan en que son fricativas coronales sonoras, pero **difieren** en el punto exacto contra el que la corona forma el pasaje estrecho. El alófono [ð̪̬] es dental y surge como consecuencia de relajar ligeramente la constricción dental del fonema /d̪/ (p. ej. *dudar* [d̪u.'ð̪̬ar] 'to doubt'). El alófono [ð̬], en cambio, tiene una constricción interdental y proviene de sonorizar el fonema /θ/, en aquellos geolectos que lo tienen (p. ej. *tiznar* [t̪ið̬.'nar] 'to soot'). Aunque la diferencia es sutil, [ð̪̬] es menos anterior que [ð̬] porque la corona no avanza tanto. Bastante más notoria es la diferencia articulatoria que existe entre los alófonos [ð̪̬] y [ð̬] porque la constricción de [ð̪̬] no solamente es dental, sino también menos cerrada que la de [ð̬]. Compare, por ejemplo, *durado* [d̪u.'ra.ð̪̬o] 'lasted' con *durazno* [d̪u.'rað̬.no] 'peach').

    A diferencia de otros procesos fonológicos, la espirantización no está regida por la estructura silábica. Fíjese que los fonemas oclusivos sonoros se espirantizan sin importar que estén en el ataque o en la coda (p. ej. *abnegado* [aβ.ne.'ɣa.ð̪̬o] 'unselfish', *subdelegado* [suβ.d̪e.le.'ɣa.ð̪o] 'subdelegate'). El proceso también es insensible al elemento siguiente, como prueba el hecho de que se aplica regularmente ante cualquier vocal, consonante o pausa (p. ej. *subjetividad* [suβ.xe.t̪i.βi.'ð̪að̪] 'subjectivity', *admisibilidad* [að̪.mi.si.βi.li.'ð̪að̪] 'admissibility'). Lo que define crucialmente el contexto donde aplica la espirantización es el elemento que aparezca antes de la consonante oclusiva sonora. La **posición postvocálica** es la que más favorece el cambio, mientras que la **posición postconsonántica** y la **posición postpausal** tienden a inhibirlo. En algunos dialectos, incluso la manera y el lugar de articulación de la consonante precedente pueden determinar si se aplica o no el proceso. A pesar de la numerosidad de posibilidades, si nos fijamos en las principales tendencias, es posible identificar tres patrones básicos.

En el patrón más simple, el uso de la espirantización se limita a la posición postvocálica. Esto significa que, en el habla corriente, los fonemas /b/, /d̪/ y /g/ se realizan a través de sus alófonos fieles después de cualquier consonante o pausa. A este patrón lo llamaremos **espirantización restringida**, puesto que la especificidad del contexto restringe la productividad del fenómeno. Examine la pronunciación de la palabra *durmió* en las siguientes frases. Luego reemplace esa palabra por *vino* y *ganó* para obtener el mismo patrón con los fonemas /b/ y /g/.

La espirantización restringida ocurre solamente después de vocal		
P. postvocálica:	*Lola **d**urmió*	['lo.la.ð̪ur.'mi̯o] } **espirantización**
P. postconsonántica:	*Héctor **d**urmió*	['ek̚.t̪or.d̪ur.'mi̯o]
	*Raúl **d**urmió*	[ra.'ul̪.d̪ur.'mi̯o]
	*Juan **d**urmió*	['xu̯an̪.d̪ur.'mi̯o]
	*Tomás **d**urmió*	[t̪o.'maz.d̪ur.'mi̯o]
	*Yesid **d**urmió*	['ɟ͡ʝe.sið̪.d̪ur.'mi̯o]
	*Éric **d**urmió*	['e.rik̚.d̪ur.'mi̯o]
P. postpausal:	*¡**D**urmió poco!*	[d̪ur.'mi̯o.'po.ko]

Nota: P. = posición

Existe también un patrón de **espirantización amplia**, en el que el proceso se aplica no solamente después de vocal sino también después de un grupo selecto de consonantes: [ɾ], [l], [s̪]/[z̪], [s̺]/[z̺], [θ], [f], [x], [β]/[β̞], [ð̪]/[ð̪], y [ɣ]/[ɣ̞]. Lo que tienen en común todas las consonantes de este grupo es que se articulan sin impedir completamente el flujo de aire por la cavidad oral. La ampliación del contexto a través de la inclusión de este tipo de consonante hace que, en el habla corriente, los alófonos interruptos sólo se mantengan después de pausa o de una consonante nasal u oclusiva. Tal distribución se ilustra a continuación con la pronunciación de la palabra *vino*. Reemplace esa palabra por *durmió* y *ganó* para obtener el mismo patrón con los fonemas /d̪/ y /g/.

LA ESPIRANTIZACIÓN AMPLIA OCURRE DESPUÉS DE VOCAL Y DE CONSONANTE QUE NO SEA COMPLETAMENTE CERRADA		
P. postvocálica:	*Lola vino*	[ˈlo.la.ˈβi.no]
P. postconsonántica:	*Héctor vino*	[ˈe̞kˈ.to̞r.ˈβi.no]
	Tomás vino	[t̪o.ˈmaz.ˈβi.no]
	Yesid vino	[ˈɟ͡ʝe.si̞ð̞.ˈβi.no]
	Raúl vino	[ra.ˈul.βi.no]
	Juan vino	[ˈxu̯am.ˈbi.no]
	Éric vino	[ˈe.rikˈ.ˈbi.no]
P. postpausal:	*¡Vino pronto!*	[ˈbi.no.ˈpro̞n̪.t̪o]

espirantización

Es importante aclarar que la **posición postlateral** da lugar a que surja una asimetría en la espirantización amplia. Sucede que, mientras que los fonemas /b/ y /g/ se espirantizan después de una consonante lateral, el fonema /d̪/ se resiste a cambiar en ese contexto. Así, por ejemplo, las palabras *salvo* 'safe' y *salgo* 'I leave' pueden pronunciarse [ˈsal.βo] y [ˈsal.ɣo], pero la pronunciación de la palabra *saldo* 'balance' no es *[ˈsal̪.ð̞o] sino [ˈsal̪.d̪o]. La causa de la asimetría tiene que ver con el hecho de que los miembros de la secuencia [l̪.d̪] comparten una sola constricción como consecuencia de aplicar la asimilación de lugar en laterales. Esto contrasta con las secuencias [l.β] y [l.ɣ], donde cada consonante tiene su propia constricción. Por estar ligados en el lugar de articulación, los miembros del grupo [l̪.d̪] están obligados a usar el mismo gesto articulatorio. Es imposible, por lo tanto, que uno de ellos se articule desplazando el articulador activo hasta hacer contacto con el articulador pasivo, mientras que en el otro el articulador activo se abstiene de hacer contacto: *[l̪.ð̞].

Un tercer patrón es la **espirantización libre**. Como su nombre lo indica, el cambio opera sin limitaciones contextuales, o sea, sin que importe cuál sea el elemento precedente. Esta libertad hace posible que los alófonos espirantes no estén cohibidos de aparecer después de pausa, nasal u oclusiva. Examine la pronunciación de la palabra *ganó* 'won' en las siguientes frases. Luego reemplace esa palabra por *vino* y *durmió* para obtener el mismo patrón con los fonemas /b/ y /d̪/.

LA ESPIRANTIZACIÓN LIBRE OCURRE EN TODOS LOS CONTEXTOS		
P. postvocálica:	*Lola ganó*	[ˈlo.la.ɣa.ˈno]
P. postconsonántica:	*Héctor ganó*	[ˈe̞kˈ.to̞r.ɣa.ˈno]
	Tomás ganó	[t̪o.ˈmaz.ɣa.ˈno]
	Yesid ganó	[ˈɟ͡ʝe.si̞ð̞.ɣa.ˈno]
	Raúl ganó	[ra.ˈul.ɣa.ˈno]
	Juan ganó	[ˈxu̯aŋ.ɣa.ˈno]
	Éric ganó	[ˈe.rikˈ.ɣa.ˈno]
P. postpausal:	*¡Ganó mucho!*	[ɣa.ˈnõ.ˈmu.t͡ʃo]

espirantización

De los tres patrones identificados, el de la espirantización amplia es el más difundido tanto en España como en Hispanoamérica. Madrid y la Ciudad de México son dos de las grandes metrópolis que lo difunden. La espirantización restringida es menos común pero se practica en algunas regiones de Centroamérica (p. ej. partes de Honduras, El Salvador, Nicaragua) y de Suramérica (p. ej. partes de Colombia). El menos común de los tres patrones es la espirantización libre, que ocurre en el habla rústica de algunas zonas terrabajenses (p. ej. partes de Cuba y del sur de España). Hay que agregar que estos patrones no son rígidos sino que existe flexibilidad entre ellos, a causa de la influencia que ejercen la velocidad y el estilo de habla. Como regla general, cuanto más rápida o informal sea el habla, más vigor gana la tendencia a espirantizar. Esto lleva a que un hablante que normalmente usa la espirantización restringida espirantice después de algunas consonantes cuando habla muy rápido. Similarmente, un hablante que normalmente usa la espirantización amplia puede llegar a espirantizar después de pausa en una situación muy informal.

Nuestra recomendación es que usted comience por dominar la espirantización restringida. Este patrón no sólo es el más simple sino que también representa el contexto en el que la mayoría de dialectos están de acuerdo. Una vez que usted se acostumbre a relajar la oclusión de los fonemas /b/, /d̬/ y /g/ en posición postvocálica, será natural que empiece a hacer lo mismo después de aquellas consonantes que no interrumpen completamente el flujo de aire por la cavidad oral.

Ahora que ya sabemos cómo funciona la espirantización, es fácil comprender qué es lo que la causa. Para entender por qué los fonemas /b/, /d̬/ y /g/ son tan propensos a espirantizarse, es necesario reconocer que existe una incompatibilidad entre dos de las propiedades que los componen: la oclusión y la sonoridad. Recuerde que la presencia de una oclusión dificulta la sonoridad porque conduce a que el flujo de aire a través de la glotis se extinga. La espirantización es precisamente una manera de sortear esa dificultad.

Varias veces hemos hecho hincapié en que las consonantes oclusivas del español se articulan con menos tensión muscular que las del inglés. Esto tiene repercusiones para la realización de los fonemas oclusivos sonoros, porque la levedad del contacto hace factible debilitar la oclusión para acomodar la sonoridad. Cuando el cierre que forman los articuladores es incompleto, la brecha que queda permite que haya escape de aire. Esto facilita la vibración de las cuerdas vocales, ya que el flujo de aire a través de la glotis no se detiene si el tracto vocal no se llena completamente. Es obvio que, cuanto más grande sea la brecha, mayor será el escape de aire y, consecuentemente, más fácil será sostener la sonoridad. Así, las espirantes fricativas surgen cuando el contexto lingüístico y/o situacional no require un gran ahorro de esfuerzo articulatorio, pero cuando las exigencias son mayores, es necesario recurrir a las espirantes aproximantes. Desde esta perspectiva, la causa de que los fonemas /p/, /t̬/ y /k/ sean menos proclives a espirantizarse no es ningún misterio. El cierre completo de las oclusivas sordas no corre tanto riesgo como el de las oclusivas sonoras porque, en aquéllas, las cuerdas vocales no tienen que vibrar al mismo tiempo que el tracto vocal está ocluido.

20.7 ■ Elisión de oclusivas sonoras en el ataque

La tendencia a debilitar el cierre de las consonantes oclusivas sonoras puede llegar al extremo de que los articuladores no hagan ningún esfuerzo por formar la constricción de la consonante. El efecto es que la consonante desaparece. La probabilidad de que esto ocurra es mayor cuando la oclusiva sonora está entre dos vocales y pertenece a una sílaba inacentuada. Ejemplos donde se verifica este fenómeno son palabras como *hablabas* [a.ˈβla.βas] 'you used to speak', *dorado* [d̪o.ˈra.ð̞o] 'golden' y *paraguas* [pa.ˈra.ɣ̞u̯as] 'umbrella'. En muchos dialectos, la pronunciación que se les da a estas palabras en el habla rápida o informal es [a.ˈβla.as], [d̪o.ˈra.o] y [pa.ˈra.u̯as]. Además, si la sonancia de las vocales adyacentes lo permite, el hiato que resulta de elidir la consonante intervocálica se puede resolver formando un diptongo, es decir, por medio de fusión de sílabas (p. ej. *dorado* [d̪o.ˈrao̯]).

Aunque cualquiera de los tres fonemas oclusivos sonoros puede elidirse, el fonema /d̪/ es el que resulta más comúnmente afectado (p. ej. *cada* [ˈka.a] 'each', *miedo* [ˈmi̯e.o] 'fear', *todo* [ˈt̪o.o] 'all'). Una observación adicional es que si la vocal precedente es baja o media, es más probable que la elisión ocurra (p. ej. *lado* [ˈla.o] 'side', *puedo* [ˈpu̯e.o] 'I can', *moda* [ˈmo.a] 'fashion'). Con esto no se quiere decir, sin embargo, que el cambio no tenga lugar cuando la vocal precedente es alta; solamente que es menos frecuente en ese caso (p. ej. *vida* [ˈbi.a] 'life', *nudo* [ˈnu.o] 'knot'). El participio pasado de los verbos terminados en *-ar* (1ª conjugación) constituye un escenario óptimo para la aplicación de este proceso porque reúne todas las condiciones mencionadas arriba: *cantado* [kan̪.ˈt̪a.o], *bailado* [bai̯.ˈla.o], *nadado* [na.ˈð̞a.o]. Practique el relajamiento articulatorio del fonema /d̪/ con los siguientes ejemplos; pero tenga presente que, aunque el uso de elisión es común en situaciones informales, los hablantes lo evitan en el habla formal.

Ejemplos:	Espirantización	Elisión		
casado	[ka.ˈsa.ð̞o]	[ka.ˈsa.o]	o	[ka.ˈsao̯]
parado	[pa.ˈra.ð̞o]	[pa.ˈra.o]	o	[pa.ˈrao̯]
cerrado	[se̞.ˈra.ð̞o]	[se̞.ˈra.o]	o	[se̞.ˈrao̯]
jurado	[xu.ˈra.ð̞o]	[xu.ˈra.o]	o	[xu.ˈrao̯]
botado	[bo.ˈt̪a.ð̞o]	[bo.ˈt̪a.o]	o	[bo.ˈt̪ao̯]
soldado	[so̞l̪.ˈd̪a.ð̞o]	[so̞l̪.ˈd̪a.o]	o	[so̞l̪.ˈd̪ao̯]

20.8 ■ Ensordecimiento de oclusivas sonoras en la coda

Existen dos procesos que pueden causar el ensordecimiento de los fonemas /b/, /d̪/ y /g/. Uno es el **ensordecimiento por asimilación de sonoridad**, el cual tiene lugar cuando la consonante oclusiva sonora ocupa la coda y va seguida por una consonante sorda. Compare, por ejemplo, *club social* ['klup⌐.so.'si̯al] 'social club' con *club militar* ['klub⌐.mi.li.'t̪aɾ] 'military club'. El otro es un proceso que llamaremos **ensordecimiento espontáneo**, puesto que la sonoridad se pierde, no necesariamente porque la consonante oclusiva esté en contacto con una consonante sorda, sino por el simple hecho de estar en la coda (p. ej. *digno* ['dik⌐.no] 'worthy'). A pesar de que ambos crean alófonos sordos, estos procesos se deben distinguir porque aplican en contextos diferentes.

Es obvio que, por no requerir la presencia de una consonante sorda, el ensordecimiento espontáneo tiene mayor oportunidad de aplicar que el ensordecimiento por asimilación de sonoridad. De todos modos, la productividad de ambos procesos está limitada por el hecho de que el español no tiene muchas palabras con oclusivas sonoras en la coda. El caso excepcional, ya sabemos, son las palabras terminadas en /d̪/.

ENSORDECIMIENTO POR ASIMILACIÓN DE SONORIDAD EN CONTACTO CON CONSONANTE SORDA			
obsoleto	[o̥p⌐.so.'le.t̪o]	*adjunto*	[a̪t̪⌐.'xun̪.t̪o]
obtener	[o̥p⌐.t̪e.'ne̥ɾ]	*adjetivo*	[a̪t̪⌐.xe.'t̪i.βo]
subsistir	[su̥p⌐.sis.'t̪iɾ]	*adjudicar*	[a̪t̪⌐.xu.ð̥i.'kaɾ]
subjetivo	[su̥p⌐.xe.'t̪i.βo]	*adsorber*	[a̪t̪⌐.so̥ɾ.'βe̥ɾ]
absoluto	[ḁp⌐.so.'lu.t̪o]	*zigzaguear*	[sik⌐.sa.'ɣe̥aɾ]

EL ENSORDECIMIENTO ESPONTÁNEO AFECTA CUALQUIER OCLUSIVA SONORA EN LA CODA			
abnegar	[ḁp⌐.ne.'ɣaɾ]	*usted*	[us.'t̪e̥t̪⌐]
submarino	[su̥p⌐.ma.'ri.no]	*libertad*	[li.βe̥ɾ.'t̪a̪t̪⌐]
subyugar	[su̥p⌐.ɟ͡ʝu.'ɣaɾ]	*ciudad*	[si̯u.'ð̥a̪t̪⌐]
enigma	[e.'nik⌐.ma]	*caridad*	[ka.ri.'ð̥a̪t̪⌐]
dogmático	[d̥o̥k⌐.ma.t̪i.ko]	*falsedad*	[fal.se.ð̥a̪t̪⌐]

Al igual que la espirantización, el ensordecimiento es un ajuste articulatorio que sirve para remediar el conflicto que existe entre la oclusión de la consonante y su sonoridad. La diferencia es que en vez de socavar la oclusión, el ensordecimiento socava la vibración de las cuerdas vocales. Fíjese que, como el problema es que la oclusión y la sonoridad son incompatibles, un remedio es atacar la oclusión (espirantización), pero otra solución efectiva es atacar la sonoridad (ensordecimiento). Cada una de estas rutas representa una alternativa lógica. En cuanto al ensordecimiento, es necesario agregar que el hecho de que está condicionado por la estructura silábica se debe a que la corriente espiratoria es mayor en el inicio que en el fin de la sílaba. Por eso, la preservación de sonoridad constituye un reto más grande en la coda que en el ataque y es natural que, cuando una lengua opta por suprimirlo, comience precisamente por allí.

20.9 ▓ Fenómenos adicionales

En algunas regiones de España e Hispanoamérica, el ensordecimiento de las consonantes oclusivas sonoras puede ir acompañado de espirantización. El ensordecimiento con espirantización simultánea convierte a los fonemas /b/, /d̪/ y /g/ en los alófonos fricativos sordos [ɸ], [θ̪] y [x], respectivamente. Estos fonos son idénticos a [β], [ð̪] y [ɣ], excepto que carecen de sonoridad.

ENSORDECIMIENTO CON ESPIRANTIZACIÓN			
*ob*soleto	[o̞ɸ.so.ˈle.t̪o]	*dig*nidad	[d̪ix.ni.ˈð̪a̞θ̪]
*sub*sistir	[su̞ɸ.sis.ˈt̪ir]	*in*dignar	[ĩn̪.d̪ix.ˈnar]
*ad*jetivo	[a̞θ̪.xe.ˈt̪i.βo]	*mag*nífico	[max.ˈni.fi.ko]
*ad*junto	[a̞θ̪.ˈxun̪.t̪o]	*mag*nate	[max.ˈna.t̪e]

Como usted ya habrá adivinado, el blanco más común de este proceso también es el fonema /d̪/. La abundancia de palabras terminadas en /d̪/ brinda la posibilidad de que, aun entre hablantes hispanoamericanos, aparezca con frecuencia un sonido muy similar a [θ]. No se trata, sin embargo, del mismo fono que caracteriza la pronunciación peninsular norteña. El alófono que se obtiene de ensordecer y espirantizar el fonema /d̪/ no es interdental como [θ], sino dental: [θ̪]. Esta es la misma diferencia que se señaló antes para [ð] versus [ð̪].

Voy a la ciudad	[ˈbo̞i̯.a.la.si̯u.ˈð̪a̞θ̪]	*Vino David*	[ˈbi.no.ð̪a.ˈβi̞θ̪]
Di la verdad	[ˈd̪i.la.βe̞r.ˈð̪a̞θ̪]	*Por piedad*	[po̞r.pi̯e.ˈð̪a̞θ̪]
En la pared	[ẽn.la.pa.ˈre̞θ̪]	*Con la red*	[ko̞n.la.ˈre̞θ̪]
Tengo sed	[ˈt̪ẽŋ.go.ˈse̞θ̪]	*Es mi virtud*	[ˈez.mi.βir.ˈt̪u̞θ̪]

Cerramos este capítulo mencionando que, en los geolectos terrabajenses donde las oclusivas sordas se vocalizan en posición final de sílaba (p. ej. zonas de Chile, República Dominicana, Colombia, Venezuela, etc.), las oclusivas sonoras también participan en el cambio. Los fonemas /b/ y /g/ se convierten en las semivocales [u̯] o [i̯], mientras que el fonema /d̪/ se realiza como la semivocal [i̯].

Ejemplos:	*ob*jeto	[o̞u̯.ˈxe.t̪o]	o	[o̞i̯.ˈxe.t̪o]
	*ob*sequio	[o̞u̯.ˈse.ki̯o]	o	[o̞i̯.ˈse.ki̯o]
	*ad*miro	[ã ĩ̯.ˈmi.ro]		
	*ad*quiero	[ai̯.ˈki̯e.ro]		
	*dog*ma	[ˈd̪o̞u̯.ma]	o	[ˈd̪o̞i̯.ma]
	*mag*nolia	[mã ũ̯.ˈno.li̯a]	o	[mã ĩ̯.ˈno.li̯a]

PRÁCTICAS

Práctica 1

Contraste las siguientes palabras del inglés y del español poniendo especial atención a la pronunciación de la consonante inicial. Asegúrese de pronunciar las
oclusivas sonoras del español con tensión moderada y haciendo vibrar las cuerdas
vocales durante la oclusión. Transcriba las palabras que faltan por transcribir.

1. *bark* *vs.* *barco* ['bar.ko]	*breeze* *vs.* *brisa* ['bri.sa]
2. *beast* *vista* _____	*bland* *blando* _____
3. *bane* *vena* _____	*bribe* *bravo* _____
4. *deal* *dilo* ['d̪i.lo]	*drain* *drena* ['d̪re.na]
5. *dune* *duna* _____	*drag* *draga* _____
6. *door* *Dora* _____	*drastic* *drástico* _____
7. *goal* *gola* ['go.la]	*groom* *grumo* ['gru.mo]
8. *gun* *gana* _____	*grab* *graba* _____
9. *geese* *guisa* _____	*Greg* *greco* _____

Práctica 2

Su instructor/a leerá una de las dos palabras que forman cada uno de los siguientes pares mínimos. Subraye la palabra de cada par que él/ella pronuncie y transcríbala. Luego, léale las palabras a un/a compañero/a de clase y pídale que
encierre con un círculo la palabra de cada par mínimo que usted pronuncie.

1. *pala / bala*	**10.** *capa / caba*
2. *pena / vena*	**11.** *ropa / roba*
3. *polo / bolo*	**12.** *supo / subo*
4. *toma / doma*	**13.** *sota / soda*
5. *tino / Dino*	**14.** *cata / cada*
6. *teme / deme*	**15.** *ruta / ruda*
7. *cosa / goza*	**16.** *boca / boga*
8. *cama / gama*	**17.** *vaca / vaga*
9. *corro / gorro*	**18.** *loco / logo*

Práctica 3

Contraste las siguientes palabras del inglés y del español poniendo especial atención a la pronunciación de la consonante inicial. Asegúrese de pronunciar la
oclusiva coronal sonora del español con una constricción corono-dental y haciendo vibrar las cuerdas vocales. Transcriba las palabras españolas.

dot	*vs.*	*dato* [ˈd̪a.t̪o]		*dual*	*vs.*	*dúo*	[ˈd̪u.o]
1. *dose*	*dosis*	_____		*dribble*	*dribla*	_____
2. *doll*	*dale*	_____		*dress*	*dreza*	_____
3. *dill*	*dile*	_____		*drill*	*dril*	_____
4. *Dan*	*dan*	_____		*Dracula*	*Drácula*	_____

Práctica 4

Las siguientes palabras contienen oclusivas sonoras en diferentes posiciones. Transcríbalas según se aplique o no el proceso de **espirantización restringida**. Luego, pronuncie cada palabra en voz alta.

1. *desagradable*	_____	10. *ingratitud*	_____
2. *regularidad*	_____	11. *invencible*	_____
3. *invisibilidad*	_____	12. *debilitado*	_____
4. *vertebrado*	_____	13. *humildad*	_____
5. *galardonado*	_____	14. *abogado*	_____
6. *vagabundo*	_____	15. *ambigüo*	_____
7. *embarazada*	_____	16. *abusivo*	_____
8. *conviviendo*	_____	17. *delgado*	_____
9. *inhabitable*	_____	18. *garganta*	_____

Práctica 5

Las siguientes palabras comienzan con una consonante oclusiva sonora. Al formar frases, la pronunciación de dicha consonante puede variar dependiendo del elemento precedente. Pronuncie y transcriba cada frase según se aplique o no el proceso de **espirantización amplia**.

PALABRAS		FRASES	
1. *bien*	[ˈbi̯en̯]	Está *bien bonito.*	_____
2. *grande*	[ˈgran̯.d̪e]	Parece *grande y gordo.*	_____
3. *difícil*	[d̪i.ˈfi.sil]	Fue *difícil domarlo.*	_____
4. *grupos*	[ˈgru.pos]	Los *grupos ganadores*	_____
5. *verte*	[ˈber̯.t̪e]	Quieren *verte bailar.*	_____
6. *dolor*	[d̪o.ˈlor̯]	No *durará el dolor.*	_____
7. *gusto*	[ˈgus.t̪o]	El *gusto de ganar*	_____
8. *bregar*	[bre.ˈɣar̯]	Valió la pena *bregar.*	_____
9. *gris*	[ˈgris]	El *guante es gris.*	_____
10. *dado*	[ˈd̪a.ð̞o]	Has *dado de todo.*	_____

Práctica 6

El fonema final de las siguientes palabras es la consonante oclusiva dental sonora /d̪/. Su instructor/a pronunciará cada palabra haciendo espirantización o elisión de esa consonante. Transcriba la pronunciación que él/ella use.

1. caducidad _____
2. senectud _____
3. voluntad _____
4. tempestad _____
5. saciedad _____
6. merced _____
7. tenacidad _____
8. dificultad _____

9. utilidad _____
10. inquietud _____
11. pubertad _____
12. propiedad _____
13. magnitud _____
14. pared _____
15. vicisitud _____
16. sociedad _____

Práctica 7

Las siguientes palabras contienen el fonema /d̪/ en una posición que favorece su debilitamiento extremo. Transcríbalas según el debilitamiento de esta consonante resulte en una espirante aproximante o en elisión.

	ESPIRANTIZACIÓN	ELISIÓN
1. rebajado	_____	_____
2. bandido	_____	_____
3. poderoso	_____	_____
4. cansado	_____	_____
5. investigado	_____	_____
6. vestido	_____	_____
7. abrazados	_____	_____
8. mercado	_____	_____
9. robado	_____	_____
10. narigudo	_____	_____

Práctica 8

Escuche y repita los siguientes enunciados hasta que pueda pronunciarlos con fluidez. Luego, escriba debajo de cada consonante oclusiva sonora el alófono con el que se pronuncia cuando se usa la espirantización amplia.

1. *Todavía sigues hablando de su vulnerabilidad.*

   _____

2. *Deberías volver a recibir el boleto.*

   _____

3. *Por gracia o por desgracia, me agradaste mucho.*

   _____

4. *Es dudoso que David desista de venir.*

   _____

5. *La universidad queda en un barrio pobre.*

   _____

Práctica 9

Las siguientes palabras contienen fonemas oclusivos sonoros en la coda. Transcríbalas según se pronuncien ensordeciendo esas consonantes o espirantizándolas y ensordeciéndolas simultáneamente.

	ENSORDECIMIENTO	ENSORDECIMIENTO CON ESPIRANTIZACIÓN
1. *subconsciente*	_____	_____
2. *adjunción*	_____	_____
3. *zigzagueante*	_____	_____
4. *objeción*	_____	_____
5. *absurdo*	_____	_____
6. *adsorción*	_____	_____
7. *subjuntivo*	_____	_____
8. *amplitud*	_____	_____
9. *absolver*	_____	_____
10. *solicitud*	_____	_____

Prácticas adicionales

Visite http://www.prenhall.com/estructuradelossonidos/.

Las consonantes africadas

CAPÍTULO

21

A diferencia del inglés, que distingue dos consonantes africadas, /t͡ʃ/ versus /d͡ʒ/, el español cuenta con un solo fonema de esta clase: /t͡ʃ/. La prueba es que el inglés tiene pares mínimos del tipo *chin* [ˈt͡ʃĩn] 'mentón' versus *gin* [ˈd͡ʒĩn] 'ginebra', mientras que el español sólo tiene pares mínimos en los que el fonema africado se opone a fonemas con diferente manera de articulación (p. ej. *chino* [ˈt͡ʃi.no] 'Chinese', *tino* [ˈt̪i.no] 'aim', *sino* [ˈsi.no] 'fate', *lino* [ˈli.no] 'linen', etc.). Eso no quiere decir que [t͡ʃ] sea el único fono africado que se usa en español. Como vimos en el capítulo 14, los alófonos [ɟ͡ʝ] y [d͡ʒ] pueden surgir como resultado de fortalecer el fonema /j/. Una palabra como *yerto* [ˈjeɾ̞.t̪o] 'stiff' también puede pronunciarse [ˈɟ͡ʝeɾ̞.t̪o] o [ˈd͡ʒeɾ̞.t̪o], sin que eso cambie su significado.

No hay duda de que la estructura del fonema /t͡ʃ/ es más compleja que la de otras consonantes. En primer lugar, su manera de articulación resulta de usar gestos articulatorios tanto de oclusiva como de fricativa. A esto se suma el hecho de que su constricción se forma con la participación de dos articuladores de lugar: la corona y el dorso. Veremos que, a causa de esta complejidad, la frecuencia y distribución del fonema /t͡ʃ/ son bastante limitadas y existen dialectos que recurren a un proceso de desafricación para simplificarlo.

21.1 ▰ La africada alveopalatal sorda /t͡ʃ/ ━━━

Con una frecuencia de apenas 0,3%, el fonema /t͡ʃ/ se ubica en la decimoctava posición entre los diecinueve fonemas consonánticos del español. La ortografía española lo representa consistentemente por medio de la letra *ch* (p. ej. *cháchara* [ˈt͡ʃa.t͡ʃa.ɾa] 'small talk', *dicharachero* [d̪i.t͡ʃa.ɾa.ˈt͡ʃe.ɾo] 'chatty').

21.1.1 Articulación del alófono fiel [t͡ʃ]

Mientras el velo bloquea la cavidad nasal, la lámina y el predorso se elevan hasta tocar la zona posterior de la cresta alveolar (vea la Figura 21.1a). El ápice se orienta hacia abajo para permitir que la lámina y el predorso queden expuestos. El contacto postalveolar se extiende lateralmente, a causa de que los lados de la lengua se adhieren a las encías y molares superiores para prevenir que el aire escape por allí. La interrupción del flujo de aire por boca y nariz va seguida de una segunda fase, en la que la lámina se aleja ligeramente de la zona postalveolar para formar un pasaje estrecho (Figura 21.1b). El aire atrapado en la cavidad oral sale forzadamente por allí y choca a continuación contra la cara interior de los dientes superiores. Esto incrementa el nivel de ruido y hace que [t͡ʃ] sea estridente. Las cuerdas vocales no vibran sino que se separan ampliamente, para que el flujo sea abundante y pueda desarrollar la velocidad necesaria para generar estridencia.

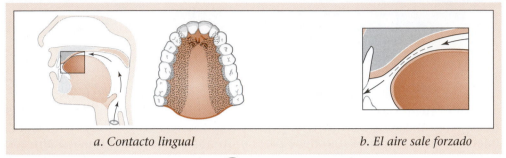

a. Contacto lingual   *b. El aire sale forzado*

Figura 21.1 Articulación del alófono [t͡ʃ].

Ejemplos:	*chispa*	[ˈt͡ʃis.pa]	*cuchara*	[ku.ˈt͡ʃa.ra]	*ficha*	[ˈfi.t͡ʃa]
	churro	[ˈt͡ʃu.ro̯]	*dichoso*	[d̪i.ˈt͡ʃo.so]	*coche*	[ˈko.t͡ʃe]
	chiro	[ˈt͡ʃi.ro]	*cuchillo*	[ku.ˈt͡ʃi.ɟo]	*pecho*	[ˈpe.t͡ʃo]
	choza	[ˈt͡ʃo.sa]	*lechona*	[le.ˈt͡ʃo.na]	*ducha*	[ˈd̪u.t͡ʃa]
	chulo	[ˈt͡ʃu.lo]	*hechura*	[e.ˈt͡ʃu.ra]	*leche*	[ˈle.t͡ʃe]

   Para los anglohablantes, el fono [t͡ʃ] del español no plantea dificultades serias porque tiene gran semejanza con su contrapartida en inglés. Compare la consonante inicial de la palabra inglesa *chill* [ˈt͡ʃɪɫ] 'enfriar' con la de la palabra española *chile* [ˈt͡ʃi.le] 'pepper'. Hay dos ajustes articulatorios que usted necesita hacer, pero son pequeños. Cuando pronuncie el fono [t͡ʃ] del español, forme la oclusión con menos fuerza que en inglés porque en español se usa menos tensión muscular. En segundo lugar, evite prolongar la fricación porque en español esta fase es más breve que en la africada del inglés. Contraste las siguientes palabras asegurándose de pronunciar el alófono [t͡ʃ] del español con menos tensión y fricación que en inglés.

Ejemplos:	*chuck*	*vs.*	*chaco*	[ˈt͡ʃa.ko]	*match*	*vs.*	*macho*	[ˈma.t͡ʃo]
	church		*Checho*	[ˈt͡ʃe.t͡ʃo]	*butch*		*buche*	[ˈbu.t͡ʃe]
	chop		*chapa*	[ˈt͡ʃa.pa]	*mulch*		*mocho*	[ˈmo.t͡ʃo]
	chose		*choza*	[ˈt͡ʃo.sa]	*ditch*		*dicho*	[ˈd̪i.t͡ʃo]
	choose		*chuzo*	[ˈt͡ʃu.so]	*catch*		*cacho*	[ˈka.t͡ʃo]

21.2 ▌ Distribución

La única posición silábica en la que el español permite que el fonema /t͡ʃ/ aparezca con regularidad es el ataque y es imperativo que sea un ataque simple (p. ej. *chicharra* [t͡ʃi.ˈt͡ʃa.ra] 'cicada'). La rigurosidad de esta distribución es sorprendente si tenemos en cuenta que el nivel de sonancia de las africadas o semioclusivas es comparable al de las oclusivas. De acuerdo con esto, esperaríamos que /t͡ʃ/ siguiera las mismas tendencias distributivas que vimos para los fonemas oclusivos sordos y sonoros. Para tomar un caso específico, esperaríamos que /t͡ʃ/ pudiera combinarse con una líquida siguiente dentro un ataque compuesto. Es bien sabido, sin embargo, que las combinaciones *[t͡ʃl] y *[t͡ʃr] no son ataques compuestos aceptables. Viéndolo desde otro ángulo, el punto de interés es que, como la sonancia de las africadas es menor que la de las fricativas, esperaríamos que fuera /t͡ʃ/ y no /f/ la consonante que se usara para compensar la eliminación de las combinaciones *[d̪l] y *[t̪l]. La elección de [fl] y [fr] sobre *[t͡ʃl] y *[t͡ʃr] causa perplejidad porque el contraste de sonancia que se obtiene es mayor entre una africada y una líquida que entre una fricativa y una líquida.

El misterio se desvanece cuando reconocemos que aunque /t͡ʃ/ supera a /f/ en su habilidad para crear un contraste de sonancia, /f/ tiene la ventaja de articularse utilizando un solo articulador de lugar. Lo que esto sugiere es que la posibilidad de que /t͡ʃ/ participe en ataques compuestos es anulada por el hecho de que su articulación requiere la participación de la corona y el dorso. Dado que /t͡ʃ/ incluye dos especificaciones de lugar, su combinación con una líquida causaría que se excediera el máximo de dos especificaciones de lugar que se permiten dentro de un ataque.

El uso de doble articulador de lugar explica también por qué el fonema africado se excluye más estrictamente de la coda que los fonemas oclusivos sordos. Está claro que /t͡ʃ/ viola las dos condiciones que las codas deben cumplir. El fono [t͡ʃ] es doblemente indeseable en la coda porque, por un lado, es semioclusivo sordo y, por el otro, no es exclusivamente coronal. Aun comparado con consonantes oclusivas sordas no coronales, como /p/ y /k/, el fonema africado es un peor candidato para ocupar la coda porque involucra dos articuladores de lugar en vez de uno solo. El resultado es que solamente en préstamos no completamente nativizados es posible encontrar sílabas que contienen el fonema /t͡ʃ/ en la coda (p. ej. *cloch* [ˈklot͡ʃ] "embrague", *sándwich* [ˈsan̪.d̪u̯it͡ʃ] "emparedado"). Los hablantes monolingües tienden, sin embargo, a ajustar tales palabras a la fonología española. Una de las soluciones a las que se apela es insertar una vocal siguiente para que el fonema africado pueda ubicarse en el ataque (p. ej. [ˈklo.t͡ʃe], [ˈsan̪.d̪u̯i.t͡ʃe]). Otra medida eficiente es convertir el fonema /t͡ʃ/ en el alófono fricativo [s]. Esto tiene el mérito de que evita tener que insertar un fono, pero requiere alterar la manera y el lugar de articulación del fonema africado: [ˈklos], [ˈsan̪.d̪u̯is]. Finalmente, como usted ya habrá previsto, la posibilidad de que /t͡ʃ/ aparezca dentro de una coda compuesta es absolutamente nula.

21.3 ■ Desafricación

En varias regiones del mundo hispánico (p. ej. Panamá, Cuba, Chile, norte de México, sur de España, entre otras), el fonema africado /t͡ʃ/ se realiza a través del alófono fricativo alveopalatal sordo [ʃ]. Este es el efecto de un proceso de **desafricación**, o sea, la eliminación de una de las dos fases que componen la

articulación de una africada. En este caso, la pérdida del componente oclusivo
de /t͡ʃ/ lo transforma en el alófono fricativo [ʃ]. Así, palabras como *chico* y
muchacho terminan pronunciándose [ˈʃi.ko] y [mu.ˈʃa.ʃo], en vez de [ˈt͡ʃi.ko]
y [mu.ˈt͡ʃa.t͡ʃo]. Practique la desafricación con los siguientes ejemplos.

Ejemplos:

chito	[ˈʃi.t̪o]	*cochino*	[ko.ˈʃi.no]
ficha	[ˈfi.ʃa]	*mochila*	[mo.ˈʃi.la]
chato	[ˈʃa.t̪o]	*chaleco*	[ʃa.ˈle.ko]
noche	[ˈno.ʃe]	*derecho*	[d̪e.ˈre.ʃo]
chupo	[ˈʃu.po]	*pechuga*	[pe.ˈʃu.ɣa]

El hecho de que [ʃ] constituye una parte de la articulación de [t͡ʃ] indica que
la desafricación es un proceso de simplificación. A este respecto, cabe notar que
la estructura del fonema /t͡ʃ/ podría simplificarse aun más si, junto con la desafricación, se modificara el lugar de articulación. Fíjese que la desactivación de
uno de los dos articuladores de lugar produciría un fono más simple que [ʃ]. Lo
que esperaríamos, en ese caso, sería que el articulador de lugar que se desactivara
fuese el dorso, dado que la corona es un articulador más eficiente. Esto produciría el fono [s], si la desafricación preservara la fase fricativa, o el fono [t̪], si la desafricación preservara la fase oclusiva. La nativización de las palabras *cloch* y
sándwich como [ˈklos] y [ˈsan̪.d̪uis] es pertinente, porque confirma la viabilidad
de esa ruta de simplificación. Observe que la simplificación de /t͡ʃ/ a [s] es venta-
josa porque evita que se viole tanto la prohibición contra las codas oclusivas
sordas como la prohibición contra las codas no coronales. En contraste, si la
desafricación produjera [t̪], todavía se violaría la prohibición contra las codas
oclusivas sordas y, si produjera [ʃ], eso no evitaría que se viole la prohibición
contra las codas no coronales. El punto a observar es que la simplificación de /t͡ʃ/
a [s] implica el costo de que el contraste entre los fonemas /t͡ʃ/ y /s/ se neutraliza
en la coda.

En el ataque, en cambio, la simplificación del fonema /t͡ʃ/ no está forzada a
alterar el lugar de articulación, gracias a que esa posición no requiere que las consonantes que aparezcan allí sean exclusivamente coronales. Esto explica por qué,
en posición de ataque, la simplificación de /t͡ʃ/ no avanza hasta [s] sino que se
detiene en [ʃ] (p. ej. *leche* [ˈle.ʃe] 'milk'). En otras palabras, la mayor libertad que
caracteriza al ataque permite encontrar un punto de equilibrio entre la tendencia
a simplificar la estructura de /t͡ʃ/ y la necesidad de mantener el contraste con
los fonemas más cercanos: /s/ y /t̪/ (p. ej. *pecho* [ˈpe.ʃo] 'chest', *peso* [ˈpe.so]
'weight', *peto* [ˈpe.t̪o] 'breastplate').

21.4 ■ Africación

En el capítulo 14, aprendimos que la creación de una consonante africada se
llama **africación**. Este fenómeno se verifica en el fortalecimiento del fonema /j/,
especialmente cuando aparece después de pausa o de una consonante lateral o
nasal. Una palabra como *yuyal* 'weed-covered ground' puede pronunciarse no

solamente [ju.'jal], sino que existen varias pronunciaciones alternativas. Las dos alternativas relevantes para la presente discusión son [d͡ʒu.'jal] y [ɟ͡ʝu.'jal], donde vemos que el fortalecimiento de /j/ produce una consonante africada en posición postpausal, pero una consonante fricativa en posición postvocálica. Recuerde que los fonos [d͡ʒ] y [ɟ͡ʝ] son consonantes africadas sonoras, pero difieren en que [d͡ʒ] es alveopalatal, mientras que [ɟ͡ʝ] es palatal. Con estas propiedades, es evidente que los alófonos africados del fonema /j/ nunca se confunden con el alófono fiel del fonema /t͡ʃ/.

Las africadas [t͡ʃ] y [d͡ʒ] contrastan porque [t͡ʃ] es sorda, mientras que [d͡ʒ] es sonora, y la distancia entre [t͡ʃ] y [ɟ͡ʝ] es aun mayor, porque [t͡ʃ] es sorda y alveopalatal, mientras que [ɟ͡ʝ] es sonora y palatal. Las Figuras 21.2 y 21.3 ilustran la diferencia en la magnitud del contacto lingual entre las africadas alveopalatales [t͡ʃ] y [d͡ʒ], por un lado, y la africada palatal [ɟ͡ʝ], por el otro.

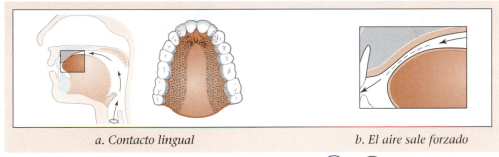

a. Contacto lingual   *b. El aire sale forzado*

Figura 21.2   Constricción de una africada alveopalatal: [t͡ʃ] o [d͡ʒ].

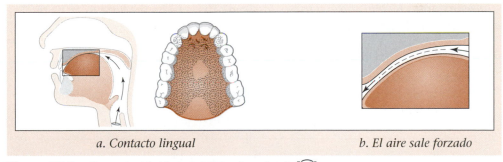

a. Contacto lingual   *b. El aire sale forzado*

Figura 21.3   Constricción de una africada palatal: [ɟ͡ʝ].

Recuerde que las africadas [d͡ʒ] y [ɟ͡ʝ] también pueden emerger como consecuencia de consonantizar la vocal /i/. En algunos dialectos, una palabra como *hielo* ['i̯e.lo] 'ice' puede pronunciarse ['d͡ʒe.lo] o ['ɟ͡ʝe.lo]. Use los siguientes ejemplos para practicar los tres alófonos africados que ocurren en español. Tenga en cuenta que [t͡ʃ] siempre representa al fonema /t͡ʃ/, mientras que [d͡ʒ] y [ɟ͡ʝ] son realizaciones infieles de /j/ o /i/.

[t͡ʃ]		[d͡ʒ]		
con **Ch**ávez	[kon̪.ˈt͡ʃa.βes]	con **ll**aves	[kon̪.ˈd͡ʒa.βes]	o	[kon̪.ˈɟ͡ʝa.βes]
con**ch**udo	[kon̪.ˈt͡ʃu.ðo]	con **y**udo	[kon̪.ˈd͡ʒu.ðo]	o	[kon̪.ˈɟ͡ʝu.ðo]
sin **ch**elo	[sin̪.ˈt͡ʃe.lo]	sin **h**ielo	[sin̪.ˈd͡ʒe.lo]	o	[sin̪.ˈɟ͡ʝe.lo]
sin **ch**apa	[sin̪.ˈt͡ʃa.pa]	sin **y**apa	[sin̪.ˈd͡ʒa.pa]	o	[sin̪.ˈɟ͡ʝa.pa]
el **ch**aco	[el̪.ˈt͡ʃa.ko]	el **y**aco	[el̪.ˈd͡ʒa.ko]	o	[eʎ.ˈɟ͡ʝa.ko]
el **ch**uyo	[el̪.ˈt͡ʃu.jo]	el **y**uyo	[el̪.ˈd͡ʒu.jo]	o	[eʎ.ˈɟ͡ʝu.jo]
chantar	[t͡ʃan̪.ˈtar]	**y**antar	[d͡ʒan̪.ˈtar]	o	[ɟ͡ʝan̪.ˈtar]
un **ch**ango	[ũn̪.ˈt͡ʃaŋ.go]	un **y**ambo	[ũn̪.ˈd͡ʒam.bo]	o	[ũn̪.ˈɟ͡ʝam.bo]

PRÁCTICAS

Práctica 1

Escuche los siguientes trabalenguas y marque las pausas mayores y menores con los símbolos ‖ y |, respectivamente. Luego, repítalos muchas veces hasta que pueda pronunciarlos con fluidez.

Doña Pancha plancha con cuatro planchas. ¿Con cuántas planchas plancha doña Pancha?

María Chuzena su choza techaba cuando un techador que pasaba le dijo: María Chuzena, ¿tú techas mi choza o techas la ajena? Yo no techo tu choza ni techo la ajena. Yo techo la choza de María Chuzena.

Ahora responda las siguientes preguntas.

1. Transcriba la oración *Doña Pancha plancha*. ¿Qué tiene de particular la articulación de la consonante nasal que precede al fono [t͡ʃ] en las palabras *Pancha* y *plancha*?

   _____

   _____

2. Transcriba la oración *Yo techo la choza*. ¿Cuál de estas palabras puede pronunciarse con una consonante africada sonora? ¿Cuál es el origen de esa africada?

   _____

   _____

   _____

Práctica 2

Recuerde que el fono [t͡ʃ] del español no es idéntico al del inglés porque se produce con menos tensión y fricación. Contraste las siguientes palabras y transcriba la pronunciación de la palabra española. Tenga en cuenta que los pares de palabras se han seleccionado por su similitud de sonido, no de significado. Pronuncie las palabras españolas en voz alta.

INGLÉS	ESPAÑOL	
1. *dispatch*	*despacho*	_____
2. *reproach*	*reproche*	_____
3. *porch*	*porche*	_____
4. *match*	*macho*	_____
5. *fetch*	*fecha*	_____
6. *chimpanzee*	*chimpancé*	_____
7. *check*	*cheque*	_____
8. *Chilean*	*chileno*	_____

Práctica 3

Debido a que el español carece del fonema /ʃ/, cuando se toman palabras prestadas de lenguas que sí lo tienen, [t͡ʃ] es la consonante más cercana que puede sustituirlo. Contraste las siguientes palabras y transcriba la pronunciación de la palabra española.

	ESPAÑOL	
1. *shock*	*choque*	_____
2. *shampoo*	*champú*	_____
3. *chauffeur*	*chofer*	_____
4. *shorts*	*chores*	_____
5. *charade*	*charada*	_____
6. *champagne*	*champaña*	_____
7. *douche*	*ducha*	_____
8. *Chicago*	*Chicago*	_____
9. *Washington*	*Washington*	_____
10. *Shakespeare*	*Shakespeare*	_____

Práctica 4

Responda las siguientes preguntas con sus propias palabras. Luego, compare sus respuestas con un/a compañero/a de clase.

1. ¿Por qué razón la simplificación del fonema /t͡ʃ/ en la coda produce el alófono [s] en vez de los alófonos [t̪] o [ʃ]?

   _____

   _____

   _____

2. ¿Por qué razón la simplificación del fonema /t͡ʃ/ en el ataque no afecta el lugar de articulación, de modo que el alófono resultante es [ʃ], no [s]?

   _____

   _____

   _____

Prácticas adicionales

Visite http://www.prenhall.com/estructuradelossonidos/.

Unidad 7

Estructuras Suprasegmentales

La palabra prosódica

Así como los fonos se combinan para formar sílabas, las sílabas se combinan para formar unidades mayores. Una de las unidades de sonido superiores a la sílaba es la **palabra prosódica**, cuya estructura involucra un número variable de sílabas (p. ej. *sí* ['si] 'yes', *silo* ['si.lo] 'silo', [si.'ko.sis] 'psychosis', etc.). Para identificar esta unidad, es importante saber que no todo lo que llamamos palabra es una palabra prosódica. La condición que una palabra debe cumplir para ser una palabra prosódica es tener acento. Entonces, aunque es verdad que *si* [si] 'if' y *sino* [si.no] 'but' son palabras españolas, éstas no son palabras prosódicas. Las palabras desprovistas de acento se llaman **clíticos**, lo cual significa que son palabras débiles que requieren el apoyo de una palabra prosódica para poder participar en una frase. La palabra ['si] 'yes', por ejemplo, es suficiente para formar la frase con la que se responda a la pregunta *¿Quieres bailar?* Pero para producir una respuesta satisfactoria usando la palabra [si] 'if', es necesario incluir una palabra prosódica que le sirva de apoyo: *si quieres* [si.'kje.res] 'if you want to'. Como un ejemplo adicional, examine la frase *si me lo pides* [si.me.lo.'pi.ðes] 'if you ask me to'. Aquí, vemos que [si], [me] y [lo] son palabras clíticas que se apoyan sobre la palabra prosódica ['pi.ðes].

Los lingüistas clasifican el acento como un rasgo **prosódico** o **suprasegmental**. Esto quiere decir que, a diferencia de propiedades como la sonoridad, el lugar y la manera de articulación, el acento no pertenece a un fono específico sino a un grupo de fonos. Más concretamente, el acento es una propiedad de la sílaba. De acuerdo con el acento, las sílabas son prominentes (acentuadas) o no prominentes (inacentuadas). El término *prosódico* viene de **prosodia**, que es el conjunto de inflexiones melódicas que hace la voz durante la producción de la cadena fónica. Dado que el acento es una de esas inflexiones, decimos que es un rasgo prosódico. El término *suprasegmental*, por otro lado, se origina en el supuesto de que los fonos son **segmentos**, o sea fragmentos de la cadena fónica. El acento es un rasgo suprasegmental porque su dominio no se limita a un solo segmento sino que aparece superpuesto sobre un grupo de segmentos.

El acento es crucial no sólo para distinguir las palabras prosódicas de las palabras clíticas, sino que también distingue palabras con diferente significado. La existencia de pares mínimos como *papa* ['pa.pa] 'Pope' versus *papá* [pa.'pa] 'dad' y de tripletes como *célebre* ['se.le.βre] 'renowned', *celebre* [se.'le.βre] 'may s/he celebrate' y *celebré* [se.le.'βre] 'I celebrated' demuestra que el acento tiene valor contrastivo. Es de suma importancia, por lo tanto, que usted se asegure de ubicar correctamente el acento dentro de cada palabra prosódica. Aun en aquellas palabras cuyo significado no se confundiría con el de otra palabra, se debe evitar dislocar el acento, ya que eso distorsiona la pronunciación haciendo que la palabra suene afectada y sea difícil de reconocer. Si usted pronuncia la palabra *ministro* [mĩ.'nis.t̪ro] 'minister' como *['mĩ.nis.t̪ro], un hablante nativo podrá decifrar lo que usted intenta decir, pero eso puede entorpecer la comunicación y delatará su falta de control sobre la prosodia del español. A través de este capítulo, usted podrá prevenir tales problemas porque aprenderá cuáles son los principios que determinan la ubicación del acento en español y cómo la estructura de la palabra prosódica se organiza en torno a la sílaba acentuada.

22.1 ▓▓ Identificación del acento prosódico

Como se advirtió desde el capítulo 2, la inflexión de la voz que llamamos acento prosódico existe independientemente de que la palabra se escriba con acento ortográfico. *Ellos* ['e.ɟos] 'they' y *nosotros* [no.'so.t̪ros] 'we' son ejemplos de palabras que se pronuncian con acento prosódico, a pesar de que se escriben sin tilde. Sería un error, por lo tanto, si nos dejáramos guiar por la ortografía española para decidir cuáles palabras tienen acento prosódico y cuáles no. Lo que sí será de gran utilidad es saber que la presencia de acento prosódico está estrechamente relacionada con la función sintáctica de la palabra. Las siguientes categorías sintácticas siempre forman palabras prosódicas cuando se pronuncian.

Ejemplos:

1. Los **nombres**,
   bien sean propios o comunes

   tina ['t̪i.na] 'tub'
   camisa [ka.'mi.sa] 'shirt'
   Rosa ['ro.sa], *López* ['lo.pes]

2. Los **verbos**,
   bien sean principales o auxiliares

   durar [d̪u.'rar] 'to last'
   dio ['d̪i̯o] 's/he gave'
   ha visto ['a.'βis.t̪o] 's/he has seen'

3. Los **adjetivos**,
   bien sigan o precedan al nombre

   tez clara ['t̪es.'kla.ra] 'fair skin'
   gran amor ['gra.nã.'mor] 'great love'
   día feliz ['d̪i.a.fe.'lis] 'happy day'

4. Los **adverbios**,
   bien sean simples o compuestos

   rápido ['ra.pi.ð̪o] 'fast'
   mal ['mal] 'badly'
   lentamente ['lẽn̪.t̪a.'mẽn̪.t̪e] 'slowly'

5. Los **adjetivos** y **pronombres indefinidos**

   un hombre ['ũ.'nõm.bre] 'a man'
   ninguna ayuda [nĩŋ.'gu.na.'ɟu.ð̪a] 'no help'

6. Los **adjetivos** y **pronombres demostrativos**

   ese banco ['e.se.'βaŋ.ko] 'that bank'
   Pida ésos ['pi.ð̪a.'e.sos] 'ask for those'
   aquel carro [a.'kel.'ka.ro] 'that car'

7. Los **pronombres posesivos**

son nuestros [ˈso̜n.ˈnu̜es.t̪ros]
'they are ours'
es tuyo [ˈes.ˈt̪u.jo] 'it is yours'

8. Los **pronombres de sujeto** y de **complemento preposicional**

ella [ˈe.ja] 'she', *usted* [us.ˈt̪e̜ð̞] 'you'
por ti [po̜r.ˈt̪i] 'because of you'
para mí [pa.ɾa.ˈmi] 'for me'

9. Los **numerales**, bien sean ordinales o cardinales

ocho [ˈo.t͡ʃo] 'eight', *uno* [ˈũ.no] 'one'
décimo [ˈd̪e.si.mo] 'tenth'
noveno [no.ˈβe.no] 'ninth'

10. Los **interrogativos**

dónde [ˈd̪o̜n.d̪e] 'where'
qué [ˈke] 'what'
cuánto [ˈku̜an̪.t̪o] 'how much'

Pero no basta con saber cuáles categorías sintácticas forman palabras prosódicas y cuáles no. Para ubicar el acento con precisión, también es necesario que usted acostumbre el oído a detectar la sílaba de la palabra prosódica donde reside la mayor prominencia. Esta tarea será más fácil, si se familiariza con las propiedades fonéticas que caracterizan las sílabas acentuadas. Las sílabas acentuadas son detectables porque pueden involucrar (i) un cambio de tono, (ii) un incremento de cantidad y (iii) un aumento de intensidad. Estas propiedades se combinan para crear la prominencia que pone de relieve a las sílabas acentuadas sobre las inacentuadas. Veamos cuáles son las condiciones articulatorias de donde se derivan el tono, la cantidad y la intensidad.

El **tono** es la melodía producida por la frecuencia con la que vibran las cuerdas vocales. Cuanto más frecuentes sean las vibraciones, más alto será el tono. El grado de tensión de las cuerdas vocales es lo que determina la rapidez de las vibraciones. Cuanto más tensione usted las cuerdas vocales, más rápidamente vibrarán. Durante la producción de una sílaba acentuada, el tono cambia bruscamente (asciende o desciende) y, aunque es posible que este ascenso o descenso continúe en la sílaba siguiente, la sílaba acentuada es donde se realiza la transición de un tono al otro. La **cantidad** es la duración del sonido y es una consecuencia directa de que cada fono ocupa un espacio en el tiempo. Cuanto más tiempo sostenga usted la articulación de un fono, mayor será su duración. Las sílabas acentuadas se destacan porque son significativamente más largas que las inacentuadas. Dentro de una sílaba acentuada, la vocal que actúa como el núcleo es donde se verifica la mayor prolongación. La **intensidad** es el volumen de la voz y depende de la fuerza espiratoria. Cuanto más enérgicamente espire usted el aire, mayor volumen tendrá la voz. En comparación con las sílabas inacentuadas, las sílabas acentuadas sobresalen porque se producen con mayor volumen.

En síntesis, el acento prosódico es un efecto combinado que resulta de realzar el tono, la cantidad y la intensidad de una de las sílabas dentro de la palabra prosódica. Es posible que, al combinarse, una de estas tres propiedades se intensifique más que las otras dos. Normalmente, el cambio de tono es la propiedad que hace la mayor contribución para obtener la prominencia de la sílaba acentuada, pero hay veces que el incremento de cantidad es el rasgo predominante.

Otras veces, ninguna de las tres propiedades es más sobresaliente que las otras dos, sino que lo que produce el efecto de acento es la combinación que resulta de intensificar moderadamente el tono, la cantidad y la intensidad. Para practicar, escuche las siguientes palabras prosódicas, en cuya transcripción no se ha incluido el acento. Añádale el símbolo ˈ a la sílaba acentuada.

1. [a.βu.si.βo]	6. [be̞.xe.t̪al]	11. [is.t̪e.ri̯a]
2. [bo.t̪a.ni.ko]	7. [ar.t̪i.ku.lo]	12. [ku.pu.la]
3. [pi.ka.ro]	8. [xi.ɣan̪.t̪e]	13. [a.pu.ro]
4. [ĩɱ.fu.ri̯ar]	9. [ko.li.βri]	14. [ũ.ni.ð̞að̞]
5. [a.pe̞n̪.d̪i.se]	10. [pa.na.ð̞e.ro]	15. [bo.ɣo.t̪a]

Un principio general del español es que el acento siempre aparece sobre una de las tres últimas sílabas de la palabra prosódica. Tal distribución crea lo que se conoce como la **ventana de las tres sílabas**. La forma [ar.t̪i.ku.lo], que aparece en la práctica anterior, es un buen ejemplo para probar este punto. El hecho de que esta palabra consta de cuatro sílabas predeciría que hay cuatro sitios donde podría ubicarse el acento. Sin embargo, sólo tres posibilidades se permiten en español. La pronunciación *[ˈar.t̪i.ku.lo] se rechaza categóricamente porque el acento estaría fuera de la ventana de las tres sílabas. En contraste, si en la práctica anterior usted ubicó el acento en la **última**, **penúltima**, o **antepenúltima** sílaba de esta palabra, su respuesta es aceptable. Esto no quiere decir, sin embargo, que la ubicación del acento en el interior de la ventana quede a libre albedrío. Si pronuncia [ar.t̪i.kuˈlo] el significado es 's/he articulated'; pero si pronuncia [ar.t̪iˈku.lo], el significado cambia a 'I articulate'. Finalmente, si pronuncia [arˈt̪i.ku.lo], el significado es 'article'. De esto se concluye que, además de respetar la ventana, es crucial distinguir las tres posiciones que la forman.

El único caso en que el principio de la ventana de las tres sílabas parece violarse no es realmente una violación. Mandatos como *repítamelo* 'repeat it to me' y *repítasemelo* 'have it repeated to me' parecieran desobedecer la ventana de las tres sílabas porque el acento aparece en la cuarta o quinta sílaba desde el margen derecho. En realidad, tales formas no son irregulares porque lo que tenemos es que hay dos o tres clíticos apoyándose sobre la palabra prosódica. En estos ejemplos la palabra prosódica es *repita* 'repeat', mientras que *melo* y *semelo* son secuencias de clíticos. La peculiaridad de este caso reside en que los clíticos no aparecen antes sino después de la palabra prosódica. Para distinguir las dos posibilidades, llamaremos **proclíticos** a los clíticos que se apoyan sobre una palabra prosódica siguiente y **enclíticos** a los clíticos que se apoyan sobre una palabra prosódica precedente. Resulta que, aunque el español permite ambos tipos de clítico, los mandatos afirmativos requieren que los clíticos sean enclíticos. Así, cuando es un solo enclítico el que se apoya sobre la palabra prosódica (p. ej. *repítame* [re̞ˈpi.t̪a.me] 'repeat to me'), no surge la impresión de que se viole la ventana de las tres sílabas, porque la palabra prosódica correspondiente a la forma verbal tiene el acento en la penúltima sílaba (p. ej. [re̞.'pi.t̪a]). Sin embargo, cuando son varios enclíticos los que se apoyan sobre la palabra prosódica, se crea la ilusión de que el acento está fuera de la ventana de las tres sílabas: [re̞.'pi.t̪a.me.lo] o [re̞.'pi.t̪a.se.me.lo].

La ortografía española contribuye a crear esta ilusión. La convención de que los enclíticos deben escribirse unidos al verbo (p. ej. *repítaselo* 'repeat it to him/her/them'), pero no los proclíticos (p. ej. *si se lo repite* 'if you repeat it to him/her/them'), nos induce a creer que los enclíticos son parte de la palabra, pero los proclíticos no. En realidad, tanto los proclíticos como los enclíticos son externos a la palabra prosódica. Una manera en que podemos resolver el malentendido es introducir los símbolos { } para señalar los márgenes de la palabra prosódica. Con la adición de este detalle en la transcripción fonética, la ilusión de que existen violaciones a la ventana de las tres sílabas desaparece, como vemos en [{re̞.'pi.t̪a}.me.lo] y [{re̞.'pi.t̪a}.se.me.lo]. Las frases en las que los clíticos son proclíticos tienen una estructura paralela: [si.me.lo.{re̞.'pi.t̪e}]. Lo que pasa es que, como estamos acostumbrados a escribir los proclíticos separados del verbo, nos resulta más evidente que éstos están por fuera de la palabra prosódica.

De acuerdo con la posición que ocupe el acento dentro de la ventana de las tres sílabas, podemos clasificar las palabras prosódicas en tres tipos. Aquellas que tienen el acento en la última sílaba se llaman **oxítonas** (p. ej. *carmesí* [kar.me.'si] 'crimson'). Las que tienen el acento en la penúltima sílaba se llaman **paroxítonas** (p. ej. *apoyo* [a.'po.jo] 'support'). Por último, aquellas que tienen el acento en la antepenúltima sílaba se llaman **proparoxítonas** (p. ej. *pájaro* ['pa.xa.ro] 'bird').[1] Las palabras paroxítonas son las preferidas en español. Se estima que constituyen alrededor del 70%. A continuación, pasamos a ver por qué el español las favorece tanto.

22.2 ▌▌ Las palabras paroxítonas

Así como las sílabas tienen núcleo, las palabras prosódicas también incluyen un núcleo en su interior. Considere la palabra *fertilizante* [fe̞r.t̪i.li.'san̪.t̪e] 'fertilizer'. Al pronunciar las cinco sílabas que componen esta palabra, usted podrá notar que hay un subgrupo de sílabas que tiene mayor prominencia que las demás. En virtud de su mayor prominencia, el fragmento ['san̪.t̪e] funciona como el núcleo de la palabra prosódica [fe̞r.t̪i.li.⟨'san̪.t̪e⟩]. Al núcleo de la palabra prosódica lo llamaremos **pie prosódico** y sus márgenes los indicaremos por medio de paréntesis angulares. La característica más evidente del pie prosódico es que incluye la sílaba acentuada. Ésta es una consecuencia de que el pie prosódico también necesita un núcleo. En el caso de [⟨'san̪.t̪e⟩], el núcleo es la sílaba ['san̪]. La

---

[1]En la gramática tradicional, las palabras oxítonas se conocen como **agudas**, las palabras paroxítonas se denominan **graves** o **llanas** y a las palabras proparoxítonas se les asigna el nombre de **esdrújulas**. En vista de que la diferencia crucial entre estas categorías es la posición donde ocurre el cambio de *tono* que destaca a una de las sílabas de la palabra, aquí preferimos usar los términos oxí<u>tono</u>, paroxí<u>tono</u> y proparoxí<u>tono</u>.

Figura 22.1 representa la estructura prosódica de la palabra *fertilizante* utilizando un diagrama arbóreo. Los símbolos σ, P y PP significan sílaba, pie prosódico y palabra prosódica, respectivamente. El símbolo + identifica al núcleo de cada nivel, mientras que el símbolo – señala los satélites.

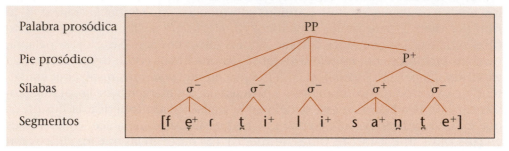

Figura 22.1 Estructura prosódica de la palabra *fertilizante*.

Esta representación muestra que la palabra prosódica [fe̞r.t̪i.li.⟨'san̪.t̪e⟩] tiene como núcleo el pie prosódico [⟨'san̪.t̪e⟩], mientras que las sílabas [fe̞r], [t̪i] y [li] son satélites del pie prosódico. El pie prosódico [⟨'san̪.t̪e⟩] tiene como núcleo la sílaba acentuada ['san̪], mientras que la sílaba inacentuada [t̪e] es su satélite. Adicionalmente, cada sílaba tiene un núcleo que, como ya sabemos, es el fono más sonante dentro de la sílaba (normalmente una vocal). De lo anterior se concluye que el contraste en el grado de prominencia es lo que determina cuáles constituyentes funcionarán cómo núcleos y cuáles tendrán que actuar como satélites. Es obvio que, dentro de cada nivel prosódico, los elementos prominentes son los que se eligen para el papel de núcleo.

El nivel estructural que nos interesa en este momento es el del pie prosódico, ya que la manera como se construye este constituyente es lo que determina cuál de las sílabas de la palabra prosódica será la que porte el acento. Si examinamos el pie prosódico de la palabra [fe̞r.t̪i.li.⟨'san̪.t̪e⟩] podemos identificar ciertas propiedades estructurales que lo caracterizan. Primero, está ubicado en el extremo derecho de la palabra, lo cual denominaremos **finalidad**, porque hace que el fin del pie prosódico coincida con el fin de la palabra prosódica. Un segundo atributo de los pies prosódicos del español es la **trocaicidad**, o sea, la propiedad de que el núcleo aparezca al inicio del pie. Cuando el inicio de un pie prosódico coincide con el inicio de su sílaba acentuada se dice que es un *troqueo*: ⟨'σσ⟩. En contraste, cuando el fin del pie prosódico coincide con el fin de su sílaba acentuada, se dice que es un *yambo*: ⟨σ'σ⟩. Los pies prosódicos del español son claramente del primer tipo. Finalmente, es preferible que los pies prosódicos tengan un satélite además del núcleo, porque eso garantiza que habrá un contraste de prominencia en su interior. A este atributo lo llamaremos **binariedad**, dado que la presencia de núcleo y satélite hace que el pie sea una unidad binaria.

De acuerdo con los parámetros que acabamos de describir, podemos asumir que el núcleo de las palabras prosódicas españolas se construye con base en un prototipo. El pie prosódico prototípico del español es final, troqueo y binario, como usted puede confirmar en los siguientes ejemplos: *loco* [⟨'lo.ko⟩] 'crazy', *adulto* [a.⟨'ðul̪.t̪o⟩] 'adult', *discoteca* [d̪is.ko.⟨'t̪e.ka⟩] 'discotheque', *electricista* [e.lek̚.t̪ri.⟨'sis.t̪a⟩] 'electrician', *metodología* [me.t̪o.ðo.lo.⟨'xi.a⟩], 'methodology', etc.). La gran abundancia de palabras paroxítonas en el léxico español nos lleva a concluir que la determinación de cuál sílaba de la palabra prosódica será la acentuada depende de un proceso de **asignación acentual** consistente en construir la estructura [{. . . ⟨'σσ⟩}]. Ésta es una estructura altamente deseable porque el pie prosódico satisface los requisitos estructurales de finalidad, trocaicidad y binariedad con toda perfección.

Para aplicar lo que hemos aprendido hasta el momento, examine las siguientes frases, cuya transcripción fonética no incluye ninguna información prosódica. Después de identificar la sílaba acentuada, vuelva a transcribir las frases añadiéndoles los límites silábicos, los márgenes del pie y los márgenes de la palabra prosódica. Compruebe que, en estos ejemplos, el núcleo de la palabra prosódica es un troqueo final y binario.

Ejemplo:

el prisionero	[elprisi̯onero]	[el.{pri.si̯o.⟨'ne.ro⟩}]
1. *los presidentes*	[lospresiðentes]	_____
2. *describeselo*	[d̪eskriβeselo]	_____
3. *en los parques*	[ẽnlosparkes]	_____
4. *desesperandonos*	[d̪esesperand̪onos]	_____
5. *por su belleza*	[porsuβeje̯sa]	_____

Si bien es cierto que el pie prosódico prototípico se revela claramente en las palabras paroxítonas, hay que reconocer que las palabras oxítonas y proparoxítonas no encajan nítidamente dentro de la estructura prosódica [{ . . . ⟨'σσ⟩}]. Observe que, en una palabra oxítona como *colibrí* [{ko.li.⟨'βri⟩}] 'hummingbird', la parte prominente de la palabra prosódica incluye solamente la última sílaba. Es decir que, en vez de ser binario, el pie prosódico parece ser **unario**, puesto que contiene una sola sílaba. Otro tipo de distorsión es el que surge en las palabras proparoxítonas (p. ej. *oxígeno* [{ok̚.⟨'si.xe.no⟩}] 'oxygen'). Aquí encontramos que la parte prominente de la palabra prosódica incluye las tres últimas sílabas, lo cual produce la impresión de que, en vez de ser binario, el pie prosódico es **ternario**.

En vista de que las palabras oxítonas (20%) y las palabras proparoxítonas (10%) son minoritarias, parece razonable asumir que éstas son desviaciones que el español tolera con respecto a la estructura prosódica preferida. Las podemos interpretar como desviaciones porque en ambos casos vemos que hay un desplazamiento mínimo del acento hacia la derecha o hacia la izquierda de la posición normal: [{ . . . σ'σ}] o [{ . . . 'σσσ}]. El hecho de que estos dos patrones minoritarios coexisten con el patrón normal en tripletes de palabras como *límite* [{⟨'li.mi.t̪e⟩}] 'limit', *limite* [{li.⟨'mi.t̪e⟩}] 'may s/he limit' y *limité* [{li.mi.⟨'t̪e⟩}] 'I limited' indica que la construcción del pie prosódico no depende exclusivamente de los fonos sino que también intervienen factores gramaticales. Observe que, a pesar de que estas tres palabras contienen exactamente los mismos fonos, el acento alterna entre la última, penúltima o antepenúltima sílaba, causando con ello un cambio en el significado de la palabra. Esto nos da una base para creer que el acento español está condicionado por los morfemas, que, como ya sabemos, son las unidades que determinan el significado de las palabras.

Antes de pasar a ver cómo la estructura morfológica afecta el proceso de asignación acentual, conviene que nos familiaricemos con el concepto de **peso silábico**, el cual tiene que ver con el grado de prominencia prosódica que tiene cada sílaba.

22.3 ■ La unidad de peso silábico

Los pies prosódicos son prominentes gracias a que las sílabas contribuyen peso a la estructura del pie. La **mora**, representada por medio del símbolo μ, es la unidad de peso silábico que se usa para medir las diferencias de prominencia que pueden existir entre sílabas. En cuanto a las sílabas del español, su peso es bastante uniforme debido a que están sujetas a la restricción de que no pueden exceder un peso máximo de una mora. La palabra *vecino* [be$^\mu$.'si$^\mu$.no$^\mu$] 'neighbor', por ejemplo, contiene tres moras (una por cada sílaba) y cada mora está asociada con el núcleo silábico porque ésa es la posición que alberga al fono más prominente. En caso de que una sílaba contenga un núcleo compuesto, lo que sucede es que el grupo de fonos nucleares (foco y satélite/s) comparten la única mora presente dentro de su sílaba. Estas tendencias prosódicas del español se pueden apreciar en la estructura de la palabra *pensamiento* 'thought', la cual se ilustra en la Figura 22.2. Comparada con la Figura 22.1, la representación de la Figura 22.2 es más exacta porque en ella se ha incluido el nivel de la mora para reflejar el peso silábico.

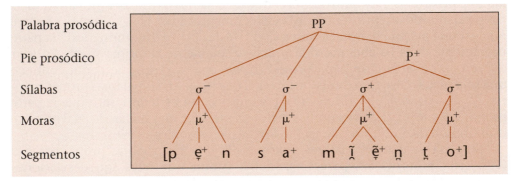

Figura 22.2 Estructura prosódica de la palabra *pensamiento*.

Observe que el efecto de que cada sílaba contribuya un peso máximo de una mora es que, a pesar de que algunas sílabas tienen más fonos que otras, el español no hace distinciones de peso silábico. Lo que esto quiere decir es que el sistema prosódico de esta lengua no contrasta entre **sílabas pesadas** o **bimoráicas** (aquéllas que tienen dos moras) y **sílabas livianas** o **monomoráicas** (aquéllas que tienen una sola mora). Éste es uno de los aspectos en que la prosodia del español difiere de la prosodia del inglés, cuya gramática sí acepta los dos tipos de sílaba (p. ej. *array* [əᵘ.ˈɹeᵘi̯ᵘ] 'conjunto'). Resulta que, en inglés, ciertos tipos de sílaba incluyen regularmente dos moras, específicamente, las sílabas con una vocal larga, las sílabas con un diptongo, y las sílabas con una vocal corta seguida por consonante/s en la coda (p. ej. *key* [ˈkʰiᵘi̯ᵘ] 'llave', *pie* [ˈpʰaᵘi̯ᵘ] 'pastel', *tear* [ˈtʰɛᵘɹ̯ᵘ] 'rasgón'). Una de las consecuencias de esto es que, en inglés, abundan las palabras prosódicas monosilábicas ya que, por tener dos moras, una sílaba pesada es suficiente para formar el pie binario necesario para obtener una palabra prosódica: [ʃ⟨ˈkʰiᵘi̯ᵘ⟩ʃ], [ʃ⟨ˈpʰaᵘi̯ᵘ⟩ʃ], [ʃ⟨ˈtʰɛᵘɹ̯ᵘ⟩ʃ]. En español, en contraste, lo que abundan son las palabras bisilábicas ya que, como las sílabas son máximamente monomoráicas, es necesario contar con un mínimo de dos sílabas para poder satisfacer el requisito de binariedad del pie y obtener de ese modo una palabra prosódica bien formada (p. ej. *kilo* [ʃ⟨ˈkiᵘ.loᵘ⟩ʃ], *pala* [ʃ⟨ˈpaᵘ.laᵘ⟩ʃ], *Tere* [ʃ⟨ˈt̪eᵘ.reᵘ⟩ʃ]).

Aunque es verdad que en español existe una minoría de palabras prosódicas monosilábicas (p. ej. *pan, mar, sol*, etc.), la discusión de la sección 22.5 revelará que, en realidad, la estructura de tales palabras incluye el mismo tipo de irregularidad que caracteriza a las palabras oxítonas polisilábicas. De momento, la generalización que podemos hacer es que, bajo condiciones normales, las sílabas españolas contienen una sola mora, la cual está asociada con la posición de núcleo silábico.

22.4 ■ Las palabras proparoxítonas

La causa de que algunas palabras españolas tengan acento proparoxítono es que su estructura tiene la peculiaridad de incluir una **vocal no moráica**, o sea, una vocal que carece de mora. Por pertenecer a la clase de fono más prominente que existe, lo normal para una vocal es que sea **moráica** (que tenga mora) a fin de que aporte su prominencia a la sílaba en la que actúa como núcleo. Palabras como *número* 'number' y *príncipe* 'prince' son ejemplos de palabras en las que la vocal no moráica pertenece a la **raíz**, o sea, el morfema que aporta el significado básico de la palabra: *númer* + *o* y *príncip* + *e*. Para aprender estas palabras, usted necesita hacer lo mismo que todos los hispanohablantes tienen que hacer cuando aprenden español. Junto con los fonos que las forman, hay que memorizar que las raíces de estas palabras incluyen una vocal no moráica, la cual crea una sílaba que no es ni siquiera liviana porque carece completamente de peso.

Los morfemas que contienen una vocal no moráica son especiales porque tienen la potencialidad de causar **retracción del acento**. Veamos los detalles con la palabra *espárrag* + *o* 'asparagus' (Figura 22.3). La raíz *esparrag-* tiene la idiosincracia de que su última vocal es no moráica: /eᵘspaᵘrag/. Entonces, construir el pie prosódico sobre las dos últimas sílabas de la palabra implicaría cambiar parte de la estructura del morfema de la raíz: *[eᵘs.paᵘ.⟨ˈraᵘ.ɣoᵘ⟩]. La prioridad que se le da a la preservación de la estructura de tales morfemas hace necesario que el pie no se apoye sobre la penúltima sílaba. Tampoco sería viable limitar el pie prosódico a la última sílaba porque eso impediría que tuviera un contraste de prominencia en su interior: *[eᵘˢ.paᵘ.ra.⟨ˈɣoᵘ⟩]. Para obtener la binariedad del pie sin alterar la estructura del morfema de la raíz, es necesario que la asignación acentual se salte la penúltima sílaba y utilice la antepenúltima sílaba en su lugar. Fíjese que, aunque el pie resultante es trisilábico en vez de bisilábico, [eᵘˢ.⟨ˈpaᵘ.ra.ɣoᵘ⟩], la condición de binariedad no se viola porque la penúltima sílaba es prosódicamente invisible por no tener peso.

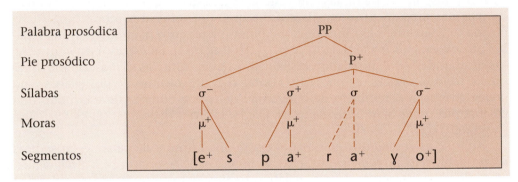

Figura 22.3 Estructura prosódica de la palabra *espárrago*.

Es evidente que la presencia de una sílaba sin peso produce un **lapso** o discontinuidad dentro del pie. Aunque es indudable que esto disminuye la transparencia del pie prosódico, la opacidad que se crea es un precio que se tiene que pagar a causa de la influencia que ejerce la morfología. Otras palabras cuyas raíces producen el mismo efecto prosódico son <u>árab</u> + *e* 'Arabic', <u>párpad</u> + *o* 'eyelid', <u>fósfor</u> + *o* 'phosphorus', <u>máscar</u> + *a* 'mask', <u>murciélag</u> + *o* 'bat', etc. Desafortunadamente, como la presencia de una vocal no moráica es una idiosincrasia de ciertos morfemas, usted no tendrá más alternativa que memorizar los morfemas que tienen esa irregularidad.

Sucede que las raíces no son los únicos morfemas que causan retracción del acento. Algunos morfemas que aparecen a la derecha de la raíz también pueden hacerlo. Los morfemas que ocurren después de la raíz se llaman **sufijos** y, de acuerdo con su función, pueden ser derivativos o flexivos. Los **sufijos derivativos** son capaces de derivar nuevas palabras, mientras que los **sufijos flexivos** cumplen una función puramente gramatical. Un ejemplo de una palabra que contiene ambos tipos de sufijo es *espum* + *os* + *o* 'foamy'. La raíz *espum* 'foam' va seguida por el sufijo derivativo -*os* y por el sufijo flexivo -*o*. La prueba de que -*os* es un sufijo derivativo es que le añade el significado 'like' a la palabra *espuma* para derivar el adjetivo *espumoso* 'foam-like'. En contraste, tanto el sufijo -*o* de *espumoso* como el sufijo -*a* de *espuma* pertenecen a una familia de sufijos flexivos que el español utiliza para organizar el vocabulario en clases léxicas (p. ej. *o* = clase I, *a* = clase II, *e* = clase III, etc.). Con base en esa función, el nombre que se le da a este tipo de sufijo flexivo es **marcador de clase** (MDC).

Existen varios sufijos que causan retracción del acento. Uno de los más comunes es el sufijo derivativo -*ic* 'pertaining to' (p. ej. *metálico* [meᵘ.⟨ˈtaᵘ.li.koᵘ⟩]

'metallic', *canónico* [ka$^\mu$.⟨'nõ$^\mu$.ni.ko$^\mu$⟩] 'canonical', *esférico* [e$^\mu$s.⟨'fe$^\mu$.ri.ko$^\mu$⟩] 'spherical'). Cuando la vocal de este sufijo aparece en la penúltima sílaba de la palabra, el acento tiene que retraerse porque dicha vocal no es moráica. Ésa es una de las propiedades que usted necesita registrar al almacenar el morfema *-ic* en su lexicón. Sin embargo, no es necesario memorizar esa información con cada palabra que contenga *-ic*. Aprender la información segmental y prosódica de este sufijo le permitirá usarlo apropiadamente cada vez que haga parte de una palabra. Por ejemplo, si usted quisiera decir que un yambo es lo mismo que un pie [ʝambiko], sabría que esta palabra se pronuncia con acento proparoxítono, a pesar de que no la haya oído nunca antes: [⟨'ʝa$^\mu$m.bi.ko$^\mu$⟩]. Y si quisiera expresar la misma idea con respecto a un troqueo, sabría que la forma [t̪rokaiko] no se pronuncia *[t̪ro$^\mu$.ka$^\mu$.⟨'i$^\mu$.ko$^\mu$⟩] sino [t̪ro$^\mu$.⟨'ka$^\mu$.i.ko$^\mu$⟩] o [t̪ro$^\mu$.⟨'ka$^\mu$i̯.ko$^\mu$⟩], dependiendo de si se aplica o no la fusión de sílabas. Otros sufijos que se comportan como *-ic* aparecen a continuación.

1. *-ul*   *capítulo* [ka$^\mu$.⟨'pi$^\mu$.t̪u.lo$^\mu$⟩] 'chapter'
   mandíbula [mã$^\mu$n̪.⟨'d̪i$^\mu$.βu.la$^\mu$⟩] 'mandible', etc.

2. *-metr*   *termómetro* [t̪e$^\mu$r.⟨'mõ$^\mu$.me.t̪ro$^\mu$⟩] 'thermometer'
   cronómetro [kro$^\mu$.⟨'nõ$^\mu$.me.t̪ro$^\mu$⟩] 'chronometer', etc.

3. *-log*   *prólogo* [⟨'pro$^\mu$.lo.ɣo$^\mu$⟩] 'preface'
   dermatólogo [d̪e$^\mu$r.ma$^\mu$.⟨'t̪o$^\mu$.lo.ɣo$^\mu$⟩] 'dermatologist', etc.

4. *-graf*   *bolígrafo* [bo$^\mu$.⟨'li$^\mu$.ɣra.fo$^\mu$⟩] 'pen'
   fotógrafo [fo$^\mu$.⟨'t̪o$^\mu$.ɣra.fo$^\mu$⟩] 'photographer', etc.

5. *-fon*   *teléfono* [t̪e$^\mu$.⟨'le$^\mu$.fo.no$^\mu$⟩] 'telephone'
   micrófono [mi$^\mu$.⟨'kro$^\mu$.fo.no$^\mu$⟩] 'microphone', etc.

6. *-nom*   *astrónomo* [a$^\mu$s.⟨'t̪ro$^\mu$.nõ.mo$^\mu$⟩] 'astronomer'
   ecónomo [e$^\mu$.⟨'ko$^\mu$.nõ.mo$^\mu$⟩] 'economist', etc.

7. *-ba*   *hablábamos* [a$^\mu$.⟨'βla$^\mu$.βa.mo$^\mu$s⟩] 'we used to speak',
   parábamos [pa$^\mu$.⟨'ra$^\mu$.βa.mo$^\mu$s⟩] 'we used to stop', etc.

8. *-ra / -se*   *hiciéramos* [i$^\mu$.⟨'sje$^\mu$.ra.mo$^\mu$s⟩] 'might we do', etc.
   curásemos [ku$^\mu$.⟨'ra$^\mu$.se.mo$^\mu$s⟩] 'might we cure', etc.

Es importante añadir que la irregularidad de estos morfemas no siempre se respeta. Para constatarlo, podemos analizar una palabra como *astronómico* [a$^\mu$s.t̪ro$^\mu$.⟨'nõ$^\mu$.mi.ko$^\mu$⟩] 'astronomical', cuyos morfemas son *astr + o + nom + ic + o*. Como se indicó antes, el morfema *-ic* contiene una vocal no moráica y lo mismo es cierto del morfema *-nom*, el cual causa retracción del acento en el nombre *astrónomo* [a$^\mu$s.⟨'t̪ro$^\mu$.nõ.mo$^\mu$⟩] 'astronomer'. Si la propiedad de contener una vocal no moráica se respetara en estos dos morfemas, la palabra *astronómico* se pronunciaría *[a$^\mu$s.⟨'t̪ro$^\mu$.nõ.mi.ko$^\mu$⟩], lo cual tiene el inconveniente de que el acento caería fuera de la ventana de las tres sílabas.

Para comprender por qué la existencia de vocales no moráicas nunca resulta en doble retracción del acento es necesario que nos familiaricemos con el concepto de núcleo morfológico. El **núcleo morfológico** es el morfema que determina la función morfo-sintáctica de la palabra. Sucede que, en español, el núcleo morfológico es el último morfema con función morfo-sintáctica que esté presente dentro de la palabra. Entonces, en el caso específico de la palabra *astrónomo*, el núcleo morfológico es el sufijo *-nom*, como lo confirma el hecho de que ése es el morfema que determina que *astrónomo* sea una palabra perteneciente a la categoría nombre.

El motivo por el que el acento prosódico no se puede retraer más allá de la antepenúltima sílaba es que la retención de vocales no moráicas es un privilegio que sólo se le concede al núcleo morfológico. Así, en el caso de la palabra *astró**nomo*** [aᵘs.⟨ˈt̪roᵘ.nõ.moᵘ⟩], la irregularidad del morfema *-nom* se tiene que respetar porque éste es el núcleo morfológico. Pero la situación es bastante diferente en la palabra *astronómico*, porque el núcleo morfológico de esta palabra ya no es *-nom* sino *-ic*. Observe que *-ic* es el morfema que determina que esta palabra sea un adjetivo. El hecho crucial es que, al perder el rango de núcleo morfológico, el sufijo *-nom* ya no puede mantener su irregularidad, de modo que tiene que consentir que su vocal reciba el acento: [aᵘs.t̪roᵘ.⟨ˈnõᵘ.mi.koᵘ⟩].

Un fenómeno relacionado es que la adición de un sufijo regular en el papel de núcleo morfológico regulariza el acento. Fíjese que, en pares de palabras como *astró**logo*** [aᵘs.⟨ˈt̪roᵘ.lo.ɣoᵘ⟩] versus *astrolo**gía*** [aᵘs.t̪roᵘ.lo.⟨ˈxiᵘ.aᵘ⟩] y *cronó**metro*** [kroᵘ.⟨ˈnõᵘ.me.t̪roᵘ⟩] versus *cronome**traje*** [kroᵘ.nõᵘ.me.⟨ˈt̪ra.xeᵘ⟩], el acento cambia de proparoxítono a paroxítono. Esto se debe a que los sufijos *-i* y *-aj*, que aparecen en las palabras *astrología* y *cronometraje*, son morfemas prosódicamente regulares. Como es de esperar, todo morfema regular que desempeñe el papel de núcleo morfológico es capaz de cancelar la irregularidad de cualquier otro morfema presente dentro de la palabra.

El análisis anterior tiene varias ventajas. Revela que la acentuación de las palabras proparoxítonas obedece los mismos principios prosódicos que la acentuación de las palabras paroxítonas: finalidad, trocaicidad y binariedad. Además, al imponer la condición de que solamente los morfemas que funcionan como núcleo morfológico pueden retener vocales no moráicas, se logra restringir estrictamente el uso de tal irregularidad y se explica por qué las palabras de ese tipo son una minoría.

22.5 ▮ Las palabras oxítonas

El acento oxítono también es un efecto causado por la influencia de la morfología. Sin embargo, a diferencia del acento proparoxítono, la causa de la irregularidad no reside en un morfema con función morfo-sintáctica sino en un morfema con función exclusivamente morfológica, lo cual quiere decir que tal morfema no afecta la función sintáctica de la palabra. En español, los morfemas que tienen función exclusivamente morfológica son los **marcadores de clase** y los **marcadores de persona/número**. Se trata de morfemas flexivos que aparecen regularmente en la periferia derecha de la palabra. Dado que el español construye el pie prosódico sobre las últimas sílabas de la palabra, es obvio que, si la estructura de dichos morfemas involucra algún tipo de irregularidad prosódica, eso afectará el resultado del proceso de asignación acentual.

Comencemos por examinar el caso de las palabras oxítonas terminadas en vocal (p. ej. *frenesí* 'frenzy', *sofá* 'sofa', *té* 'tea'). La causa de que tales palabras no sigan el patrón normal reside en el morfema que cumple la función de marcador de clase. En su experiencia aprendiendo el vocabulario español, usted habrá notado que los marcadores de clase más comunes son *-o*, *-a* y *-e*.[2] Cada una de estas clases cuenta con un número abundante de palabras. Sin embargo, éstas no son las únicas clases léxicas que existen. Es posible hacer la generalización de que las cinco vocales del español pueden ser marcadores de clase: *pal + o* 'stick', *car + a* 'face', *cruc + e* 'crossing', *curs + i* 'pretentiously tacky', *trib + u* 'tribe'. Pero no por eso podemos apresurarnos a asumir que toda vocal final de palabra es un marcador de clase. Existen casos en los que la vocal en fin de palabra pertenece a otro morfema. En caso de duda, usted puede usar la siguiente prueba para determinar si una vocal final de palabra es o no es un marcador de clase.

La adición de un morfema derivativo eliminará la vocal final de una palabra si ésta es un marcador de clase, pero no será así si es parte de la raíz o de un morfema derivativo. Esta predicción se basa en la observación de que los morfemas flexivos aparecen regularmente después de la raíz y todos los morfemas derivativos que la acompañen. En otras palabras, los morfemas flexivos son típicamente periféricos. Tomemos como ejemplo la palabra *joya* 'jewel'. Para saber si su última vocal es un marcador de clase, podemos agregarle el sufijo *-er* 'locative'. La palabra resultante es *joyero* 'jewelry box', donde vemos que la vocal que era final de palabra ha desaparecido. La forma **joyaero* es inaceptable porque contendría un morfema flexivo que no es periférico. La conclusión que se deriva de esto es que la vocal final de la palabra *joya* es efectivamente un marcador de clase. Repitamos este procedimiento con la palabra *guante* 'glove'. Tras agregar el sufijo *-er* 'locative' a la palabra *guante*, se obtiene la palabra *guantera* 'glove compartment'. Note que la forma **guanteera*, donde se preserva la *e* de *guante* y la *e* del sufijo de locativo, es inaceptable debido, nuevamente, a que la preservación de la primera *e* implicaría que un morfema flexivo no sería periférico. De acuerdo con esto, la vocal final de la palabra *guante* también es un marcador de clase.

Contrastemos ahora los dos ejemplos anteriores con la palabra *café* 'coffee'. Al agregarle a *café* el sufijo *-er* 'locative', obtenemos la palabra *cafetera* 'coffeepot'. Aunque aquí vemos que se ha insertado la consonante *t* para prevenir que dos vocales de morfemas diferentes queden adyacentes, la observación más importante es que la vocal final de *café* no ha desaparecido. Esto indica que esa vocal

---

[2]Es pertinente aclarar que no existe una correspondencia perfecta entre el marcador de clase y el género de la palabra. Aunque la mayoría de las palabras que toman el marcador de clase *-o* tienen género masculino y la mayoría de las palabras que toman el marcador de clase *-a* tienen género femenino, hay palabras donde estas asociaciones se invierten (p. ej. *el mapa* 'the map', *el fonema* 'the phoneme', *la mano* 'the hand', *la soprano* 'the soprano'). La falta de correspondencia entre marcador de clase y género es aun más notoria en las palabras que toman el marcador de clase *-e*. Dentro de esta clase léxica, las palabras con género femenino (p. ej. *la nube* 'the cloud', *la clase* 'the class', *la base* 'the base') son casi tan abundantes como las que tienen género masculino (p. ej. *el corte* 'the cut', *el molde* 'the mold', *el jefe* 'the boss', etc.). Esto nos lleva a concluir que los marcadores de clase no se asocian exclusivamente con un género.

no es un marcador de clase. Los pares *maní* versus *manicito* y *sofá* versus *sofacito* demuestran el mismo punto para la vocal final de *maní* 'peanut' y *sofá* 'sofa'. La diferencia es que, en estos dos ejemplos, el morfema derivativo que se ha agregado es el diminutivo *-it* y la consonante que se inserta para separar las vocales adyacentes es [s] o [θ], dependiendo del dialecto. Por encima de estos detalles, el hecho más significativo para la presente discusión es que las palabras que terminan en una vocal acentuada se comportan consistentemente como si carecieran de marcador de clase.

Resulta que las palabras terminadas en una vocal acentuada no son el único caso en el que el marcador de clase parece estar ausente. La falta de una vocal en la posición donde debería aparecer ese morfema flexivo es evidente en las palabras que terminan en consonante (p. ej. *mujer* 'woman', *laurel* 'laurel', *caimán* 'alligator'). Si tenemos en cuenta que la mayoría de las palabras terminadas en consonante también son palabras oxítonas, resulta obvio que debe haber una conexión entre el acento oxítono y la ausencia de una vocal indicadora de clase léxica. Es improbable que sea por simple accidente que las palabras oxítonas siempre tienen un vacío en la posición donde esperaríamos que apareciera la vocal que serviría de marcador de clase.

En realidad, no existen palabras dentro del vocabulario patrimonial del español que no tengan marcador de clase. Lo que pasa es que el marcador de clase de algunas palabras es un morfema irregular porque tiene estructura prosódica pero carece de estructura segmental. El nombre técnico para este tipo de irregularidad es **catalexis**. En esencia, la idea es que, además de los cinco marcadores de clase normales, /o$^\mu$/, /a$^\mu$/, /e$^\mu$/, /i$^\mu$/, /u$^\mu$/, el español también emplea un **marcador de clase cataléctico**: /$^\mu$/. Al estar dotado de estructura en el nivel prosódico pero carecer de estructura en el nivel segmental, este morfema crea un efecto de opacidad fonológica: se puede ver prosódicamente, pero es invisible segmentalmente. Para ilustrar este fenómeno, veamos la estructura prosódica de las palabras *sofá* y *mujer* en la Figura 22.4. A pesar de no tener una vocal que la soporte, la presencia de la mora cataléctica aportada por el marcador de clase se manifiesta en el plano prosódico, ya que es uno de los elementos que participan en la construcción del pie prosódico. Note que las unidades catalécticas se escriben entre corchetes para distinguirlas de las unidades prosódicas regulares.

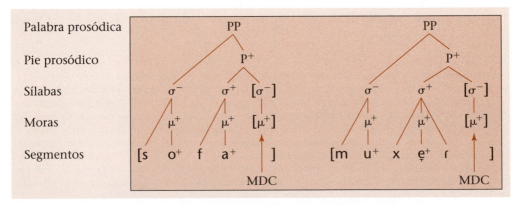

Figura 22.4 Estructura prosódica de las palabras *sofá* y *mujer*.

Aquí vemos que el pie prosódico de las palabras oxítonas se construye siguiendo los mismos principios que obedecen las palabras paroxítonas. Verifique que el pie prosódico es final, trocaico y binario. La anomalía de las palabras oxítonas está en que la función de satélite del pie la desempeña un elemento cataléctico, en lugar de lo normal, que es un elemento con contenido prosódico y segmental.

A pesar de ser una entidad parcialmente abstracta, la postulación del morfema cataléctico no es arbitraria. Está basada en (i) la generalización de que todas las palabras patrimoniales pertenecen a una clase léxica indicada por el marcador de clase y (ii) el hecho de que las palabras en las que el marcador de clase no se materializa como una vocal final se comportan consistentemente como si allí hubiera un elemento prosódico, cuya presencia crea la ilusión de que se ha producido un **avance del acento** con respecto a su posición canónica. En realidad, el pie prosódico de las palabras oxítonas se ha construido siguiendo los mismos principios (finalidad, trocaicidad y binariedad) que en cualquier otra palabra española.

La formación de plurales provee evidencia adicional en favor del marcador de clase cataléctico. El español forma los plurales por medio de añadir el sufijo -*s*. En vista de que el plural también es un morfema flexivo, es natural que éste sea el único morfema que puede aparecer después del marcador de clase. En las palabras cuyo marcador de clase es regular, la formación de plurales es transparente: *pal + o + s* 'sticks', *car + a + s* 'faces', *cruc + e + s* 'crossings', *curs + i + s* 'pretentiously tacky people', *trib + u + s* 'tribes'. Pero cuando se forma el plural de una palabra cuyo marcador de clase es cataléctico, la adición del morfema de plural obliga al elemento cataléctico a adquirir contenido segmental: *sofá + e + s* 'sofas', *maní + e + s* 'peanuts', *mujer + e + s* 'women', *caiman + e + s* 'alligators' (vea la Figura 22.5). La *e* que aparece entre la raíz y el morfema de plural es una consecuencia de que, al dejar de ser el último morfema de la palabra, el marcador de clase cataléctico pierde la habilidad de permanecer encubierto en forma de un elemento puramente prosódico. El contenido segmental que se le asigna es el de [e], porque ésa es la vocal que el español selecciona cuando es necesario insertar una vocal. Debido a que la sílaba introducida por la inserción de la vocal pasa a funcionar como el satélite del pie prosódico, la palabra que era oxítona ahora se realiza fonéticamente como paroxítona.

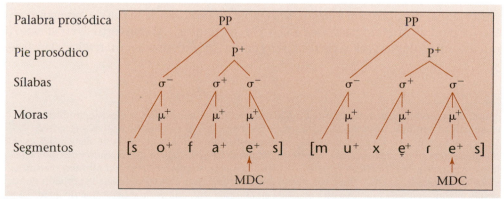

Figura 22.5 Estructura prosódica de las palabras *sofáes* y *mujeres*.

Este análisis tiene varios méritos. Primero, evita tener que asumir que existen dos formas diferentes del sufijo de plural, *-s* y *-es*. El sufijo de plural es el mismo para todas las palabras: *-s*. Segundo, no es necesario estipular que hay palabras que carecen de marcador de clase y que esas mismas palabras se comportan de manera especial en la formación de plurales y en la asignación acentual. Las palabras terminadas en consonante o vocal acentuada se comportan de manera especial porque el marcador de clase que tienen es un morfema irregular. Finalmente, la inmovilidad del acento que vemos en pares como *sofá ~ sofáes* y *mujer ~ mujeres* deja de ser un misterio. Aunque el singular de tales palabras contiene una vocal menos que el plural, el acento aparece sobre la misma vocal porque, prosódicamente, la estructura de los dos miembros del par es equivalente: [mu$^\mu$.⟨ˈxe̜$^\mu$r.$^{[\mu]}$⟩] = [mu$^\mu$.⟨ˈxe$^\mu$.re$^\mu$s⟩]. Adicionalmente, estos resultados son significativos porque indican que, aunque las unidades del plano segmental y las del plano prosódico están relacionadas, los dos niveles son autónomos. En el caso de las palabras proparoxítonas, vimos que una vocal no moráica es invisible en el plano prosódico. Ahora, la catalexis demuestra que el inverso también es posible. Un elemento prosódico puede ser invisible en el plano segmental.

Con respecto a los plurales, queda por aclarar que en palabras como *café* y *té* la materialización del marcador de clase cataléctico crea una secuencia de dos vocales idénticas (p. ej. *café + e + s*, *té + e + s*). Este tipo de hiato se soluciona por medio de fusionar las dos vocales en una sola vocal: *cafés*, *tés*. Además, hay que reconocer que existe variación dialectal. Algunos dialectos prefieren evitar el costo de insertar una vocal cuando esto crea un hiato y optan por mantener la estructura opaca creada por la mora cataléctica aun en el plural (p. ej. *sofáes* o *sofás* 'sofas', *rubíes* o *rubís* 'rubies'). Finalmente, muchos préstamos también son excepcionales porque, cuando no han sido completamente nativizados, se les permite carecer de marcador de clase tanto en singular como en plural: (p. ej. *tic ~ tics*, *clip ~ clips*, *chef ~ chefs*).[3]

Es importante señalar que el núcleo morfológico es el morfema que se encarga de seleccionar el marcador de clase que identifique la palabra. Esto implica que, como la adición de un sufijo derivativo cambia el núcleo morfológico, es posible que éste introduzca un marcador de clase diferente. Considere el adjetivo *verd + e* 'green'. El morfema responsable de seleccionar el marcador de clase de esta palabra es la raíz *verd*, que requiere /e$^\mu$/. A este adjetivo se le puede agregar el sufijo *-ur* para crear el nombre *verd + ur + a* 'vegetable', o también se le puede agregar el sufijo *-or* para crear el nombre *verd + or + /$^\mu$/* 'greenness'. Al convertirse en el nuevo núcleo morfológico, el sufijo *-ur* selecciona /a$^\mu$/ como su marcador de clase,

---

[3]Aunque su productividad es bastante limitada, es pertinente mencionar que existe también una clase léxica identificada por medio de la secuencia -V*s* (p. ej. *lun + es* 'Monday', *cris + is* 'crisis', *Marc + os* 'Marcus', etc.). La peculiaridad que tiene esta clase léxica es que la *s* que sigue a la V es el mismo segmento que materializa el morfema de plural. La evidencia es que cuando este tipo de palabra se pluraliza, la forma resultante es idéntica a la forma singular: *el lunes* 'on Monday' versus *los lunes* 'on Mondays', *la crisis* 'the crisis' versus *las crisis* 'the crises'. En vista de que la posición donde se ubica el morfema de plural ya está ocupada en la forma singular, es de esperar que no aparezca otra *s* en la forma plural.

mientras que *-or* escoge /$^{\mu}$/. Entre los sufijos que seleccionan el marcador de clase cataléctico, algunos de los más comunes son *-dad, -itud, -ción, -zón, -dor, -al, -il* y *-r* (p. ej. *verdad, rectitud, acción, armazón, corredor, general, gentil, ser*). Esto predice que todas aquellas palabras que contengan uno de estos sufijos en la función de núcleo morfológico tendrán acento irregular, ya que en su extremo derecho aparecerá una unidad prosódica cataléctica actuando como marcador de clase (p. ej. *verdad* [be̯$^{\mu}$r.⟨ˈda$^{\mu}$ð.$^{[\mu]}$⟩] 'truth', *ser* [⟨ˈse̯r.$^{[\mu]}$⟩] 'to be/being').

El acento oxítono también aparece en palabras verbales a causa de irregularidades morfológicas que también se presentan en los verbos (p. ej. *amé, amó, amaré, amará*). Desafortunadamente, por motivos de espacio y debido a que la estructura morfológica de los verbos es mucho más complicada, resulta imposible incluir aquí una exposición de tales casos. Los fenómenos discutidos arriba, sin embargo, tienen suficiente peso para reconocer que la asignación acentual en español está condicionada por la morfología.

Para resumir, las palabras proparoxítonas y oxítonas dan la impresión de que ha ocurrido un desplazamiento mínimo del acento con respecto a su posición canónica. Vemos retracción en las proparoxítonas y avance en las oxítonas. La inspección de estos dos tipos de palabra ha mostrado, sin embargo, que se trata simplemente de efectos de opacidad causados por idiosincrasias en la estructura de ciertos morfemas. Algunos morfemas del español contienen una vocal no moráica mientras que otros contienen una mora cataléctica. La invisibilidad prosódica de una vocal no moráica produce la ilusión de retracción, mientras que la invisibilidad segmental de una mora cataléctica produce la ilusión de avance. La conclusión más general que se puede extraer es que las palabras oxítonas, paroxítonas y proparoxítonas obedecen exactamente los mismos principios para la construcción del pie prosódico. El objetivo constante del proceso de asignación acentual del español es construir un pie prosódico que sea final, trocáico y binario.

22.6 ■ Palabras con doble irregularidad prosódica ━━

Existe un grupo de palabras cuyo acento varía entre paroxítono y proparoxítono, según aparezcan en singular o en plural (p. ej. *hábil ~ hábiles* 'able', *apóstol ~ apóstoles* 'apostle', *joven ~ jóvenes* 'young'). La peculiaridad de tales palabras es que en ellas se acumulan los dos tipos de irregularidad morfológica que hemos identificado. Se trata de palabras cuya estructura involucra un morfema con una vocal no moráica y un morfema con una mora cataléctica. Analicemos la palabra *hábil* (refiérase a la Figura 22.6). La ausencia de una vocal final indica que el marcador de clase es cataléctico: *hábil* + /$^{\mu}$/. Además, la raíz de esta palabra tiene la idiosincrasia de que su última vocal es no moráica. Dado que la raíz está en el papel de núcleo morfológico, esa irregularidad en su estructura se tiene que respetar. Así, la forma singular emerge como paroxítona, a causa de la invisibilidad segmental del marcador de clase: [⟨ˈa$^{\mu}$.βil.$^{[\mu]}$⟩]. En contraste, la forma plural se realiza como proparoxítona, porque la regularización del marcador de clase cataléctico crea una sílaba adicional: [⟨ˈa$^{\mu}$.βi.le$^{\mu}$s⟩]. Ya sea que la palabra esté en forma singular o plural, el acento cae sobre la misma vocal porque el pie prosódico es equivalente en las dos formas.

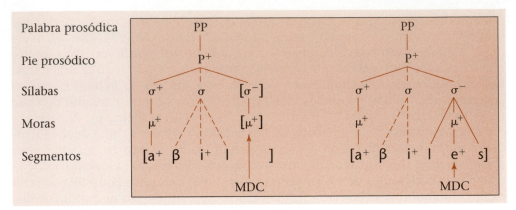

Figura 22.6 Estructura prosódica de *hábil ~ hábiles*.

22.7 ▮▮ Reiteración de la palabra prosódica ━━━━

Sólo en casos especiales, es posible que la palabra prosódica contenga más de un acento. El español permite la doble acentuación en dos situaciones. Un caso es la creación de adverbios por medio de añadir el sufijo *-ment* a un adjetivo (p. ej. *lentamente* 'slowly', *rápidamente* 'rapidly'). Este sufijo es único en español porque, en vez de sumarse a una raíz o a una base derivativa (raíz + sufijos derivativos), se suma a una palabra completa. La prueba es que los adverbios de este tipo incluyen dos marcadores de clase. Uno es el marcador de clase seleccionado por *-ment*, y el otro es el marcador de clase seleccionado por el adjetivo que sirve como base: *lentamente*, *rápidamente*. Como sabemos que la palabra es el único constituyente que necesita tener marcador de clase para indicar a qué clase léxica pertenece, la presencia de dos marcadores de clase dentro del adverbio es una buena indicación de que su estructura incluye dos palabras.

Morfológicamente, la estructura de los adverbios terminados en *-mente* es la siguiente: $[[...]_X + [...]_Y]_Z$. En esta fórmula, X representa la palabra 1 (el adjetivo), Y representa la palabra 2 (*mente*) y Z representa la palabra 3 (el adverbio compuesto creado por la combinación). En virtud de ser el núcleo morfológico de esta nueva palabra, *-ment* tiene el poder de requerir que la base a la que se une sea un adjetivo de género femenino. Resulta, sin embargo, que la satisfacción de esta condición no siempre es evidente porque existen adjetivos que no varían al cambiar de género (p. ej. *vil* 'vile', *veloz* 'speedy', *triste* 'sad', *enorme* 'enormous'). Los adverbios como *vilmente* 'vilely' y *velozmente* 'speedily' parecen desobedecer tal requisito porque, superficialmente, no encontramos más que un marcador de clase y tampoco vemos ninguna indicación explícita de que el adjetivo tenga género femenino. En realidad, una inspección más profunda revela que tales adverbios no incurren ninguna violación porque $vil + /^\mu/$ y $veloz + /^\mu/$ son palabras que cuentan con un MDC cataléctico y su forma femenina es exactamente igual a su forma masculina. Note, además, que como el MDC cataléctico es el último morfema de la primera palabra (p. ej. $[[veloz + /^\mu/]]_X + [[ment + e]]_Y]_Z$, éste no está obligado a materializarse como la vocal [e].

Fonológicamente, la estructura prosódica de estos adverbios también es compleja, como muestra la representación en la Figura 22.7. Cada una de las palabras dentro del adverbio proyecta una palabra prosódica y estas dos palabras prosódicas se combinan en una palabra prosódica superior, de modo que se presenta una **reiteración de la palabra prosódica**. En el interior de la palabra prosódica superior también existe un núcleo, que es la palabra prosódica de la derecha, tal como lo evidencia el hecho de que, aunque existen dos acentos, el acento de *mente* siempre es más prominente que el acento del adjetivo precedente.

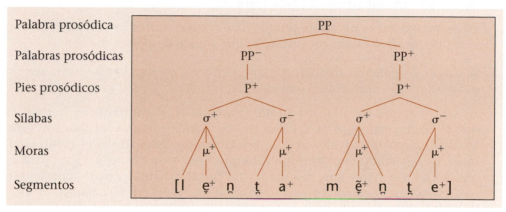

Figura 22.7 Estructura prosódica de la palabra *lentamente*.

Un segundo caso de reiteración de la palabra prosódica se presenta en los nombres y adjetivos compuestos (p. ej. *camposanto* 'cemetery', *aguamarina* 'sea green', *abrelatas* 'can opener'). La situación es completamente paralela a la que acabamos de ver para los adverbios compuestos, o sea que dos palabras se combinan para formar una tercera palabra (vea la Figura 22.8). Las dos palabras internas proyectan cada una su propia palabra prosódica y éstas se subordinan a una palabra prosódica superior cuyo núcleo es la palabra prosódica que ocupa el margen derecho.

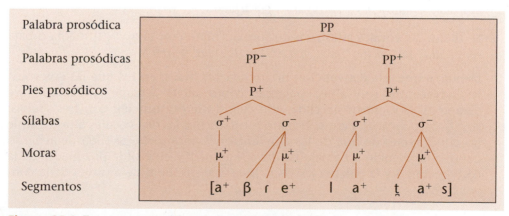

Figura 22.8 Estructura prosódica de la palabra *abrelatas*.

22.8 ▥ El acento ortográfico ━━━━━━━━━━━━

La ortografía española utiliza la **tilde** o acento ortográfico para ayudar al lector a ubicar el acento prosódico en aquellas palabras que no siguen las tendencias normales. Puesto que el propósito de incluir la tilde es señalar las irregularidades, se evita tildar las palabras cuando el contexto permite deducir dónde aparecerá el acento prosódico. Así, las convenciones de tildado son las siguientes.

1. Se tildan todas las palabras proparoxítonas (p. ej. *crespúsculo* 'twilight', *época* 'epoch', *pícaro* 'mischievous', *gótico* 'gothic').

   Esta convención es necesaria porque, como vimos antes, la inclusión de una vocal no moráica es una propiedad idiosincrática de ciertos morfemas.

2. Se tildan las palabras paroxítonas que terminan en una consonante que no sea *n* o *s* (p. ej. *cráter* 'crater', *mármol* 'marble', *lápiz* 'pencil').

   Ya sabemos que cuando una palabra termina en consonante lo normal es que el acento sea oxítono, a causa de que tiene un marcador de clase cataléctico. Las palabras como *joven* y *kumis* son tan excepcionales como cualquier otra palabra paroxítona que termine en consonante. Lo que pasa es que como *n* y *s* son muy frecuentes en fin de palabra porque representan morfemas que indican persona y número (p. ej. *hacen días claros*), el total de palabras que tendríamos que tildar se incrementaría dramáticamente. Para evitar esa proliferación de tildes, se exceptúan las palabras terminadas en *n* o *s*.

3. Se tildan las palabras oxítonas que terminan en vocal, o en las consonantes *n* o *s* (p. ej. *Perú* 'Peru', *ají* 'hot pepper', *mansión* 'mansion', *portugués* 'Portuguese').

   Los dos tipos de palabra a los que se refiere esta convención son irregulares porque tienen marcador de clase cataléctico. Una consecuencia de adoptar las convenciones 2 y 3 es que las palabras oxítonas que terminan en *n* o *s* se tildan en su forma singular, pero no en su forma plural. Esto crea pares como *mansión ~ mansiones* y *portugués ~ portugueses*.

4. Se tildan las vocales altas cuando forman hiato con una vocal media o baja (p. ej. *día* 'day', *actúo* 'I act', *reír* 'to laugh', *baúl* 'trunk').

   Debido a que esta convención no incluye los hiatos en los que las dos vocales adyacentes son altas, palabras como *huida* 'escape' y *huimos* 'we escape(d)' se escriben sin tilde, aun cuando se pronuncien con tres sílabas: [u.ˈi.ða], [u.ˈi.mos]. Pero si el hiato formado por las dos vocales altas cumple las condiciones de una de las convenciones anteriores, se tilda de acuerdo con esa convención. La palabra *argüí* 'I argued' recibe tilde por medio de la convención 3 y la palabra *jesuítico* 'Jesuitical' recibe tilde a través de la convención 1.

5. Se tilda una de dos palabras que son idénticas en sus segmentos, pero diferentes en sus significados. Las palabras que se distinguen de esto modo, se pueden dividir en dos grupos.

a. Una palabra CON acento prosódico vs. una palabra SIN acento prosódico

tú	'you'	*Lo que tú dijiste.*	*tu*	'your'	*Lo que tu madre dijo.*
él	'he'	*Me lo trajo él.*	*el*	'the'	*Me lo trajo el chico.*
sí	'yes'	*Sí. Es cierto.*	*si*	'if'	*Si fuera cierto.*
mí	'me'	*Era para mí.*	*mi*	'my'	*Era mi padre.*
más	'more'	*Quiero más.*	*mas*	'but'	*Quiero, mas no puedo.*
qué	'what'	*¿Qué viste?*	*que*	'that'	*Vi lo que me mostraste.*
té	'tea'	*No bebas té.*	*te*	'reflexive'	*No te mires tanto.*
sé	'I know'	*Sé hacer espejos.*	*se*	'reflexive'	*Se mira en el espejo.*
sé	'be'	*Sé amable.*			*Se odia por ser amable.*

b. Dos palabras con acento prosódico

aún	'still'	*Aún no me amas.*	*aun*	'even'	*Aun si no me amaras.*
sólo	'only'	*Pedro sólo trabaja.*	*solo*	'alone'	*Pedro trabajo solo.*

Este uso de la tilde también sirve para diferenciar los pronombres demostrativos de los adjetivos demostrativos. Los primeros se tildan, pero no los segundos (p. ej. *Dame ésos* versus *¿Me das esos libros?*, *Compra ésta* versus *Compra esta camisa*). Como en el caso de las palabras del grupo b, la diferencia es fonéticamente inmaterial, porque ambos tipos de demostrativo se pronuncian con acento prosódico.

Otra aplicación de esta convención consiste en tildar siempre las palabras interrogativas (p. ej. *quién, cómo, cuándo, dónde, cuál, cuánto*), bien sea que formen parte de una pregunta directa o de una pregunta indirecta (p. ej. *Quién vino ~ No sé quién vino*). Sin embargo, cuando estos vocablos no funcionan como interrogativos, se dejan sin tildar. Examine los siguientes ejemplos.

¿Quién habló?	vs.	*Habló quien quiso.*
Me preguntó cómo sobrevives.		*Sobrevivo como puedo.*
¿Cuándo llamaste?		*Llamé cuando llegué.*
No supe dónde cenaste.		*Cené donde me pareció barato.*

PRÁCTICAS

Práctica 1

La transcripción de las siguientes palabras no incluye el acento prosódico. Después de escucharlas, añádale el símbolo ' a la sílaba acentuada. Luego, escriba las palabras en ortografía española, incluyendo el acento ortográfico donde sea necesario, y pronúncielas en voz alta.

1. [liᵘ.βreᵘ.riᵘ.aᵘ]   6. [uᵘ.t̪iᵘ.liᵘ.saᵘ.roᵘn]   11. [faᵘm.faᵘ.ro̥n.⁽ᵘ⁾]

_____   _____   _____

2. [biᵘ.βiᵘ.moᵘs]   7. [aᵘβ.d̪oᵘ.mẽn.⁽ᵘ⁾]   12. [kaᵘ.t̪eᵘ.ðraᵘl.⁽ᵘ⁾]

_____   _____   _____

3. [kuᵘ.βreᵘ.kaᵘ.maᵘ]   8. [iᵘ.ðo̥ᵘ.la.t̪raᵘ]   13. [paᵘ.t̪iᵘ.neᵘs]

_____   _____   _____

4. [uᵘ.roᵘ.lo.ɣoᵘ]   9. [priᵘn.siᵘ.peᵘs.koᵘ]   14. [ko̥ᵘn̥.t̪uᵘ.maᵘs.⁽ᵘ⁾]

_____   _____   _____

5. [kaᵘ.ðḁᵘ.βe̥r.⁽ᵘ⁾]   10. [suᵘ.me̥ᵘr.xiᵘ.βleᵘ]   15. [proᵘ.xi.moᵘ]

_____   _____   _____

Práctica 2

Las siguientes transcripciones corresponden a frases en donde una palabra prosódica va acompañada por varios clíticos. Complemente las transcripciones añadiendo las moras, el acento prosódico, los límites silábicos, los márgenes del pie y los márgenes de la palabra prosódica. Escriba las frases ortográficamente poniendo la tilde donde haga falta y pronúncielas en voz alta. Siga el siguiente ejemplo.

	TRANSCRIPCIÓN FONÉTICA	ORTOGRAFÍA
[nozlað̞i̯eɾo̥n]	[noᵘz.laᵘ.⟨⟨ˈð̞i̯eᵘ.ro̥ᵘn⟩⟩]	*nos la dieron*
1. [ko̥n̪tumẽnu]	_____	_____
2. [lezmost̪raβamos]	_____	_____
3. [sinsupe̥rmiso]	_____	_____
4. [po̥rlaskrit̪ikas]	_____	_____
5. [paraβe̥nde̥rmelo]	_____	_____
6. [siŋkeloð̞aɲe]	_____	_____
7. [parakekonoskas]	_____	_____

Práctica 3

Las siguientes palabras prosódicas aparecen en desorden. Escuche su pronunciación y determine si son oxítonas, paroxítonas o proparoxítonas. Luego, escríbalas en ortografía española bajo la columna correspondiente. No olvide tildar aquellas que lo necesiten. Finalmente, pronuncie cada palabra en voz alta.

[boᵘ.raᵘ.xi.neᵘ]   [loᵘ.t̪eᵘ.riᵘ.aᵘ]   [ĩᵘn̪.t̪eᵘ.reᵘ.saᵘr.⁽ᵘ⁾]

[kaᵘr.piᵘn̪.t̪eᵘ.roᵘ]   [ĩᵘn̪.d̪i.seᵘ]   [aᵘ.βaᵘ.laᵘn̪.t͡ʃaᵘ]

[paᵘ.loᵘ.maᵘ]   [aᵘl.fiᵘ.l̪e̪ᵘr.⁽ᵘ⁾]   [kaᵘ.paᵘ.t̪aᵘs.⁽ᵘ⁾]

[ĩᵘm.beᵘ.roᵘ.siᵘ.mil.⁽ᵘ⁾] [nõᵘ.ma.ð̪aᵘ]   [miᵘ.kroᵘ.βuᵘs.⁽ᵘ⁾]

[u̯eᵘs.pe.ð̪eᵘs]   [meᵘ.roᵘ.ð̪eᵘ.aᵘr.⁽ᵘ⁾]   [muᵘl̪.t̪i.pleᵘ]

Oxítonas	Paroxítonas	Proparoxítonas

Práctica 4

Las siguientes palabras prosódicas son oxítonas o proparoxítonas. Divídalas en morfemas y subraye el morfema que causa la irregularidad.

1. *ubicación*
   _____

2. *páramo*
   _____

3. *fórmula*
   _____

4. *histórico*
   _____

5. *investigar*
   _____

6. *óvulo*
   _____

7. *pequeñín*
   _____

8. *vejez*
   _____

9. *mortal*
   _____

10. *inmortalidad*
    _____

11. *fricasé*
    _____

12. *termómetro*
    _____

13. *cardiólogo*
    _____

14. *infeliz*
    _____

15. *sismógrafo*
    _____

Práctica 5

Las siguientes palabras prosódicas alternan entre oxítonas y paroxítonas según estén en singular o en plural. Transcriba la forma plural a la derecha de la forma singular y escriba cada palabra ortográficamente debajo de su transcripción fonética. No olvide tildar las palabras que lo requieran. Repita la pronunciación de ambas formas en voz alta.

FORMA SINGULAR	FORMA PLURAL
1. [ãᵘ.miᵘs.⟨ˈt̪aᵘg̃.[ᵘ]⟩]	
2. [o̥ᵘl.gaᵘ.⟨ˈsaᵘn.[ᵘ]⟩]	
3. [aᵘ.βeᵘs.⟨ˈt̪ruᵘs.[ᵘ]⟩]	
4. [kaᵘ.t̪aᵘ.⟨ˈlaᵘn.[ᵘ]⟩]	
5. [mõ̥ᵘn.seᵘ.⟨ˈɲo̥ᵘr.[ᵘ]⟩]	
6. [kaᵘl.seᵘ.⟨ˈt̪iᵘn.[ᵘ]⟩]	
7. [eᵘz.laᵘ.⟨ˈβo̥ᵘn.[ᵘ]⟩]	
8. [oᵘ.laᵘn̥.⟨ˈd̪eᵘs.[ᵘ]⟩]	

Práctica 6

Las siguientes palabras prosódicas alternan entre paroxítonas y proparoxítonas según estén en singular o en plural. Transcriba la forma plural a la derecha de la forma singular y escriba cada palabra ortográficamente debajo de su transcripción fonética. No olvide tildar las palabras que lo requieran. Repita la pronunciación de ambas formas en voz alta.

Forma singular	Forma plural
1. [ĩ$^{\mu}$.⟨'ma$^{\mu}$.xẹn.$^{[\mu]}$⟩]	
2. [⟨'ka$^{\mu}$r.sẹl.$^{[\mu]}$⟩]	
3. [ka$^{\mu}$.⟨'ni$^{\mu}$.βal.$^{[\mu]}$⟩]	
4. [⟨'nẹ$^{\mu}$k⌐.t̪ar.$^{[\mu]}$⟩]	
5. [bo$^{\mu}$.⟨'lu$^{\mu}$.mẽn.$^{[\mu]}$⟩]	
6. [⟨'fe$^{\mu}$.mur.$^{[\mu]}$⟩]	
7. [d̪i$^{\mu}$.⟨'fi$^{\mu}$.sil.$^{[\mu]}$⟩]	
8. [⟨'xẹ$^{\mu}$r.mẽn.$^{[\mu]}$⟩]	
9. [⟨'d̪o$^{\mu}$.lar.$^{[\mu]}$⟩]	

Práctica 7

Las palabras de la izquierda son un componente de las palabras que aparecen en la columna de la derecha. Transcriba ambas palabras fonéticamente incluyendo las moras, el acento prosódico, los límites silábicos, márgenes del pie prosódico y

márgenes de las palabras prosódicas. Practique la pronunciación de ambas palabras en voz alta.

PALABRA SIMPLE	PALABRA COMPUESTA
1. estúpido	estúpidamente
2. sacar	sacapuntas
3. parar	parabrisas
4. libre	libremente
5. irónico	irónicamente
6. tragar	tragaluz
7. lavar	lavavajillas
8. romper	rompecabezas

Prácticas adicionales

Visite http://www.prenhall.com/estructuradelossonidos/.

La frase entonativa

Por encima del nivel de la palabra, la construcción de estructura prosódica continúa para crear constituyentes superiores llamados frases. Toda palabra prosódica forma parte de una **frase entonativa**, la cual es de especial importancia por ser el constituyente dentro del cual se determina la entonación. Al igual que el acento, la **entonación** es un rasgo suprasegmental, dado que es la melodía sobre la cual se articula una secuencia de fonos. Gracias a la entonación, podemos reconocer si una expresión como ['ez.beɾ.'dað] es una declaración o una interrogación. Pronuncie *Es verdad* y compárela con *¿Es verdad?* Al escuchar su pronunciación, el oyente sabrá que la primera expresión es una declaración porque la entonación es descendente, lo cual se indica añadiendo el símbolo ↓ al final de la transcripción fonética: ['ez.beɾ.'dað↓]. En contraste, el oyente interpretará la segunda expresión como una interrogación porque la entonación es ascendente: ['ez.beɾ.'dað↑]. La entonación también nos permite detectar información sobre el hablante como, por ejemplo, su estado emocional. Si alguien pronuncia la declaración ['ez.beɾ.'dað↓] con alegría, tristeza, ira, miedo, angustia, etc., usted podrá notar que la melodía de la voz refleja esas emociones. Adicionalmente, la entonación es uno de los indicadores más prominentes de la procedencia geográfica y social del hablante. El tonillo característico de cada geolecto y sociolecto tiene su base principal en los patrones melódicos que comparten los hablantes que pertenecen a la misma comunidad o grupo social.

Al inspeccionar el interior de una frase entonativa, es posible identificar una unidad de sonido mayor que la palabra prosódica, pero menor que la frase entonativa. Para apreciarlo, analicemos la interrogación *¿Le dijo la verdad?* [le.'ði.xo.la.βeɾ.'dað↑]. Juzgando por la presencia de dos acentos prosódicos, podemos concluir que esta frase entonativa contiene dos palabras prosódicas: *dijo* y *verdad*. Pero también encontramos que cada una de estas palabras prosódicas va acompañada por un proclítico: *le* y *la*. La unidad que resulta de combinar una palabra prosódica con una o más palabras clíticas es la **frase prosódica**. *Le dijo* y *la verdad* son ejemplos de frases prosódicas, donde el núcleo es, evidentemente, la palabra prosódica y el satélite es el clítico que la acompaña. Estas dos frases prosódicas se combinan para formar la frase entonativa *¿Le dijo + la verdad?*, cuyo núcleo es la segunda frase prosódica, porque allí es donde se concentra el ascenso melódico que indica que se trata de una interrogación. La Figura 23.1 ilustra la estructura de esta frase entonativa por medio de un diagrama arbóreo. Las abreviaciones FP y FE significan frase prosódica y la frase entonativa, respectivamente.

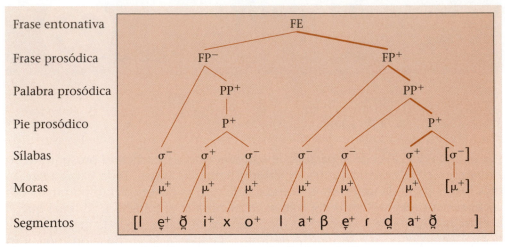

Figura 23.1 Estructura de la frase entonativa *¿Le dijo la verdad?*

Un hecho que revela la Figura 23.1 es que, entre todos los núcleos que están presentes en esta frase entonativa, el representado por la vocal de la sílaba [da̰ð̰] es el que tiene la máxima prominencia. Observe que la vocal de la sílaba [da̰ð̰] es el único núcleo que está conectado con el nivel estructural más alto a través de una secuencia continua de núcleos. La participación de esta vocal en el núcleo de cada nivel prosódico realza su prominencia sobre todos los demás segmentos de la cadena fónica. Visualmente, esto se puede apreciar en la trayectoria de las líneas gruesas. Otro punto que vale la pena destacar es que la frase entonativa, la frase prosódica y la palabra prosódica coinciden en ubicar el núcleo en su margen derecho. Esto contrasta con el pie prosódico, que, como ya sabemos, tiene su núcleo en el margen izquierdo, porque es un troqueo.

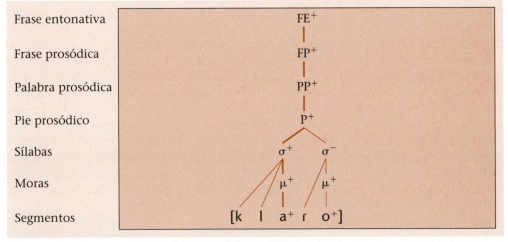

Figura 23.2 Estructura de la frase entonativa *Claro.*

El requisito esencial para construir una frase entonativa es que, en cada uno de los niveles inferiores, exista un núcleo. No olvide que los satélites siempre son elementos opcionales. Entonces, cuando alguien responde sucintamente diciendo *Claro* [ˈkla.ro↓] 'of course', la estructura de sonido producida no es simplemente las dos sílabas que agrupan los cinco fonos presentes, sino una frase entonativa completa. Eso es lo que se ilustra en la Figura 23.2. Observe que, además de las dos sílabas que forman el pie prosódico, aquí se ha creado una palabra prosódica, una frase prosódica y una frase entonativa. Lo que pasa es que el hablante no ha ejercido la opción de anexar un satélite a cada uno de los constituyentes que están por encima del pie prosódico.

23.1 ▌▌ Construcción de la frase prosódica

La condición general de que cada constituyente prosódico debe tener núcleo impide que las palabras inacentuadas puedan formar frases prosódicas por sí solas. A raíz de esto, toda palabra inacentuada necesita combinarse con una palabra prosódica para integrarse a una frase prosódica. La Tabla 23.1 sintetiza las principales combinaciones de palabras que crean frases prosódicas.

Tabla 23.1	Construcción de la frase prosódica			
	CLÍTICO	**+**	**PALABRA PROSÓDICA**	**EJEMPLO**	**TRANSCRIPCIÓN**
1.	Artículo definido	+	nombre	*las manos*	[laz.ˈmã.nos]
2.	Adjetivo posesivo	+	nombre	*sus padres*	[sus.ˈpa.ðres]
3.	Preposición	+	nombre	*por miedo*	[poɾ.ˈmi̯e.ðo]
4.	Conjunción	+	nombre	*ni dinero*	[ni.ði.ˈne.ro]
5.	Adjetivo relativo	+	nombre	*cuyo padre*	[ku.jo.ˈpa.ðre]
6.	Pronombre reflexivo	+	verbo	*te bañas*	[t̪e.ˈba.ɲas]
7.	Pron. objeto directo	+	verbo	*lo traje*	[lo.ˈt̪ɾa.xe]
8.	Pron. objeto indirecto	+	verbo	*me dio*	[me.ˈði̯o]
9.	Preposición	+	verbo	*sin querer*	[siŋ.ke.ˈɾeɾ]
10.	Conjunción	+	verbo	*pero trabajo*	[pe.ro.t̪ɾa.ˈβa.xo]
11.	Adverbio relativo	+	verbo	*donde vivo*	[d̪oŋ.de.ˈβi.βo]
12.	Preposición	+	adverbio	*para siempre*	[pa.ra.ˈsi̯em.pre]
13.	Conjunción	+	adjetivo	*sino grande*	[si.no.ˈɣɾaŋ.d̪e]

A modo de práctica, analice las siguientes oraciones. Primero, subraye las palabras prosódicas, porque cada una de ellas será el núcleo de una frase prosódica. Luego, dibuje una flecha que conecte cada clítico con la palabra prosódica sobre la cual se apoya. Tenga en cuenta que varios clíticos pueden apoyarse sobre la misma palabra prosódica y que una palabra prosódica puede formar una frase prosódica por sí sola. Finalmente, escriba cada frase prosódica aparte junto con su transcripción fonética.

Ejemplo: *El chico que toca la trompeta juega en el equipo de fútbol.*

El chico	[e̞l.ˈtʃi.ko]	*juega* [ˈxu̯e̞.ɣa]
que toca	[ke.ˈt̪o.ka]	*en el equipo* [ẽ.ne̞.le̞.ˈki.po]
la trompeta	[la.t̪ro̞m.ˈpe̞.t̪a]	*de fútbol* [ð̞e̞.ˈfut̪˺.βo̞l]

1. *Mi tía que vive en España viajará a África en el otoño.*

_____   _____
_____   _____
_____   _____

2. *La esposa de mi colega se cayó cruzando la calle ayer.*

_____   _____
_____   _____
_____   _____

3. *Los empleados de la fábrica de carros le pidieron ayuda al sindicato.*

_____   _____
_____   _____
_____   _____

4. *La ropa que me puse la compré el día que me diste el dinero.*

_____   _____
_____   _____
_____   _____

23.2 ■ Construcción de la frase entonativa

La frase entonativa es reconocible gracias a que su inicio y su fin coinciden con una transición melódica. Las transiciones más evidentes son las pausas, pero también es posible que, en vez de pausar, la transición se haga a través de una **inflexión**, o sea, un cambio en la melodía de la voz. Una oración breve como, por ejemplo, *El chico juega cartas* se suele pronunciar en una sola frase entonativa, de modo que las únicas transiciones presentes son la pausa inicial y la pausa final. En contraste, al pronunciar una oración más larga, como *El chico que toca la trompeta juega en el equipo de fútbol*, los hablantes tienden a introducir una transición interna. Esto divide la secuencia en dos frases entonativas. El punto más natural para hacer la transición interna en este ejemplo es después de la palabra *trompeta*, o sea, justamente donde termina la frase nominal que funciona como el sujeto de la oración. Examine las siguientes transcripciones teniendo en cuenta que los símbolos | o ‖ señalan los márgenes de la frase entonativa.

SÍLABAS

[‖el̪.ˈt͡ʃi.ko.ˈxu̯e.ɣa.ˈkar.t̪as‖]   7

[‖el̪.ˈt͡ʃi.ko.ke.ˈt̪o.ka.la.t̪rom.ˈpe.t̪a | ˈxu̯e.ɣae̯.ne.le.ˈki.po.ðe.ˈfut̚.bol‖]   19

En español, la frase entonativa media oscila entre siete y diez sílabas. Estos números, sin embargo, sólo sirven como punto de referencia, porque los hispanohablantes también producen frases entonativas que no alcanzan o que superan esos límites. La división de la cadena fónica en frases entonativas no es uniforme, sino que varía según el contenido lógico del mensaje, las intenciones comunicativas y el estado emocional del hablante. Es posible encontrar frases entonativas con una longitud mínima de una sílaba (p. ej. *Sí, No*). En el extremo opuesto, se presentan casos de frases entonativas que tienen cerca de veinte sílabas. Por ejemplo, la oración *El chico que toca la trompeta juega en el equipo de fútbol* también podría pronunciarse como una sola frase entonativa, si el hablante decidiera no hacer una división lógica. Inversamente, si, por énfasis o emoción, el hablante decidiera realzar las partes de la oración *El chico juega cartas*, ésta podría dividirse hasta en tres frases entonativas: [‖el̪.ˈt͡ʃi.ko | ˈxu̯e.ɣa | ˈkar.t̪as‖]. Es evidente que la longitud de la frase entonativa fluctuará según el número de frases prosódicas que el hablante decida empacar en cada grupo. Mínimamente, la frase entonativa incluirá una frase prosódica (el núcleo), pero es posible acomodar hasta seis frases prosódicas dentro de una sola frase entonativa. Cuando la frase entonativa contiene varias frases prosódicas, la última de ellas es la que asume el papel de núcleo. La Figura 23.3 muestra que, en la frase entonativa *El chico juega cartas*, el núcleo es *cartas*, mientras que *El chico* y *juega* son sus satélites.

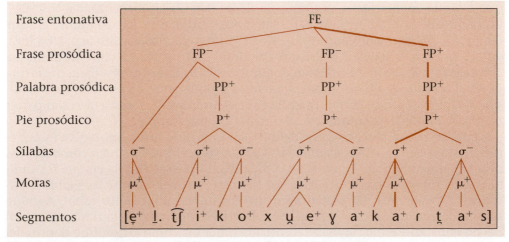

Figura 23.3 Estructura de la frase entonativa *El chico juega cartas*.

La cohesión que tienen los segmentos pertenecientes a la misma frase entonativa se debe a que cada uno de ellos representa un punto dentro de una línea melódica continua. Esta línea melódica es una curva formada por ascensos y descensos de tono, o sea, la **entonación**. Es posible distinguir tres partes dentro de la entonación de una frase: el inicio, el transcurso y el fin (vea la Figura 23.4). Al inicio lo denominaremos **arranque**, dado que es un tono bajo que ocurre antes de empezar el ascenso hacia el tono alto de la primera sílaba acentuada. El **transcurso** es la porción comprendida entre la primera y la última sílaba acentuada y su longitud varía según el número de sílabas que contenga la frase entonativa. La parte final de la línea entonativa consta de la última sílaba acentuada junto con la(s) sílaba(s) inacentuada(s) que le siga(n). Ésta es la parte más significativa de la línea melódica, por lo que se le da el nombre de **tonema**. El valor significativo del tonema radica en que es posible crear un contraste máximo por medio de culminar la entonación con un descenso (↓) o con un ascenso (↑) tonal.

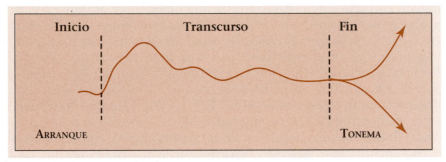

Figura 23.4 Componentes de la curva entonativa.

Sucede que no todas las frases entonativas tienen arranque. El arranque sólo está presente en las frases entonativas que comienzan con una o más sílabas inacentuadas. La oración *El perico come pan* constituye una frase entonativa con arranque, porque comienza con el tono bajo de las dos sílabas inacentuadas iniciales. En contraste, la oración *Come pan* es una frase entonativa sin arranque, porque comienza directamente con el tono alto de la primera sílaba acentuada. Una frase entonativa como *Sí* difiere de las dos anteriores, porque carece tanto de arranque como de transcurso. Por no tener más que una sílaba, que es necesariamente la que porta el acento, esta frase entonativa consta simplemente de tonema. La conclusión a la que llegamos es que, mientras que el arranque y el transcurso son partes opcionales de la frase entonativa, el tonema es obligatorio.

Los ascensos y descensos que definen la forma de la línea entonativa están relacionados con las sílabas acentuadas. Las sílabas acentuadas sirven como puntos de anclaje para ubicar los tonos de la melodía. Esto se evidencia en que los cambios más notorios en la altura de la voz tienden a ocurrir durante las sílabas acentuadas. Típicamente, las sílabas acentuadas exhiben un ascenso tonal. Aunque hay casos especiales en los que el tono desciende durante la sílaba acentuada, el hecho constante es que la sílaba acentuada funciona como el dominio dentro del cual se ejecuta el cambio de un tono a otro. Además de las sílabas acentuadas, el fin de la frase entonativa tiene un impacto significativo en la forma de la curva melódica. Independientemente del tono de la última sílaba acentuada, toda frase entonativa cuenta con un contorno final (tonema), que es el que decide en qué dirección culminará la línea entonativa. Un descenso paulatino hacia el silencio produce la impresión de cierre o conclusión, lo cual hace que el tonema ↓ sea muy apropiado para las declaraciones. En contraste, un ascenso final sugiere abertura o continuidad, de modo que el tonema ↑ es más compatible con las interrogaciones y las declaraciones incompletas.

23.3 ▮▮ Las declaraciones

La curva entonativa característica de las declaraciones se ilustra en la Figura 23.5. El rasgo más sobresaliente de esta curva es el descenso final (**tonema descendente**), el cual comienza durante la última sílaba acentuada y continúa en la(s) sílaba(s) inacentuada(s) que haya a continuación. Note que las partes de la curva dibujadas con puntos son las que pueden estar ausentes, es decir, el arranque y el transcurso. El tonema descendente es la causa de que la melodía termine en un nivel que está por debajo de cualquier otro punto de la curva. La importancia de este descenso está en que, cuanto más descienda el tono de la voz, más fuerte será la impresión de certeza que se comunique. Inversamente, el uso de un descenso menos marcado imprime en la declaración un tinte de incertidumbre.

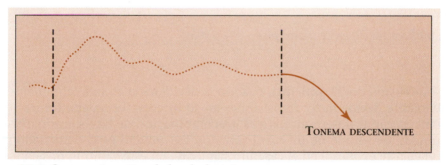

TONEMA DESCENDENTE

Figura 23.5 Curva entonativa de las declaraciones.

La línea melódica de las declaraciones exhibe otro rasgo característico, el cual ocurre durante el transcurso, pero sólo se verifica en las frases entonativas que tienen más de una sílaba acentuada. En ese caso, la cumbre más prominente de la curva la forma el ascenso brusco que tiene lugar durante la primera sílaba acentuada. Aunque es posible que el ascenso continúe durante la sílaba siguiente, la primera sílaba acentuada se destaca por ser la que tiene el mayor ascenso dentro de toda la melodía. A partir de esa primera cumbre, la melodía progresa en altibajos (subidas y bajadas), cuyos ascensos coinciden típicamente con las sílabas acentuadas y los descensos con las sílabas inacentuadas. Estos altibajos representan el transcurso de la curva entonativa y se repiten tantas veces como sílabas haya antes de llegar a la última sílaba acentuada.

Para practicar la entonación de las declaraciones, haga el siguiente ejercicio. Empiece por transcribir las siguientes oraciones fonéticamente, pero en vez de usar el símbolo **.** para separar las sílabas, deje un espacio entre sílabas. Asegúrese de incluir los acentos prosódicos, ya que éstos son los puntos de anclaje para los tonos. Guiándose por los acentos prosódicos, trace la línea melódica correspondiente a cada frase entonativa. Siga el ejemplo que aparece a continuación.

Ejemplo:

Mi hermana mira la telenovela todas las noches.

[mieɾ 'mã nã 'mi ɾa la t̪e le no 'βe la 't̪o ð̪az laz 'no t͡ʃes]

Marta trabaja tres días a la semana.

Los tripulantes perecieron.

Yo también.

La biblioteca está en el cuarto piso.

Como usted podrá anticipar, cuando la declaración es suficientemente larga y el hablante decide hacer transiciones en su interior, la cadena fónica se fragmentará en varias frases entonativas. La combinación de frases entonativas crea una unidad de sonido de un nivel superior. Esa unidad es el enunciado prosódico, el cual se explicará en el capítulo siguiente. En este capítulo nos concentramos en las frases entonativas independientes, porque allí es donde ocurren las curvas melódicas básicas.

23.4 ■ Las interrogaciones absolutas

Una interrogación absoluta es una pregunta que busca confirmación sobre todas las partes de su contenido, por lo que su respuesta tiene que ser categórica, es decir, afirmativa o negativa (p. ej. *¿Ya lo hiciste?*). La curva entonativa de las preguntas absolutas se ilustra en la Figura 23.6. Observe nuevamente que las partes opcionales de la curva aparecen dibujadas con puntos. Si compara las curvas entonativas de las Figuras 23.6 y 23.5, notará que un aspecto en el que las interrogaciones difieren de las declaraciones es que se pronuncian con una altura melódica superior (p. ej. *Está cansado* versus *¿Está cansado?*). Visualmente, esto se puede apreciar si usa como punto de referencia los extremos superiores de las líneas verticales que estamos usando para dividir la curva. Fíjese que las cumbres y los valles de la curva en la Figura 23.6 ocurren en un nivel superior a las cumbres y los valles de la curva en la Figura 23.5.

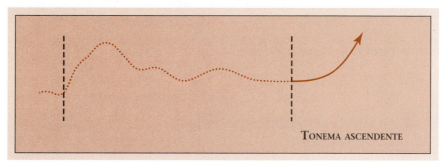

Figura 23.6 Curva entonativa de las declaraciones absolutas.

El rasgo más característico de las interrogaciones absolutas es, sin embargo, el dramático ascenso que ocurre al final de la frase (**tonema ascendente**). La magnitud de este ascenso puede causar que, durante la última sílaba acentuada, el tono no ascienda, como normalmente ocurre, sino que descienda ligeramente en preparación para el empinado ascenso. Cabe mencionar, además, que cuanto mayor sea la elevación del tono final, más intenso será el interés que el hablante revele en la pregunta. Inversamente, un menor ascenso introduce un matiz de desinterés. Como ya sabemos, el arranque y el cuerpo no siempre están presentes (p. ej. *¿Sí?*, *¿No?*), pero cuando lo están, la forma que adquieren es similar a la que toman en las declaraciones.

Practique la entonación de las interrogaciones absolutas con los siguientes ejemplos. Primero, transcriba las oraciones fonéticamente, dejando un espacio entre sílabas. Luego, use los acentos prosódicos como puntos de referencia para trazar la línea entonativa de toda la frase.

Ejemplo:

¿Te acordaste de comprar el café para ella?

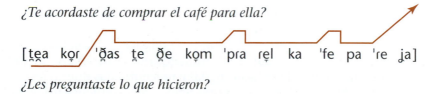

¿Les preguntaste lo que hicieron?

¿Mónica tiene diez años?

¿Estás bien?

¿Viste el vestido nuevo que se compró?

23.5 ■ Las interrogaciones relativas

Una interrogación relativa es una pregunta en la que el hablante emplea una palabra interrogativa (*qué, quién, cuál, cuándo, cuánto, dónde, cómo, por qué*, etc.), para indagar sobre un dato concreto que desconoce sobre un evento o estado (p. ej. *¿Cuándo llegará María? ¿Quién está ausente?*). La respuesta correspondiente a este tipo de pregunta debe, por lo tanto, proveer una información específica. La Figura 23.7 ilustra la curva entonativa típica de las interrogaciones relativas.

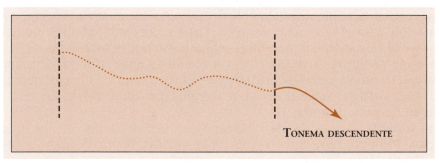

TONEMA DESCENDENTE

Figura 23.7 Curva entonativa de las interrogaciones relativas.

La melodía de las interrogaciones relativas se asemeja a la de las declaraciones en que ambas emplean un tonema descendente. Sin embargo, como la mayoría de las palabras interrogativas empiezan con una sílaba acentuada, la curva entonativa de las interrogaciones relativas normalmente no tiene arranque, sino que inicia directamente con una cumbre, desde donde se desciende paulatinamente hacia la última sílaba acentuada. El número de altibajos que ocurran en este descenso dependerá del número de sílabas acentuadas e inacentuadas que aparezcan entre los dos extremos. Aunque, a primera vista, parece incongruente utilizar el tonema descendente en una interrogación, esta elección tiene una explicación natural si tenemos en cuenta que la palabra interrogativa es un indicador inequívoco de pregunta. Utilizar el tonema ascendente después de que la palabra interrogativa ya ha indicado que el mensaje es una pregunta sería redundante. Dicho de otro modo, la palabra interrogativa libera a la entonación de la responsabilidad de tener que indicar que la frase es una interrogación.

Use los siguientes ejemplos para practicar la entonación de las interrogaciones relativas. Transcriba cada oración fonéticamente dejando un espacio para indicar la frontera entre sílabas. Guiándose por los acentos prosódicos, trace la línea entonativa de toda la frase, como se ilustra a continuación.

Ejemplo:

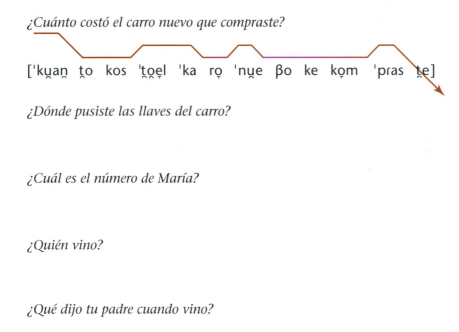

¿Cuánto costó el carro nuevo que compraste?

['kuan̯ t̯o kos 'to̯el̯ 'ka ro̯ 'nu̯e βo ke ko̯m 'pras t̯e]

¿Dónde pusiste las llaves del carro?

¿Cuál es el número de María?

¿Quién vino?

¿Qué dijo tu padre cuando vino?

Si bien es cierto que el tonema descendente es el más apropiado para las interrogaciones relativas, mientras que el tonema ascendente es el más afín con las interrogaciones absolutas, esas asociaciones no son invariables. Algunas veces pueden invertirse. Por ejemplo, una manera de evitar que una interrogación relativa suene ruda o descortés es pronunciarla con un tonema ascendente. Ya sabemos que el tonema ascendente es redundante en la interrogación relativa, pero pragmáticamente es útil porque le imprime un matiz de cortesía a la pregunta (p. ej. *¿Cuánto te costó?* ['kuan̯.t̯o.te.kos.'to↑]). De otro lado, también es posible que una interrogación absoluta se pronuncie con un tonema descendente, cuando el hablante que hace la pregunta tiene cierto grado de certeza de que la respuesta que recibirá será afirmativa (p. ej. ['t̯u̯e.res.xo.'se↓] *¿Tú eres José?*). La recomendación es que usted tenga en cuenta que, aunque estos usos son posibles, tienen un valor comunicativo especial.

23.6 ▊ Focalización de información

No es raro que los participantes en un acto de habla recurran a estrategias para confirmar que el mensaje transmitido/percibido es el correcto. Una manera en que el hablante puede buscar clarificación cuando sospecha que hay un malentendido es utilizar la entonación para realzar la parte del mensaje que está en duda. Veamos un caso específico. La pregunta *¿Dejaste las llaves en la oficina?* normalmente se pronuncia con la máxima elevación del tono sobre la última sílaba de la palabra *oficina*. Pero también podría pronunciarse con énfasis sobre la palabra *llaves* para confirmar que fueron *las llaves* y no otra cosa lo que la persona olvidó en la oficina. En ese caso, la palabra sobre la que se hace énfasis se convierte en el foco de la frase entonativa (vea la Figura 23.8). Este efecto se obtiene por medio de pronunciar la sílaba acentuada de la palabra focalizada con un brusco ascenso tonal.

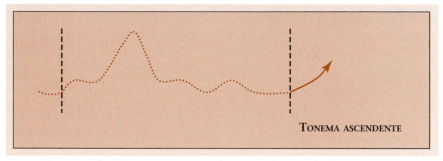

Figura 23.8 Entonación de una interrogación con información focalizada.

La **focalización de información** es un recurso pragmático que se utiliza no solamente en las interrogaciones sino también en las declaraciones. Si alguien le preguntara *¿Dejaste las LLAVES en la oficina?*, usted podría responder diciendo: *Dejé la BILLETERA en la oficina*. Esta frase entonativa también difiere de una declaración normal en que el tonema junto con todos los demás tonos de la melodía quedan relegados a un plano secundario como consecuencia del enorme acenso que ocurre en la sílaba acentuada de la palabra focalizada.

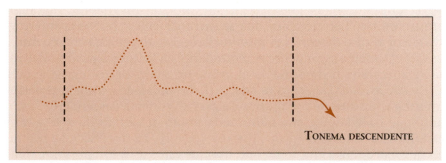

Figura 23.9 Entonación de una declaración con información focalizada.

Focalice la palabra seleccionada en cada uno de los siguientes ejemplos. Transcriba la oración fonéticamente separando las sílabas con un espacio. Luego, trace la línea entonativa de acuerdo con la ubicación de los acentos prosódicos.

Ejemplo:

¿Pagaste MIL bolívares por eso?

[pa ˈɣas t̪e ˈmil bo ˈli βa ɾes po ˈɾe so]

Pagué CIEN dólares por eso.

¿Invitaron a ESTELA a la fiesta?

Invitamos a ESTEBAN a la fiesta.

¿No tienes NADA que decir?

23.7 ■ Valor expresivo de la entonación

La entonación también nos permite reconocer el valor admirativo y/o exclamativo de ciertas expresiones. Una palabra por sí sola (p. ej. *¡Excelente!*) o una oración (p. ej. *¡Qué bien lo hizo!*) pueden pronunciarse con una curva entonativa en la que una sílaba acentuada se convierte en el foco de la secuencia gracias a un brusco ascenso tonal. En *¡Excelente!*, la penúltima sílaba es el foco, mientras que en el segundo ejemplo, lo más probable es que se elija como foco la sílaba de la palabra *bien*. Aunque el patrón melódico que se crea es básicamente el mismo que el de las declaraciones con información focalizada (vea la Figura 23.9), existen detalles adicionales. En general, las **admiraciones** y **exclamaciones** se pronuncian en un nivel tonal más alto. Pero el rasgo más distintivo es que la sílaba donde se concentra la fuerza expresiva de una admiración o exclamación no sólo tiene la máxima elevación del tono, sino que también va acompañada de un marcado aumento de intensidad y duración. Note que al exclamar *¡Fantástico!,* la antepenúltima sílaba se pronuncia en un tono más alto y con bastante más volumen y duración. Suele suceder, además, que cada uno de los fonos de la sílaba enfatizada experimenta un aumento de tensión articulatoria. Es como si el hablante se propusiera producir esa sílaba en moción lenta, de modo que cada uno de sus fonos adquiere una articulación más clara e individualizada que los fonos de las demás sílabas. Naturalmente que, cuanto mayor sea la excitación y la vivacidad que se ponga en la expresión, mayor será la intensidad de estos cambios.

Pronuncie las siguientes admiraciones/exclamaciones de acuerdo con los rasgos descritos arriba. Luego de transcribir cada oración, trace la línea entonativa para cada frase según la ubicación de los acentos prosódicos.

Ejemplo:

¡Eres un AMOR!

['e ɾe 'su nã 'moɽ]

¡Me gané la LOTERÍA!

¡Fue un día MARAVILLOSO!   *¡Cuánta FALTA me hiciste!*

¡Qué GUAPO se ve con gafas!   *¡No me dijo NADA de nada!*

Los mandatos (p. ej. *¡Consígueme otro!*) y los ruegos (p. ej. *¡No te vayas!*) también se pronuncian con una melodía en la que el tono asciende bruscamente sobre una sílaba acentuada. El propósito de esto es atraer la atención sobre la palabra en la que se concentra el significado de orden o suplica. Así, las palabras *Consígueme* y *vayas* son las elegidas como foco en los dos ejemplos anteriores. En el caso de los **mandatos**, el rasgo que refuerza la elevación brusca del tono es principalmente un aumento de intensidad (volumen). Al pronunciar los mandatos *¡Escríbeme pronto!* y *¡Responda la pregunta!,* usted podrá notar que la sílaba acentuada de cada verbo se pronuncia con volumen más fuerte de lo normal. En los **ruegos**, por otro lado, el aumento brusco del tono se refuerza principalmente por medio de un extenso alargamiento de la sílaba acentuada de la palabra que sirve como foco. Para imprimir un tono suplicante a las expresiones *¡Quédate un poco más!* y *¡Cómprame lo que te dije!*, alargue ampliamente la sílaba acentuada de las palabras *Quédate* y *Cómprame*. Como usted puede imaginar, cuanto mayor sea el aumento de intensidad o de duración, mayor será la fuerza imperativa/suplicante que adquiera el mandato/ruego.

Implemente estos rasgos prosódicos al pronunciar los siguientes ejemplos. Transcriba cada oración fonéticamente dejando un espacio entre sílabas. Luego, trace la línea entonativa de la frase y encierre con un círculo la sílaba que experimenta un aumento de intensidad o de duración.

Ejemplo:

¡Recójeme en una hora! (mandato)

[rẹ ˈkọ xe mẽ̞ ˈnũ na ˈo ɾa]

¡Entrégale el libro! (mandato)   *¡Despídete de tu padre!* (mandato)

¡Llévame a la fiesta! (ruego)   *¡Regálame otro!* (ruego)

¡Préstame el dinero! (ruego)   *¡Tráeme el periódico!* (mandato)

PRÁCTICAS

Práctica 1

Escuche y repita el siguiente chiste, poniendo atención a los cambios de entonación. Luego, responda las preguntas que aparecen abajo.

Jaimito Y La Maestra

—*Jaimito*— dice la maestra —*Si hay cinco pájaros sobre una rama y le pego una pedrada a uno de ellos, ¿cuántos me quedan?*
—*Ninguno, maestra*— responde Jaimito.
—*¿Por qué ninguno?*

—*Ninguno, maestra, porque los demás se van volando del susto.*
—*Está mal, Jaimito, pero me gusta tu forma de pensar.*

Luego, viene Jaimito y le dice a la maestra:

—*Ahora yo le voy a hacer una pregunta. Si usted ve a dos mujeres comiendo un helado y una de ellas lo está chupando y la otra lo esta mordiendo, ¿cuál de ellas es la que está casada?*

Después de pensarlo un rato, dice la maestra un poco confundida

—*Supongo que la que lo está chupando.*
—*No, maestra. ¡La que tiene el anillo! Pero me gusta tu forma de pensar.*

1. Transcriba fonéticamente la interrogación *¿cuántos me quedan?* Explique por qué este tipo de pregunta normalmente NO se pronuncia con un tonema descendente.

_____

_____

2. Transcriba fonéticamente la interrogación *¿Por qué ninguno?* Explique por qué, en este caso, es natural que la maestra utilice un tonema ascendente para pronunciar esta pregunta.

_____

_____

3. Transcriba fonéticamente la exclamación *¡La que tiene el anillo!* Explique cómo Jaimito puede enfatizar la palabra *anillo* cuando dice esto.

_____

_____

4. Transcriba fonéticamente la declaración *Supongo que la que lo está chupando.* Explique cómo el grado de certeza con que responde la maestra determina el uso de un tonema ascendente o descendente.

_____

_____

Práctica 2

Las siguientes transcripciones corresponden a oraciones que pueden ser declaraciones o interrogaciones. Escúchelas y añádales el símbolo ' a las sílabas acentuadas. Trace la línea entonativa sobre la cadena fónica y pronuncie cada oración primero como declaración y luego como interrogación. Finalmente, escriba las oraciones en ortografía española y vuelva a pronunciarlas con la entonación correspondiente.

DECLARACIÓN

['e se̥l 'ko t͡ʃe ð̥e̥i̥ sa 'βe̥l]

Es el coche de Isabel.

1. [le ð̥i̥o ð̥i ne ro su fi si̥e̥n t̥e]

_____

2. [es t̥ḁo̥ ku pa ð̥o]

_____

3. [t̥ra βa xa ð̥e no t͡ʃe]

_____

4. [ro̥m pi̥o la me sa ð̥e̥l ko me ð̥o̥r]

_____

5. [sa li̥oaes pe rar t̥e]

_____

INTERROGACIÓN

['e se̥l 'ko t͡ʃe ð̥e̥i̥ sa 'βe̥l]

¿Es el coche de Isabel?

[le ð̥i̥o ð̥i ne ro su fi si̥e̥n t̥e]

_____

[es t̥ḁo̥ ku pa ð̥o]

_____

[t̥ra βa xa ð̥e no t͡ʃe]

_____

[ro̥m pi̥o la me sa ð̥e̥l ko me ð̥o̥r]

_____

[sa li̥oaes pe rar t̥e]

_____

Práctica 3

Las siguientes oraciones corresponden a interrogaciones y declaraciones que pueden pronunciarse con una palabra focalizada. Escúchelas y transcríbalas fonéticamente. Luego, trace la línea entonativa focalizando la palabra que aparece en mayúsculas. Pronuncie cada oración de acuerdo con su línea entonativa.

INTERROGACIÓN

¿Miguel tiene CINCO carros?

[mi ɣe̥l 't̥i̥e ne 'siŋ ko 'ka ro̥s]

1. *¿Reparó la LAVADORA ayer?*

DECLARACIÓN

Miguel tiene cinco AVIONES.

[mi ɣe̥l 't̥i̥e ne 'siŋ ko̥a 'βi̥o ne̥s]

Reparó la lavadora HOY.

2. *¿ÉSE es el padre de Juliana?*   *Ése es el padre de PATRICIA.*

3. *¿La camisa NEGRA es la suya?*   *La camisa negra es la MÍA.*

Práctica 4

Las siguientes oraciones son admiraciones, exclamaciones, mandatos o ruegos. Escúchelas y transcríbalas fonéticamente. Trace la línea entonativa correspondiente y practique la entonación en voz alta.

Saca la basura. (mandato)   *No me deje solo.* (ruego)

   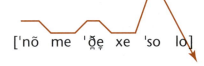

['sa ka la βa 'su ɾa]   ['nõ me 'ð̞e̞ xe 'so lo]

1. *¡Eres buenísimo!* (admiración)   **4.** *¡Bravísimo!* (exclamación)

2. *Acompáñame a la ópera.* (ruego)   **5.** *Limpia tu cuarto.* (mandato)

3. *¡Qué agradable!* (exclamación)   **6.** *¡Qué inteligente!* (exclamación)

Prácticas adicionales

Visite http://www.prenhall.com/estructuradelossonidos/.

El enunciado prosódico

El próximo nivel por encima de la frase entonativa es el enunciado prosódico. Un **enunciado prosódico** es la secuencia de habla comprendida entre dos pausas mayores: [‖ ‖]. Tomemos como ejemplo la enumeración *Se siente solo, triste, vacío*. Aunque esta oración incluye una pausa inicial, una pausa final y dos pausas internas, su estructura de sonido forma un solo enunciado prosódico porque las dos pausas internas son menores. La función de las dos pausas internas es demarcar las fronteras entre las tres frases entonativas que componen este enunciado prosódico. Si pronuncia la oración prestando atención a las terminaciones melódicas, notará que cada frase entonativa termina con un descenso, aunque hay que señalar que el descenso de los dos primeros tonemas es menor que el descenso del tonema final: [‖se.'si̯en̪.te.'so.lo↘ | 'tris.te̪↘ | ba.'si.o↓‖].

El requisito para construir un enunciado prosódico es que contenga por lo menos una frase entonativa, para que ésta funcione como núcleo. Las oraciones *Se siente solo* [‖se.'si̯en̪.te.'so.lo↓‖] y *Está triste* [‖es.'ta.'tris.te̪↓‖] son ejemplos de enunciados prosódicos formados por una sola frase entonativa. En caso de que el enunciado prosódico contenga más de una frase entonativa, aquella que ocupa el margen derecho es la que actúa como núcleo. Esto se puede apreciar en la Figura 24.1.

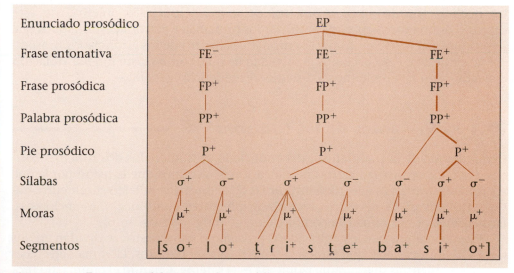

Figura 24.1 Estructura del enunciado prosódico *Solo, triste, vacío.*

Esta representación muestra que el núcleo del enunciado prosódico *Solo, triste, vacío* ['so.lo↘ | 'tris.te↘ | ba.'si.o↓‖] es la frase entonativa *vacío*. Verifique que cada uno de los constituyentes prosódicos contiene un núcleo, el cual es siempre una unidad prominente en el nivel inmediatamente inferior. Note que las letras EP se usan como abreviación para enunciado prosódico.

Entre las unidades de sonido, el enunciado prosódico es el que goza de mayor independencia gracias a que es el significante de un pensamiento entero. Es por eso que su inicio y fin van marcados por pausas más largas que cualquiera de las transiciones que estén presentes en su interior. En virtud de su independencia, el enunciado prosódico constituye el nivel máximo de la estructura de sonido. Es decir que los enunciados prosódicos no se combinan para crear una unidad de sonido superior. Una vez que el hablante completa un enunciado prosódico, la comunicación oral sólo puede continuar si el hablante comienza una nueva estructura de sonido para expresar un nuevo pensamiento. La secuencia de enunciados prosódicos que el hablante produce cuando expresa una serie de pensamientos forma un **discurso**. A continuación aparece un ejemplo de un discurso que consta de cuatro enunciados prosódicos. Al pronunciarlo, usted puede verificar que cada enunciado prosódico constituye una unidad melódica entera e independiente de los demás enunciados prosódicos.

‖*Se siente solo,* | *triste,* | *vacío.*‖ *Solo,* | *porque su amada se marchó.* ‖*Triste,* | *porque de él se olvidó.*‖ *Y vacío,* | *porque ni una esperanza le dejó.*‖

En el interior de un enunciado prosódico, es posible que surjan diferentes patrones entonativos, según la relación que exista entre las frases entonativas que lo componen. Los tres últimos enunciados prosódicos del discurso anterior difieren del enunciado prosódico inicial en que no contienen tres, sino dos frases entonativas, la primera de las cuales termina con un tonema ascendente, mientras que la segunda termina con un tonema descendente, como indican las flechas: [‖'so.lo↑ | por.ke.sua.'ma.ða.se.mar.'tʃo↓‖]. El objetivo de este capítulo es que usted aprenda a utilizar los principales patrones entonativos que se producen al conectar las frases entonativas dentro de los enunciados prosódicos compuestos. Pero hacemos la salvedad de que, como existe mucha variación dialectal, aquí nos limitamos a discutir las tendencias generales.

24.1 ■ Variantes de los tonemas

Dependiendo de la complejidad del enunciado prosódico, los dos tonemas básicos, ↑ y ↓, experimentan ciertas modificaciones. Veremos que la razón por la que los tonemas varían es que, para indicar las relaciones que pueden surgir entre frases entonativas, es necesario recurrir a diferentes combinaciones melódicas. Empecemos por examinar la combinación de tonemas más simple.

Es muy común que los enunciados prosódicos compuestos se dividan en dos ramas básicas, es decir, que tienen la tendencia a ser binarios. La rama derecha es el núcleo, mientras que la rama izquierda es el satélite. Cuando el enunciado prosódico incluye exactamente dos frases entonativas, cada una de ellas forma una rama simple y la distintividad entre las dos ramas se obtiene por medio de contrastar los dos tonemas básicos. La oración ‖*Si ves a Omar,* | *dile que venga*‖ es un buen ejemplo de esto, como aparece esquematizado en la Figura 24.2.

Enunciado prosódico			
−	↑	+	↓
Satélite simple		Núcleo simple	
Si ves a Omar,		*dile que venga.*	

Figura 24.2 Oposición entre núcleo simple y satélite simple.

Como usted puede comprobar, la primera frase entonativa de este enunciado prosódico termina con un ascenso (↑), mientras que la segunda frase entonativa termina con un descenso (↓). La oposición ↑ × ↓ es una combinación óptima porque permite que el núcleo y el satélite del enunciado prosódico contrasten nítidamente.

Pero también existe la posibilidad de que tanto el núcleo como el satélite tengan estructura compuesta. El enunciado prosódico ‖*Si ves a Omar,* | *dile que venga*‖ se puede expandir por medio de añadir una frase entonativa a cada una de sus ramas. Así, es posible obtener ‖*Si ves a Omar* | *cuando salgas,* | *dile que venga* | *porque ya es tarde*‖. Tenga en cuenta que el símbolo | indica una transición sin que haya necesariamente una pausa perceptible. En la Figura 24.3, usted puede comprobar que este enunciado prosódico se divide en núcleo y satélite y que cada una de estas ramas incluye dos frases entonativas, la primera de las cuales está subordinada a la segunda.

Enunciado prosódico							
−			↑	+			↓
Satélite compuesto				Núcleo compuesto			
−	↘	+	↑	−	↗	+	↓
Si ves a Omar		*cuando salgas,*		*dile que venga*		*porque ya es tarde.*	

Figura 24.3 Oposición entre núcleo compuesto y satélite compuesto.

Para distinguir las partes de los núcleos y satélites compuestos, es necesario introducir una variante para el tonema ascendente y otra para el tonema descendente. Un **semiascenso** (↗) y un **semidescenso** (↘) son variantes de ↑ y ↓, respectivamente. Las terminaciones melódicas ↗ y ↘ surgen cuando el tonema ascendente o descendente está subordinado a otro tonema dentro de la misma rama. Observe en la Figura 24.3 que la primera frase entonativa del núcleo se pronuncia con un semiascenso, mientras que la primera frase entonativa del satélite se pronuncia con un semidescenso. Esto tiene el mérito de que permite obtener un contraste dentro de cada rama sin eclipsar el contraste melódico principal, que es el que distingue el núcleo del satélite. En otras palabras, el semiascenso y el semidescenso sirven para marcar contrastes secundarios, los cuales ocurren dentro de las ramas compuestas. Fíjese que la secuencia de tonemas ↘ ↑ ↗ ↓ permite reconocer que el contraste melódico principal es entre ↑ y ↓, ya que el contraste en el que participan ↘ y ↗ tiene lugar en un nivel inferior. La notación {↘ ↑} × {↗ ↓} capta la relación que existe entre los tonemas que forman esta combinación.

Además de las dos terminaciones ascendentes y las dos descendentes, existe la terminación →, que constituye el contraste melódico mínimo entre dos frases entonativas pertenecientes a la misma rama. A modo de ejemplo, considere el enunciado prosódico ‖*El médico,* ˈ *conmovido por la situación,* ǀ *aceptó ayudarnos*‖. La Figura 24.4 muestra que este enunciado prosódico se divide en dos ramas básicas. La rama del núcleo es simple, mientras que la rama del satélite incluye dos frases entonativas, la primera de las cuales termina en **suspensión**. Es decir que la combinación de tonemas de este enunciado prosódico es: {→ ↑} × ↓. A diferencia de los ascensos y los descensos, la suspensión no produce un efecto de oposición, sino que simplemente marca la frontera con respecto a una frase entonativa dentro de la misma rama.

Enunciado prosódico					
−		↑		+	↓
Satélite compuesto				Núcleo simple	
−	→	+	↑	+	↓
El médico,	*conmovido por la situación,*			*aceptó ayudarnos.*	

Figura 24.4 Subdivisión de la rama del satélite por medio de suspensión.

A continuación, pasamos a ver cómo las cinco terminaciones melódicas, ↑, ↓, ↗, ↘ y →, contribuyen a crear las melodías con que se pronuncian diferentes tipos de enunciados prosódicos compuestos.

24.2 ▮▮ Declaraciones compuestas

En el capítulo anterior vimos que las declaraciones se asocian típicamente con el tonema ↓. Resulta, sin embargo, que cuando la declaración es un enunciado prosódico formado por dos frases entonativas, la primera de éstas se pronuncia con el tonema ↑. Un principio general por el que usted se puede guiar es que, en las declaraciones, el tonema ↓ solamente se mantiene en la última frase entonativa. La Figura 24.5 ilustra la estructura de las declaraciones que constan exactamente de dos frases entonativas. Tales declaraciones siempre se pronuncian con la combinación ↑ × ↓. El uso de esta combinación es muy común en los siguientes casos: oraciones simples que tienen un sujeto extenso (p. ej. ‖*La impaciencia del piloto* ǀ *terminó en tragedia*‖), oraciones simples acompañadas por un complemento circunstancial (p. ej. ‖*Antes de venir,* ǀ *llamó para avisar*‖), oraciones simples en coordinación (p. ej. ‖*Llegó tarde* ǀ *y no hizo nada*‖), oraciones simples en disyunción (p. ej. ‖*Te quedas aquí* ǀ *o vas con tu padre*‖) y subordinaciones simples (p. ej. ‖*Si fuera así de fácil,* ǀ *ya lo hubiera hecho*‖). Además, muchos refranes y proverbios también emplean esta fórmula (p. ej. ‖*Ojos que no ven,* ǀ *corazón que no siente*‖).

ENUNCIADO PROSÓDICO			
−	↑	+	↓
SATÉLITE SIMPLE		NÚCLEO SIMPLE	
Las invitaciones de la boda		*llegaron un día tarde.*	

Figura 24.5 Declaración con núcleo simple y satélite simple.

Ejemplos:

‖*Saliendo de casa,* ∣ *me encontré con ella.*‖

‖*Dime con quién andas* ∣ *y te diré quién eres.*‖

‖*Si necesitas dinero para eso* ∣ *te lo prestaré con gusto.*‖

‖*El dueño del carro negro* ∣ *necesita ir a apagar las luces.*‖

‖*Me encontrarás en este mismo lugar* ∣ *cuando regreses de tu largo viaje.*‖

Es obvio que, cuando el enunciado prosódico contiene tres frases entonativas, la rama del núcleo y la rama del satélite no pueden ser simétricas. A pesar de su asimetría, el contraste entre las dos ramas también se indica por medio de un descenso al final del núcleo y un ascenso al final del satélite. Lo que tienen de particular tales declaraciones es que, dentro de la rama que se subdivide, la primera frase entonativa termina con un semiascenso (↗). El ejemplo analizado en la Figura 24.6 consta de un satélite simple y un núcleo compuesto, lo cual contrasta con el esquema de la Figura 24.7, en el que es el satélite el que se subdivide. Observe que aunque el enunciado prosódico incluye tres tonemas, la oposición principal sigue siendo entre ↑ y ↓, dado que ↗ sólo contribuye a crear un contraste en el interior de una de las ramas.

ENUNCIADO PROSÓDICO					
−	↑	+			↓
SATÉLITE SIMPLE		NÚCLEO COMPUESTO			
+	↑	−	↗	+	↓
El último alumno en salir		*se dio cuenta de que el profesor de inglés*		*había olvidado la llave de su oficina.*	

Figura 24.6 Declaración con tres frases entonativas (dos en el núcleo).

Ejemplos con satélite simple y núcleo compuesto: ↑ × {↗ ↓}

‖*El prometido de Cristina* ∣ *le regaló chocolates y rosas rojas* ∣ *para el día de su cumpleaños.*‖

‖*La bandera de mi país* ∣ *tiene tres colores simbólicos* ∣ *distribuidos en franjas horizontales.*‖

‖*Los padres de Matilde* ∣ *piensan celebrar sus bodas de plata* ∣ *con una fiesta y un viaje en barco.*‖

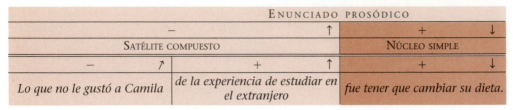

ENUNCIADO PROSÓDICO				
–		↑	+	↓
SATÉLITE COMPUESTO			NÚCLEO SIMPLE	
–	↗	+	↑	+	↓
Lo que no le gustó a Camila		de la experiencia de estudiar en el extranjero	fue tener que cambiar su dieta.	

Figura 24.7 Declaración con tres frases entonativas (dos en el satélite).

Ejemplos con satélite compuesto y núcleo simple: {↗ ↑} × ↓

‖*La primera y única vez* ¦ *que Pedro fue a esquiar conmigo* ¦ *nevó todo el día.*‖

‖*La novia de mi hermano* ¦ *y la esposa de mi primo* ¦ *son hermanas gemelas.*‖

‖*El primer gran amor* ¦ *que alguien tiene en la vida* ¦ *nunca se olvida.*‖

Cabe agregar que es posible que la frase entonativa intermedia varíe su afiliación con la rama del núcleo o con la rama del satélite, según los nexos semánticos que el hablante haga en su mente. La oración ‖*A una ciudad enorme,* ¦ *se fue a vivir Miguel* ¦ *para que nadie lo reconociera*‖ se puede pronunciar con un satélite compuesto y un núcleo simple, o con un satélite simple y un núcleo compuesto, dependiendo de las conexiones que el hablante establezca entre el evento descrito y las entidades participantes. Si bien es cierto que la pronunciación de esta oración con la combinación {↗↑} × ↓ no tiene un significado distinto del que tiene cuando se pronuncia con la combinación ↑ × {↗ ↓}, la elección de una u otra combinación de tonemas es un indicador de cómo el hablante conectó en su mente los conceptos expresados.

Por otro lado, se presentan casos en los que la afiliación de la frase entonativa intermedia con la rama del núcleo o con la rama del satélite afecta severamente el significado de la declaración. Note que la siguiente oración tiene dos interpretaciones: ‖*El actor continuó llorando* ¦ *como un niño abandonado* ¦ *frente a la puerta del teatro*‖. Si lo que el hablante quiere dar a entender es que el sitio donde el actor continuó llorando fue frente a la puerta del teatro, es necesario que la división de ramas se haga luego de *abandonado*, o sea, usando la combinación {↗ ↑} × ↓. En contraste, si lo que se quiere expresar es que el modo como el actor continuó llorando es comparable a como lo haría un niño abandonado frente a la puerta del teatro, es necesario que la división de ramas se haga después de *llorando*, o sea, utilizando la combinación ↑ × {↗ ↓}. En casos como éstos, la entonación sirve para desambiguar oraciones que, a pesar de tener las mismas palabras en el mismo orden lineal, provienen de estructuras sintácticas diferentes.

Cuando el enunciado prosódico incluye cuatro frases entonativas, se vuelve a presentar la posibilidad de que la rama del núcleo y la rama del ataque sean simétricas. Esto implica que dos de las cuatro frases entonativas se agrupen en el núcleo, mientras que las otras dos se agrupan en el satélite. En ese caso, la primera frase entonativa dentro de cada rama compuesta se pronuncia con un semiascenso (↗). El ejemplo que aparece en la Figura 24.8 muestra que la combinación de tonemas que caracteriza este tipo de declaración es {↗ ↑} × {↗ ↓}.

ENUNCIADO PROSÓDICO							
−			↑	+			↓
SATÉLITE COMPUESTO				NÚCLEO COMPUESTO			
−	↗	+	↑	−	↗	+	↓
Lavar los platos		y tender las camas		son dos de las cosas		que más detesto hacer.	

Figura 24.8 Declaración con cuatro frases entonativas organizadas en dos ramas compuestas.

Ejemplos con ramas simétricas: {↗ ↑} × {↗ ↓}

‖*Los exámenes de trigonometría* ' *y los de cálculo* | *son una gran tortura* ' *para mi hermano menor.*‖

‖*Un paseo por la playa* ' *en un día soleado* | *es lo que más me deleita* ' *cuando voy de vacaciones.*‖

Hay casos, sin embargo, en que aunque el número de frases entonativas sea par, la simetría entre las dos ramas del enunciado prosódico no se cumple. Los nexos semánticos que existan entre los conceptos involucrados pueden hacer que las tres últimas frases entonativas se afilien con el núcleo, ↑ × {↗ ↗ ↓}, o que las tres primeras frases entonativas se afilien con el satélite, {↗ ↗ ↑} × ↓. De todos modos, dos cosas permanecen constantes en la melodía de las declaraciones compuestas. Una es que la oposición principal se basa siempre entre el ascenso que ocurre al final del satélite y el descenso que ocurre al final del núcleo. La otra es que las demás frases entonativas dentro de la(s) rama(s) que se subdivida(n) terminan con un semiascenso.

Ejemplos con satélite simple y núcleo compuesto: ↑ × {↗ ↗ ↓}

‖*Su actitud insolente* | *hizo que todos los invitados a la cena* ' *se marcharan pronto* ' *y sin despedirse.*‖

‖*Tan pronto llegó* | *comenzó a quejarse* ' *tanto de la música* ' *como de la comida.*‖

Ejemplos con satélite compuesto y núcleo simple: {↗ ↗ ↑} × ↓

‖*La razón que dieron* ' *para no darle un premio* ' *al ganador del concurso de este año* | *era ridícula.*‖

‖*El esfuerzo que hizo* ' *para que nadie se fuera* ' *y todos prestáramos atención* | *lo dejó exhausto.*‖

24.3 ■ Declaraciones con enumeraciones

Existen dos tipos básicos de enumeración. Una enumeración es **completa** o cerrada cuando el último elemento de la serie va introducido por la conjunción *y* (p. ej. ‖*Trabajaremos lunes,* | *martes* | *miércoles* | *y jueves*‖). En contraste, una enumeración es **incompleta** o abierta cuando el último elemento de la serie no va introducido por dicha conjunción (p. ej. ‖*Te ves alegre,* | *dinámica,* | *juvenil,* | *radiante*‖). Melódicamente, ambos tipos de enumeración se caracterizan por que cada elemento de la serie forma una frase entonativa, pero difieren en que la enumeración incompleta usa exclusivamente tonemas descendentes, mientras que la enumeración completa emplea un tonema ascendente para uno de los elementos de la serie. Los detalles de cada caso se explican a continuación.

Cuando la declaración contiene una enumeración completa, la última frase entonativa (o sea, la que comienza con *y*) termina con un descenso (↓). En contraste, la penúltima frase entonativa termina con un ascenso (↑). Todos los elementos de la serie que precedan a la penúltima frase entonativa terminan con un semidescenso (↘). Es decir que, aunque el número exacto de elementos que incluya la serie es susceptible de variar, la combinación de tonemas que se usa para pronunciar las enumeraciones completas responde al patrón {. . . ↘↘↑} × ↓ (vea la Figura 24.9). Tenga en cuenta que, cuando la serie consta de sólo dos elementos, éstos no forman una enumeración sino una conjunción. La conjunción de dos elementos simples normalmente se hace dentro de la misma frase entonativa (p. ej. ‖*las frutas y las verduras*‖).

ENUNCIADO PROSÓDICO							
−				↑		+	↓
SATÉLITE COMPUESTO						NÚCLEO SIMPLE	
−	↓	−	↘	+	↑	+	↓
Trabajaremos lunes,		*martes,*		*miércoles*		*y jueves.*	

Figura 24.9 Declaración con enumeración completa.

Ejemplos: {. . . ↘↘↑} × ↓

‖*Nos queda septiembre,* ‖ *octubre* ‖ *noviembre* ‖ *y diciembre.*‖

‖*El apartamento tiene sala,* ‖ *comedor,* ‖ *cocina,* ‖ *tres dormitorios* ‖ *y dos baños.*‖

‖*Compré dos pantalones,* ‖ *cuatro camisas,* ‖ *una chaqueta* ‖ *y dos pares de zapatos.*‖

Cuando la declaración contiene una enumeración incompleta, todas las frases entonativas, excepto la última, terminan con un semidescenso (↘). La última frase entonativa termina con un descenso (↓). Con respecto al tonema final, hay que aclarar que éste puede concluir en un nivel intermedio entre un descenso completo y un semidescenso. Esta oscilación en el descenso del último tonema le permite al hablante jugar con la posibilidad de añadirle a la enumeración un matiz suspensivo o insinuante, lo cual realza la impresión de incomplitud. Cuanto más se acerque el descenso final a un semidescenso, más carácter de incomplitud adquiere la enumeración. Inversamente, cuanto más se acerque el descenso final a un descenso completo, mayor es la impresión de cierre que acompaña la enumeración. Con respecto a la rama del satélite, hay que señalar que la ausencia de un ascenso que se oponga al descenso final impide identificar una frase entonativa a la que se subordinen todas las demás frases entonativas que preceden al núcleo. Parece ser que éstas no se agrupan bajo un satélite compuesto, sino que crean una secuencia de satélites simples: . . . ↘↘↘× ↓.

ENUNCIADO PROSÓDICO							
−						+	↓
SATÉLITES SIMPLES						NÚCLEO SIMPLE	
+	↘	+	↘	+	↘	+	↓
Te ves alegre,		*dinámica,*		*juvenil,*		*radiante.*	

Figura 24.10 Declaración con enumeración incompleta.

Ejemplos: . . . ↘↘↘×↓

‖*La nieve caía,* ǀ *los niños jugaban,* ǀ *los villancicos sonaban,* ǀ *la navidad llegaba.*‖

‖*Le trajo flores,* ǀ *la llevó a cenar,* ǀ *le compró un regalo,* ǀ *la llenó de atenciones.*‖

‖*El bebé les trajo alegría,* ǀ *paz,* ǀ *amor,* ǀ *esperanza.*‖

Es muy común que la enumeración ocupe la parte final de la oración, ya que esa posición permite acomodar más fácilmente cualquier número de elementos que el hablante decida incluir en la serie. Sin embargo, también es posible que la enumeración aparezca al principio de la oración (vea la Figura 24.11). Lo peculiar, en ese caso, es que los dos tipos de enumeración emplean la misma combinación melódica. Los elementos de una enumeración inicial forman frases entonativas que terminan con un semidescenso (↘), excepto por el último, cuya frase entonativa termina con un ascenso (↑). A partir de allí, el enunciado progresa hasta terminar con el descenso típico de las declaraciones (↓). Es decir que los elementos de una enumeración inicial se agrupan bajo la rama del satélite, mientras que el resto de la oración forma el núcleo: { . . . ↘↘↑} × ↓ .

ENUNCIADO PROSÓDICO					
−			↑	+	↓
SATÉLITE COMPUESTO				NÚCLEO SIMPLE	
−	↘	−	↘	+	↑	+	↓
La suerte,		*el destino,*		*(y) la fe,*		*se unieron en su favor esa noche.*	

Figura 24.11 Enumeración completa o incompleta al inicio de una declaración.

Ejemplos: { . . . ↘↘↑} × ↓

‖*El ruido de la calle,* ǀ *la voz de la radio,* ǀ *(y) el llanto de los niños* ǀ *cubrieron sus últimas palabras.*‖

‖*La honestidad,* ǀ *la independencia,* ǀ *(y) la pujanza,* ǀ *fueron valores característicos de su generación.*‖

‖*Las calles estrechas,* ǀ *los balcones de las casas,* ǀ *(y) la fuente de la plaza,* ǀ *son detalles inolvidables.*‖

24.4 ▥ Declaraciones con complementos circunstanciales 🎧

Un complemento circunstancial es una expresión que clarifica o expande la información sobre el evento del que trata la oración. Los complementos circunstanciales pueden aparecer en el inicio, el interior o el fin de la oración, creando así diferentes patrones entonativos al encadenarse con las demás frases del enunciado prosódico.

Cuando el complemento circunstancial aparece al inicio de una declaración, suele formar una frase entonativa, la cual desempeña el papel de satélite del enunciado prosódico y termina con un ascenso (↑). Un ejemplo de esto es la oración ‖*Animado por los gritos de los aficionados,* ǀ *el torero se dispuso a dar la estocada final*‖. Este tipo de enunciado prosódico se pronuncia con la combinación de tonemas ↑ × ↓, que vimos antes.

En caso de que la oración comience con más de un complemento circunstancial, cada uno de ellos forma una frase entonativa dentro del satélite del enunciado prosódico. La última frase entonativa de esta rama termina con un ascenso
(↑), mientras que las frases entonativas precedentes terminan con semidescensos
(↘). La Figura 24.12 muestra que la combinación de tonemas con que se pronuncia este tipo de declaración es {↘ ↑} × ↓.

Enunciado prosódico				
−		↑	+	↓
Satélite compuesto			Núcleo simple	
−	↘	+	↑	+	↓
Vestida de blanco,		bajo una lluvia de pétalos,		salió la novia de la iglesia.	

Figura 24.12 Declaración con varios complementos iniciales.

Ejemplos: {↘ ↑} × ↓

‖*Sobre el escritorio,* ⎮ *a la vista de los demás empleados,* ⎮ *dejó Arturo su carta de renuncia.*‖

‖*Con gran sigilo,* ⎮ *mientras el sudor corría por su frente,* ⎮ *el soldado desactivó la bomba.*‖

‖*Cada noche,* ⎮ *antes de cenar,* ⎮ *el padre dice una oración de agradecimiento.*‖

Cuando el complemento circunstancial aparece en el interior de una declaración, también proyecta su propia frase entonativa, pero existen dos patrones
melódicos en los que esa frase entonativa puede participar. La causa de la variación es que el complemento circunstancial puede estar semánticamente asociado
con el sujeto o con el predicado de la oración. Si el complemento circunstancial
expresa un concepto que se refiere al sujeto (p. ej. ‖*El país,* ⎮ *abatido por la violencia,*
⎮ *pidió ayuda internacional*‖), las frases entonativas proyectadas por cada uno de ellos
se combinan dentro del satélite del enunciado prosódico (vea la Figura 24.13). La
frase entonativa formada por el sujeto termina con suspensión (→), mientras que
la que corresponde al complemento circunstancial termina con un ascenso (↑). En
cuanto al resto del enunciado, el predicado de la oración proyecta una frase entonativa que forma la rama del núcleo y termina con el descenso típico de las declaraciones (↓). Es decir que la melodía total con que se pronuncia este tipo de
declaración es {→ ↑} × ↓.

Enunciado prosódico				
−		↑	+	↓
Satélite compuesto			Núcleo simple	
−	→	+	↑	+	↓
El país,		abatido por la violencia,		pidió ayuda internacional.	

Figura 24.13 Declaración con un complemento interno referido al sujeto.

Ejemplos: {→ ↑} × ↓

‖*Los padres,* ˈ *escandalizados por el contenido de la película,* ǀ *prohibieron que sus hijos la vieran.*‖

‖*Una joven,* ˈ *a quien nadie había visto antes,* ǀ *se presentó como la heredera del fallecido.*‖

‖*El carnaval,* ˈ *cuya reina ya había sido elegida,* ǀ *continuaba alegrando las calles de la ciudad.*‖

Si el complemento circunstancial no expresa un concepto estrechamente ligado al sujeto (p. ej. ‖*Los campesinos de la región,* ǀ *cuando no siembran maíz,* ǀ *cultivan soya*‖), lo más común es que su frase entonativa se incorpore al núcleo del enunciado prosódico. Esto implica una subdivisión de la rama del núcleo, la cual incluye una frase entonativa formada por el complemento circunstancial y otra formada por el predicado de la oración (vea la Figura 24.14). La frase entonativa del complemento circunstancial termina con un semiascenso, mientras que la del predicado termina con un descenso. En el inicio del enunciado prosódico aparece un satélite simple que contiene la frase entonativa proyectada por el sujeto de la oración. El patrón resultante es ↑ × {↗ ↓}.

ENUNCIADO PROSÓDICO			
−	↑	+	↓
SATÉLITE SIMPLE		NÚCLEO COMPUESTO	
−	↑	− ↗	+ ↓
Los campesinos de la región,		*cuando no siembran maíz,*	*cultivan soya*

Figura 24.14 Declaración con un complemento interno asociado con el núcleo.

Ejemplos: ↑ × {↗ ↑}

‖*Las madres de los prisioneros,* ǀ *con la esperanza de ver a sus hijos,* ˈ *esperaron todo el día.*‖

‖*La noche que llegaste,* ǀ *como ya había pasado la medianoche,* ˈ *no esperábamos que vinieras.*‖

‖*El libro que leí anoche,* ǀ *sin ser supersensacional,* ˈ *me interesó muchísimo.*‖

Finalmente, cuando el complemento circunstancial aparece al final de la oración, la frase entonativa que proyecta también hace parte del núcleo del enunciado prosódico junto con la frase entonativa correspondiente al predicado de la oración (vea el esquema de la Figura 24.15). La diferencia con el caso anterior es solamente que el descenso que cierra la declaración no aparece en la frase entonativa del predicado, sino en la del complemento circunstancial. La frase entonativa del predicado termina con un semiascenso (↗), a fin de llamar la atención sobre la información adicional que viene a continuación.

Enunciado prosódico						
−	↑	+				↓
Satélite simple		Núcleo compuesto				
−	↑	−	↗	+		↓
Las amas de casa entrevistadas		*dijeron maravillas de este producto*		*cuando les pidieron su opinión.*		

Figura 24.15 Declaración con un complemento final.

Ejemplos: ↑ × {↗ ↓}

‖*Los empleados de la compañía eléctrica* | *se declararon en huelga esta mañana,* ᴵ *a pesar de las amenazas de los empresarios.*‖

‖*Las medidas económicas adoptadas por el gobierno* | *causaron un incremento acelerado de los préstamos,* ᴵ *contrario a lo que habían pronosticado los analistas.*‖

‖*El ganador del premio Nobel de paz* | *se dirigió a los líderes de los grupos guerrilleros,* ᴵ *para pedir que hicieran un alto al fuego.*‖

24.5 ▮▮ Interrogaciones compuestas

Recuerde que el tonema ↑ es el que se asocia típicamente con las interrogaciones absolutas. Sin embargo, cuando la interrogación absoluta resulta bastante larga, los hablantes tienden a dividir el enunciado prosódico en dos frases entonativas, lo cual requiere introducir otra terminación melódica para marcar el contraste entre los componentes del enunciado prosódico. Considere la pregunta ‖*¿Será posible que haya escrito esa novela* | *antes de su viaje por el Oriente?*‖. Como muestra la Figura 24.16, el ascenso tonal típico de las interrogaciones absolutas se conserva en la última frase entonativa. En contraste, la frase entonativa que forma la rama del satélite termina con un semidescenso (↘).

Enunciado prosódico			
−	↘	+	↑
Satélite simple		Núcleo simple	
¿Será posible que haya escrito esa novela		*antes de su viaje por el Oriente?*	

Figura 24.16 Interrogación absoluta compuesta.

Ejemplos: ↘ × ↓

‖*¿Tendrá tanto dinero debajo del colchón* | *como dicen las malas lenguas que tiene?*‖

‖*¿Se habrá puesto de esa manera* | *sólo por el comentario que le hicieron al final?*‖

‖*¿Tomarías la misma decisión,* | *si te volvieras a encontrar en esa situación?*‖

El enunciado prosódico también tiene estructura compuesta cuando el hablante decide cifrar la pregunta en forma de una interrogación ratificada. Una **interrogación ratificada** sigue la siguiente fórmula: declaración + expresión confirmativa (p. ej. ‖*Vas a volver pronto,* | *¿verdad?*‖). La parte de la pregunta que tiene forma declarativa proyecta una frase entonativa, la cual termina con un semidescenso (↘)

y desempeña el papel de satélite del enunciado prosódico (vea la Figura 24.17). En la segunda parte del enunciado, la expresión confirmativa proyecta una frase entonativa que termina con un ascenso (↑) y forma la rama del núcleo.

ENUNCIADO PROSÓDICO			
−	↓	+	↑
SATÉLITE SIMPLE		NÚCLEO SIMPLE	
Vas a volver pronto,		¿verdad?	

Figura 24.17 Interrogación ratificada.

Ejemplos: ↘ × ↑

‖¿Tienes más hermanos, | ¿no?‖

‖¿Dijo que venía hoy | ¿no cierto?‖

‖¿Ése fue el acuerdo, | ¿verdad?‖

Cuando la pregunta propone la elección entre dos términos separados por la disyunción *o*, se trata de una **interrogación disyuntiva** (p. ej. ‖¿Tu cumpleaños es este mes | o el mes que viene?‖). La interrogación disyuntiva siempre se pronuncia como un enunciado prosódico compuesto, a consecuencia de que cada término de la disyunción aparece dentro de su propia frase entonativa (vea el esquema de la Figura 24.18). La primera de ellas termina con un ascenso (↑) y funciona como el satélite del enunciado prosódico, mientras que la segunda termina con un descenso (↓) y actúa como el núcleo. Aprovechando el ascenso tonal que marca el fin del satélite, los hablantes tienden a ubicar en esa rama del enunciado prosódico el elemento de la disyunción que, a su juicio, tiene mayor probabilidad de ser el acertado o sobre el que tienen mayor interés.

ENUNCIADO PROSÓDICO			
−	↑	+	↓
SATÉLITE SIMPLE		NÚCLEO SIMPLE	
¿Tu cumpleaños es este mes		o el mes que viene?	

Figura 24.18 Interrogación disyuntiva.

Ejemplos: ↑ × ↓

‖¿Viven en la ciudad | o en el campo?‖

‖¿Viajaremos por avión | o por barco?‖

‖¿Quieren que vayamos a la playa | o que nos quedemos en casa?‖

24.6 ▌ Mandatos/ruegos compuestos

Es común que los mandatos y los ruegos vayan acompañados por frases de cortesía tales como *por favor, por caridad, por piedad*, etc. (p. ej. ‖Ábrame la puerta, | por favor‖ y ‖Regáleme una moneda, | por caridad‖). La estructura prosódica que resulta es un enunciado compuesto por dos frases entonativas, una bajo la rama del núcleo y otra bajo la rama del satélite (vea la Figura 24.19). Aunque las terminaciones melódicas son descendentes en ambas ramas, el satélite termina con un semidescenso (↘), mientras que el núcleo termina con un descenso (↓). Recuerde, además, que los mandatos se pronuncian con un incremento de intensidad (volumen) que se concentra en las sílabas acentuadas, mientras que la pronunciación de los ruegos suele ir complementada por un incremento considerable de la duración de las sílabas acentuadas.

ENUNCIADO PROSÓDICO			
−	↘	+	↓
SATÉLITE SIMPLE		NÚCLEO SIMPLE	
¿Ábrame la puerta,		por favor.	

Figura 24.19 Mandato/ruego con frase de cortesía.

Ejemplos de mandatos: ↘ × ↓ (+ incremento de intensidad de las sílabas acentuadas)

‖*Tráigame otro,* | *por favor.*‖
‖*No tiren basura al piso,* | *hagan el favor.*‖

Ejemplos de ruegos: ↘ × ↓ (+ incremento de duración de las sílabas acentuadas)

‖*Bríndele un vaso de agua,* | *por piedad.*‖
‖*Deme la mano,* | *tenga la bondad.*‖

24.7 ■ Desambiguación de oraciones

En la sección 24.2, vimos que la estructura que se le asigne al enunciado prosódico puede resolver la ambigüedad semántica de ciertas oraciones (p. ej. ‖*El actor continuó llorando* | *como un niño abandonado* | *frente a la puerta del teatro*‖). La posibilidad de anexar la frase entonativa intermedia a la rama del satélite o a la rama del núcleo produce dos interpretaciones diferentes de esta oración. Según el patron melódico que el hablante utilice, {↗ ↑} × ↓ o ↑ × {↗ ↓}, el oyente sabrá cómo interpretar la oración. Veamos otros casos en los que el significado cambia a consecuencia de variar la estructura del enunciado prosódico. Compare las siguientes oraciones.

‖*Los pintores que buscaban nuevas formas de expresión* | *se interesaron por el cubismo.*‖

‖*Los pintores,* | *que buscaban nuevas formas de expresión,* | *se interesaron por el cubismo.*‖

De acuerdo con la primera oración, solamente un grupo de pintores (los que buscaban nuevas formas de expresión) se interesaron por el cubismo. La segunda oración expresa, en cambio, que los pintores en general se interesaron por el cubismo, e incidentalmente explica que dichos artistas estaban en busca de nuevas formas de expresión. Observe que ambas oraciones contienen una cláusula introducida por un pronombre relativo (*que*), el cual se refiere al sujeto de la oración (*los pintores*). La diferencia es que la cláusula de relativo de la primera oración sirve para especificar el sujeto con mayor precisión, mientras que la de la segunda oración añade una explicación incidental sobre el sujeto. El contraste entre una **cláusula especificativa** y una **cláusula explicativa** depende críticamente de la forma como se divida el enunciado prosódico en frases entonativas. Mientras que la cláusula especificativa se combina con el sujeto de la oración bajo una sola frase entonativa, la cláusula explicativa forma su propia frase entonativa. Así, el enunciado prosódico correspondiente a la oración con cláusula especificativa se compone de dos frases entonativas, una en la rama del satélite y otra en la rama del núcleo (Figura 24.20). En contraste, el enunciado prosódico correspondiente a la oración con cláusula explicativa se compone de tres frases entonativas, dos en la rama del satélite y una en la rama del núcleo (Figura 24.21).

ENUNCIADO PROSÓDICO			
−		↑	+ ↓
SATÉLITE SIMPLE			NÚCLEO SIMPLE
Los pintores que buscaban nuevas formas de expresión			*se interesaron por el cubismo.*

Figura 24.20 Oración con una cláusula especificativa.

ENUNCIADO PROSÓDICO			
−		↑	+ ↓
SATÉLITE COMPUESTO			NÚCLEO SIMPLE
− →	+	↑	+ ↓
Los pintores,	*que buscaban nuevas formas de expresión,*		*se interesaron por el cubismo.*

Figura 24.21 Oración con una cláusula explicativa.

Es pertinente señalar que la melodía de una oración con clausula especificativa es la misma que la de una oración simple con sujeto extenso: $\uparrow \times \downarrow$. Esto no es sorprendente, dado que la adición de la cláusula especificativa tiene el efecto de alargar el sujeto. Por otro lado, la melodía de una oración con cláusula explicativa es la misma que la de una oración con complemento circunstancial referido al sujeto: $\{\rightarrow \downarrow\} \times \downarrow$. Esto tampoco es inesperado, dado que la clausula explicativa expresa información circunstancial referente a la entidad que funciona como el sujeto de la oración. Conviene agregar que las cláusulas explicativas tienden a pronunciarse en un tono más bajo que el resto del enunciado prosódico. Éste es un recurso que emplea el hablante para imprimirle a la cláusula explicativa un matiz parentético, en congruencia con el carácter incidental de la explicación que provee.

Contraste de oraciones con cláusula de relativo especificativa vs. explicativa:

‖*Los estadios donde ocurrirá el evento* | *están ubicados en ciudades costeras.*‖

‖*Los estadios,* | *donde ocurrirá el evento,* | *están ubicados en ciudades costeras.*‖

‖*Las noches cuando croaban las ranas* | *me parecían eternas.*‖

‖*Las noches,* | *cuando croaban las ranas,* | *me parecían eternas.*‖

‖*El payaso que llevaba una peluca verde* | *divirtió mucho a los niños.*‖
‖*El payaso,* | *que llevaba una peluca verde,* | *divirtió mucho a los niños.*‖

‖*Los ciudadanos cuyos derechos fueron violados* | *entablaron una demanda.*‖
‖*Los ciudadanos,* | *cuyos derechos fueron violados,* | *entablaron una demanda.*‖

La posibilidad de individualizar uno de los constituyentes de la oración por medio de asignarle su propia frase entonativa también juega un papel central en la distinción entre el estilo directo y el indirecto. Compare las siguientes oraciones.

‖*Diego preguntó:* | *¿qué hora es?*‖
‖*Diego preguntó que qué hora era.*‖

La primera oración representa el estilo directo, en donde se cita el habla de otro hablante indicando exactamente cuáles fueron sus palabras. La segunda oración sigue el estilo indirecto, en donde se reporta el habla de otro hablante sin indicación de cuáles fueron las palabras literales. Melódicamente, los dos estilos se distinguen porque, mientras que el estilo directo individualiza la cita por medio de asignarle su propia frase entonativa (vea la Figura 24.22), el estilo indirecto incorpora la cita dentro del cuerpo del enunciado prosódico sin marcar sus límites (refiérase a la Figura 24.23).

ENUNCIADO PROSÓDICO			
−	↘	+	↓
SATÉLITE SIMPLE		NÚCLEO SIMPLE	
Diego preguntó:		*¿qué hora es?*	

Figura 24.22 Estilo directo.

ENUNCIADO PROSÓDICO	
+	↓
NÚCLEO SIMPLE	
Diego preguntó que qué hora era.	

Figura 24.23 Estilo indirecto.

Las oraciones en estilo indirecto tendrán la melodía de una declaración simple o compuesta, dependiendo de su extensión. El punto crucial es que el enunciado prosódico de una oración en estilo indirecto termina siempre con el descenso típico de las declaraciones (Figura 24.23). El estilo directo, en cambio, implica que el enunciado prosódico tendrá mínimamente dos ramas (Figura 24.22). La rama del satélite termina siempre con un semidescenso (↘), pero la terminación melódica de la rama del núcleo varía, dependiendo de si la cita corresponde a una declaración, una pregunta relativa, una exclamación, un mandato/ruego o una pregunta absoluta. Cada una de estos tipos de enunciado mantiene su melodía característica cuando aparecen como citas.

Contraste de oraciones en estilo directo e indirecto:

‖*Mi vecino dijo:* | *"Hace calor"*‖
‖*Mi vecino dijo que hacía calor.*‖

‖*El profesor preguntó:* | *¿Alguien hizo la tarea?*‖
‖*El profesor preguntó* | *si alguien había hecho la tarea.*‖

‖*Mi madre exclamó:* | *¡Que alegría volver a verte!*‖
‖*Mi madre exclamó* | *que sentía alegría de volver a verme.*‖

‖*El alcalde ordenó:* | *¡Cierren los bares inmediatamente!*‖
‖*El alcalde ordenó* | *que cerraran los bares inmediatamente.*‖

PRÁCTICAS

Práctica 1

Escuche y repita la pronunciación del siguiente chiste. Use el símbolo ‖ para dividir este discurso en enunciados prosódicos y el símbolo | para dividir los enunciados prosódicos en frases entonativas. Una vez que pueda leer el chiste con fluidez, responda las preguntas que aparecen a continuación.

El superhéroe

Va Inocencio caminando por una calle oscura. De repente, salen tres asaltantes a robarlo. Justo en ese momento, aparece un hombre a caballo. El jinete está vestido de negro, con antifaz negro, sombrero negro, capa negra. Tiene una Z dibujada en la espalda, una Z dibujada en el sombrero y una Z en el pecho. Se baja del caballo, golpea con su espada a los asaltantes, los hiere, les dibuja una Z en las ropas y los pone en retirada. Inocencio, muy agradecido, se tira a los pies y le dice:
—*¡Gracias, Zuperman!*

1. Analice la entonación del enunciado *El jinete está vestido de negro, con antifaz negro, sombrero negro, capa negra.*

   a. ¿Cuántas frases entonativas contiene esta declaración? _____

   b. ¿Cuáles son los tonemas en la rama del satélite? _____

   c. ¿Cuál es el tonema en la rama del núcleo? _____

   d. Descomponga el enunciado prosódico usando el siguiente esquema.

ENUNCIADO PROSÓDICO	
SATÉLITE	NÚCLEO

2. Analice la entonación del enunciado *Tiene una Z dibujada en la espalda, una Z dibujada en el sombrero y una Z en el pecho.*

   a. ¿Cuántas frases entonativas contiene esta declaración? _____

   b. ¿Cuáles son los tonemas en la rama del satélite?   _____

   c. ¿Cuál es el tonema en la rama del núcleo?   _____

   d. Descomponga el enunciado prosódico usando el siguiente esquema.

ENUNCIADO PROSÓDICO	
SATÉLITE	NÚCLEO

3. Analice la entonación del enunciado *Inocencio, muy agradecido, se tira a los pies y le dice: ¡Gracias, Zuperman!*

   a. ¿Cuántas frases entonativas contiene esta declaración? _____

   b. ¿Cuáles son los tonemas en la rama del satélite?   _____

   c. ¿Cuáles son los tonemas en la rama del núcleo?   _____

   d. Descomponga el enunciado prosódico usando el siguiente esquema

ENUNCIADO PROSÓDICO	
SATÉLITE	NÚCLEO

Práctica 2

Después de resolver los siguientes puntos, discuta sus respuestas con un/a compañero/a de clase.

   1. ¿Cuál es la causa de que el enunciado prosódico sea el nivel máximo de la estructura de sonido?

_____

_____

_____

2. ¿Por qué las terminaciones melódicas ↑ y ↓ no son suficientes para describir los patrones entonativos que surgen dentro de los enunciados prosódicos compuestos?

_____

_____

_____

_____

3. Explique cómo la entonación distingue una oración con una cláusula explicativa de una oración con una cláusula especificativa.

_____

_____

_____

4. ¿Cómo difiere la entonación de una disyunción simple (p. ej. _Aquí o allá_) de la entonación de una conjunción simple (p. ej. _Aquí y allá_)?

_____

_____

_____

_____

5. Explique cómo la entonación distingue una oración en estilo directo de una oración en estilo indirecto.

_____

_____

_____

_____

Práctica 3

Escuche y repita la pronunciación del siguiente chiste. Use el símbolo ‖ para dividir este discurso en enunciados prosódicos y el símbolo | para dividir los enunciados prosódicos en frases entonativas. Una vez que pueda leer el chiste con fluidez, responda las preguntas que aparecen a continuación.

La pronunciación correcta

Inocencio y Venancio estaban caminando en el parque.
—_Venancio, ¡Mira: un ligarto!_
—_Pero será que eres bruto, ¿eh? Se dice legarto._

—*¡Qué se va a decir legarto! Es ligarto.*
—*Mira, ahí está Tomasito, que es un hombre de mundo. Vamos a preguntarle a él.*
—*Tomasito, queremos preguntarte cómo se llama ese bicho verde que hay encima de esa piedra. ¿Es ligarto o legarto?*
—*Pues se dice ligarto o legarto **andistintamente**, pero la palabra **tésnica** es sirpiente.*

1. Analice la entonación del enunciado *Pero será que eres bruto, ¿eh?*

   a. ¿Cuántas frases entonativas contiene esta interrogación? _____

   b. ¿Cuál es el tonema en la rama del satélite?   _____

   c. ¿Cuál es el tonema en la rama del núcleo?   _____

   d. Descomponga el enunciado prosódico usando el siguiente esquema.

ENUNCIADO PROSÓDICO	
SATÉLITE	NÚCLEO

2. Analice la entonación del enunciado *Mira, ahí está Tomasito, que es un hombre de mundo.*

   a. ¿Cuántas frases entonativas contiene esta declaración? _____

   b. ¿Cuál es el tonema en la rama del satélite?   _____

   c. ¿Cuáles son los tonemas en la rama del núcleo?   _____

   d. Descomponga el enunciado prosódico usando el siguiente esquema.

ENUNCIADO PROSÓDICO	
SATÉLITE	NÚCLEO

3. Analice la entonación del enunciado *Tomasito, queremos preguntarte cómo se llama ese bicho verde que hay encima de esa piedra.*

   a. ¿Cuántas frases entonativas contiene esta declaración? _____

   b. ¿Cuáles son los tonemas en la rama del satélite?   _____

   c. ¿Cuáles son los tonemas en la rama del núcleo?   _____

   d. Descomponga el enunciado prosódico usando el siguiente esquema.

Enunciado prosódico	
Satélite	Núcleo

4. Analice la entonación del enunciado *¿Es ligarto o legarto?*

   a. ¿Cuántas frases entonativas contiene esta interrogación? _____

   b. ¿Cuál es el tonema en la rama del satélite? _____

   c. ¿Cuál es el tonema en la rama del núcleo? _____

   d. Descomponga el enunciado prosódico usando el siguiente esquema.

Enunciado prosódico	
Satélite	Núcleo

Prácticas adicionales

Visite http://www.prenhall.com/estructuradelossonidos/.

Bibliografía temática

Se incluyen fuentes representativas de los principales temas tratados en este libro.

Vocales

Aguilar, Lourdes. «Los enlaces vocálicos: ¿Cuestión de dominios prosódicos?» *Revista Internacional de Lingüística Iberoamericana* 3, no. 2 (2005): 29–48.

Anderson, James M. «Resistance to syntagmatic influence of the vowel /a/ in Spanish». *Folia Linguistica Historica* 4, no. 2 (1983): 241–45.

Holmquist, Jonathan Carl. «Variación vocálica en el habla masculina de Castañer, Puerto Rico». *Cuaderno Internacional de Estudios Hispánicos y Lingüística/International Journal of Hispanic Studies and Linguistics* 1 (2001): 96–103.

Lipski, John M. «Aspects of Ecuadorian vowel reduction». *Hispanic Linguistics* 4, no. 1 (1990): 1–19.

López Bobo, María Jesús. «¿Por qué suçidio? Sobre la supuesta inalterabilidad del vocalismo átono -er». *Verba: Anuario Galego de Filoloxía* 27 (2000): 175–203.

Monroy Casas, Rafael. *Aspectos fonéticos de las vocales españolas.* Madrid: Sociedad General Española de Librería, 1980.

Quilis, Antonio, and Manuel Esgueva. «Realización de los fonemas vocálicos españoles en posición fonética normal». In *Estudios de fonética, I,* edited by Manuel Esgueva and Margarita Cantarero, 159–252. Madrid: Consejo Superior de Investigaciones Científicas, Instituto Miguel de Cervantes, 1983.

Sanicky, Cristina A. «Las vocales en contacto en el habla de Misiones, Argentina». *Hispania: A Journal Devoted to the Teaching of Spanish and Portuguese* 72 (1989): 700–04.

Urueta Mazzilli, Dolly. «The influence of dialect on vowels: Colombian Spanish». PhD diss., University of South Florida, 1999.

Veiga, Alexandre. *El subsistema vocálico español.* Santiago de Compostela: Universidad de Santiago de Compostela, Servicio de Publicacíons e Intercambio Científico, 2002.

Diptongos

Jenkins, Devin Lane. «Hiatus Resolution in Spanish: Phonetic Aspects and Phonological Implications from Northern New Mexican Data». PhD diss., University of New Mexico, 1999.

Mariner, Sebastián. «Triptongos: Dentro de un orden». In *Scripta Philologica in Honorem Juan M. Lope Blanch,* edited by Elizabeth Luna Traill, 163–71. Mexico City: Instituto de Investigaciones Filológicas, Universidad Nacional Autónoma de México, 1992.

Matluck Joseph, H. ≪Hiato, sinéresis, y sinalefa: Una perspectiva sociolingüística≫. In *Scripta Philologica in Honorem Juan M. Lope Blanch,* edited by Elizabeth Luna Traill, 173–85. Mexico City: Instituto de Investigaciones Filológicas, Universidad Nacional Autónoma de México, 1992.

Semiconsonantes

Aguilar, Lourdes. ≪A vueltas con el problema de las semiconsonantes y las semivocales≫. *Verba: Anuario Galego de Filoloxía* 32 (2005): 121–42.

———. *De la vocal a la consonante.* Santiago de Compostela, Spain: Universidad de Santiago de Compostela, 1997.

Alarcos Llorach, Emilio. ≪El refuerzo de las semiconsonantes iniciales≫. In *Actas del IV Congreso Internacional de Historia de la Lengua Española, I-II. Logroño,* edited by Claudio García Turza, Fabián González Bachiller, and Javier Mangado Martínez, 165–9. Logroño, Spain: Universidad de la Rioja, 1998.

Lain, Stephanie. *Dialectal variation in Spanish glide strengthening.* PhD diss., University of Texas at Austin, 2003.

Lipski, J. M. ≪Elision of Spanish intervocalic /y/ : Toward a theoretical account≫. *Hispania* 73 (1990): 797–804.

Vibrantes

Alers-Valentin, Hilton. ≪La r velar en Puerto Rico: A 50 años del atlas lingüístico de Tomás Navarro Tomás≫. *Horizontes: Revista de la Universidad Católica de Puerto Rico* 41 (1999): 189–210.

Bradley, Travis G. *Assibilation in Ecuadorian Spanish: A Phonology-Phonetics Account.* Amsterdam: John Benjamins Publishing Co., 1999.

Chillemi de Lucero, Norma. ≪Adquisición de las vibrantes en español≫. *Revista de lingüística teórica y aplicada* 41 (2003): 19–32.

Figueroa, Neysa, and Kristi Hislope. ≪A study of syllable final /r/ neutralization in Puerto Rican Spanish≫. *Romance Languages Annual* 10 (1998): 563–69.

Garcia-Bellido, Paloma. ≪Trilled vs. flapped /r/: Some remarks on the syllable structure of Spanish≫. *Cahiers linguistiques d'Ottawa* 9 (1980): 109–25.

Hammond Robert, M. ≪On the non-occurrence of the phone [r] in the Spanish sound system. In *Advances in Hispanic Linguistics: Papers from the 2nd Hispanic Linguistics Symposium, I-II,* edited by Javier Gutiérrez-Rexach and Fernando Martínez-Gil, 135–51. Somerville, MA: Cascadilla Press, 1999.

Lewis Anthony, M. ≪Coarticulatory effects on Spanish trill production≫. In *Proceedings of the 2003 Texas Linguistics Society Conference: Coarticulation in Speech Production and Perception,* edited by Augustine Agwuele, Willis Warren, and Sang-Hoon Park, 116–27. Somerville, MA: Cascadilla Proceedings Project, 2004.

Lipski, John M. ≪Spanish taps and trills: Phonological structure of an isolated opposition≫. *Folia Linguistica* 24, no. 3/4 (1990): 153–74.

Torreblanca, Máximo. ≪La asibilación de r y rr en la lengua española≫. *Hispania: A Journal Devoted to the Teaching of Spanish and Portuguese* 67 (1984): 614–16.

Laterales

Kimura, Masayasu. ≪Phonetic errors of the Spanish lateral sound /l/: Problems and correction≫. *Sophia Linguistica* 20/21 (1986): 287–96.

Santo Tomas, Martha. ≪The yeismo≫. *Islas* 87 (1987): 134–38.

Torreblanca, Máximo. ≪El paso de /l/ a /r/ posconsonántica en español≫. *Hispania: A Journal Devoted to the Teaching of Spanish* 72, no. 3 (1989): 692–99.

Wagner, Claudio, and Claudia Rosas. ≪Geografía de la 'll' en Chile≫. *Estudios Filológicos* 38 (2003): 189–200.

Nasales

Casablanca, Carlos. ≪El rol de la nasalización en la enseñanza de la fonética del español caribeño≫. *Cincinnati Romance Review* 12 (1993): 186–92.

Champion, James J. ≪On the distribution of the Spanish palatal nasal≫. *Romance Quarterly* 39, no. 3 (1992): 355–59.

D'Introno, Francesco, and Juan Manuel Sosa. ≪Elisió de nasal o nasalizaciõ de vocal [e] caraqueño≫. In *Studies in Caribbean Spanish Dialectology,* edited by Robert M. Hammond, and Melvyn C. Resnick, 24–34. Washington, DC: Georgetown University Press, 1988.

Honorof, Douglas Nathan. ≪Articulatory Gestures and Spanish Nasal Assimilation≫. PhD diss., Yale University, 1999.

López Morales, Humberto. ≪Velarization of -/n/ in Puerto Rican Spanish≫. In *Variation Omnibus,* edited by David Sankoff and Henrietta Cedergren, 105–13. Carbondale, IL: Linguistic Research, 1981.

Michnowicz, Jim. ≪Final -m in Yucatan Spanish: A rapid and anonymous survey≫. In *New Perspectives on Romance Linguistics, Volume II: Phonetics, Phonology and Dialectology,* edited by Jean-Pierre Y. Montreuil, 155–65. Amsterdam: John Benjamins Publishing Co., 2006.

Moreno Fernández, Francisco. ≪Despalatalización de ñ en español≫. *Lingüística Española Actual* 10 (1988): 61–72.

Veiga, Alexandre. ≪Spanish nasals≫. *Moenia* 1 (1995): 345–66.

Yager, Kent. ≪Bilabial -m in absolute final position in the Spanish spoken in Merida, Yucatan [Mexico]≫. *Nueva Revista de Filologia Hispanica* 37, no. 1 (1989): 83–94.

Fricativas

Alonso, Amado. ≪Historia del ceceo y del seseo españoles≫. *Thesaurus* 7 (1952): 111–200.

Calvo Shadid, Annette. ≪Subsystems of phonemic oppositions in American Spanish fricatives≫. *Revista de Filologia y Linguistica de la Universidad de Costa Rica* 25 (1999): 169–80.

Castellani, Gabriela. ≪The devoicing of zeísmo in porteño Spanish≫. *Romance Languages Annual* 10 (1998): 488–95.

Cepeda, Gladys. ≪The allophones of /s/ in Valdivia [Chile]≫. *Estudios Filologicos* 25 (1990): 5–16.

Chela-Flores, Godsuno. ≪Debuccalization, minimal consonants, and glottality in natural languages≫. *Letras* 65 (2002): 9–23.

Cid-Hazard, Susana Margarita. ≪The Process of Consonant Weakening in the Spanish of Santiago, Chile: Phonological and Stylistic Variables≫. PhD diss., University of Southern California, 2003.

Kaisse, Ellen M. *The Prosodic Environment of S-Weakening in Argentinian Spanish.* Amsterdam: John Benjamins Publishing Co., 1996.

Lipski, John M. ≪/s/ in Central American Spanish≫. *Hispania* 68, no. 1 (1985): 143–49.

Martin, Laura. ≪The status of [s] in Guatemalan Spanish≫. In *Linguistic Studies in Honor of Bohdan Saciuk,* edited by Robert M. Hammond and Marguerite G. MacDonald, 69–85. West Lafayette, IN: Learning Systems, 1997.

Merz, Geri W. ≪The voiceless fricatives in Tucson Spanish≫. *The Journal of the Linguistic Association of the Southwest* 3, no. 2 (1979): 113–24.

Pineros, Carlos-Eduardo. ≪Explicación para el surgimiento de la *s* apical en un dialecto de español del Caribe≫. *Bulletin of Hispanic Studies* 81, no. 3 (2004): 275–301.

Robinson, Kimball L. ≪On the voicing of intervocalic S in the Ecuadorian Highlands≫. *Romance Philology* 33, no. 1 (1979): 137–43.

Sanicky, Cristina A. ≪El comportamiento de /f/ en el habla misionera≫. *Bulletin of Hispanic Studies* 65 (1988): 273–78.

Torreblanca, Maximo. ≪Prevocalic voiced s in modern Spanish≫. *Thesaurus* 41, no. 1/3 (1986): 59–69.

Veiga, Alexandre. ≪Fricative phonemes in Spanish≫. *Moenia* 7 (2001): 293–330.

Oclusivas

Alvarez Martínez, María Angeles. ≪Estudios fonéticos sobre el español de Canarias: La aspiración y la sonorización de las oclusivas sordas≫. *Espanol Actual* 54 (1990): 91–99.

Casteñada Vicente, María Luisa. ≪El V.O.T. de las oclusivas sordas y sonoras españolas≫. In *Estudios de fonética experimental, II,* edited by E. Martínez Celdrán, 91–110. Barcelona: Laboratorio de Fonética, Facultad de Filología, Universidad de Barcelona, 1986.

Cepeda, Gladys, Juan Miranda, and Alfredo Brain. ≪El valor contrastivo de /p/ y /b/ a traves de tres indicadores acusticos-estadisticos≫. *Estudios Filologicos* 24 (1989): 11–18.

Coupal, L., and C. Plante. ≪Las oclusivas sordas yucatecas /p t k/: ¿fuertes, aspiradas, glotalizadas?≫ *Langues et Linguistique Sainte Foy* 3 (1977): 129–76.

Danesi, M. ≪The description of Spanish /b, d, g/ revisited≫. *Hispania* 65 (1982): 252–58.

Lewis, Anthony Murray. ≪Weakening of Intervocalic /p, t, k/ in Two Spanish Dialects: Toward the Quantification of Lenition Processes≫. PhD diss., University of Illinois at Urbana-Champaign, 2001.

Martinez Celdran, E. ≪On the phonetic nature of the allophones of /b, d, g/ in Spanish and their distinct designations≫. *Verba* 18 (1991): 235–53.

Thon, Sonia. ≪The glottal stop in the Spanish spoken in Corrientes, Argentina≫. *Hispanic Linguistics* 3, no. 1/2 (1989): 199–218.

Africadas

Jaramillo June, A., and D. Bills Garland. ≪The phoneme /ch/ in the Spanish of Tomé, New Mexico≫. In *Bilingualism and Language Contact: Spanish, English, and Native American Languages,* edited by Barkin, Florence, Elizabeth A. Brandt, and Jacob Ornstein-Galicia, 154–65. New York: Teachers College Press, 1982.

Severs, Stephanie. *The variants of the phoneme [palatal affricate] realized in middle class Chilean discourse.* PhD diss., University of New Mexico, 2006.

Veiga, Alexandre. ≪The units of the Spanish phonological system: The affricated phoneme and the interrupted archiphoneme≫. *Verba* 11 (1984): 157–79.

Sílabas

Armario Toro, Jerónimo. ≪Un listado de las sílabas del español≫. *Cuadernos Cervantes de la Lengua Española* 7 (2001): 38–45.

Carreira, Maria. ≪The acquisition of Spanish syllable structure≫. In *New Analyses in Romance Linguistics*, edited by Dieter Wanner and Douglas A. Kibbee, 3–18. Amsterdam: John Benjamins Publishing Co., 1991.

D'Introno, Francesco, Judith Ortiz, and Juan Sosa. ≪On resyllabification in Spanish≫. In *Studies in Romance Linguistics*, edited by Carl Kirschner and Janet DeCesaris, 97–114 Amsterdam: John Benjamins Publishing Co., 1989.

Garcia Jurado and Maria Amalia. 1985. ≪The syllable types of Spanish≫. *Revista Argentina de Linguistica* 1(2): 133–46.

Guerra, Rafael. ≪Estudio estadístico de la sílaba en español≫. In *Estudios de fonética, I*, edited by Manuel Esgueva and Margarita Cantarero, 9–112. Madrid: Consejo Superior de Investigaciones Científicas, Instituto Miguel de Cervantes, 1983.

Guirao, M. and M. A. Garcia Jurado. ≪Los patrones silábicos≫. *Revista de lingüística teórica y aplicada* 34 (1996): 121–27.

Guirao, M. and M. Garcia Jurado. ≪Basic syllables in Spanish according to their phonotactic restrictions≫. *Revue de Phonetique Appliquee* 91/93 (1989): 239–53.

Harris James, W. ≪Sonority and syllabification in Spanish≫. In *Studies in Romance Linguistics*, edited by Carl Kirschner and Janet DeCesaris, 129–53. Amsterdam: John Benjamins Publishing Co., 1989.

Hualde Jose, Ignacio. ≪On Spanish syllabification≫. In *Current Studies in Spanish Linguistics*, edited by Héctor Campos and Fernando Martínez-Gil, 475–93. Washington, DC: Georgetown University Press, 1991.

Hualde, Jose Ignacio. ≪Syllabification and morphemic structure in Spanish≫. *Hispania* 72, no. 4 (1989): 821–31.

Lema, José. ≪Reparación silábica y generalización de 'e' en castellano≫. In *Cambios diacrónicos en el español*, edited by Concepción Company, 169–96. Mexico City: Universidad Nacional Autónoma de México, 1997.

Acento

Enríquez, Emilia V., Celia Casado, and Andrés Santos. ≪La percepción del acento en español≫. *Lingüística Española Actual* 11 (1989): 241–69.

Harris, James W. *Syllable structure and stress in Spanish: a nonlinear analysis.* Cambridge, MA: MIT Press, 1983.

———. ≪How different is verb stress in Spanish?≫ *Probus* 1, no. 3 (1989): 241–58.

Harris, James W., and Indiana University Linguistics Club. *Spanish Stress: The Extrametricality Issue.* Bloomington, IN: Indiana University Linguistics Club, 1992.

Hooper, Joan B. and Tracy Terrell. ≪Stress assignment in Spanish: A natural generative analysis≫. *Glossa* 10, no. 1 (1976): 64–110.

Lipski, John M. *Spanish Word Stress: The Interaction of Moras and Minimality.* Washington, DC: Georgetown University Press, 1997.

Roca, Iggy. ≪Diachrony and synchrony in word stress≫. *Journal of Linguistics* 26, no. 1 (1990): 133–64.

Solan Lawrence, M., and Juana Gil Fernández. ≪Análisis métrico del acento español≫. In *Panorama de la fonología española actual*, edited by Juana Gil Fernández, 563–82. Madrid: Arcos/Libros, 2000.

Veciana, Roberto. ≪Spanish accentuation≫. *Yelmo* 52/53 (1982): 5–12.

Whitley, Stanley. ≪Stress in Spanish: Two approaches≫. *Lingua* 39 (1976): 301–32.

Entonación

Alcoba, Santiago and Julio Murillo. *Intonation in Spanish.* Cambridge, UK: Cambridge University Press, 1998.

Andrade González, Argelia Edith. *Intonational Phonology of Alteño Spanish.* PhD diss., University of California, Los Angeles, 2003.

Cunningham, Una. ≪Aspects of the intonation of Spanish≫. *The Nottingham Linguistic Circular* 12, no. 1 (1983): 21–54.

Dorta, Josefa. ≪Entonación hispánica: Interrogativas no pronominales vs. pronominales≫. *Lingüística Española Actual* 22 (2000): 51–76.

García Riverón, Raquel. ≪El significado de la entonación≫. In *La tonía: Dimensiones fonéticas y fonológicas*, edited by Esther Herrera and Pedro Martín Butragueño, 245–65. Mexico City: Colegio de México, 2003.

Hidalgo Navarro, Antonio. *La entonación coloquial: Función demarcativa y unidades de habla.* Valencia, Spain: Departamento de Filología Española (Lengua Española), Facultat de Filologia, Universitat de València, 1997.

———.≪The expressiveness and pragmatic function of intonation in colloquial conversation. Some frequent uses≫. *Oralia* 1 (1998): 71–93.

Matluck, Joseph H. *Entonación hispánica.* Austin: University of Texas, Institute of Latin American Studies, 1965.

McGory, Julia Tevis, and Manuel Díaz-Campos. ≪Declarative intonation patterns in multiple varieties of Spanish≫. In *Structure, Meaning, and Acquisition in Spanish*, edited by James F. Lee, Kimberly L. Geeslin, and J. Clancy Clements, 73–92. Somerville, MA: Cascadilla Press, 2002.

Mora, Elsa. ≪Entonación≫. *Español Actual: Revista de Español Vivo* 69 (1998): 43–50.

Quilis, Antonio. ≪Funciónes de la entonación≫. *Boletín del Instituto de Filología de la Universidad de Chile* 31 (1980): 443–60.

Revert Sanz, Vicente. *Entonación y variación geográfica en el español de América.* Valencia, Spain: Universitat de València, Facultat de Filologia, Departamento de Filología Española, 2001.

Sosa, Juan Manuel. *La entonación del español: su estructura fónica, variabilidad y dialectología.* Madrid: Cátedra, 1999.

Pronunciación del español

Alba, Orlando. *Manual de fonética hispánica.* San Juan, Puerto Rico: Editorial Plaza Mayor, 2001.

Dalbor, John B. *Spanish Pronunciation: Theory and Practice.* Boston: Thomson Heinle, 1997.

Guitart, Jorge M. *Sonido y sentido: Teoría y práctica de la pronunciación del español contemporáneo con audio CD.* Washington, DC: Georgetown University Press, 2004.

Hammond, Robert M. *The Sounds of Spanish: Analysis and Application (with Special Reference to American English.* Somerville, MA: Cascadilla Press, 2001.

Navarro Tomás, Tomás. *Manual de pronunciación española.* Madrid: Consejo Superior de Investigaciones Científicas, Instituto Miguel de Cervantes, 1982.

Poch Olivé, Dolores. *Fonética para aprender español: Pronunciación.* Madrid: Edinumen, 1999.

Schwegler, Armin, Juergen Kempff, and Richard Barrutia. *Fonética y fonología españolas.* Hoboken, NJ: John Wiley and Sons, 2007.

Stokes, Jeffrey D. *¡Qué bien suena!* Boston: Houghton Mifflin Co., 2005.

Índice